权威·前沿·原创

皮书系列为

“十二五”“十三五”国家重点图书出版规划项目

智库成果出版与传播平台

中国西北发展报告（2020）

NORTHWESTERN CHINA DEVELOPMENT REPORT (2020)

主　　编／陈　玮
副 主 编／孙发平　马起雄
执行主编／代　辛

社会科学文献出版社
SOCIAL SCIENCES ACADEMIC PRESS (CHINA)

图书在版编目（CIP）数据

中国西北发展报告．2020／陈玮主编．--北京：社会科学文献出版社，2020.6
（西北蓝皮书）
ISBN 978-7-5201-6527-3

Ⅰ．①中…　Ⅱ．①陈…　Ⅲ．①区域经济发展-研究报告-西北地区-2020　Ⅳ．①F127.4

中国版本图书馆CIP数据核字（2020）第059386号

西北蓝皮书
中国西北发展报告（2020）

主　　编／陈　玮
副 主 编／孙发平　马起雄
执行主编／代　辛

出 版 人／谢寿光
责任编辑／陈　颖
文稿编辑／陈　颖　薛铭洁

出　　版／社会科学文献出版社·皮书出版分社（010）59367127
地址：北京市北三环中路甲29号院华龙大厦　邮编：100029
网址：www.ssap.com.cn
发　　行／市场营销中心（010）59367081　59367083
印　　装／天津千鹤文化传播有限公司

规　　格／开　本：787mm×1092mm　1/16
印　张：23.25　字　数：348千字
版　　次／2020年6月第1版　2020年6月第1次印刷
书　　号／ISBN 978-7-5201-6527-3
定　　价／128.00元

《西北蓝皮书：中国西北发展报告（2020）》
编辑委员会

主编简介

陈　玮　青海省社会科学院原党组书记、院长，教授，法学博士，享受国务院政府特殊津贴专家。先后担任中共青海省委党校教研室副主任，玉树州委党校副校长（挂职），省委党校、省行政学院、省社会主义学院巡视员、副校（院）长。现为中国民族研究学会常务理事、中国世界民族学会常务理事、中国社会科学院西藏智库常务理事、青海省藏研会常务理事、青海省继续教育协会副会长、青海统战理论研究会副会长、青海省决策咨询专家委员会委员。荣获第七届中国十大杰出青年提名奖。

长期从事马克思主义民族宗教观与党的民族宗教政策的教学和科研工作。著作有《青海藏族游牧部落社会研究》等。先后在省内外学术期刊用藏、汉两种文字发表论文近百篇，获国家级、省部级科研成果奖10余项，其中《青海省推行藏传佛教寺院“三种管理模式”成效及经验》获第四届中国藏学研究“珠峰奖”一等奖。《青海藏族游牧部落社会习惯法的调查》一文被《中国社会科学》杂志英文版全文翻译转载，并获第二届中国藏学研究“珠峰奖”二等奖。《抵御境内外敌对势力分裂渗透活动方面的形势、任务、思路和对策》调研报告获2011年全国统战理论研究优秀成果一等奖，《青海省社会组织管理合力问题探析》获第七届全国党校系统优秀科研成果一等奖，《藏传佛教事务管理问题研究》获第三届全国行政学院系统优秀科研成果一等奖。主持国家社科基金项目1项、省部级项目10余项。

孙发平　青海省社会科学院副院长、研究员，享受国务院政府特殊津贴专家。兼任中国城市经济学会常务理事、青海省委党校和青海省委讲师团特邀教授等。研究方向为市场经济和区域经济学。主著及主编书籍10余部，发表论文90余篇，主持课题30多项。主要成果有：《中国三江源区生态价值及补偿机制研究》《“四个发展”：青海省科学发展模式创新》《青海转变经济发展方式研究》《循环经济理论与实践：以柴达木循环经济试验区为例》《中央支持青海等省藏区经济社会发展政策机遇下青海实现又好又快发展研究》《青海建设国家循环经济发展先行区探析》等。获青海省哲学社会科学优秀成果一等奖4项，二等奖2项，三等奖5项；获青海省优秀调研报告一等奖3项，二等奖4项，三等奖2项。

马起雄 土族，青海省社会科学院副院长。先后在青海省海西州大柴旦镇司法科、海西州民政局工作。1996年4月调入青海省政府研究室（发展研究中心），担任社会调研处副处长、处长，研究室副主任等职。曾编撰《海西蒙古族藏族自治州民政志》。参与完成的《青海省贫困地区脱贫问题研究》《青海省三大扶贫工程研究》课题获中国发展研究奖三等奖，组织完成的《青海民生创先指标体系研究》《青海基本公共服务均等化走在西部前列》两项全省重点调研课题获全省优秀调研报告一等奖。

代　辛 青海省社会科学院党组成员、副院长，博士，全国师德标兵。主要研究方向为农业农村经济管理、区域经济、农产品质量安全。参与制定《农业部农产品质量安全风险评估实验室（西宁）发展规划》《柴达木地区生态农牧业发展规划》，发表《扎扎实实推进海西生态农牧业建设》《海西州精准扶贫的经验模式探究》《创新实施环保十三条措施建设美丽新海西》等文章，调研报告《新时代海西州绿色发展研究》《海西州“一带一路”建设的调查与研究》等多次获得省部级奖项。

摘 要

“西北蓝皮书”是我国西北地区陕西、甘肃、宁夏、青海、新疆五省区社会科学院联合组织专家学者撰写的反映中国西北地区改革发展的综合性年度研究报告，是研究西北地区经济、政治、社会、文化、生态文明“五位一体”建设中共同面临的重大理论和实践问题的重要科研成果。

《西北蓝皮书：中国西北发展报告（2020）》由青海省社会科学院主编，由总报告、综合篇、生态文明篇、小康社会篇、区域特色篇五部分组成。

2019 年是中华人民共和国成立 70 周年，也是贯彻落实党的十九大精神的关键之年。总报告重点对 2019 年度西北地区经济、社会、文化、生态文明建设形势进行全面分析。综合篇分别回顾总结新中国成立 70 年来西北地区经济、社会、文化、法制建设和发展的成就与经验。

生态文明篇聚焦西北地区生态文明建设，关注了甘肃国家生态安全屏障综合实验区建设、宁夏沿黄生态经济区建设以及三江源国家公园体制机制创新的实践探索等。我们认为，西北地区生态文明建设必须深度融入国家发展战略，积极应对环境污染和自然环境变化的挑战，加强创新驱动、持续深化改革、推动综合施策、实现大保护大治理。

小康社会篇聚焦西北地区精准扶贫与全面建成小康社会，关注了精准扶贫实践路径、全面建成小康社会指标体系及实现路径、人口就业问题等。我们认为，西北地区全面建成小康社会必须坚决打赢脱贫攻坚战、加快推进新型城镇化进程、切实保障和改善民生、提升基层社会治理能力，不断提高人民群众的获得感、幸福感和安全感。

区域特色篇聚焦西北地区区域社会治理和绿色高质量发展，关注了西北地区红色文化资源保护与挖掘、甘肃融入国际陆海贸易新通道、西北制造业高质量发展、打造柴达木清洁能源基地助推区域低碳绿色循环发展、新疆社会稳定和长治久安视域下的群众工作等。西北地区各省区积极融入国家发展战略，因地制宜探索高质量发展之路，取得了一系列显著成效。

关键词： 新中国成立70周年　高质量发展　西北地区

Abstract

"Northwest Blue book" is a comprehensive research report, reflecting the reform and development of Northwest China, written by experts and scholars in Shannxi Academy of Social Sciences (ASS), Gansu ASS, Ningxia ASS, Qinghai ASS, Xinjiang ASS, which is also an important research achievement of resolving major theory and practical issues that faced by "Five in One" construction of economy, politics, society, culture and ecological civilization in Northwest China.

《Northwest Blue Book: Development report of Northwest China (2020)》 was edited by Qinghai ASS, consisting of five parts including: Gneral report, Comprehensive report, Ecological civilization report, Well-off society report and Regional features report.

2019 is the 70th anniversary of the founding of the People's Republic of China and also a crucial year for implementing the spirit of the 19th National Congress of the Party. General report put the emphasis on analysing the contruction situation of economy, society, culture, and ecological civilization in Northwest region. In comprehensive report, the achievements and experiences of the economic, social, cultural and legal construction of the Northwest region during the past 70 years was reviewed and summarised, respectively.

Ecological civilization report focuses on the construction of ecological civilization in Northwest region, the construction of Gansu national ecological security barrier comprehensive experimental zone, and the construction of Ningxia ecological economic zone along with Yellow River. Moreover, the practice and exploration on the innovation of the system and mechanism of "Sanjiangyuan" National Park was also discussed. We believe that the construction of ecological civilization in the northwest region must be deeply integrated into the national development strategy, actively respond to the challenges of environmental pollution and changes in the natural environment. Meanwhile, we still need to strengthen the drive for innovation, continue to deepen reform, promote comprehensive measures, and achieve great protection and governance.

The well-off society report focuses on the targeted poverty alleviation in the northwest region and the fully construction of a well-off society, paying attention to the practice path of targeted poverty alleviation, the establishment of a well-off society index system and its realization path, and employment issues. It is obvious that for building a moderately prosperous society in the northwest region, we must resolutely win the battle against poverty, accelerate the process of new-type urbanization, effectively ensure and improve people's livelihood, enhance social governance capabilities of grassroots, and continuously increase the people's sense of gain, happiness, and security.

The regional features report focuses on regional social governance and green and high-quality development in the northwest region, paying attention to the protection and excavation of red cultural resources, Gansu's integration into the new international land-sea trade channel, the high-quality development of the manufacturing industry. In addition, the establishment of Qaidam clean energy base which is helpful for boosting the regional low-carbon green development, the social stability in Xinjiang and the mass work under long-term security were described. The provinces and autonomous regions in the northwest region have actively integrated into the national development strategy, explored high-quality development methods according to local conditions, and achieved a series of remarkable results.

Keywords: 70th anniversary of the founding of New China, High-quality development, Northwest China

目录

Ⅰ 总报告

Ⅱ 综合篇

Ⅲ 生态文明篇

Ⅳ 小康社会篇

Ⅴ 区域特色篇

皮书数据库阅读使用指南

CONTENTS

Ⅰ General Report

Ⅱ Comprehensive Reports

Ⅲ Ecological Civilization Reports

Ⅳ Well–off Society Reports

V Regional Features Reports

总 报 告

General Report

B.1
2019～2020年西北地区经济社会发展形势分析与预测

陈 玮 拉毛措 杜青华*

摘 要： 2019年以来，面对全球化进程持续受挫、全球经济增长疲软、内需增长动力不足、工业企业利润下滑等一系列不确定性因素持续增加的复杂环境，西北五省区经济社会发展呈现经济运行总体平稳、精准脱贫成效显著、生态文明建设持续推进、社会治理水平进一步提升、民族团结进步事业成就显著的新态势。展望2020年，西北五省区经济社会发展预计将面临经济增长外部需求明显减弱、经济工作重心向稳增长转移、财政和金融政策逆周期调节力度加大、脱贫攻坚取得决

* 陈玮，青海省社会科学院原院长、教授，研究方向为民族宗教学、藏学、社会学；拉毛措，青海省社会科学院社会学研究所所长、研究员，研究方向为民族社会学；杜青华，青海省社会科学院经济学研究所所长、副研究员，研究方向为区域经济。

定性胜利、生态文明建设力度不断加大等新形势，需要从深化重点领域改革、融入国家“一带一路”建设、优化投资结构、改善和提升民生水平、探索巩固脱贫攻坚成果机制、巩固民族团结进步创建成果、优化人才发展环境等方面入手，确保经济社会在新形势下持续健康运行。

关键词： 经济社会发展　小康社会　西北五省区

2019 年是新中国成立 70 周年，也是我国“十三五”规划和全面建成小康社会即将收官之年。面对全球化进程持续受挫，贸易保护主义蔓延，全球价值链遭到破坏，全球经济增长疲软，美国、欧盟、日本等主要经济体复苏乏力，全球经济贸易增速显著放缓，局部地区政局持续动荡，国内结构性产能过剩，内需增长动力不足，工业企业利润下滑，金融风险不断累加等一系列不确定性因素持续增加的复杂环境，我国经济延续了总体平稳的发展态势，工业经济回稳向好，就业情况好于预期，三大攻坚战成效明显，供给侧结构性改革稳中有进，为西北五省区经济社会发展提供了重要的发展保障。

一　2019年西北地区经济社会发展总体形势

2019 年以来，西北地区经济社会发展形势呈现经济运行总体平稳，工业经济表现各异，固定资产投资稳中趋进，城乡居民收入增长较快，精准脱贫成效显著，生态文明建设持续推进，社会治理水平进一步提升，民族团结进步事业取得新成就的发展态势。

（一）经济运行总体平稳

2019 年前三季度，我国宏观经济按可比价格计算，同比增长了 6.2%，仍处于政府年初设定的6%~6.5%的增长目标之内。西北五省区中，只有宁夏地区生产总值增速超过全国平均水平，达到6.5%；陕西、甘肃、青海、新疆四省区的地区生产总值增速均低于全国平均水平，分别为5.8%、6.1%、5.7%和6.1%。从西北五省区经济总量占全国比重观察，前三季度，五省区经济总量为3.89万亿元，占全国的比重为5.57%，较上年同期提高了0.05个百分点。从分省区经济总量和结构变动情况观察，前三季度，陕西省实现地区生产总值18319.64亿元，同比增长5.8%。其中，第一产业增加值1033.29亿元，增长3.9%；第二产业8801.17亿元，增长5.3%；第三产业8485.18亿元，增长6.6%。甘肃省实现地区生产总值6426.0亿元，同比增长6.1%。其中，第一产业增加值790.3亿元，增长5.9%；第二产业增加值2128.7亿元，增长5.2%；第三产业增加值3507.0亿元，增长6.7%。宁夏回族自治区实现生产总值2996.82亿元，同比增长6.5%。其中，第一产业增加值182.13亿元，增长2.6%；第二产业增加值1474.27亿元，增长6.1%；第三产业增加值1340.42亿元，增长7.5%。青海省实现地区生产总值2046.45亿元，同比增长5.7%。其中，第一产业增加值156.18亿元，增长3.5%；第二产业增加值950.39亿元，增长6.6%；第三产业增加值939.88亿元，增长4.8%。新疆维吾尔自治区实现9127.0亿元，同比增长6.1%。从地区生产总值总量来看，陕西以18319.64亿元排全国第15位，领跑西北五省区（见表1）。

表1　2019年前三季度西北五省区地区生产总值情况比较

指　标	陕西	甘肃	宁夏	青海	新疆
地区生产总值(亿元)	18319.64	6426.0	2996.82	2046.45	9127.0
全国排名	15	26	28	29	25
西北排名	1	3	4	5	2
地区生产总值增长率(%)	5.8	6.1	6.5	5.7	6.1
全国排名	22	20	14	23	19
西北排名	4	2	1	5	2

资料来源：根据西北五省区统计局门户网站公布的数据整理。

（二）工业经济表现各异

受国际石油、煤炭、天然气等能源价格，铜、铁矿石、棉花、菜籽、豆粕等大宗商品价格持续走低，以及国内经济下行压力加大等影响，2019 年前三季度，西北五省区工业经济发展表现各异。其中，与全国规模以上工业增加值同比增速 5.6% 相比，青海、宁夏分别高出全国平均水平 0.2 个百分点和 1.7 个百分点，陕西、甘肃比全国平均水平分别低 1.1 个百分点和 2.2 个百分点（见图 1）。与 2018 年前三季度相比，西北五省区工业生产者出厂价格指数（PPI）互有涨跌。其中，陕西上涨 1.7%，甘肃下降 1.5%，宁夏上涨 2.1%，青海下降 1.4%。

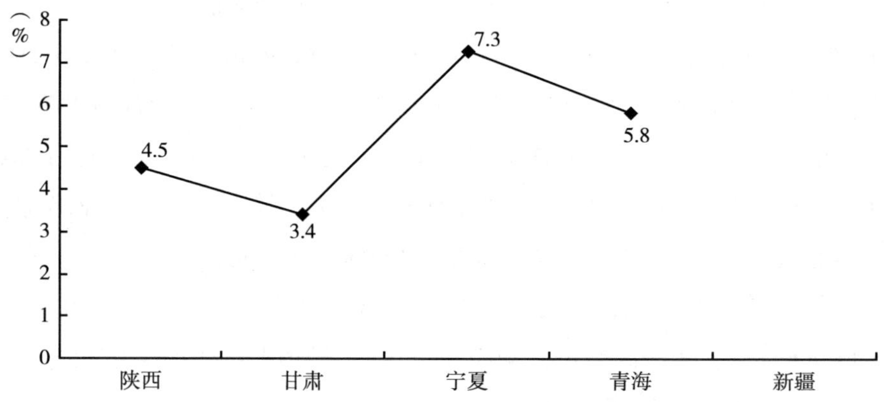

图 1　2019 年前三季度西北五省区规上工业增加值同比增速比较

资料来源：根据西北五省区统计局门户网站公布的数据整理。

说明：新疆维吾尔自治区数据暂未公布。

（三）固定资产投资稳中趋进

2019 年前三季度，全国固定资产投资 46.12 万亿元，同比增长 5.4%，与 2018 年前三季度持平。从增速角度观察，各省区固定资产投资增速有涨有跌，但总体保持了稳中趋进的发展态势。2019 年前三季度，陕西省固定资产投资同比增长 1.0%，扭转了自 2018 年上半年以来的持续回落态势。

甘肃省固定资产投资同比增长5.5%，增速比上半年提高3.1个百分点。宁夏固定资产投资同比下降14.7%，降幅比上半年收窄3.2个百分点。青海固定资产投资同比下降3%，降幅较上半年收窄6.9个百分点。

（四）城乡居民收入增长较快

2019年前三季度，全国居民人均可支配收入实际增长6.1%，与经济增长基本同步。城镇居民人均可支配收入实际增长5.4%，农村居民人均可支配收入实际增长6.4%。分省（区）观察，陕西、甘肃、宁夏、青海城乡居民人均可支配收入增速均跑赢了地区生产总值增速且均高于同期全国城乡居民可支配收入增速平均水平。虽然前三季度，各省区城乡居民人均可支配收入实现了较快增长，但是城乡居民收入差距均高于全国平均水平，城乡居民的收入水平均低于全国平均水平，在全国来看仍属较低水平（见表2）。

表2　2019年前三季度各省区城乡居民收入比较

单位：元，%

指　标	陕西	甘肃	宁夏	青海	全国平均
城镇居民人均可支配收入	27360	24045	24564	24264	31939
城镇居民人均可支配收入增速	5.8	7.9	7.9	7.1	5.4
农村居民人均可支配收入	9286	6444	8138	7825	11622
农村居民人均可支配收入增速	7.3	9.0	9.0	10.1	6.4
城乡居民收入比	2.95:1	3.73:1	3.02:1	3.10:1	2.75:1

资料来源：根据国家统计局和表中各省区统计局门户网站公布数据整理计算。

（五）精准脱贫取得显著成效

2019年，随着全国性精准脱贫攻坚战的大力推进，西北五省区的精准脱贫取得显著成效。西北五省区的各级党委政府切实贯彻习近平关于精准扶贫的战略思想和习近平在陕甘宁革命老区脱贫致富座谈会上的重要讲话精神，根据各省区实际省情（区情），创新思路，精心谋划，协同攻关，联动帮扶，多措并举，为打赢脱贫攻坚战发挥了重要作用。青海省推行民政低保和扶贫标准“两线合一”，扶贫资金切块到县、项目审批权下放到县，赋予贫困地区更多的自主权，开通“精准扶贫金融服务热线”，推行金融主办行制度，推广“双基联动”合作贷款模式，以为基层360个乡镇配备专兼职扶贫干事等方式，使全省脱贫攻坚取得实质性进展。新疆维吾尔自治区扭住“精准”不放松，按照因地制宜、因村因户因人施策的要求，扎实做好就业扶贫、产业扶贫、教育扶贫、健康扶贫等精准扶贫重点工作，推动扶贫扶到点上扶到根上。同时，立足优势资源，扶持龙头企业，培育知名品牌，通过产业发展带动农牧民稳定增收。截至8月底，新疆全区农村富余劳动力转移就业223.7万人次，完成年度目标任务的82.8%；南疆22个深度贫困县建档立卡贫困家庭劳动力有组织转移就业62247人，完成年度目标任务的155.6%。陕西省实施“三比一提升”“3+X”等工程，助力脱贫攻坚。持续用力，扎实做好脱贫人口“回头看”、年度扶贫对象动态管理、巩固脱贫成果防返贫等各项工作。着力提高脱贫质量，贯彻好精准方略，因地制宜做大做强扶贫产业，深入推进就业扶贫，夯实稳定脱贫基础。强化“五级书记”抓脱贫政治责任，更好发挥县委书记“一线总指挥”作用，狠抓工作落实，确保如期高质量完成脱贫任务。截至10月，陕西省登记集体经济组织11770个，其中贫困村集体经济组织5978个。3583个贫困村实现集体经济分红，涉及贫困人口108.7万人。甘肃省提出“1+17”的精准扶贫思路，全力完成扶贫攻坚任务，收到显著成效。甘肃天水市秦州区藉口镇的390户建档立卡贫困户乔迁新居；灵台县采用“公司+农户”模式带活“牛经济”，截至8月，该县年均牛饲养量达到18万头、出栏肉牛6.3万头、存栏肉牛11.7万头，养牛收入1.7亿元。累计建成肉牛养殖场（小区）74处，其中百头以上11处，500头以上4处，1000头以上2处，发展千头以上养牛村44个，10头以上养牛大户147户，实现了农民增收和产业发展的双赢。宁夏回族自治区依据《宁夏回族自治区农村扶贫开发条例》，坚持以脱贫攻坚统筹全局，对标“两不愁三保障”脱贫标准，尽锐出战，靶向攻坚，收效显著。宁夏贺兰县积极实践“产业+金融+扶贫保”扶贫模式，鼓励引导贫困户通过扶贫小额信贷和扶贫保险发展产业脱贫致富。2019年，新增贫困户贷款265户1042万元。同时，为建档立卡贫困户购买意外伤害和大病补充医疗保险，覆盖人口6835人。银川市金凤区完成8个贫困村脱贫出列，金凤区制定的年度脱贫计划750人，目前正稳步推进。海原县是六盘山集中连片特殊困难地区国定贫困县，是宁夏“五县一片”深度贫困地区之一，是全区脱贫攻坚主战场之一。海原县积极作为，向脱贫摘帽发起全面总攻。2014～2018年，全县累计脱贫出列121个贫困村，减贫21656户85925人，贫困发生率由30.26%下降到4.33%，取得了脱贫攻坚阶段性显著成果。

（六）生态文明建设持续稳步推进

2019年，随着各级党委政府生态理念的不断强化、生态立省生态立区的各项政策措施不断建立健全，西北五省区的生态文明建设取得了显著成效。陕西省致力于生活垃圾治理、生活污水治理、“厕所革命”、农业废弃物资源化利用、村容村貌提升“五大行动”，全省生活垃圾、生活污水得到有效治理的行政村分别为89%、41%，户用无害化卫生厕所普及率为40.7%。2019年生态环境质量达到“良”，生态环境状况指数比上年上升0.43，总体保持稳定。其中，11个区县生态环境状况略微变好，92个区县生态环境状况基本稳定，评级为“优”的区县增加1个，评级为“良”的区县增加到4个。甘肃省提出构建十大生态产业体系之路，即能从根本上解决生态环境问题、推动绿色发展的新路。围绕这条新路制定出台了《甘肃省推进绿色生态产业发展规划》，共确定了265个、总投资8200多亿元的绿色生态产业重点项目。随后，又逐个制定印发了十大生态产业专项行动计划，谋划设立了绿色生态产业发展母子基金，梳理形成了系统完善的十大生态产业政策汇编，从而搭建起了一个“1+1+10+X”的政策框架体系，明确了构建生态产业体系、推动绿色发展崛起的作战图和施工图。自2018年以来，甘肃省十大生态产业完成增加值1511.3亿元，占全省地区生产总值的18.3%，同比增长6.7%。近些年，新疆伊宁市伊犁河国家湿地公园通过合理的湿地保护与恢复措施，恢复湿地植被，丰富植被类型，为湿地野生动物提供良好生态环境，维护湿地生物多样性，为建设“丝路花城·彩色伊宁”做出积极贡献。宁夏坚持“生态立区”战略，大力推进银川都市圈生态文明建设。2019 年上半年，全区地级城市环境空气质量优良天数比例为 84%，较 2018 年同期增长 5.8 个百分点，其中，银川空气质量优良天数比例达到 87%，同比增长 25 个百分点；水环境质量方面，都市圈 66 个考核断面基本实现采测分离，22 个水质自动监测站建设工作全面启动，黄河流域水质优良比例达到 78.6%。青海省奉行民生至上理念，始终关注与百姓生产生活息息相关的环境治理问题，如：持续深化水污染综合治理，以改善城市水环境质量为核心，不断加大防治力度，加快补齐城市环境基础设施短板，建立健全长效机制，推动城市水体长治久清，城市水环境和水生态得到显著提升。另外，青海省为了有效推动国家公园建设，于 2019 年 8 月 19 日在西宁市成功举办了以“建立以国家公园为主体的自然保护地体系”为主题的首届国家公园论坛，为切实推动国家公园建设提供了历史机遇，充分展示了我国生态文明建设的最新成果。

（七）社会治理水平进一步提升

2019 年，随着我国社会治理现代化的不断推进，西北五省区依据各地区域特点，逐步强化社会治理体系和治理能力现代化建设，积极应对社会治理面临的一系列新问题、新挑战，使各地呈现社会和谐稳定的良好局面，新时代社会治理取得了全社会普遍满意的成效。陕西省坚持一手抓“经济报表”，一手抓“平安报表”，推动实现从“小治安”到“大平安”质的飞跃；把推进市域社会治理与纵深推进扫黑除恶结合起来，探索建立“黑不生、恶不出”的长效机制，努力为追赶超越发展创造良好社会环境。甘肃省社会治理实行综合施策，注重宏观设计、微观入手，其成效体现在百姓身边。2019 年甘肃省市场监管局印发了《甘肃省食品小作坊综合治理三年提升计划（2019～2021）》。按照部署，全省食品小作坊综合治理行动于 2019 年 5 月 20 日前进行全面动员；2019 年 5 月 20 日至 8 月底，集中开展登记建档和卫生整治，确保环境卫生规范达标率达到 80% 以上，淘汰一批卫生条件差、设施设备简陋缺失、缺乏改造意愿的食品小作坊；2019年9月至2020年9月，打击淘汰一批食品质量安全状况不符合要求的小作坊，力争评价性抽检和监督抽检合格率达到90%以上；2020年9月至2021年12月，全面提升和打造名特优作坊，公布一批具有地方特色的示范食品小作坊。同时，为加强校园安全保护区社会治安综合治理，维护校园及周边正常秩序，保障师生生命财产安全，甘肃省出台实施了《甘肃省校园安全保护区社会治安综合治理十项规定》。宁夏回族自治区注重构建基层社会治理新格局，不断创新社会治安综合治理工作理念、机制、方法，涌现出一批新经验、新典型和新亮点，“互联网＋人民调解”“乡村治理积分卡”“金牌调解室”“法律明白人”等创新方式应运而生，人民群众的获得感、幸福感、安全感不断增强。青海省始终坚持把矛盾纠纷排查化解作为一项源头性、基础性、根本性工作，以构建多元矛盾纠纷解决机制为主线，坚持源头预防、动态管理和应急处置相结合，进一步健全基层组织，完善制度机制，创新方式方法，矛盾纠纷预防化解的法治化、制度化水平进一步提高，和谐稳定的社会局面进一步得以巩固发展。新疆维吾尔自治区始终坚持用以习近平同志为核心的党中央治疆方略，特别是以社会稳定和长治久安总目标统领各项工作，坚持行之有效的反恐维稳措施，健全社会管控机制，创新社会治理方法，在补短板、利长效上下功夫，确保新疆社会大局持续稳定。

（八）民族团结进步事业取得新成就

民族团结是经济发展、社会稳定的基石，是西北五省区各族人民的生命线。2019年，西北五省区党委政府紧紧围绕“共同团结奋斗、共同繁荣发展”的新时期民族工作主题，积极致力于民族团结进步事业，努力开创民族团结进步创建工作新局面，书写了新时代民族团结进步新篇章。陕西省多措并举，大力推动少数民族聚居地方精准脱贫，助推少数民族企业做大做强。甘肃省高度重视民族团结进步创建工作，经过各地和有关部门的共同努力，民族团结进步事业快速发展，取得显著成绩。宁夏全面深入持续开展民族团结进步创建工作，建立全社会共同参与的工作格局。2019 年 7 月 23 ~24 日，宁夏举办民族团结进步创建“互观互检”活动，旨在提高政治站位，紧扣主题主线，聚焦密切党群干群关系、厚植党的执政基础抓创建；突出问题导向，坚持改革创新，为建设新宁夏、共筑中国梦做出新贡献。青海省为了巩固和发展平等团结互助和谐的社会主义民族关系，促进民族团结进步事业，根据《中华人民共和国宪法》《中华人民共和国民族区域自治法》等有关法律、行政法规，结合本省实际，于 2019 年 3 月 22 日制定并通过《青海省促进民族团结进步条例》，自 2019 年 5 月 1 日起施行。这个条例的颁布实施使青海省促进民族团结进步事业有了法律保障和依据。同时，青海省为认真贯彻落实《关于全面深入持久开展民族团结进步创建工作铸牢中华民族共同体意识的意见》精神，进一步深入推进民族团结进步大省建设，着力打造民族团结进步创建的“青海样本”，2019 年 1 月 21 日，省委办公厅印发《青海省民族团结进步创建示范单位和先进单位动态管理办法（试行）》，从七大章、二十条举措和六个重点方面明确动态管理的主要内容，进一步发挥创建示范和先进单位的典型引领作用，树立正向牵引导向，通过定期复检复验、动态调整、优续劣汰，建立持续推进工作的长效机制，促进创建工作规范化、制度化、常态化，努力推动全省创建工作升级提档更进一步。新疆深入开展民族团结进步宣传教育和创建活动，广泛开展“民族团结一家亲”、民族团结联谊、民族团结“结亲周”活动，大力推进嵌入式社会结构和社区环境建设，营造各民族手足相亲、守望相助的良好环境。

二 2019年西北地区经济社会发展面临的挑战

2019 年以来，在全球经济增速整体放缓、进出口贸易总量下降的大背景下，西北五省区经济延续了总体平稳、稳中有进的发展态势。但由于外部环境日趋复杂，经济下行压力明显增大，西北五省区在宏观经济不断趋紧的情况下，面临的困难和挑战也在不断增加。

（一）区域经济分化格局逐步形成

通过观察2019年前三季度的区域经济数据，可以看到中国的区域经济明显呈现南方省区与北方省区之间的发展差距进一步拉大的趋势。广东2019年地区生产总值突破10万亿大关的目标即将实现，贵州也以8.7%的增速赶超黑龙江、吉林，山东增速下滑至5.4%，与江苏的差距也在拉大，经济发展南强北弱的局面正在形成。在西北五省区内部，除宁夏外，陕西、甘肃、青海、新疆四省区经济增速均低于全国平均水平。相比二季度的经济增速，陕西、甘肃保持了趋稳向好的发展态势，青海增速基本持平，新疆增速稍降，地区经济差异内部分化明显。

（二）工业经济运行低位承压

从当前的宏观经济形势观察，西北五省区工业经济增长面临着外部需求持续不振，土地、资金、劳动力等多项成本上升，社会融资规模缩小等来自内部和外部两方面的制约。在市场总体需求低迷和生产要素价格偏高、出厂价格回落等因素影响下，企业盈利能力受到压缩，总体运行呈低迷状态。2019年前三季度，除陕西、宁夏工业经济运行情况好于预期外，甘肃全省工业用电量同比下降3.3%，规模以上工业企业利润总额下降29.6%。青海全省规上企业利润下降，服务业增长不及预期，增速呈趋缓态势，为多年来同期较低水平。金融支持实体经济发展的力度仍不足，民营企业和小微企业等领域的金融支持力度仍远远不够，企业融资难融资贵的问题仍较突出。

（三）基础设施建设仍需加强

受区位条件、人口集聚度、产业规模、资源禀赋等方面的影响，长期以来西北五省区在电力、交通、信息和水利等基础设施建设方面较东部地区相对滞后。近年来，国家对西北五省区的基础设施投资力度虽然有了大幅度的提高，但由于起步较晚，西北五省区的公路、铁路网密度明显低于全国平均水平，特别是城乡之间的交通设施水平差异较大，通行效率仍处于较低水平；农业灌溉、人畜饮水、工业用水设施有效供给仍不能满足现实需求；农牧业区电力、通信、信息等方面的基础设施建设仍相对薄弱，农牧民获取信息的成本显著高于城镇居民。

（四）人才短缺问题突出

人才是西北五省区经济社会发展至关重要的影响因子和关键因素，实施人才强省战略是西北五省区的共识和决策部署。但是，受区域自然经济、社会发展相对滞后所造成的人才发展理念、体制机制、资金投入不足、人才发展环境等问题的制约，西北五省区面临着一个共同的人才短缺问题，特别是“高、精、尖”专业技术人才短缺，许多行业甚至出现人才“断层”现象，这些长期解决不了的核心问题，直接影响地区经济社会发展的进程。西北五省区在实施人才强省战略中，制定出台了许多人才培养计划和政策举措，使人才总量不足、人才结构不合理、人才分布不均衡、人才外流严重等问题得到了一定程度的缓解，但从宏观层面看，西北五省区人才短缺问题仍然较为突出，解决这一问题存在许多客观性和瓶颈性制约难点，应引起高度重视，力求突破瓶颈，切实解决人才短缺问题。

（五）离高品质生活仍有一定差距

高品质生活是经济社会发展到一定阶段后人们对生活品质的一种新追求和新目标，它包含人们的吃住行、医疗、教育、文化、社会保障、生活环境等方方面面。西北五省区在着力改善民生的实践中，也把提升各民族群众生活品质作为奋斗目标不断努力，狠下功夫并取得了显著成效。但是，在客观上，西北五省区各族群众的整体生活现状与高品质生活目标仍存在一定差距。基础设施、优质医疗和教育、生活环境、公共服务、文化生活、食品安全、生活方式、城乡差距等方面需要提升的空间还很多，任务比较艰巨，与各族群众对所在区域的高品质生活希冀仍有较大差距，这些涉及民生改善的问题是今后西北五省区各级党委和政府的第一要务，需要凝心聚力，久久为功，攻坚克难，切实提升各族群众的生活品质，让生活在西北五省区的各族群众有更多的获得感、安全感、幸福感和温暖感。

（六）巩固脱贫攻坚成效压力较大

2019年是脱贫攻坚最为关键的决胜之年，西北五省区区位优势不明显，发展相对滞后，许多区域属于集中连片特困地区，贫困程度深、扶贫成本高、脱贫难度大，脱贫攻坚的短板突出。根据这些特殊省情和区情，西北五省区各级党委政府始终坚持把打赢脱贫攻坚战作为重要的政治任务，矢志不渝，为如期实现全面建成小康社会的奋斗目标奠定了坚实基础。但是，脱贫攻坚战结束后，各级党委政府面临的是如何巩固精准脱贫成效、巩固脱贫整体成果。这项稳脱贫任务具有特殊性、长期性、艰巨性和复杂性，其中在如何建立健全巩固脱贫成效机制、持续稳定收入、应对不同区域和不同层次的不同发展需求、增强社会适应性等方面需要做好科学设计和精密部署，各级党委政府要继续保持战略定力和战术韧劲儿，坚决克服懈怠情绪，坚决摒弃“大势已定、胜券在握”的自满心理，切实以高度的政治责任感打赢脱贫攻坚的最终胜利并巩固好来之不易的脱贫攻坚成果。

三 2020年西北地区经济社会发展形势预测及对策建议

展望2020年，在美国经济衰退风险持续加大、欧洲经济增速继续放缓、日本短期内增长动能减弱、我国宏观经济逐步趋稳向好的经济大背景下，西部五省区的经济社会发展预计将面临经济增长外部需求明显减弱、经济工作重心向稳增长转移、财政和金融政策逆周期调节力度加大、脱贫攻坚取得决定性胜利、生态文明建设力度不断加大等新形势和新动向。

（一）2020年发展形势预测

1. 经济增长外部需求明显减弱

从工业经济数据观察，2019年前三季度中国工业生产下滑趋势较为明显。工业增加值当季同比增速为5%，较二季度下降了0.6个百分点，较一季度下降了0.5个百分点，是2008年全球金融危机以来的最低水平。主要原因如下：第一，近三年来通用设备制造业，计算机、通信和其他电子设备制造业等相关出口行业整体回落。第二，与投资相关的钢铁、有色、水泥、玻璃、煤炭等传统行业对整体经济影响力下降，未能对工业经济下行起到坚实的支撑作用。第三，受消费需求下降影响，农副食品加工业、医药制造业、食品制造业等均较2018年同期有了显著下降。2019年前三季度，宏观经济投资、消费、出口"三驾马车"中，出口增速回落幅度最大，为10个百分点；其次是消费，回落了0.8个百分点；幅度最小的是投资，回落幅度为0.4个百分点。考虑到内外需均承压和企业投资生产意愿仍然较弱的现实情况，制造业投资改善的空间有限且难以冲抵房地产投资增速下行的负面影响，所以2020年基础设施建设投资有望成为拉动全国和西北五省区经济增长的重点领域。

2. 经济工作重心继续向稳增长转移

受2008年以来数轮货币政策刺激效应不断减弱的现实境况，加之外部环境受中美贸易摩擦影响、短期内难有实质性的改变等因素制约，未来一段时期内，政府没有必要过度刺激经济开启新一轮经济增长周期，只需要确保经济形态呈L形发展即可。面对持续的外部冲击和经济减速，年内中央召开的一系列重要经济工作会议多次提出要用改革的办法稳增长，并进一步明确了"六稳"的稳定化政策目标，稳增长、稳预期、稳杠杆和促改革将成为2020年乃至今后中长期中国经济社会发展的主要任务。

3. 财政和金融政策逆周期调节力度不断加大

受猪肉和食品价格上行力量强劲、短期内CPI指数难以回复低水平温和增长区间，以及核心CPI、PPI等指标依旧疲软等因素困扰，通过财政和金融政策进行逆周期调节以稳定经济的难度变得较大。在此大背景下，2020年央行采取宽松货币政策的空间有限，出现类似于2008年4万亿元大规模刺激政策概率不大，在确保全社会货币流动性充分、社会融资成本稳步降低和融资风险切实可控的前提下，稳健且适度灵活的货币政策将是比较合理的目标取向。基于此研判，运用积极的财政政策以加快经济结构调整，促进产业升级和消费增长良性互动，补足基础设施和民生领域短板弱项等措施，有望在2020年稳经济和逆周期调节过程中发挥重要宏观调控作用。

4. 脱贫攻坚将取得决定性胜利

2020年是脱贫攻坚的收官之年和决胜全面建成小康社会第一个百年奋斗目标的关键之年。中央统一部署和政策支持力度不断加大，各地方党委政府高度重视，全力投入脱贫攻坚会战，为其取得决定性胜利奠定了坚实的基础。在此背景下，西北五省区各级党委政府将竭尽全力把主要精力放到最后冲刺阶段，在“大扶贫”工作格局中，攻坚目标接近完成，各项摘帽指标基本清零（青海省实施2019年底脱贫攻坚绝对贫困“清零”行动），脱贫帮扶机制已逐步完善，广大干部群众打赢脱贫攻坚战的积极性和内生动力已被充分调动，全社会凝心聚力聚焦脱贫攻坚的浓郁氛围已经形成，各种实施方案和保障措施已做充分准备，预计2020年西北五省区的脱贫攻坚任务将取得新的决定性胜利。一是“两不愁三保障”问题将得以解决，贫困群众的基本民生得到保障。二是脱贫攻坚目标任务将圆满完成，所有贫困地区、贫困人口将摘帽脱贫。三是巩固脱贫攻坚成效的许多政策制度将出台实施，贫困人口的后续生产生活问题将得到持续关注和保障。四是涉及脱贫攻坚的各类产业扶贫工程将初具规模，贫困地区和人口将获得更多收益。

5. 生态文明建设力度将进一步加大

生态文明建设是关系人民福祉、关乎民族未来的长远大计，对于生态十分脆弱的西部省份而言，其现实和深远意义显而易见。2020年在决胜全面建成小康社会第一个百年奋斗目标的关键之年，中央政府会把生态文明建设同样摆上重要工作议程，切实贯彻习近平总书记关于加大力度推进生态文明建设、解决生态环境问题，坚决打好污染防治攻坚战，推动我国生态文明建设迈上新台阶的指示以及习近平在河南主持召开黄河流域生态保护和高质量发展座谈会的讲话精神，在政策和资金投入上将进一步加大对生态文明建设的支持力度，特别是为沿黄流域实现高质量发展提供方向性指导。这些指导意见和政策支持为建设生态文明奠定了基础。西北五省区各级党委政府将继续结合各地的实际情况，结合乡村振兴、“一带一路”等国家建设实施的契机，大力实施生态立省（立区）战略，积极参与打造西部地区生态文明建设先行区，着力打好污染防治攻坚战，预计2020年，西北五省区将对本区域的生态文明建设进行新的部署并加大支持力度，力争生态文明建设迈上更高台阶：一是生态安全屏障将更加牢固，防沙治沙、造林种草、封山育林等生态建设将取得更加明显的成效；二是污染治理力度将进一步加大，天、地、水、空气将更蓝更绿更美更清新；三是绿色和谐发展前景将更加开阔，绿色工厂、绿色园区等一系列绿色产业经济将取得新成效；四是全社会共建共治共享的功能和作用将进一步凸显，人们自觉践行绿色生活、绿色消费，低碳节约、保护环境的社会风尚将初步形成。

（二）对策建议

1. 全面深化重点领域改革

过去很长一段时期，人们常以为宏观经济增速下降可以用宽松的货币政策或积极的财政政策拉起来，但近年来的实际表现再次证明，经济增长本质上还是要依靠经济效率的提升和发展方式的转型升级来实现。这就需要相关政府部门在接下来的时间里深入推进营商环境改革，深化重点领域国企改革和行政性垄断行业改革，确保政府职能转变，国企、金融、能源、电力、二次收入分配、财税体制等重点领域和关键环节的改革扎实落地。在建立良好的教育系统和科研系统的同时，进一步放开城乡间土地、资金、人员等要素市场，打通要素流通渠道，优化资源配置，全面提高要素生产率，切实推进国家治理体系和治理能力现代化，为下一阶段的经济增长积蓄更多、更持久的发展动力。

2. 积极融入国家“一带一路”建设

抓住国家东西双向开放的战略机遇，在国家未来几年内重点建设国家级新区、自由贸易试验区、内陆开放性经济试验区、跨境经济合作区、沿边重点开发开放试验区、进出口贸易综合保税区等开放平台的大背景下，发挥好西北五省区与“一带一路”沿线国家发展对外贸易中的区位优势、交通枢纽地位和贸易通道优势，在加快政策沟通、设施联通、资金融通和民心相通的基础上，将贸易畅通作为核心，高质量推进“一带一路”建设，扩大新能源、新材料、特色轻工、民族手工业和农畜加工等特色商品出口规模，着力发展青海外向型经济。一方面，可以着力扩大优势产品出口规模。加强政策沟通，深化与“一带一路”沿线国家和地区的经贸合作，在稳定藏毯、毛绒等传统优势产品出口的基础上，进一步扩大盐湖化工产品和特色农畜产品出口规模。与相关国家合作开办境内、境外产业合作园区，建设一批特色产品出口基地。另一方面，可以着手促进对外贸易区域协调发展。结合各地优势，强化政策支持，加快发展出口导向性产业。合理布局西北五省区重点工业园区产业，开展全产业链项目合作，带动技术、装备和服务输出。加大对海外投资企业的服务和支持力度，进行跟踪式服务，关注企业发展，帮助企业解决拓展海外市场中遇到的困难。

3. 持续优化投资结构

西部五省区需要及时抓住经济下行压力明显背景下国家逆周期宏观调控的政策主基调，通过深入推进供给侧结构性改革，精准聚焦补短板的主攻方向，确保经济在转型升级、动力转换中平稳发展，为“十四五”及下一阶段经济高质量发展打好基础。同时，积极主动有序放开市场准入、减税降费、优化营商环境等，促进能够激发民间投资活力的政策的逐步落实。具体来说，一是全面落实有关工业稳增长和促投资方面的重要措施，做好各类重大项目、重点工程和重要技改项目的建设、跟踪和服务，确保投资平稳运行。二是加快建设西成铁路、格敦铁路、银川至西安铁路、武都至九寨沟等高速公路、加快实施生态移民扶贫开发供水工程、重点实施老城区、国有工矿区、林区、垦区、棚户区改造等一批重大惠民工程建设。三是积极融入我国“一带一路”倡议和“长江经济带”“黄河经济带”建设规划，积极引进承接东部省份的转移产业，尤其是重点做好高新材料、先进装备制造、现代生物医药及数字经济等新兴领域的集群式招商，在推动各类已签约项目落地的基础上，进一步提升招商引资水平。

4. 持续改善和提升民生水平

习近平总书记强调："保障和改善民生是一项长期工作，没有终点站，只有连续不断的新起点。"① 改善民生是全面建成小康社会的核心问题之一，西北五省区各级党委政府应该继续高度重视，特别是在持续改善和提升民生水平上凝心聚力，创新思维，务求实效，惠及民众，让各族人民有更多获得感、幸福感、安全感。一要继续稳定和扩大就业。继续实施就业优先政策，大力推进产业、企业、就业"三业联动"，进一步统筹做好高校毕业生、农民工、退役军人、困难群体等重点群体就业工作，确保零就业家庭动态"清零"，切实做好欠薪治理工作，有效维护农民工合法权益。二要着力提升教育质量和水平，有效促进教育资源均衡发展。深入贯彻全国教育大会精神，继续加大教育投入，深化教育改革，注重教师队伍建设和教学质量提升；着力解决城乡之间、区域之间教育资源不均衡的问题，加快补齐乡村教育、民族教育发展短板，进一步优化教育布局，促进优质教育资源共享。三要进一步推动分级诊疗制度和公立医院综合改革，推进县域医共体建设，健全完善现代医院管理制度，加强基层卫生服务体系建设，加快推进"互联网+医疗健康"建设，着力打造远程医疗等新型健康服务模式，进一步促进优质医疗资源向基层下沉，有效缓解群众看病难、看病贵的问题。四要进一步完善社会保障体系。深入实施全民参保计划，逐步扩大社会保险覆盖面；统筹城乡社会保障体系建设，完善城乡低保、养老保险、工伤保险、社会救助等制度。进一步调整完善基本医疗保险政策和医保药品目录，把更多救命救急的好药纳入医保，持续改善人民群众住房条件，大力推进社区居家养老服务，在农牧区探索开展孤寡老人养老服务公益岗位试点，让老年人安享晚年。

5. 积极探索巩固脱贫攻坚成果的机制

打赢脱贫攻坚战是一项长期而艰巨的工作，巩固脱贫攻坚成果更是一项复杂工程。西北五省区各级党委政府必须有清醒的认识和充分的思想准备。

① 习近平在天津考察时的讲话，2013 年 5 月 13 日，《人民日报》2013 年 5 月 16 日。

一要提高认识，精心谋划。制定出台相关巩固脱贫成果、有效防止返贫的政策措施，建立健全相关长效机制，对已脱贫的贫困县、贫困村、贫困户，摘帽不摘责任、摘帽不摘政策、摘帽不摘帮扶，为巩固脱贫成果提供政策制度保障。二要进一步补齐短板，精准施策。重点关注“三保障”的基本要求和核心指标，注重义务教育、基本医疗、住房安全等方面还存在的一些问题和短板以及“数字”脱贫、“指标”脱贫等问题，持续巩固脱贫攻坚成果。三要进一步开展扶贫扶志，提升内生动力。内生动力是巩固脱贫攻坚的关键要素，要着力寻求扶志的有效举措，大力培植“造血”功能，激发后续发展内生活力。四要持续开拓产业稳脱贫新途径。积极实施各地特色产业扶贫计划，加大资金支持力度，开拓和提升电商平台及其营销能力，有效保障贫困人口的后续生产生活，防止返贫。五要推行“扶一程”稳脱贫工程。始终把2020年全面小康作为最终目标，坚持帮扶力度不减、帮扶力量不散、政策标准不降、帮扶责任人不撤、驻村工作组不散、帮扶力度不减等摘帽不摘责任、摘帽不摘政策、摘帽不摘帮扶的“扶一程”稳脱贫工程。

6. 进一步巩固民族团结进步创建成果

西北五省区具有多民族多宗教的区域特点，大力推进民族团结进步事业是一项长期任务，同时，由于民族团结作为各族人民的生命线贯穿于社会生活的方方面面，各地经济社会发展的前提是需要有一个民族团结进步的良好局面。在新的历史时期，西北五省区党委政府要在中办、国办印发的《关于全面深入持久开展民族团结进步创建工作铸牢中华民族共同体意识的意见》精神指引下，在全力打好三大攻坚战的同时，要继续高度重视民族团结进步事业，特别是要进一步巩固民族团结进步创建成果。一要从深度和广度上开展民族团结进步宣传教育和创建活动，在各民族中进一步牢固树立国家意识、公民意识、中华民族共同体意识，增强“五个认同”，弘扬社会主义核心价值观和中华优秀传统文化，建设各民族共有精神家园。二要广泛深入开展“民族团结一家亲”、民族团结联谊、民族团结“结亲周”活动，促进各民族交往交流交融，铸牢中华民族共同体意识。三要进一步深入开展创建“十进”和“创建+”等创新性创建活动。努力使民族团结进步创建活动融入各地各族群众的生产生活实践中，形成和谐团结的良好社会氛围，切实为西北五省区经济社会发展提供重要保证。

7. 进一步优化人才发展环境

人才是第一资源，是发展之基、发展之源，对于西北五省区人才资源比较匮乏的现状而言，实施人才强省（强区）战略，人才资源是关键。为了有效解决人才短缺问题，西北五省区党委政府首先要进一步优化人才发展环境，为人才成长、人才发展、有效发挥人才智慧创造良好的环境。一要进一步建立健全人才发展体制机制。逐步构建、完善和创新人才培养、引智、使用及评价考核机制。二要加大开发人才资源的财物投资力度。重点解决人才发展中遇到的科研经费不足、物质奖励力度小、智力报偿中“天花板”效应等许多资金短缺的瓶颈问题。三要进一步加大基层各类人才的培养力度。在政策、待遇、职称、优秀人才选拔、本土人才使用等方面予以一定的倾斜支持。四要制定出台有关进一步优化人才发展环境的制度措施，切实保障西北五省区的人才环境得以进一步优化，为人才强省（强区）提供较为丰富的人才资源保障。

参考文献

郭路、魏杨：《中国经济增长之路分析》，《经济与管理分析》2019 年第 6 期。

刘瑞明、毛宇、亢延锟：《制度松绑、市场活力激发与旅游经济发展——来自中国文化体制改革的证据》，《经济研究》2020 年第 1 期。

刘伟、蔡志洲：《经济周期与长期经济增长——中国的经验和特点（1978～2018）》，《国际货币评论》（2019 年全辑）2019 年 12 月。

王健、赵凯：《中国城镇化、老龄化、城乡差距与经济发展研究——带调节的中介效应模型》，《当代经济管理》2020 年第 4 期。

张鹏飞、仇雨临：《人口老龄化、社会保障支出与中国经济增长率》，《上海经济研究》2019 年第 11 期。

综　合　篇

Comprehensive Reports

B.2
新中国成立70年来西北地区法治建设发展报告

陈 波　胡映雪*

摘　要： 西北地区法治建设进程是中国特色社会主义法治国家建设的重要环节和历史缩影。70 年来，西北地区法治建设经历了初创与停滞期、恢复与快速发展期、全面推进地方法治建设时期等三个大的历史阶段，形成了数量丰富、内容涵盖较为广泛、种类完备并具有一定特色的地方法规体系，为维护区域内社会公平正义、保障各族人民的合法权益提供了较为充分的制度保障；西北各省、自治区法治政府建设不断推进，政府法治意识持续提升、职能不断优化、行政执法质效不断提

* 陈波，法学博士，陕西省社会科学院政治与法律研究所副所长、副研究员，主要从事地方法治建设、知识产权、法律职业等领域研究；胡映雪，法学硕士，陕西省社会科学院政治与法律研究所助理研究员，主要从事宪法与行政法、政务公开等领域研究。

升；司法民主化深入推进，社会公众对审判工作知情权、参与权、监督权得到更加充分保障，社会公平正义得到进一步彰显；法治社会建设逐步推开，人民群众各项合法权益和社会稳定有了更加坚实的法治保障。但面对社会主要矛盾发生变化、人民群众对法治建设有新的期待以及抢抓“一带一路”“西部大开发”等重大建设机遇的现实，西北各省、自治区法治建设应毫不动摇坚持党对地方法治建设的全面领导，牢固确立以人民为中心的法治理念，立足西北五省区经济、社会和政府转型的现实状况，加快完善以创新之法、民生之法、生态之法为内容和特色的地方法规体系，为推进西北地区持续快速发展提供有力法治保障。

关键词： 新中国成立70年　法治建设　西北五省区

法治是治国理政的基本方式。依法治国，建设社会主义法治国家是新中国成立70年来中国共产党带领全国各族人民在推进中国特色社会主义建设中凝聚的重要共识和宝贵经验。70年来新中国的历史发展与中国共产党治国理政的实践一再证明，“法治兴，则国兴；法治强，则国强”。西北地区法治进程是建设中国特色社会主义法治国家的重要环节和历史缩影。70年的发展历程中，在贯彻落实依法治国总体要求的前提下，西北地区法治建设着眼于满足人民群众对美好幸福生活的向往、着眼于支撑地方经济社会文化发展的现实需要，形成了具有地方特色的法治建设实践经验与治理体系。70年斗转星移，随着新一轮西部大开发、丝绸之路经济带等国家战略的实施，西北地区法治建设迎来了新的发展机遇、面临新的挑战。回顾70年来发展历程、总结西北地区法治建设的重要成效和基本经验、分析西北地区在法治建设中的不足与问题、探讨新的历史时期促进西北地区法治发展的对策建议，对于贯彻全面依法治国战略、为西北地区加快发展提供有效法治保障具有非常重要的理论与现实意义。

一　新中国成立70年来西北地区法治建设的历程回顾

1949年新中国建立，中国历史揭开了新篇章，从此中国人民站在了新的历史起点上。总体来看，西北地区的法治建设是在贯彻落实党中央部署和维护国家法制统一的前提下，根据地方经济社会发展的现实需要，经历了从探索到建立，再到不断丰富的历史发展进程。大体上经历了初创与停滞、恢复与快速发展以及全面推进地方法治建设三个大的历史时期。

（一）初创与停滞期（1949～1977）

西北地区在中国共产党领导下进行法治建设的历史悠久。早在新民主主义革命时期，陕甘宁边区政府在施政中就形成了符合历史发展的法治理念、法律制度与民主司法模式等，这些光荣传统不仅是当时许多西北地区红色地方政权的具体法治实践，更是新中国成立以后西北地区推进法治建设的源头活水。

以五四宪法的颁布实施为界限，初创时期大体可以分为两个阶段。前一阶段法治建设的制度基础是《中国人民政治协商会议共同纲领》，法律制度和法律机关的任务主要是贯彻落实中央政府法律政令，以及按照中央部署开展惩治土匪恶霸与反革命、整肃贪污腐败、推进土地改革、促进公私合营等工作，因此具有从新民主主义法治向社会主义法治过渡的性质。虽然属于过渡阶段，但这一时期的法治建设成为掀起城乡经济和文化建设高潮的必要前提，也从法律体制、法律组织、法律制度等方面为西北地区开启社会主义法治建设奠定了物质与制度基础。

1954年中国第一部宪法的颁布实施，为包括西北五省区在内的新中国法制系统创建提供了顶层设计，为社会主义法治建设的开创奠定了作为根本大法的制度基础。以此为契机，西北地区法治建设迎来了新中国成立后的第一个小高潮：第一，西北各省区逐步取消各界群众代表会议，代之选举人大代表，召开地方各级人民代表大会，让广大人民群众第一次体验到行使当家作主的权利。第二，设立地方各级行政机关即地方各级人民委员会，为立法权、行政权等国家权力的规范化提供了前提。第三，司法机关设置进一步完善。第四，推动民族自治地方法治发展。新疆维吾尔自治区、宁夏回族自治区两个省级自治区相继成立，自治州、自治县范围不断扩大，为少数民族享有当家作主权力和各民族和谐共处创造了条件。第五，社会主义新法制观念开始普及。各地都掀起了以落实婚姻法、土地法等法律为中心内容的群众运动，在肃清人们思想中错误旧法观念的同时，推动社会主义法制观念的普及。

在经过为期数年轰轰烈烈的发展阶段后，由于历史原因，西北地区法治建设与全国其他地方情况基本相似，整体上陷入停滞状态。

（二）恢复与快速发展期（1978～2011）

1978 年，党的十一届三中全会胜利召开，党和国家的工作重心从以“阶级斗争为纲”转到“以经济建设为中心”。以制定 1982 年《宪法》和《民法通则》、《刑法》、《刑事诉讼法》等一系列重要法律为标志，国家启动多轮民主与法制改革，重建社会管理秩序，保障基本人权和民主，确立建设社会主义市场经济法律体系的战略取向，中国法治建设驶入日新月异的快车道。

西北各省、自治区在恢复立法、行政、司法等法律机关后，根据各地地方经济社会发展实践需要，制定了大量的地方性法规、自治条例、单行条例，形成了具有地方特色的法规体系。与此同时，法治政府建设、以专业化为方向的司法体制改革、全社会普法等法治建设工作也逐步向纵深发展。

一是法治建设秩序逐步恢复。十一届三中全会后，西北地区各省、自治区按照党中央提出的“发展社会主义民主，健全社会主义法制”这一新的治国理政思想以及宪法和法律规定，选举人大代表，召开地方人民代表大会，成立地方各级人大及其常委会、地方各级人民政府及司法机关，开展相关法律活动。陕西省十一届三中全会后陆续颁布了《陕西省人民代表大会关于议案的规定》《陕西省人民代表大会常务委员会议事规则》《陕西省县乡两级人民代表大会代表选举实施细则》等地方性法规，为地方人大、人大代表履职提供了更为具体的依据。

二是立法工作蓬勃发展，为推进地方改革发展夯实制度基础。各地方在落实上级立法的同时，结合地方经济社会发展特点，制定了大量的地方性法规、自治条例、单行条例，形成了符合地方经济社会发展实践需要的法规体系。这一阶段西北地区立法呈现数量从无到有、立法规模从小到大、立法速度从慢到快、立法内容以经济为中心兼顾其他领域等特征。

三是依法行政持续推进，法治政府建设不断完善。在改革开放初期，对社会全面管理依然是政府职能的主要方面，但这时已经要求政府的管理方式和依据要从依照政策管理转变为不仅依据政策，还要建立健全法制和依法办事。1989 年《行政诉讼法》、1990 年《行政复议条例》、1994 年《国家赔偿法》等法律的颁布实施，从法律角度重新建构了政府与公民之间的关系。2004 年国务院发布《全面推进依法行政实施纲要》，明确了建设法治政府的目标，自此西北地区开始将建设法治政府作为地方法治建设的重要内容。

四是司法机关维护社会公平正义效果不断彰显。十一届三中全会以来，西北地区各级法院、检察院逐步恢复重建，建立健全省市县（区）三级司法机构，并恢复按法定程序办案。随着《行政诉讼法》《国家赔偿法》等行政法律的颁布实施，行政诉讼不仅成为法院的主要审判业务之一，也对促进法治政府建设起到有益的推动作用。青海高院从 2009 年开始发布行政诉讼白皮书，针对行政审判中反映出的行政执法问题，就进一步强化依法行政理念、进一步提高基层行政机关执法水平等方面提出建议。[①]

（三）全面推进地方法治建设时期（2012年至今）

十八大以来，我们党对社会主义法治的理论认识和实践探索达到了新的历史高度，把全面依法治国放在党和国家事业发展全局中来谋划、来推进，

① 青海高院：《省高级法院连续十一年发布行政审判白皮书》，https://new.qq.com/omn/20190531/20190531A08X1S.html，最后检索时间：2019 年 12 月 5 日。

提出了“科学立法、严格执法、公正司法、全民守法”的法治建设新十六字方针，党的十九大则对全面依法治国列出了路线图和时间表，在全面依法治国背景下，西北地区开始全面推进地方法治建设，法规体系日趋完备、法治政府建设持续深化、公平正义得到维护、全社会法制观念不断增强、党对地方法治建设的领导不断加强和改善，地方法治建设走进新时代。

一是加强顶层设计，由地方党委牵头对全面推进地方法治建设进行整体部署和规划。西北五省区均以地方党委名义制定了全面推进法治建设的实施意见，强化了对本地区全面推进法治建设的集中统一领导。

二是地方法治政府建设不断深化。青海按照十九大提出的“深化依法治国实践”新要求推进依法行政，严格规范执法，抓住法治政府建设的核心，制定了《青海省法治政府建设实施方案（2015～2020 年）》，为地方法治政府建设提供了依据。

三是法治社会不断得到重视。西北五省区地处我国西北内陆，经济与东部地区相比较为落后，且由于历史和宗教因素，法律在一定时期内未能成为调整社会生活的权威性规则，通过加强法制宣传教育，大力弘扬尊重法律、尊重法治的社会风尚，塑造良好法治环境，就成为西北地区法治建设的重要任务。首先，坚持法制宣传，不断提升了社会公众法律意识。其次，加强社会调解，促进社会和谐，尊法重法的社会风尚和舆论氛围逐渐形成。

四是依法维护边疆地区稳定。西北五省区根据自身省情特征，出台了一系列法规，提高了法规的针对性和实用性，有效发挥了地方立法的引领推动作用和法规的法治效力。如新疆出台了一批具有新疆特色、符合新疆实际的地方性法规规章，为维护社会稳定和长治久安奠定了法治基础。

二　西北地区法治建设取得的重要成效

（一）地方法规规章体系逐渐完备，立法质量逐年提高

一是立法主体不断拓展。2015 年《立法法》修改，设区的市一级人大

及其常委会具有立法权，可以就“城乡建设与管理、环境保护、历史文化保护等方面的事项”进行立法，立法主体更加多元，为西北地区立法活动增添了更多动力，也为地方民众参与地方治理提供了更多途径，这也是我国立法民主化更加具体的体现。西北各省、自治区全面修订地方立法条例，所有设区的市一级地方立法机关的立法权得到充分保障。

二是立法内容不断丰富。新中国成立 70 年来，西北地区地方立法的范围不断拓展，形成了涵盖经济建设、政治建设、文化建设、社会建设、生态文明建设等各个领域的地方性法规规章体系。仅从 2013 年 5 月至 2017 年 10 月，陕西省人大共审议通过地方性法规 33 部（其中制定 20 部，修订 13 部），废止法规 5 部，分四次对 42 部法规进行了清理修正，审查批准了 38 部设区的市地方性法规①，2019 年陕西省十三届人大常委会立法规划确定的立法项目达到 83 件②。

三是提升立法质量的措施不断加强。甘肃省人大常委会制定了《立法顾问办法》《立法联系点办法》等规定，设立立法研究基地，积极开展立法专家咨询与立法智库服务。陕西省一方面健全提升立法质量的制度规定，颁发《关于进一步改进陕西省立法工作的意见》，从严格把控法律起草质量、完善立法调研、强化立法协调机制等方面对提高立法质量提出具体制度标准；另一方面，不断扩大公民有序有效参与立法的途径，健全立法意见征集、采纳、反馈等制度，以此加强地方立法的科学性、民主性。

（二）地方法治政府建设持续推进，依法行政水平不断提高

1. 建立常态化、普遍化法治学习教育培训和领导干部依法办事能力考核机制，持续提升政府法治意识

西北各省、自治区为提高政府法治意识采取了许多措施：一是重视法治

① 刘宴熙：《第十二届以来陕西省人大审议通过地方性法规 33 部》，http：//www. cnr. cn/sxpd/sx/20171116/t20171116_ 524028362. shtml，最后检索时间：2019 年 11 月 29 日。

② 赵明、文晨：《陕西省人大常委会公布五年立法规划》，http：//www. cnr. cn/sxpd/jcsx/20190420/t20190420_ 524584600. shtml，最后检索时间：2019 年 11 月 29 日。

学习教育培训的常态化、普遍化；二是发挥考核的指挥棒作用；三是普遍提高新招录公务员初任培训中法治知识所占比例，对初任培训课程设置严格把关，从源头上强化公职人员的法治意识。

2. 优化政府职能，加快向权责法定、廉洁高效、守法诚信的服务型政府转变

西北地区各级人民政府按照“权为民所用、情为民所系、利为民所谋”的原则，依法全面履行政府职能，深化“放管服”改革，打造便民高效的服务型政府。一是全面推行权力清单制度等措施，在加快政府职能转变、建设服务型政府方面取得较大成效；二是深化“放管服”改革，促进政府职能加快转变；三是推进市场监管改革，优化营商环境；四是利用互联网技术建立政务服务大数据平台，提升政府公共服务水平。如陕西深化“互联网+政务服务”，实现行政审批服务事项线上“一网通办”、线下“只进一扇门”“最多跑一次”，企业开办、不动产登记时间分别压缩至3个、5个工作日。①

3. 加快行政执法体制改革，坚持严格规范公正文明执法，不断提升行政执法质效

一是以行政机构改革为契机，纵向减少执法层级，横向整合执法队伍，加强综合执法，不断提升执法效率。

二是实施行政执法“双随机一公开”，推行“随机抽查检查对象、随机选派执法人员、及时公开查处结果”制度，营造公平竞争发展环境。

三是树立以人民为中心执法理念，在执法中更加尊重当事人权利，积极探索规范行政自由裁量权制度，不断细化执法标准，创新执法方式。

（三）司法改革成果显著，司法公正得到有力保障

一是服务地方中心工作大局。近些年来，西北五省区从地方中心工作大局出发，围绕“扫黑除恶”“环境保护”“防范重大风险”等重点领域“靶

① 陕西省人民政府：《陕西省人民政府关于2018年法治政府建设情况的报告》，http：//www.shaanxi.gov.cn/gk/zfwj/132471.htm，最后检索时间：2019年11月5日。

向发力”，为推动地方经济发展、社会稳定提供了有力支撑。

二是以公开促公正。在依法保障社会公众对审判工作知情权、参与权、监督权的同时，陕西法院系统结合省内情况积极探索扩大公民参与司法审判的途径，要求各级法院在审理案件中，邀请人大代表、政协委员以及基层干部群众参加庭审的旁听，并可以对案件裁判发表意见。

三是以改革提质效。巩固法官检察官员额制成果，全面落实司法责任制，2019 年陕西省院庭长办案数同比上升 15. 13%；深入推进以审判为中心的刑事诉讼制度改革，一审刑事案件服判息诉率达 97. 7%。创新司法便民措施，巩固深化立案等级制度改革成果，全省法院当场立案率达到 96. 35%①。

（四）人民群众利益得到可靠的法治保障

保障人民群众各项合法权益是法治建设的出发点与立足点。新中国成立以来，无论在新中国成立之初，还是改革开放伊始，或是进入中国特色社会主义建设的新时代，西北各省区都始终将保障公民权利、加强民生领域立法作为法治建设的重要内容，特别是十八大以来，更好满足人民对美好生活期望的立法成为西北地区各省区地方法治建设的重要领域。陕西在“十二五”期间制定和修订的 33 部地方性法规中涉及民生的就有 20 多部②，新修订的《陕西省人口与计划生育条例》对再生育政策、独生子女补助金等条款进行细化；修订《陕西省实施〈中华人民共和国老年人权益保障法〉办法》强化对老年人的社会保障、社会服务和社会优待；修订《陕西省消费者权益保障条例》，完善了消费者权益保护机制等，通过立法积极回应和保障群众的合理诉求。

① 《陕西省高级人民法院工作报告（摘要 2019 年 1 月 29 日在陕西省第十三届人民代表大会第三次会议上）》，http：//www. sxrd. gov. cn/shanxi/fztd/118115. htm，最后检索时间：2019 年 11 月 7 日。

② 《陕西举行贯彻十九大精神全面深化改革系列发布会（二）》，http：//www. scio. gov. cn/xwfbh/gssxwfbh/xwfbit/shan_ xi/document/1606502/1606502. htm，最后检索时间：2019 年 11 月 5 日。

（五）运用法治手段维护地方社会稳定成效突出

地方性法规的实施对于维护地区社会稳定起到了重要作用。新疆坚持依法严厉打击暴力恐怖等严重犯罪活动，坚决维护国家根本利益和各族群众生命财产安全，提出“反暴力、讲法治、讲秩序”，结合新疆社会治理、维护稳定、经济发展、环境保护等需要，出台了一批具有新疆特色、符合新疆实际的地方性法规规章，先后出台了《新疆维吾尔自治区宗教事务条例》《新疆维吾尔自治区实施〈中华人民共和国反恐怖主义法〉办法》《新疆维吾尔自治区去极端化条例》，为遏制、打击恐怖主义、极端主义提供了有力的法律武器。宁夏高院为全区 63 个法庭统一配备了“便民服务流动法庭”工作车，经常下乡开庭办案，实现司法便民利民，服务群众“零距离”。宁夏部分民族地方法院建立了宗教人士参与调解制度，在审理涉及民族宗教案件时请宗教人士参与调解案件，妥善化解各类矛盾纠纷，切实维护了社会稳定、增进民族团结。

经过 70 年的发展，在整体上来看西北地区法规体系不断健全、法治政府建设不断加强，社会公平正义得到维护，社会法律意识得到增强，法治建设对整个西北地区经济社会发展起到很好的支撑作用。

三　西北地区法治建设的基本经验

西北地区法治建设 70 年来的历程与成就证明，坚定不移走中国特色社会主义道路，在地方法治建设中坚持和维护党的全面领导、始终将保障人民权益作为地方法治建设的根本目的、坚持维护国家法制统一与地方法治建设具体实践相结合，是新中国成立 70 年来西北地区法治建设的重要经验。

（一）坚持党的领导是西北地区法治建设的根本保证

在地方法治建设运行的各环节中始终坚持党的领导，发挥地方各级党委领导立法、保证执法、支持司法、带头守法以及发挥总揽全局、协调各方的作用，是西北地区法治建设取得巨大成效的最根本保证与重要经验。

西北五省区均以地方党委名义制定了全面推进法治建设的实施意见，强化了对本地区全面推进法治建设的集中统一领导。如陕西省委颁发了《关于深入贯彻党的十八届四中全会精神全面推进法治陕西建设的实施意见》，从指导思想、基本目标、基本原则、重点任务等方面进行了总体规划和安排，并特别强调“全省各级党委要加强对法治建设的统一领导、统一部署、统筹协调，建立人大、政府、政协、司法机关各司其职、协调联动的工作机制，充分发挥工会、共青团、妇联等人民团体和社会组织的积极作用，激发广大干部群众的积极性、主动性、创造性，形成全社会广泛参与、共同推进法治陕西建设的良好局面”。

（二）坚持保障人民权益是西北法治建设的根本出发点

西北地区法治建设始终坚持以保障人民根本权益为出发点和落脚点，不仅制定了大量有关改善民生的地方性法规，还从规范行使行政执法权、打造服务型政府、加大司法便民措施、强化法制宣传、提高社会公众法律意识等方面保障人民群众根本利益，努力实现法治建设为了人民、依靠人民、造福人民、保护人民的基本目标。

新中国成立 70 年来，西北五省区在通过经济社会发展不断改善人民群众生存权、发展权的同时，高度重视在法治运行的各个环节，运用法治手段充分保障人民群众的各项合法权益。

一是保障公民权利和加强民生领域立法始终是西北各省区立法的重要内容的重要特色。无论是新中国成立之初，还是改革开放伊始，各省区都将保障公民选举权等政治权利作为立法的先导。

二是强化经济、环保等方面立法以更好满足人民对美好生活的期望。西北地区各省区 70 年来地方立法的范围不断拓展，现在已基本形成了涵盖经济建设、政治建设、文化建设、社会建设、生态文明建设等各个领域的地方性法规规章体系。由于西北地区的自然地理位置特殊、历史文化遗产丰富，有关生态环境保护、非物质文化传承等方面的立法日益受到重视，立法的视野也逐渐放宽，不仅关注当前社会发展中的突出问题，而且关注地方未来发展的可期待利益。

（三）坚持维护国家法制统一与地方法治建设具体实践相结合是西北地区法治建设的根本要求

70 年来，西北地区在地方法治建设中严格遵循宪法法律赋予的权限和程序，坚持地方法治建设“不抵触、有特色、可操作”的原则，合理设置公民、法人、其他社会组织的权利义务和国家机关的权力与责任，在贯彻落实上位法的情况下，从本地的具体情况和实际需要出发，制定更加细化的地方性法规规章，既注重突出法规的地方特色和现实可行性、前瞻性，又坚定维护社会主义法制统一。为了做到有特色、可操作，西北五省区人大常委会开展广泛深入的调查研究，扩大调研广度深度，增强立法的针对性，对法规草案涉及的重点难点和争议较大的问题，反复听取意见、协调论证，力争问题得以解决，从而突出了地方立法的地方特色和可操作性，也充分体现了地方立法的生命力。

四　西北地区法治建设的发展趋势

经过 70 年的发展，西北五省区的法治建设取得巨大成就，但党的十九大以来，党和国家对法治建设提出更高标准的要求，社会主要矛盾变化使西北地区法治建设迎来了更大机遇与挑战。面临新形势、抢抓新机遇、完成新任务都迫切需要西北五省区法治建设迈上一个更高台阶。

（一）重点领域立法亟待加强

应注重地方立法的前瞻性。整体来看，西北地区的地方立法对现实中常规性社会问题关注较多，而在解决新问题、抢抓新的战略机遇、防范化解潜在重大社会风险等方面制度供给的积极性主动性还略显不足。如“一带一路”的最终实现与稳定发展需要高质量的法律服务和法治环境，但自该倡议实施至今六年来，除了制定颁发相关实施意见外，尚缺乏结合西北地区实际情况支撑“一带一路”建设的系统性法治建设规划。

强化重点领域立法，充分发挥立法对地方发展的支撑与引领作用。以陕西为例，陕西省对照地方发展目标，有针对性提供立法供给，如在实施创新驱动发展战略的客观基础上，增加创新驱动发展立法，特别是围绕促进科技成果转化与科研人员参与科技成果价值共享、调动科研人员参与科技成果转化积极性的法规和制度，进一步改善科技创新实力转化为经济发展动力的法治环境。

（二）依法行政能力面临更多挑战

依法行政能力也是地方竞争力之一。经过多年的普法以及行政执法监督机制的建立，西北地区政府法律意识与行政执法水平有了很大提高，但有些地方依然存在情大于法、以言代法等现象。特别是在具体行政管理事务中，一些基层领导干部依法行政观念不强，仍然习惯于个人说了算，在全面依法治国的战略背景下，西北地区地方政府依法办事意识还需要进一步增强。

完善的行政决策程序是依法行政的重要内容，因此应加快建立地方政府完备的制度化行政决策程序，健全行政决策效果评价管理机制，使地方政府做到严格履行行政决策程序，决策前调研、决策中充分考虑各方意见、决策后评估，提高基层地方政府决策质效。

（三）法治资源配置亟须平衡

法治资源整体不足，法治资源配置显著失衡，影响到西北地区总体经济发展水平提升和社会公平正义的全面实现。

经济建设是法治建设的基础，法治建设是促进经济建设持续发展的保障。与国内经济发达地区相比，西部法治资源尤其是法律人才严重不足，相对于经济增长速度而言，法治资源显得更为紧缺。在应对西部大开发、丝绸之路经济带、乡村振兴等重大国家建设实施进程中，强化法治环境建设是落实重大战略的关键因素，但法治资源的匮乏往往使得西部地区在抢抓战略机遇面前有心无力。同时，法治资源配置不平衡，中小城市特别是广大农村地区法治力量整体薄弱，不利于基层社会矛盾纠纷的化解，为基层社会稳定留下隐患，并在一定程度上影响到西北地区整体的持续化发展。西北地区经济快速增长以及立案制度改革等因素进一步加剧了法治资源有效供给与社会需求之间的矛盾。因此应着力解决法治资源总体不足问题，增加法治资源总体数量和供给能力，使其能满足本地区经济社会快速发展的实际需求。

五　新时代推进西北地区法治建设的对策建议

（一）坚持党对地方法治建设的全面领导

把党的领导贯彻到依法治国的全过程和各个方面，是我国社会主义法治建设的一条基本经验。就西北地区法治建设来讲，至少要从三个方面予以落实。首先，将党中央的大政方针和关于全面推进依法治国的各项具体要求贯彻落实在地方法治建设的整个过程，确保地方法治建设始终保持正确的政治方向；其次，将党的重大决策与地方法治建设结合起来，一方面发挥党总揽全局、协调各方的领导核心作用，将党的意志贯彻在地方法治建设的各个领域，确保法治建设服务地方中心大局工作，另一方面发挥法治建设对地方经济社会发展的引领、保障作用，将地方各项事业纳入法治轨道，确保各项工作依法推进；最后，发挥党员干部在法治建设中的模范带头作用，在处理各种具体事务时坚持运用法治思维和法治方式，履行好推进法治建设的组织者、推动者、实践者的职责，带动其他干部群众共同尊法学法用法。

（二）确立以人民为中心的法治理念

以人民为中心是新时代坚持和发展中国特色社会主义的根本立场，保障人民群众各项合法权益是法治中国建设的出发点与立足点，是西北地区70年法治建设的重要经验，也是西北地区新时代深化法治建设的坚定目标。随着新时代社会主要矛盾的变化，习近平总书记强调：“现在，人民群众对美好生活的向往更多向民主、法治、公平、正义、安全、环境等方面延展。”在2019年3月16日《求是》杂志上，习总书记撰文进一步指出：“在人民群众对美好生活的向往更多向民主、法治、公平、正义、安全、环境等方面延展的时代背景下，法治如何定分止争？关键在治。”就推进西北地区法治建设来说，坚持以人民为中心的法治理念应当体现在以下方面：第一，切实发挥地方立法的引领和推动作用，围绕人民群众的重大利益诉求和关心关注的重大社会热点问题开展立法工作，立发展需要之法，立群众期盼之法，在地方立法中充分听取人民群众意见，将人民群众重大利益诉求用法规规章的形式固定下来，实现人民群众合法权益的法制化、规范化，使立法成果能充分惠及人民；第二，切实发挥人民在法治建设中的主体作用，完善工作机制，创造广大人民群众广泛参与地方立法、执法、司法、法治监督等各个环节的渠道与途径，努力实现法治建设为了人民、依靠人民的基本要求；第三，国家机关及公职人员既要坚持“权为民所用、情为民所系、利为民所谋”，将依法办事与坚持为人民服务相结合，杜绝一切不合法、不合规、不合理的行为，又要坚决同一切侵害人民群众合法权益的违法犯罪行为作斗争，发挥职能主动作为，严惩一切违法犯罪行为，坚决扫黑除恶，为人民群众提供和谐安宁的社会环境。

（三）加快重点领域立法

立足西北五省区经济、社会和政府转型的现实状况，建议加快完善以创新之法、民生之法、生态之法为内容和特色的地方法规体系，使之与国家有关法律法规相配套、与当地经济社会发展形势相适应。

一是围绕高质量发展，强化创新之法。推进以创新驱动为核心内涵的经济高质量发展是西北五省区在新时期实现“拐弯超车”、谋求跨越转型的重要抓手。西北五省区应当从各自区域内创新资源所具有的优势禀赋出发，完善创新资源开发、利用、管理与交易的法律规定，未来地方立法的重点在于：第一是明晰创新成果类型与权属界定，明确保护对象和产权关系；第二是强化对创新主体权利保护，激励社会大众的创新热情；第三是完善市场交易与管理方面的法律规定，为创新驱动发展和科技成果转化提供更优良的营商环境，促进各地创新潜力不断转化为经济发展动力。

二是坚持以人为本，强化民生之法。习总书记强调：社会发展的步伐行进到哪里，立法就要跟进到哪里。立法为民，让人民生活得更有尊严、更加幸福、有更多获得感。着力加强民生领域的地方立法，应从以下方面发力。首先，立法前广泛征求人民群众关于立法草案的建议，在地方立法计划或规划中聚焦人民群众最关心、最直接、最现实的利益问题，将人民群众最关切的社会热点问题，如教育、医疗、创业就业、食品安全、社会保障、互联网监管、社会救助、民族宗教事务等作为立法重点内容。其次，立法过程中深入实地调研，了解法规要调整的社会事实真相，聚焦各方社会主体利益冲突点，将人民群众的真实利益诉求表达在法律条文中，从源头增强法律的实效。最后，通过立法监督督促所立法规能真正落实，并通过立法后评估等措施，客观评价地方性法规实施后对当地民众生活的影响及其不足，及时进行修改完善。

三是严格环境保护，强化生态之法。生态环境是关系党的使命宗旨的重大政治问题，也是关系民生的重大社会问题。西北地区自然资源丰富，生物物种多样，是我国重要的生态屏障，同时，西北地区也存在生态环境脆弱、有些地方经济发展中对生态环境破坏严重等情形。强化西北地区生态立法应注意：第一要突出底线思维，在立法中划定生态保护的红线，对于突破红线的违法行为要坚决查处，增强生态保护地方立法的刚性；第二要完善协同机制，增强生态保护的合力，既要强化生态立法系统内部不同生态立法部门之间、不同地域之间的协同保护，也要加快健全促进绿色发展、循环发展、低碳发展的生态文明法规规章，转变经济增长方式，走节约资源、保护环境的发展道路。

参考文献

冯玉军：《70 年法治建设波澜壮阔》，http：//theory. gmw. cn/2019 –06/13/content_

32905405. htm，最后检索时间：2019 年 10 月 30 日。

张晋藩：《法治的脚步：回顾新中国法制 60 年》，《上海师范大学学报》（哲学社会科学版）2009 年第 6 期。

张文显：《中国法治 40 年：历程、轨迹和经验》，《吉林大学社会科学学报》2018 年第 5 期。

《中国共产党第十一届中央委员会第三次全体会议公报》。

中共中央文献研究室：《习近平总书记重要讲话文章选编》，党建读物出版社，2016。

中共中央宣传部：《习近平新时代中国特色社会主义思想学习纲要》，学习出版社、人民出版社，2019。

中国法律年鉴编辑部：《中国法律年鉴》，中国法律年鉴社，1987～2018。

B.3
新中国成立70年来西北地区经济发展报告

罗 哲*

摘 要： 西北地区是全国打赢脱贫攻坚战、全面建成小康社会和实现高质量发展的重要支撑，也是我国国土空间格局优化发展的重要战略地区和提升全国绿色发展水平的生态屏障。新中国成立70年来，该区域经济整体发展水平不高，基础相对薄弱，自我发展能力较低。本文通过对西北地区70年来经济总量与人均规模、产业经济发展、投资、消费与对外贸易、城乡居民收入、居民生活水平、劳动就业与区域创新等方面进行对比分析，从推动形成具有区域特色的现代化产业体系，加快新型城镇化、农业现代化、新型工业化和信息化融合，提升基础设施网络化立体化服务水平，加强区域流域生态保护和环境协同治理，增强公共服务体系均等化和充足化等方面，提出进一步促进西北地区高质量发展的对策建议。

关键词： 经济发展 新中国成立70年 西北五省区

西北地区地处亚欧大陆腹地，地域辽阔，资源丰富，是全国打赢脱贫攻坚战、全面建成小康社会和实现高质量发展的重要支撑，也是我国国土空间

* 罗哲，甘肃省社会科学界联合会副主席，博士，研究员；甘肃省社会科学院特聘研究员，主要研究方向为区域经济、城市经济。

格局优化发展的重要战略地区和提升全国绿色发展水平的生态屏障。新中国成立 70 年来，由于诸多因素的共同影响，该区域资源优势没有充分地转化为经济优势，经济整体发展水平不高，基础相对薄弱，自我发展能力较低。但西部大开发、向西开放、“一带一路”、陆海贸易新通道等国家战略的相继推进，为西北地区经济发展提供了新的契机。进入新时代，在诸多利好叠加效应的带动下，该地区正成长为助力我国全面实现现代化的热点地区，对于国民经济新旧动能转换和高质量发展发挥着不可或缺的重要作用。

一 经济总量与人均规模

（一）地区生产总值

从图 1 中可以看出，1949 年至 1977 年改革开放前夕，西北五省区的地区生产总值总体上均呈现波折中上升的趋势。1952 年，陕西、甘肃、新疆、宁夏、青海的 GDP 分别为 12.90 亿元、13.32 亿元、7.91 亿元、1.63 亿元、1.73 亿元。1953 ~ 1957 年的“一五计划”时期，拥有丰富资源的西北五省区顺应国家政策，大力发展重工业，经济稳步发展。1965 年，甘肃省 GDP 达到峰值；1966 年，陕西、新疆两省区 GDP 达到峰值，相比较于各省区 1961 年与 1962 年的低谷，分别增长了 98.73%、50.56%、51.13%。此后受“文化大革命”的冲击，三省区 GDP 再次下降。1968 年后，三省区地区生产总值迎来更加快速的增长，而省区间的经济总量差距也在拉开。从图 1 中可以看出，青海与宁夏的 GDP 均以较低的增速在增长，过程中伴随着轻微波动，发展水平也比较低。从经济增长的倍数上看，1952 ~ 1977 年，陕西、甘肃、新疆、宁夏、青海的 GDP 分别增长了 4.43 倍、3.41 倍、3.51 倍、6.01 倍、7.06 倍。从经济增长的速度上看，陕、甘、新的 GDP 增速明显高于宁夏与青海，同时波动也比较大。

图 2 反映了西北五省区 1978 ~ 2018 年的地区生产总值变化情况。自 1978 年改革开放以来，西北五省区的 GDP 总体上均稳步增长。1978 年，陕西、甘肃、新疆、宁夏、青海的 GDP 分别是 81.1 亿元、64.73 亿元、39.7

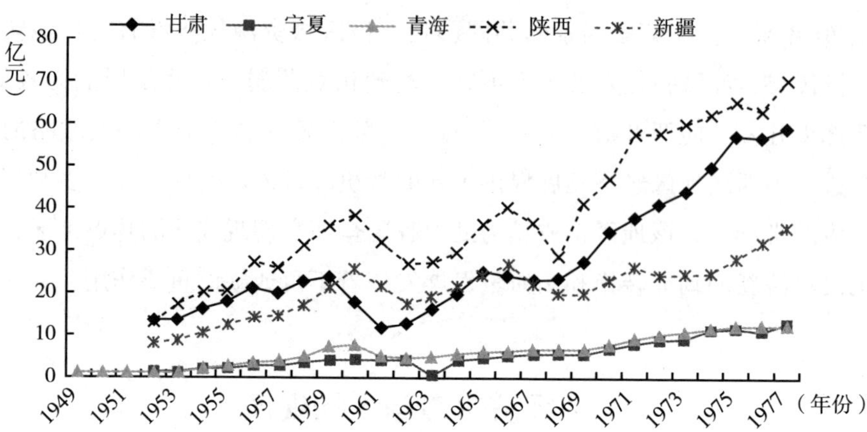

图1　1949～1977 年西北地区地区生产总值变化情况

资料来源：(1) 国家统计局国民经济综合统计司编《新中国五十五年统计资料汇编》，中国统计出版社，2005。(2) 国家统计局：新中国 50 年系列分析报告，国家统计局官网，http：//www. stats. gov. cn/ztjc/ztfx/xzg50nxlfxbg/。(3) 国家统计局官网：历年统计公报、相关统计出版物和数据查询、数据分析资料。(4) 中国人民银行官网：相关省份金融统计数据资料，http：//www. pbc. gov. cn/rmyh/index. html。(5) 西北五省区历年统计年鉴（或发展年鉴）、相关年份国民经济与社会发展统计公报等资料。(6) 西北五省区相应人民政府网站（若无特殊说明，下同）。

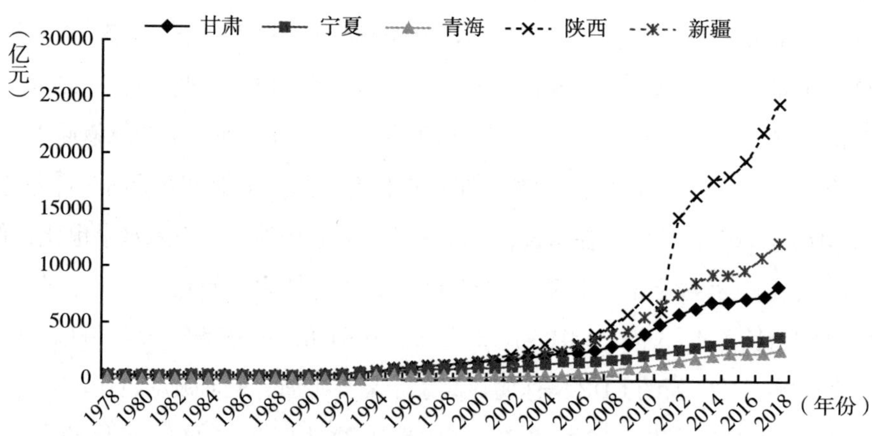

图2　1978～2018 年西北地区地区生产总值变化情况

亿元、13.00亿元、15.54亿元。1978～2004年，西北五省区GDP均稳定增长，没有出现较大的波动。这是由于改革开放初期，国家实行先沿海后内陆、地区经济协调发展的战略部署，因此西北地区经济虽然在稳定增长，但增长速度依旧较低，增长水平也较低下。从2004年开始，西北五省区GDP增长率明显加快，平均增速均保持在15%以上，很多年份可以达到20%，甚至个别年份的增长率达到了30%。这反映了改革开放初期，西北地区进入快速发展的阶段。而近年来，尤其是"一带一路"倡议实施以来，我国经济发展进入新常态，西北各省区经济发展速度也逐渐变缓。

（二）人均生产总值

从图3中可以看出，1952～1977年，西北五省区人均GDP总体上是在波折中增长的，各省区增长趋势基本一致，且较频繁出现波动。其间，受"大跃进"与"人民公社"运动的影响，西北五省区人均GDP均出现不同程度的下降。到1962年，西北五省区人均GDP开始逐渐恢复增长，并在1965年、1966年再次达到峰值。1966年"文化大革命"开始，西北五省区人均GDP受到影响开始下降，除新疆外的四省区从1968年开始恢复增长。

改革开放以后，西北五省区人均GDP保持稳定增长，未出现明显波动。

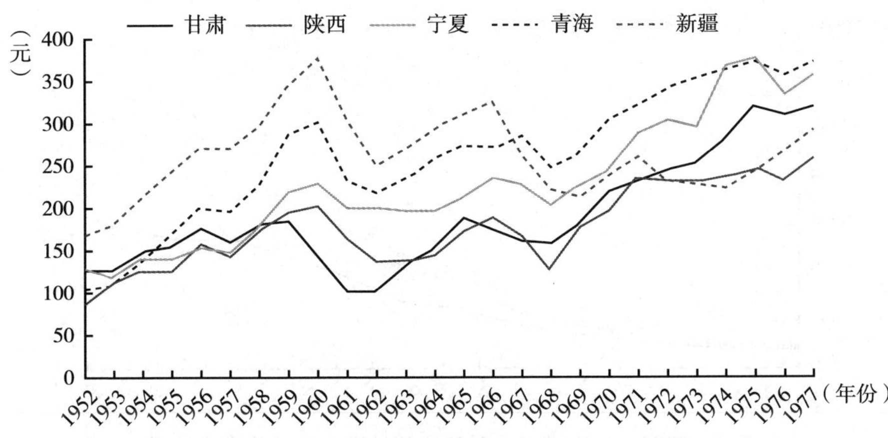

图3　1952～1977年西北地区人均地区生产总值变化情况

1997 年，人均 GDP 最高为新疆 5848 元，其次为宁夏 4277 元，第三位为青海 4122 元，第四位为陕西 3834 元，水平最低的是甘肃 3199 元（见图 4）。

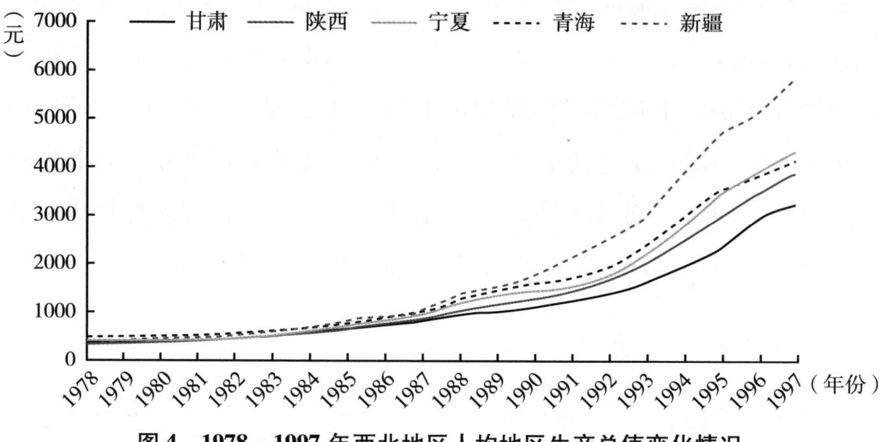

图 4　1978 ~ 1997 年西北地区人均地区生产总值变化情况

1998 ~ 2018 年西北五省区人均 GDP 依旧保持稳定增长，并无明显波动。2003 年以前，西北五省区人均 GDP 增长率基本保持在 10% 以下，2003 年以后增长率有所提升，基本保持在 15% 左右，个别省区个别年份甚至高达 30%。2008 年金融危机并未对西北地区人均 GDP 产生明显影响，仅在 2009 年五省区人均 GDP 增长率下降至 10% 左右，第二年即恢复（见图 5）。

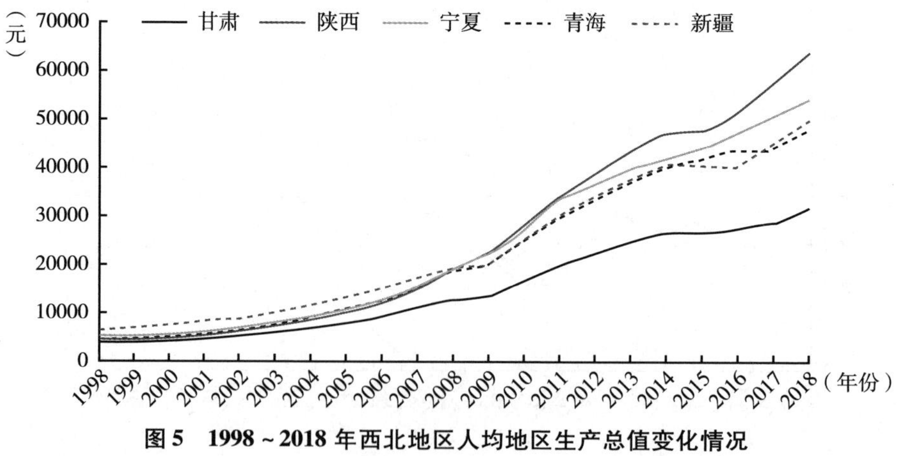

图 5　1998 ~ 2018 年西北地区人均地区生产总值变化情况

二　产业经济发展

产业经济是社会经济发展的重要动力，能够反映经济增长水平，也是支撑区域经济发展的物质基础。西北地区由于发展基础和增长速度的不同，三次产业的发展在各省区的表现存在差异，但整体上与全国产业经济演变的趋势保持一致。

（一）第一产业

1949～1977年，陕西第一产业产值居西北地区首位，总体呈现明显的增长趋势；青海、宁夏地区第一产业产值基本保持平稳水平，居地区末尾（见图6）。

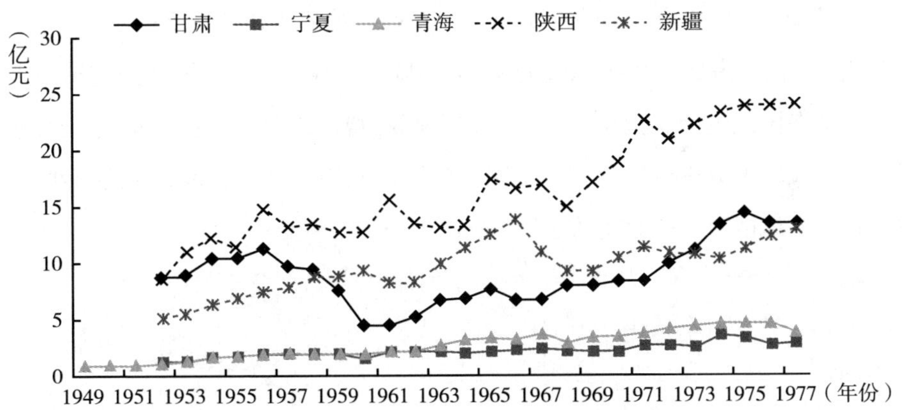

图6　1949～1977年西北地区第一产业产值变化情况

1978～1995年，西北五省区第一产业产值均呈现增长趋势。在此阶段，甘肃省第一产业产值始终居地区第三名。1993～1995年，新疆地区第一产业产值出现明显的增长，并于1994年超过陕西地区，成为西北地区第一产业产值第一（见图7）。

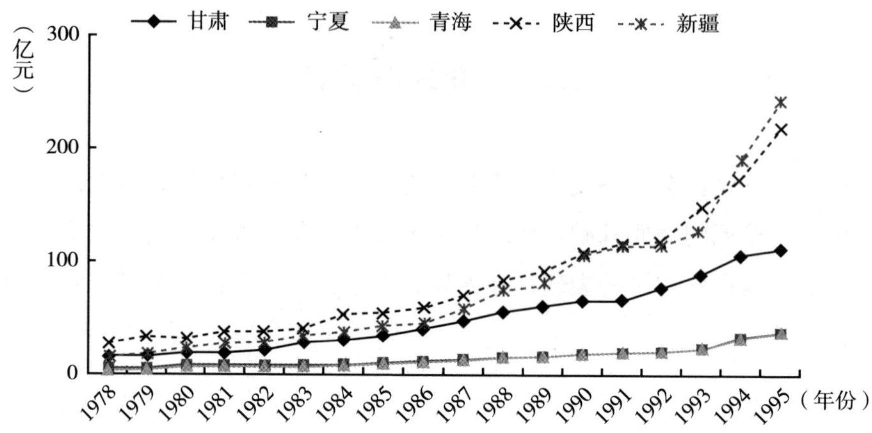

图 7　1978～1995 年西北地区第一产业产值变化情况

1996～2018 年，西北五省区第一产业产值总趋势仍呈现总体增长。2006 年，受国家废除农业税并相继推出一系列扶持农业政策的影响，西北地区第一产业产值显著增长。2018 年，西北五省区第一产业量总值达到 4991.53 亿元，是 1952 年的 201.2 倍，占地区生产总值的 9.7%。随着我国工业化现代化进程的推进，第一产业在国民生产总值中的比重呈现下降趋势，但第一产业产量总值仍然持续增长。从以上分析可以看出，虽然五省区之间第一产值变动幅度存在明显差异，但西北地区第一产业变动趋势与全国第一产业演变趋势保持一致（见图 8）。

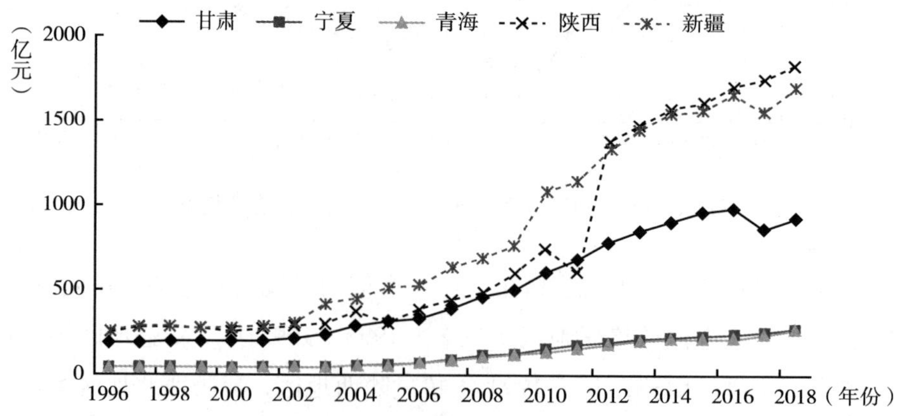

图 8　1996～2018 年西北地区第一产业产值变化情况

（二）第二产业

1949～1977年，西北五省区第二产业产值呈现波动性上升趋势，其中宁夏、青海波动幅度与增长幅度均相对较小。1952年，西北地区第二产业总值为5.57亿元，占地区生产总值的比重约为14.86%，其中，甘肃、陕西、新疆第二产业总值为5.37亿元，而宁夏、青海仅为0.2亿元。1977年，西北地区第二产业总产值达到97.83亿元，是1952年的17.6倍，占生产总值的51.58%（见图9）。

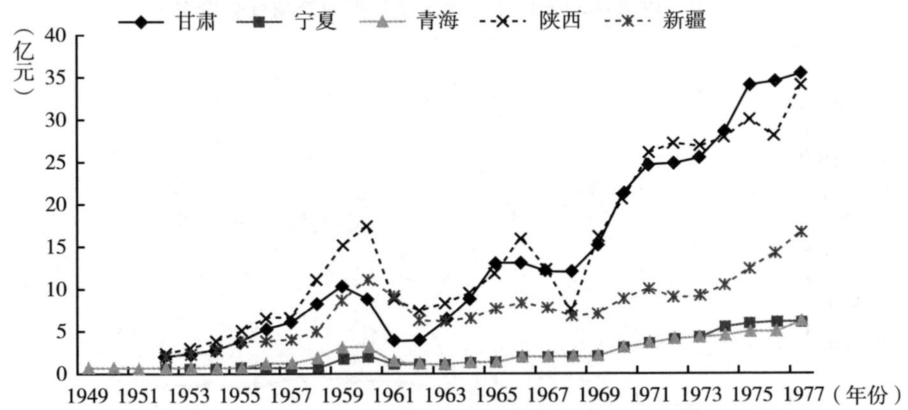

图9　1949～1977年西北地区第二产业产值变化情况

1978～2018年，西北各地区第二产业产值均表现为显著的增长趋势。其中陕西省自1978年改革开放至今始终保持在地区首位，遥遥领先于其他四省区。自1992年起，新疆一直位于地区第二，甘肃保持第三。2018年，陕西省第二产业产值达到12157.48亿元，占西北地区第二产业总值的53%，而居于末尾的青海省第二产业产值为1247.06亿元，仅占地区第二产业总值的5.4%。2018年西北五省区第二产业总值为23018.44亿元，占地区生产总值的比重约为44.74%，第二产业比重略有下降（见图10、图11）。

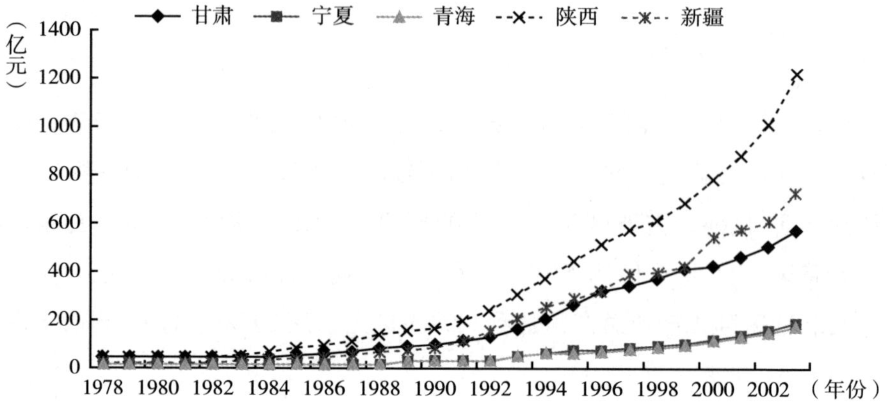

图 10　1978 ~ 2003 年西北地区第二产业产值变化情况

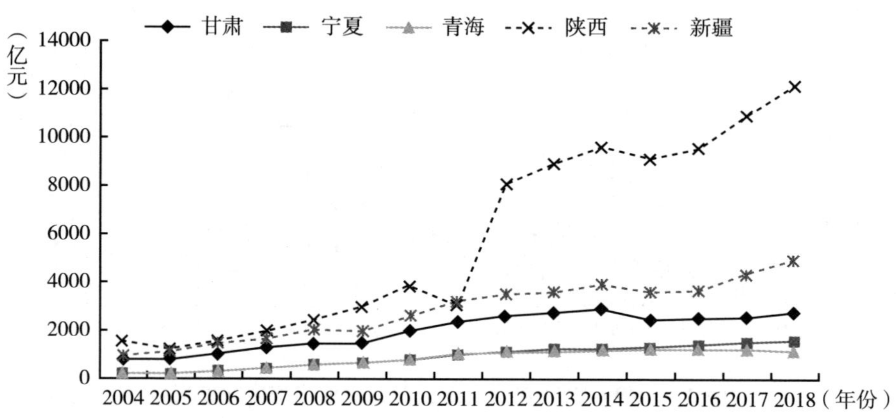

图 11　2004 ~ 2018 年西北地区第二产业产值变化情况

长期以来，西北五省区工业结构的主要问题是重工业超“重”，轻工业过“轻”，地区的重工业化结构是自然和历史所造就的结果。改革开放以来西北地区凭借自然资源丰富、矿产多、储量大的优势，能源工业得到了较大发展，西北地区已经成为中国重要的能源、原材料基地，对我国的经济发展起到举足轻重的作用。当前，西北地区作为重要的能源战略接替基地，已经形成了以石油、天然气、煤炭、机械、医药、军工、有色金属、冶金等重工业为主体，基础较好，比较有特色的现代工业体系。

（三）第三产业

1949～1977年，西北地区的第三产业产值表现为在波动中增长的趋势。1977年与1952年相比，陕西省第三产业产值增长380%，甘肃省增长239%，新疆增长476%，青海增长1000%，宁夏增长1241%（见图12）。

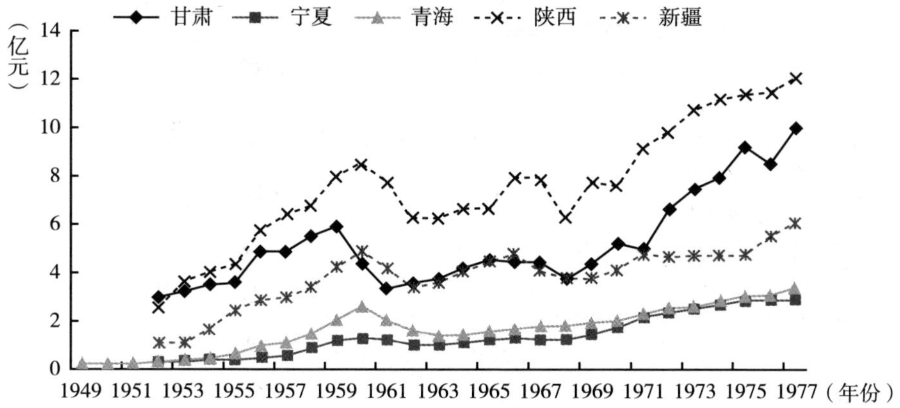

图12　1949～1977年西北地区第三产业产值变化情况

1978～2018年，西北各省区第三产业产值均显著增加。由于宏观政策、区域经济发展趋势、工业化对第三产业的需求带动以及城市化聚集效应等的影响，这一时期西北地区第三产业的发展大致经历了三个阶段：1980～1985年的缓慢增长期，地区第三产业总值增加了1.24倍；1985～1990年的持续稳定增长期，增加了1.65倍；1990～2018年的持续快速增长期，增加了69.84倍（见图13、图14）。第三产业占地区生产总值的比重逐渐增加。

从第三产业的发展规模看，西北五省区第三产业发展趋势与全国趋势基本一致，规模不断扩大，但第三产业内部各层次增长仍存在显著的不协调问题。例如，第三产业的第一层次即流通部门各行业发展很快，交通运输、仓储及邮电通信业，批发和零售贸易、餐饮业等行业的产值占各省第三产业生

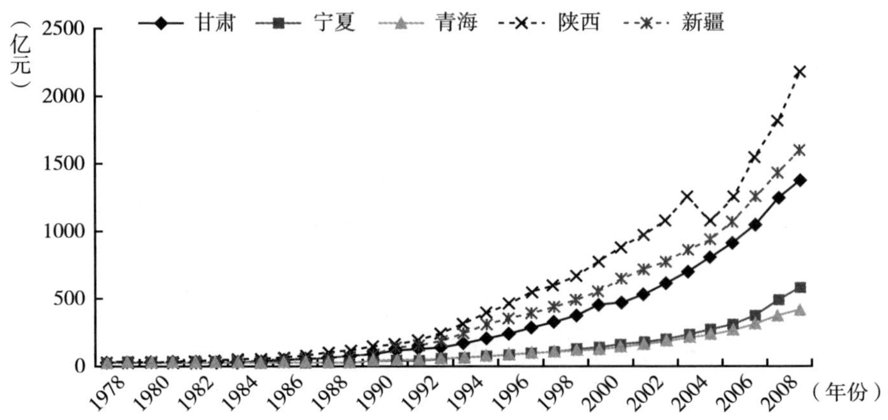

图 13　1978～2009 年西北地区第三产业产值变化情况

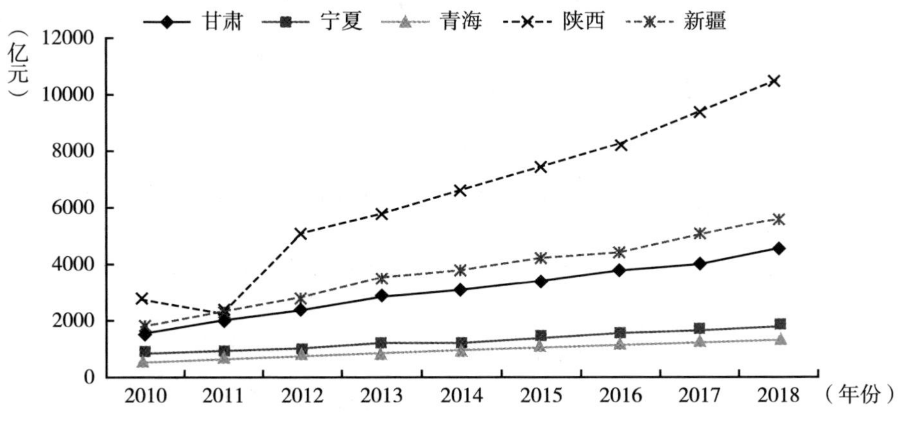

图 14　2010～2018 年西北地区第三产业产值变化情况

产总值的比重基本高于全国平均水平。第二层次和第三层次发展或缓慢或停滞，甚至出现比重降低的情况。其中，科技含量高、升值潜力大、需求人才多的新兴产业所占比重很低，有的甚至出现下滑。这与西北地区市场机制不健全、市场体系不完善、市场规则不透明等市场化改革滞后的基本特征相关。综合以上情况所得出的结论是：西北地区第三产业发展的基本特征是产业活动集中于计划经济体制下发展起来的传统行业，最突出的问题是第三产业中第二层次与第三层次所占比重偏低。

三　投资、消费与对外贸易

改革开放以来，经济全球化日益推进，我国进出口贸易的规模不断扩大，带动了经济的快速增长，对外贸易成为我国经济发展的“发动机”。西北五省区居民收入水平快速提高，投资、消费欲望迅速扩张，这极大地促进了地区的经济增长。

（一）固定资产投资

1950~1960年，西北地区固定资产投资额总体均呈现上升趋势。1963~1966年西北地区固定资产投资额开始逐渐增加。1966~1977年，陕西、甘肃的固定资产投资额出现两次明显的波动情况，新疆、青海、宁夏波动幅度较小并缓慢增长。1978~1982年，地区固定资产投资额在波动中快速增长（见图15）。

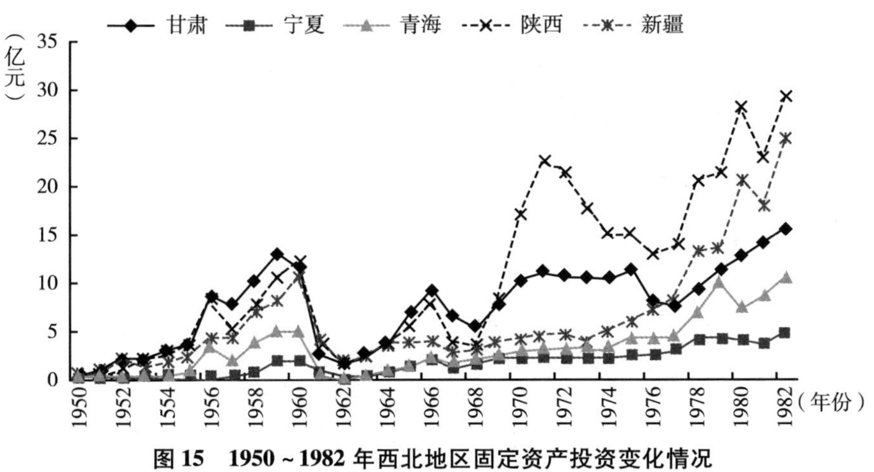

图15　1950~1982年西北地区固定资产投资变化情况

1983~1999年，西北地区固定资产投资额呈现稳定的上升趋势，2000~2017年，地区投资额总体表现为迅速扩张。其中，2017年，甘肃省投资额出现负增长，与2006年相比，下降约40%。1983~2017年，陕西地区固定资产投资总额始终位于地区首位，新疆地区固定资产投资额为地区第二，而甘肃省始终保持在第三，区域差异较为明显（见图16）。

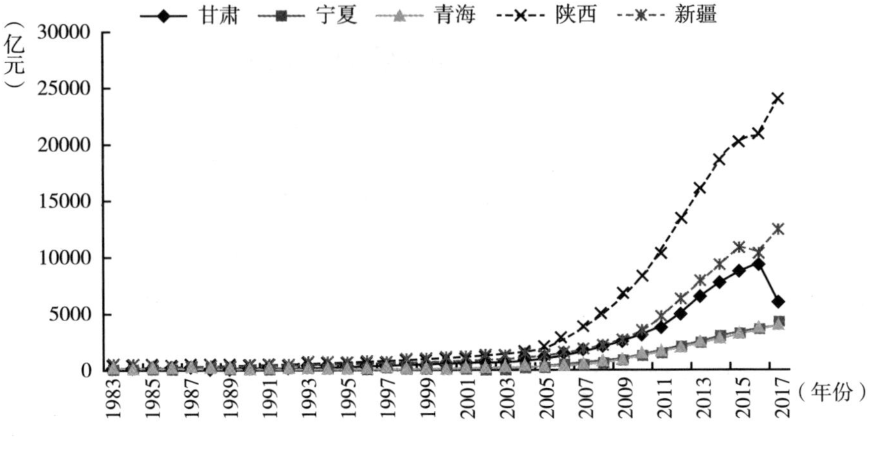

图 16　1983～2017 年西北地区固定资产投资变化情况

（二）消费

1949～1977 年，西北地区社会消费品零售额总体都表现为增长趋势，陕西省消费额一直位于地区第一，增长速度较快。宁夏、青海增长幅度与其他三省相比较小。1960～1969 年，受“大跃进”和“文化大革命”的影响，地区消费额均出现轻微的波动（见图 17）。

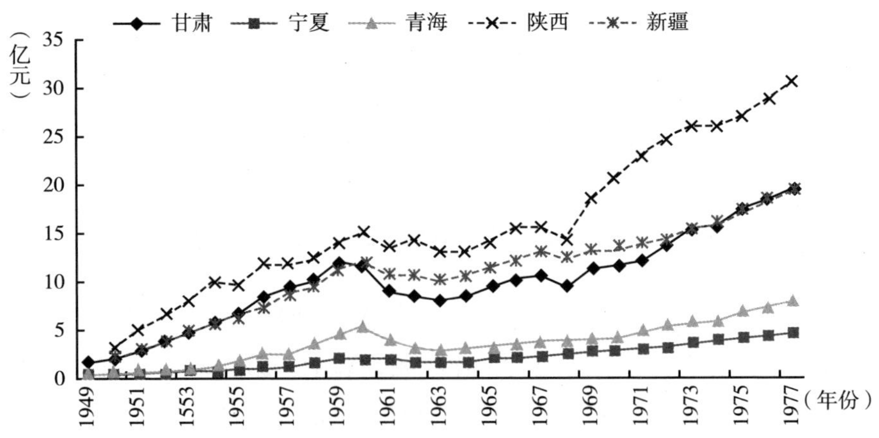

图 17　1949～1977 年西北地区消费品零售额变化情况

随着我国经济实力的增加、对外开放程度的扩大和网络技术的发展，居民的日用品消费额比重逐渐下降，中高档商品的需求明显扩大。1978～2017年，西北五省区消费额迅速增长，陕西省消费额稳居地区首位，甘肃省居第二。与1978年相比，2017年五省区消费品零售总额达到16404.5亿元，占地区生产总值的35.4%（见图18）。

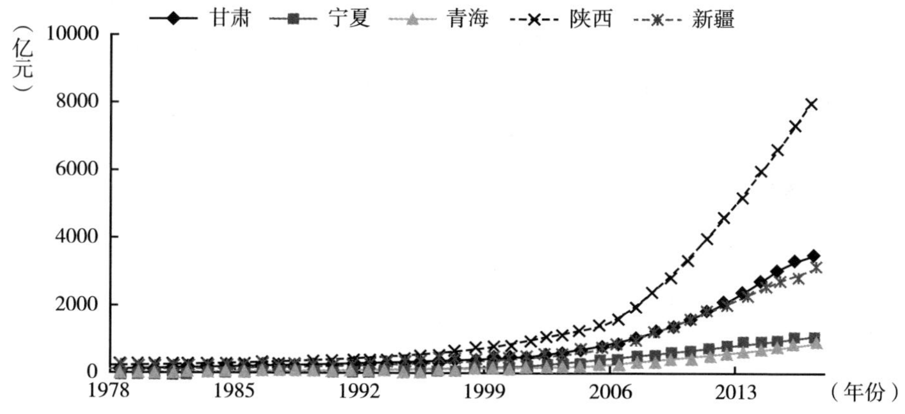

图18　1978～2017年西北地区消费品零售额变化情况

（三）进出口总额

进出口贸易是影响国家或地区国际收支的重要因素。进出口贸易的发展，对于我国进一步开拓国际市场、提高经济效益具有十分重要的作用。

改革开放以来西北地区进出口贸易得到了较大发展。1978～2002年，西北各省区进出口总额以较低的速度稳定增长。

2003年之后，西北地区进出口总额持续增长。2017年，陕西、新疆、宁夏、青海、甘肃进出口总额分别为2714.93亿元、1398.43亿元、341.3亿元、44.42亿元、341.7亿元，水平最高的陕西进出口总额是水平最低的青海进出口总额的61倍。2017年，陕西进出口总额占西北五省区进出口总额的56%。可见，西北五省区之间的差距呈明显两极分化态势。

四　城乡居民收入

（一）城镇居民人均可支配收入

分析数据可知，1978～2018年，陕、甘、青、宁、新五省区城镇居民人均可支配收入逐年提升，分别由1978年的310元、408元、684.8元（1984年数据）、346.1元、319元上升到2018年的33319元、29957元、31514.53元、31895.22元、32763.55元，年平均增长率分别为12.40%、11.34%、11.92%、11.97%、12.28%（见图19、图20）。

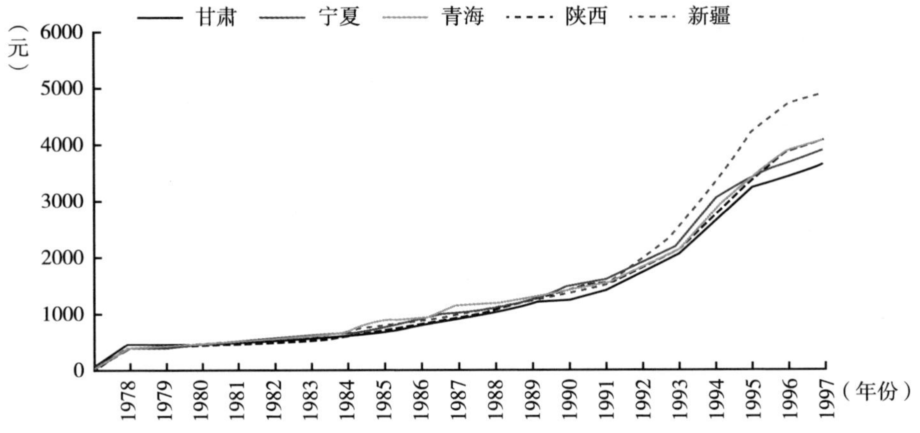

图19　1978～1997年西北地区城镇居民人均可支配收入变动趋势

由图19可知，1978～1983年，陕、甘、青、新四省区城镇居民人均可支配收入逐年增长；1984～1989年，青海的城镇居民人均可支配收入居西北地区首位，从684.8元增加到了1274.49元，五年时间里增长了近1倍；1990～1991年，宁夏的城镇居民人均可支配收入超过了青海，暂居第一；1992～1997年，新疆的城镇居民人均可支配收入超过宁夏，稳居第一。从1985～1997年，甘肃的城镇居民人均可支配收入在五省区中最少。从五省区中最大值和最小值的比值波动幅度来看，1978年为1.32，1983年减少为

1.12，1985年回升为1.32，1989年减少为1.13，1997年增加至1.35，整体上呈现"W"形变化轨迹，说明西北地区内部区域之间的收入差异波动幅度较大，其差异性不容忽视。

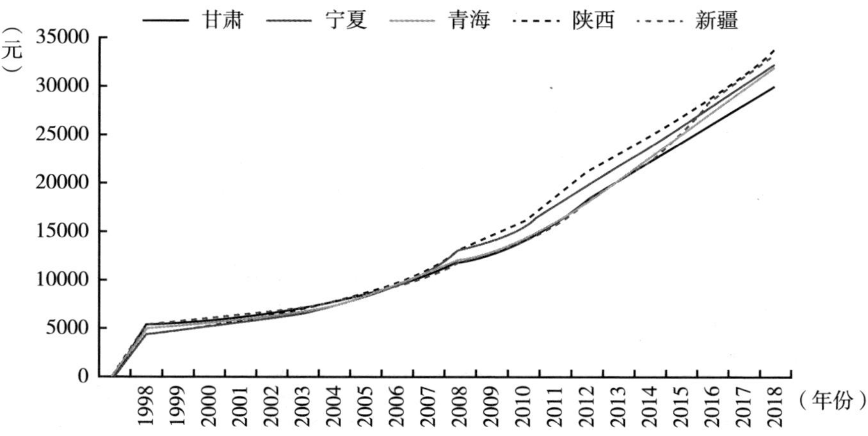

图20　1998~2018年西北地区城镇居民人均可支配收入变动趋势

由图20可知，1998~2018年，陕、甘、青、宁、新五省区的城镇居民人均可支配收入仍呈现增长趋势。2005~2018年，人均可支配收入最大的省区均为陕西，从2005年的8272元增长到2018年的33319元，增长了3倍多。五省区中最大值和最小值的比值波动幅度从1998年的1.24减少到2006年的1.04，之后增加到2011年的1.18，2012~2014年一直在减少，2015~2018年，比值维持在1.11，没有发生变化，整体上呈现倒"N"形变化轨迹，说明西北五省区内部区域之间的城镇居民人均可支配收入差异正在减小。

（二）农村居民人均可支配收入

1978~2018年，虽然西北地区农村居民人均可支配收入逐年增加，但相对于全国平均水平来说，长期处于滞后状态且仍有一定差距。例如，在2018年，从增幅来看，陕、甘、青、宁、新五省区的农村居民人均可支配收入分别是1978年的84倍、87倍、51倍、101倍和101倍，全国则变化了109倍，虽然五省区均有很大的提升，但变化倍数均低于全国平均水平。

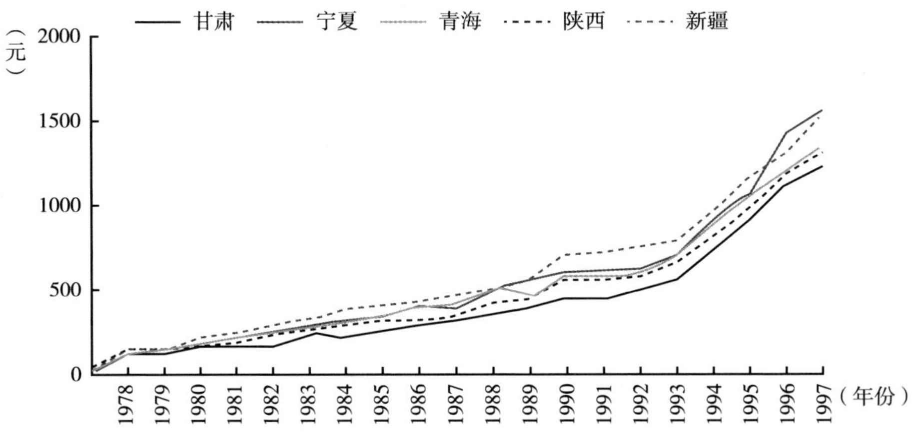

图21　1978～1997年西北地区农村居民人均可支配收入变动趋势

由图21可知，1978～1997年，西北地区的农村居民人均可支配收入均呈现增长趋势。其中，1978～1993年，增速较为缓慢；从1994年开始，五省区的增速明显加快，相比于1978～1993年的年平均增长率，1994～1997年平均增长了4.5%。同时，五省区的农村居民人均可支配收入的最大值和最小值之差逐渐增大，收入差从1978年的23元增长到1997的335元，表明五省区内部农村居民人均可支配收入差异较大。

由图22可知，从年平均增长率来看，陕、甘、青、宁、新五省区分别为11%、10%、10.4%、10.3%、10.6%，增长最快的为陕西，增长最慢的为甘肃。

不难看出，西北地区不仅与全国在城镇和农村居民人均可支配收入方面存在显著差异，而且在内部各省区之间也存在着发展不平衡、差距较大等问题。与此同时，不容忽视的一点是同省区城镇与农村居民人均可支配收入也存在着明显差距，例如，2018年西北五省区城镇居民人均可支配收

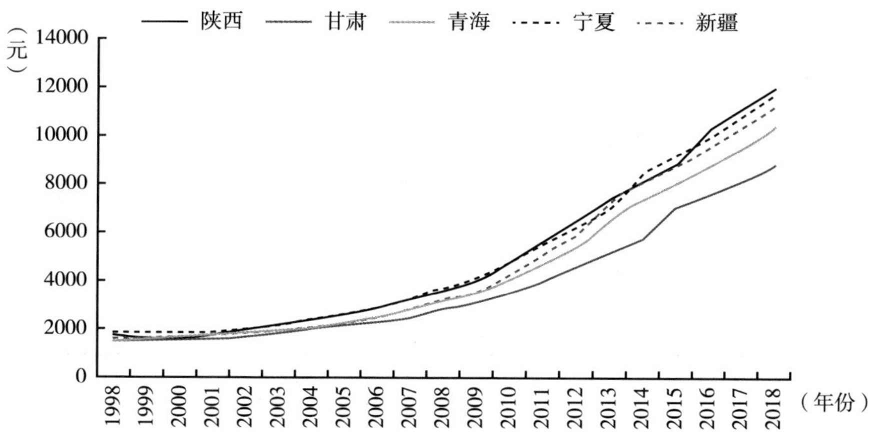

图22　1998～2018年西北地区农村居民人均可支配收入变动趋势

入是农村居民人均可支配收入的2.7倍以上，甘肃和青海更是达到了3倍以上。

五　居民生活水平

恩格尔系数即食物支出占消费支出的比重，是衡量居民生活水平的重要指标之一。根据恩格尔定律，随着居民收入水平的提高，恩格尔系数会不断下降。

（一）城镇居民的恩格尔系数

1979～2018年，西北地区城镇居民的恩格尔系数均呈现不同程度的下降。青海的总体降幅最小，下降了13.7个百分点，宁夏的总体降幅最大，下降了34.4个百分点，陕、甘、新分别下降了25.3个百分点、23.9个百分点、19.6个百分点。在近40年间，尽管五省区的恩格尔系数在长期中均整体下降，但其间仍有上升的年份。

由图23可知，1979～1984年，除青海（由于青海的数据是从1985年

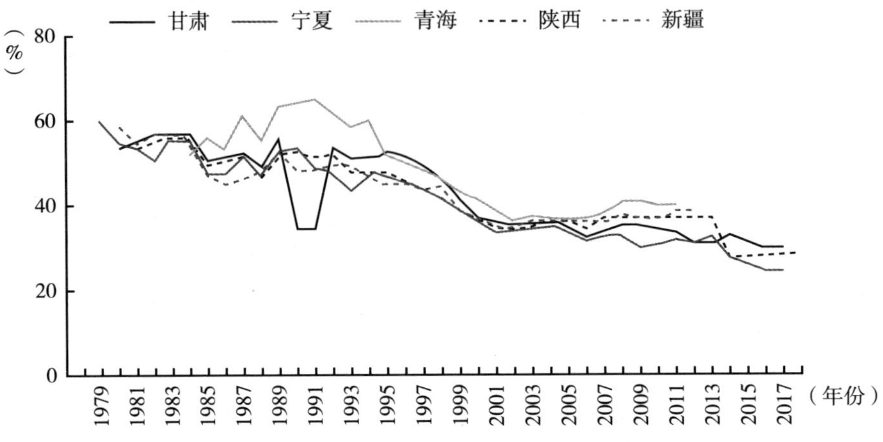

图 23　1979～2018 年西北地区城镇居民恩格尔系数变动趋势

开始，故暂不考虑）的其余四省区城镇居民的恩格尔系数均为 50%～60%，这说明城镇居民处在温饱水平。1989～1992 年，西北地区的恩格尔系数呈波动变化；1993～1998 年，西北五省区的城镇居民恩格尔系数持续下降；1999～2013 年，西北地区城镇居民恩格尔系数下降到了 40% 以下，除 1999 年的甘肃和 1999 年、2000 年、2008 年和 2009 年的青海处于小康水平以外，其余年份西北五省区均达到了相对富裕的水平；2014～2018 年，除发展较为缓慢的甘肃在 2014 年和 2015 年处于相对富裕水平，其余四省区在此期间一直处于富裕水平。

（二）农村居民的恩格尔系数

自 1979 年至 2018 年，西北地区农村居民的恩格尔系数均呈现不同程度的下降。新疆的总体降幅最小，下降了 25.1 个百分点，甘肃的总体降幅最大，下降了 41.8 个百分点。陕、青、宁分别下降了 30.1 个百分点、27.9 个百分点、35.5 个百分点。

由图 24 可知，1979～1984 年，除陕西和宁夏（由于陕西和宁夏的数据是从 1984 年开始，故暂不考虑），甘、青、新农村居民恩格尔系数存在波动且在 60% 以上，均呈逐年下降趋势，此时西北地区均处于贫困水平；1985～

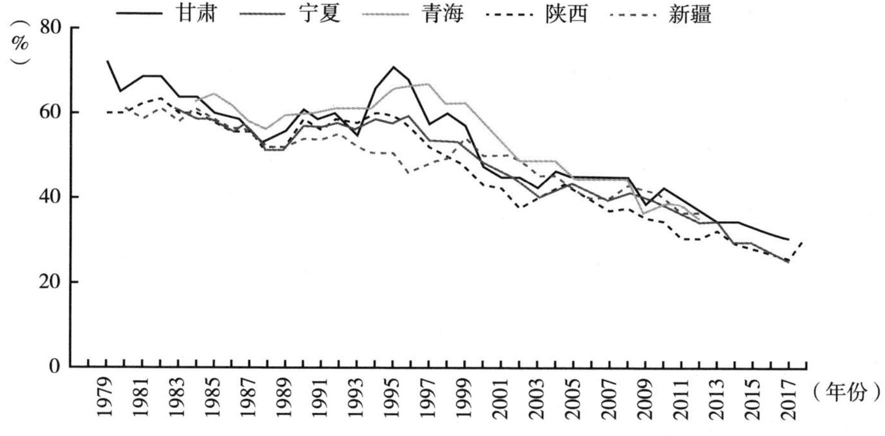

图 24　1979～2018 年西北地区农村居民恩格尔系数变动趋势

1989 年，五省区的农村居民恩格尔系数下降到了 60% 以下，西北地区步入温饱阶段；1990～2001 年，是陕、甘、宁、新由温饱到小康水平的过渡阶段，是青海由贫困到温饱的过渡阶段，新疆的农村居民恩格尔系数呈“U”形变化，在 1996 年达到小康水平，而其余四省区呈倒“U”形变化，陕、宁、新三省区逐渐由温饱水平过渡到小康水平，而陕西在 1994 年、甘肃在 1994～1996 年、青海在 1991～1999 年再次进入贫困阶段；2002～2010 年，这一时期是西北地区从小康（水平）过渡到相对富裕的阶段，农村居民的生活水平得到了极大的改善，陕、宁、新波动较大。2011～2018 年，西北地区由相对富裕逐渐过渡到了富裕阶段。

结合图 23 和图 24 可发现：第一，从整体上来看，西北地区农村居民恩格尔系数整体比城镇居民恩格尔系数高，反映出农村居民生活水平低于城镇居民的现实，即农村与城市居民生活质量差异大。通过计算可以得知，城乡之间恩格尔系数的差值呈波浪式变动，但这个差值在减小。第二，城乡居民生活水平处于两个不同的阶段，可见西北地区内部城乡居民间的贫富差距比较严重。

（三）贫困发生率

截至 2019 年 1 月，在全国 584 个国家级重点贫困县中，西北地区就有

138 个，占全国的 23.63%，占西部地区的 32.47%，其中，有 50 个国家级贫困县分布在陕西，43 个在甘肃，22 个在新疆，15 个在青海，8 个在宁夏。

由表 1 可知，2016～2018 年，西北地区的贫困发生率呈逐年递减趋势，除陕西和宁夏，贫困发生率下降幅度最大的省区为新疆，从 15.5% 下降到 6.1%，下降了 9.4 个百分点，但新疆在 2018 年的贫困发生率仍是西北地区最高的。贫困发生率下降幅度最小的省区为甘肃，从 10.9% 下降至 5.6%，下降了 5.3 个百分点。甘肃在 2018 年的贫困发生率仅低于新疆 0.5 个百分点，是 2018 年贫困发生率最小的青海的 2 倍多。与全国的贫困发生率相比，西北地区是全国的 2～3 倍，甚至在 2017 年，新疆的贫困发生率是全国 4 倍多，西北地区与全国在贫困发生率上的差距，表明了西北地区目前的减贫形势依然严峻，打好打赢脱贫攻坚战仍具有时代意义。

表 1　2016～2018 年全国及西北地区贫困发生率变动趋势

单位：%

年份	全国	陕西	甘肃	青海	宁夏	新疆
2016	4.5	—	10.9	—	11.1	15.5
2017	3.1	7.54	9.6	8.1	6	12.6
2018	1.7	3.18	5.6	2.5	3	6.1

资料来源：西北五省区历年统计年鉴（或发展年鉴）。

六　劳动就业与区域创新

（一）劳动就业

就业是促进经济发展、改善民生、建设和谐社会的关键。总体来看，新中国成立 70 年来，西北地区就业人数呈快速增长趋势，其中，陕西新增就业人数最多，约 1541 万人；甘肃次之，新增就业 1173 万人；总人口数少的宁夏新增就业 313.2 万人，青海新增就业 263 万人。从倍数情况来看，与新中国成立初期相比，宁夏新增就业约8倍，新疆约6.6倍，青海约5倍，甘肃和陕西新增就业都在4倍左右（见表2）。

表2 1949～2017年西北地区就业人数

单位：万人

年份	甘肃	宁夏	青海	陕西	新疆
1949	381	44	63.82	531	197.9
1959	508	89.4	127.9	803	318.8
1969	643	109.6	118.57	955	402.3
1979	713	139.5	150.31	1105	497.3
1989	1214	203.5	200.83	1529	599.6
1999	1489	272.3	279.32	1808	694.3
2009	1488.6	351.3	303.3	2060	866.2
2017	1553.8	357.2	327	2072	1307.6

资料来源：西北五省区历年统计年鉴（或发展年鉴）。

失业问题关系国计民生，严重的失业现象会阻碍经济发展，引起社会动荡。总体来看，1978～1990年，西北五省区的城镇登记失业率波动较大，除青海省外，其余省区城镇登记失业率，最高值和最低值均出现在这一时期。1990～2017年，西北五省区的城镇登记失业率趋势变动平缓，除宁夏和陕西的部分年份外，各省区的登记失业率均低于4%。在这一时期，宁夏的登记失业率一直高于其他地区，但2015年至今有下降趋势（见图25）。

（二）区域创新

创新是促进经济高质量发展、可持续发展的不竭动力，是实现经济转型升级的关键。1987～2008年，西北五省区的专利申请受理量和授权量没有较大波动，趋势平缓，各省区差距不是很大，专利申请受理量均低于20000件，专利申请授权量均低于5000件。自2008年后，西北地区均不同程度地加强对创新的重视，实现了专利申请量和授权量的快速增加，五省区的创新差距逐渐拉大，其中陕西的专利申请量和授权量增长速度最快，约等于其他四省区之和；甘肃和新疆专利申请量和授权量基本相同，但近两年，甘肃逐

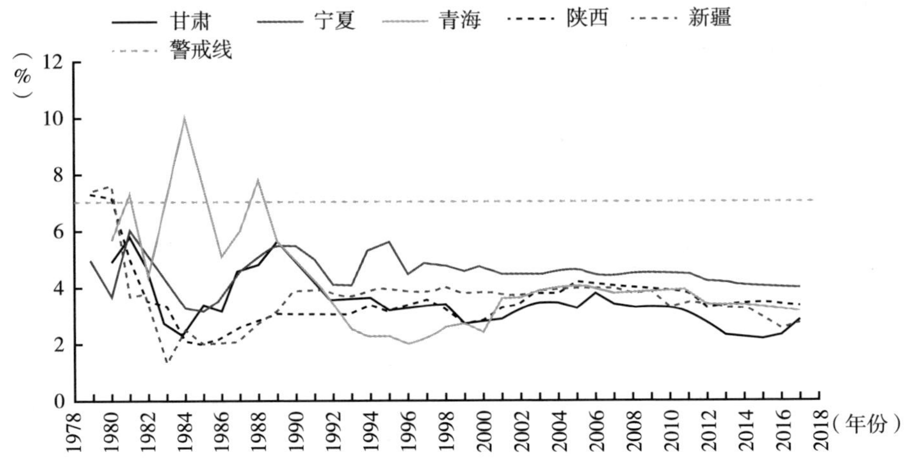

图 25　1978～2017 年西北地区城镇登记失业率

渐超越新疆；而青海省不论从专利申请量还是授权量来说，都是位列五省区最低。但与全国其他地区相比，西北地区的创新创业政策依然较少、出台的时间也较晚，所以除陕西外，其余省区创新能力仍低于全国平均水平（见图 26、图 27）。

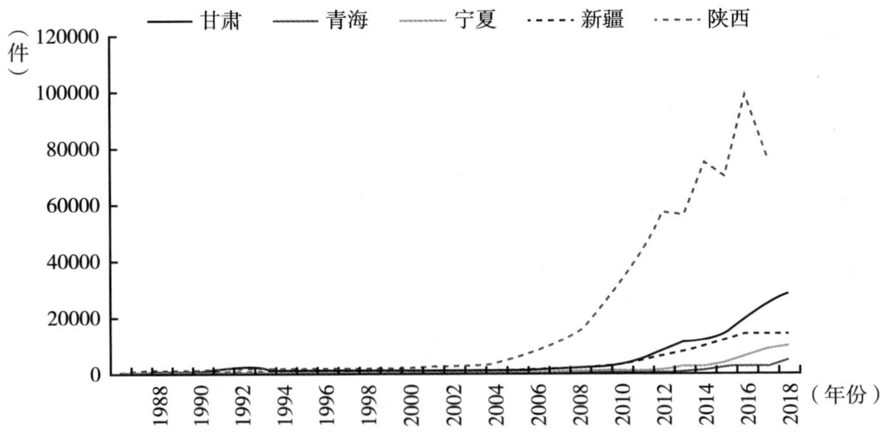

图 26　1987～2018 年西北地区专利申请受理量

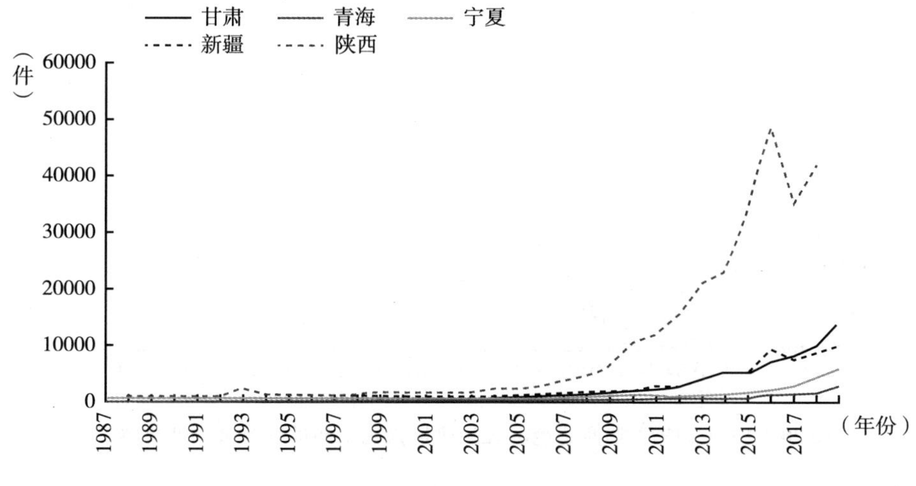

图 27　1987～2018 年西北地区专利申请授权量

七　金融发展

关于西北地区金融业发展，可以用金融机构人民币各项存款、贷款余额来反映。

从图 28 中可以看出，1949～1977 年西北地区金融机构人民币各项存款余额总体上均呈现增长趋势，同时各年间增长速率的变化较大。1950～1957 年，各省区存款余额稳定增长。1957～1960 年，各省区存款余额增速加快，水平也有明显提升。1960 年甘肃省存款余额达到峰值，成为西北地区最高水平，为 13.90 亿元，是水平最低的青海存款余额的 2.85 倍，是排名第二的陕西省存款余额的 1.22 倍。此后甘肃存款余额连续减少，1964 年减至 7.48 亿元后回升并保持在西北地区第三位。1960～1964 年西北各省区存款余额均出现不同程度停滞与减少。

1964～1977 年，西北各省区存款余额总体上呈增长趋势，数据水平上也有了很大的提升，不同省区之间的差距也在拉大。

改革开放以来，西北五省区金融机构人民币各项存款余额保持迅速又稳

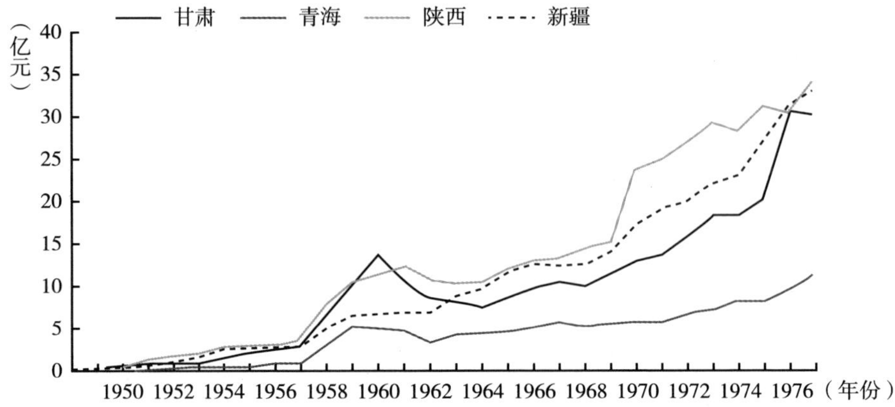

图 28　1949～1977 年西北地区金融机构人民币各项存款余额变化情况

定的增长，未出现明显波折，存款余额水平有了极大的提高。1994～1996年，五省区存款余额增长率明显增大，增长率最高的是陕西，高达40.56%；新疆排在第二位，增长率为37.52%；甘肃排在第三位，增长率为30.01%；第四位是宁夏，增长率为29.76%；青海排在最后一位，增长率也高达23.39%。此后五省区存款余额均以10%～20%的增长率稳步增长，省间差距也在拉大（见图29）。

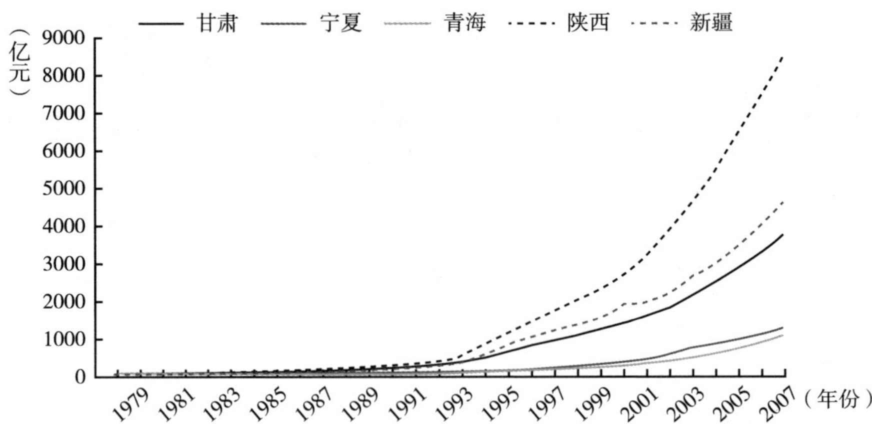

图 29　1978～2007 年西北地区金融机构人民币各项存款余额变化情况

虽然2008年金融危机给全球经济带来巨大冲击，但西北地区金融机构存款余额依然保持稳定增长，没有出现明显的波动。从图30中可以看出，2008～2018年，各省区存款余额均稳定增长，陕西一直稳居第一，优势明显。与甘肃分别列居第二位与第三位，存款水平比较相近，相当于陕西省的一半左右。宁夏的存款水平最低，与其他三省区差距很大，增长率也相对较低。在增长率方面，除2014年四省区存款水平增长率均在10%以下，其余年份的增长率基本保持在15%以上，2008～2010年增长率甚至高于20%。

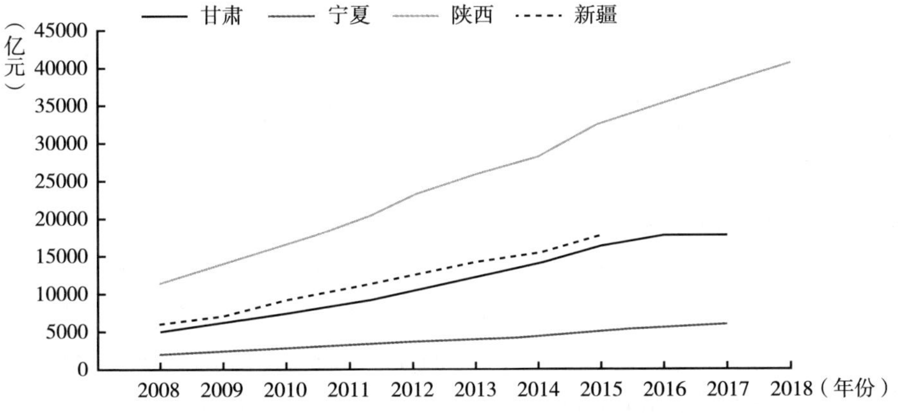

图30　2008～2018年西北地区金融机构人民币各项存款余额变化情况

从增长率上看，2010～2016年，除个别年份以外，西北地区存款余额增长率基本保持在接近20%的水平。2016年起，存款余额增长率均下降至接近10%的水平。从增长倍数上看，到2015年，新疆存款余额水平达到17123.95亿元，是2008年的3.17倍。2017年，陕西、甘肃、宁夏存款余额水平分别达到了37784.01亿元、17660.82亿元、5848.45亿元，是2008年的3.5倍、3.73倍、3.67倍。

1955～1958年，西北各省区贷款余额均保持平稳，增减幅度非常微弱。1958年，西北各省区贷款余额增速上涨，并在1960年再次达到峰值。1964年，陕西、甘肃、新疆、青海的贷款余额分别降至11.87亿元、8.00亿元、8.01亿元、1.59亿元，相比较于1960年的峰值，陕、甘、新的贷款余额下降近一半，青海省贷款余额仅为1960年的1/4。1964～1973年西北地区贷款余额持续增长，省间逐渐拉开差距。陕西省贷款余额依旧领先且远远高于其余三省区，保持在排名第二的甘肃省的2倍左右（见图31）。

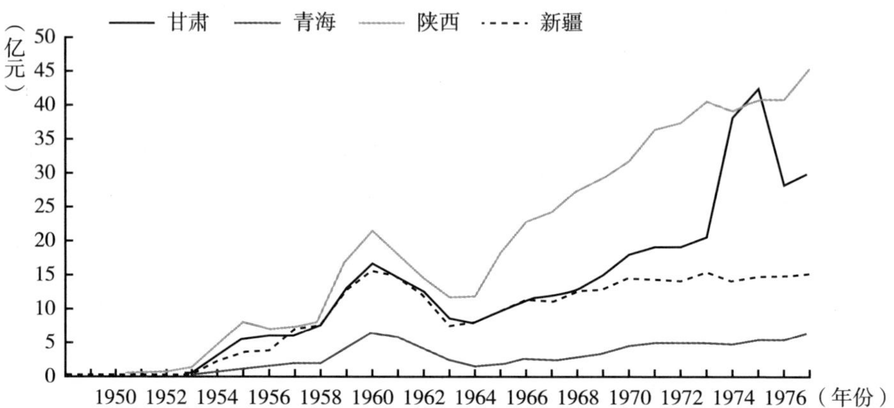

图31　1949～1977年西北地区金融机构人民币各项贷款余额变化情况

改革开放之后，西北五省区金融机构贷款余额继续稳步增长。2007年，陕西、甘肃、新疆、宁夏、青海的贷款余额分别达到5121.16亿元、2403.63亿元、2685.00亿元、1184.57亿元、873.15亿元，分别是1978年贷款余额的98.98倍、77.46倍、147.04倍、127.28倍、164.98倍，是1991年贷款余额的11.05倍、8.47倍、8.96倍、9.97倍、12.67倍，2007年水平最高的陕西省的贷款余额是水平最低的青海省的5.87倍。可以看出，改革开放以后西北五省区金融机构贷款水平发展十分迅猛，而且不同省区之间的差距也非常大（见图32）。

2008年以后，西北五省区金融机构贷款余额依旧保持稳定增长的趋势。陕西省依旧稳居第一且水平明显高于其他省区。2009年之前陕西省贷款余额增长率基本保持在10%～25%之间。而新疆与甘肃贷款余额的水平与增长率依旧比较接近，宁夏的贷款余额则相对较低，增长率也较慢。2017年，陕西、甘肃、宁夏的贷款余额水平分别是26679.06亿元、17404.56亿元、6332.61亿元，水平最高的陕西省贷

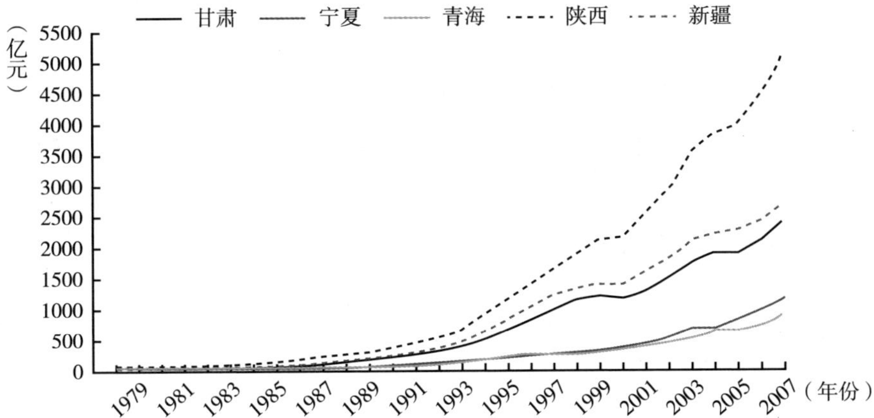

图32　1978～2007年西北地区金融机构人民币各项存款余额变化情况

款余额是水平最低的宁夏的4.21倍。可见，虽然西北地区金融业得到了快速发展，但其地区间的发展水平差距也非常大（见图33）。

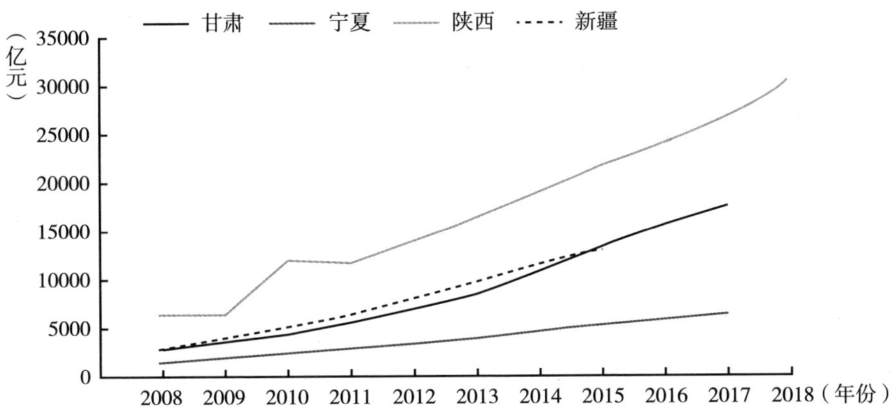

图33　2008～2018年西北地区金融机构人民币各项贷款余额变化情况

八　非公有制经济发展

非公有制经济作为对公有制经济的有益补充，能满足人们多样化的需要，调动全社会劳动人民生产的积极性，增加就业，推动国民经济的发展，促进社会生产力的提高。1992 年中共十四大后西北地区非公有制经济逐步发展，2008 年后飞速发展。截至 2017 年，陕西非公经济占 GDP 比重最高，达到 54.1%，比 1997 年增加 27.4 个百分点；宁夏非公经济占 GDP 比重为 49.3%，比 1994 年提高 32.3 个百分点；甘肃非公经济发展较为迅速，1994 年非公有制经济增加值占 GDP 的比重仅 15.86%，到 2017 年非公经济比重已达 48.2%。

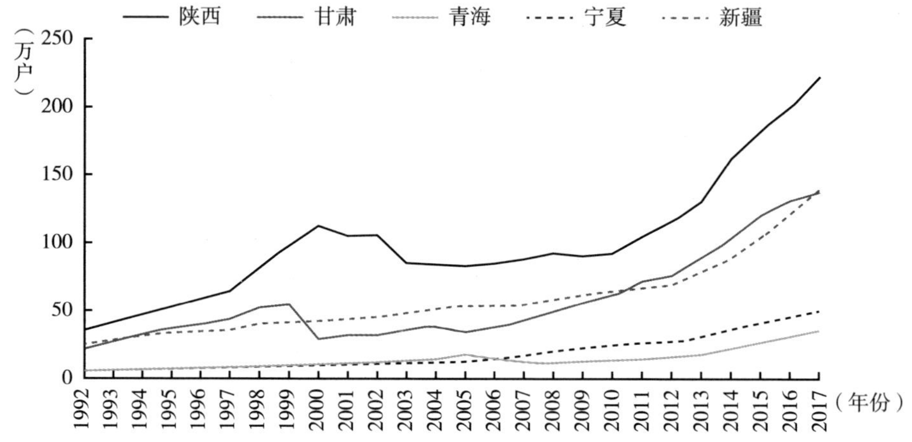

图 34　1992～2017 年西北地区私营企业和个体企业户数变化情况

私营企业和个体商户的数量可以在一定程度上反映非公经济的发展水平。由图 34 可知，西北地区私营企业和个体户数量总体呈增长趋势，波动趋势较为平缓。1992～2007 年私营企业和个体户数量增长速度较为缓慢，非公经济实力较弱，且陕西和甘肃在 1999～2000 年出现波动下降趋势，这可能是由于两省经济外向性相对较强，受到东南亚金融危机的影响更大；同时 2000 年工商管理部门统计标准的变动也造成了数据波动。2008 年以后，市场准入和融资支持等方面的优化，促进了私企和个体经济的快速发展，非公经济得到充分重视。这一时期，西北地区的私营企业和个体户数量快速增加，五省区之间的差距逐渐拉开，陕西仍远远高于其他四省区，甘肃和新疆两省区差别不大，宁夏和青海与其他省区差距越来越大。

九 贯彻新发展理念，促进西北地区高质量发展

系统回顾、科学评价新中国成立70年来西北地区的经济发展成就，立足新时代区域经济发展不平衡不充分的主要矛盾变化，根据习近平总书记新时代中国特色社会主义思想，特别是习近平总书记关于新时代推进西部大开发的重要指示精神，通过贯彻创新、协调、绿色、开放、共享等新发展理念，结合西部大开发战略、长江经济带发展战略、黄河流域生态文明建设、乡村振兴战略等一系列国家战略的深入实施，积极参与“一带一路”建设、陆海贸易新通道建设和全面小康社会建设，在经济发展新常态背景下以高质量发展全面推进西北地区经济社会发展和全面深化改革各项举措的落实，对于巩固脱贫攻坚成果、缩小西北地区与其他中东部地区的发展差距、更好维护民族团结和国家生态安全与边疆安全，以及促进区域经济协调发展、推动实现经济社会与人口、资源、环境永续发展，最终实现社会主义现代化具有重要的理论和现实意义。

（一）立足区域比较优势，补齐发展短板打好三大攻坚战，不断提升区域创新驱动发展能力，推动形成具有区域特色的现代化产业体系，是西北地区贯彻新发展理念和实现高质量发展的必要之举

这就要求西北地区在今后的经济发展中，必须认真分析区域自然、地理、人文、气候、气象等各类资源禀赋条件，在基础设施建设、城乡居民公共服务体系、防灾减灾等方面，继续借力国家战略、对接新一轮西部大开发中的重大项目工程，以科技创新、产品创新、市场创新、品牌创新和制度创新等区域创新体系，构建适应市场需求的新能源、新材料、中医药卫生、现代制造、电子信息、军民融合、特色农业、畜牧养殖等领域共同发展壮大的产业体系和产业集群，通过第一、二、三产业融合发展夯实区域经济增长的动力基础，重点补足产业发展中的链条延伸、创新能力提升、市场开拓、价值链和附加值增加的短板因素，强化人力资本、技术、知识等现代要素对经济增长的贡献份额，把西北地区区域经济社会发展置于“百年来未有之大

变局”的环境中，在培育新动能和促进传统产业改造提升上迈出更大步伐，增强决胜全面建成小康社会的信心和决心。

（二）以供给侧结构性改革为主线，不断优化能源供需结构，在充分发挥市场决定性作用和政府更好发挥功能的基础上，加快新型城镇化、农业现代化、新型工业化和信息化融合，是西北地区深入实施新时代西部大开发战略和推进乡村振兴、城乡融合发展的重要支撑

这就要求西北地区必须强化举措抓重点、强弱项，在新型工业化进程中积极开展煤制油、煤制气、煤制烯烃等升级示范项目工程，通过国家财政税收支持和金融支持，不断优化营商环境，加快建设循环经济特征凸显的石油天然气生产基地，加强水、风、光等可再生能源资源开发利用，构建多元化、多层次的符合国家环保标准的清洁能源供求体系。同时，积极推动发展高精度数控机床、智能制造装备、高性能医疗器械、智能电网成套装备、节能环保、新能源汽车、数字创意、航空航天、核废料处理、人工智能、信息安全等产业，深化民族民俗休闲旅游、健康养生服务、传统文化传承等专业服务业体系。在乡村振兴战略上，围绕产业兴旺、生态宜居、乡风文明、治理有效、生活富裕等目标要求，因地制宜优化城乡布局，提升西咸新区、兰州新区等国家级新区、省会城市、中心城市的辐射带动功能，推动资源枯竭型城市转型，促进大中小城市和特色小城镇、美丽乡村高质量协同发展。在此过程中，还要有序推进农业转移人口市民化进程，推动公共服务覆盖常住人口，推动和进一步探索“三变”改革经验，探索城乡融合发展的新体制和新机制，为实现西北地区城乡区域协调发展提供坚实保障。

（三）进一步强化基础设施网络化立体化服务水平，通过共建“丝绸之路经济带”和“陆海贸易新通道”，围绕开发区和跨区域平台建设促进区域协同开发开放，是西北地区进一步构建形成全方位对外开放新格局的重要保障

这就要求西北五省区必须以提升基础设施互联互通的通达性、均等化和网络化为目标，加强省区之间的运输物流通道对接，拓展全方位区域开发发展新轴线。在打通断头路、瓶颈路、沿边路、扶贫路、旅游路等基础上，加强综合客运货运枢纽建设，提高物资能源和信息运行效率，提高农村、偏远地区的信息网络覆盖水平。同时，发挥好西北地区在维护国家安全、边疆安全、民族稳定中的特殊作用，积极参与和深度融入“一带一路”建设，促进西北地区形成面向中亚、南亚、西亚的内陆开放高地，充分发挥好新疆、甘肃、陕西在丝绸之路经济带中的重要通道功能，深化青海、宁夏在推动建设绿色丝绸之路、与阿拉伯国家合作中的重要作用，提升西北地区整体参与国际陆海贸易（南向）新通道建设中的战略支撑功能。在此过程中，西北地区还要积极发展多式联运、港口铁路园区之间的连接线建设，以中欧班列枢纽节点加快跨境物流商贸体系建设，提升西北五省区省会城市面向毗邻国家构建跨区域合作的新平台，不断加快开发区转型升级，完善边境经济合作区、沿边重点开发区和城镇的产业合作、人文交流、经贸发展。

（四）深入实施重点生态工程，加强区域流域生态保护和环境协同治理，以绿色发展理念加大美丽西北建设力度，为西北地区筑牢国家生态安全屏障提供坚实保障

这就要求西北五省区必须坚定不移地贯彻习近平总书记“绿水青山就是金山银山”的生态文明思想，按照不同省区主体功能区建设的定位，结合国家公园、自然保护区、生物多样性保护区、水资源涵养区等建设要求，保障好黄河、长江上游等流域的生态资源，保护好冰川、湿地和山水林田湖草沙等不同生态地貌，进一步加大水土保持、天然林保护、退耕还林还草、退牧还草、三北防护林体系建设力度，将青海三江源生态保护建设、祁连山生态保护与综合治理、秦岭生态保护治理等作为西北地区生态保护的重点区域，加快推进西北地区生态产品供给能力提升。同时，落实市场导向下的绿色技术、绿色金融和生态产业发展体系，坚决落实国家节水行动、能源消耗总量与强度双控制度，促进“两型”社会建设发展。另外，还要探索低碳

转型路径，加快西北地区城中村、老旧城区和城乡边缘区的污染物治理，加强省区之间的生态环境保护合作。

（五）坚持以人民为中心，着力增强教育、科技、文化、卫生等公共服务体系均等化和充足化，通过“双创”促进劳动就业，完善多层次广覆盖的社会保障、养老、医疗服务体系，不断增强人民群众的获得感、幸福感和安全感

这就要求西北地区要结合发展职业教育、校企合作、订单式培养，花大力气积极引导农村劳动力转移就业、农民工返乡创业，想方设法做好过剩产能领域的职工分流安置，高校毕业生、退伍军人等人员的灵活就业和挖掘新就业形态，不断强化公共就业创业服务体系。在公共服务体系建设方面，要加强科技、文化、教育资源与服务的普惠性，不断改善贫困地区义务教育薄弱学校的基本办学条件，解决教育领域的供需矛盾，积极探索线上线下教育资源的充分利用，促进优质教学资源实现共享；不断完善县级融媒体建设，强化数字技术运用，推动文化惠民工程整合创新。在提升医疗服务水平方面，重点加强西北五省区中农村地区的医院医疗综合服务能力体系建设，改善医疗基础设施和装备条件，并结合人工智能、互联网远程诊疗，提高医护人员专业技术水平。在社会保障体系建设上，重点是加快推进养老保险省级统筹，合理确定基本医疗保险保障水平，完善失业保险制度，加快构建以居家为基础、社区为依托、机构为补充、医养结合的养老服务体系，建设统一的社会保障保险和养老公共服务平台。

参考文献

陈曦、张锐、曹芳萍：《西北地区产业结构演变及优化研究》，《北京林业大学学报》（社会科学版）2017 年第 4 期。

褚志远、何炼成：《整体趋同中的结构差异：西北五省区与全国第三产业发展的比较》，《华东理工大学学报》（社会科学版）2007 年第 1 期。

江苏省社会科学院财贸研究所课题组、吴先满：《关于近年来恩格尔系数变化的分析研究》，《金融纵横》2008 年第 2 期。

刘进军、罗哲：《西北地区经济转型跨越发展的实证分析》，《甘肃行政学院学报》2017 年第 5 期。

王茹、胡瑜杰：《甘肃省农村居民消费水平及对策分析》，《现代经济信息》2012 年第 9 期。

岳珑：《20 世纪 50 ~ 70 年代中国西北地区重工业化道路的选择与反思》，《当代中国史研究》2009 年第 3 期。

赵雪雁、林曼曼：《西北地区城市化与第三产业发展的互动关系分析》，《干旱区资源与环境》2006 年第 5 期。

B.4

新中国成立70年来西北地区文化发展报告

徐　哲*

摘　要： 新中国成立70年来，西北地区在文化建设上取得了辉煌成就，文化软实力显著增强。西北地区持续培育和践行社会主义核心价值观，群众精神文明创建活动蓬勃开展，文化体制改革不断深化，公共文化服务体系更加完善，文化遗产保护传承开发卓有成效，文艺精品不断涌现，文化产业逐步壮大。70年的辉煌成就，离不开党的坚强领导，离不开马克思主义的指导，离不开对优秀传统文化、革命文化的继承与转化。新时代，西北地区要在总结既往经验的基础上，清醒地认识西北地区文化建设上仍然存在的问题，持续发力，精准发力，实现西北地区文化及其相关产业的高质量发展，再谱新曲，再创辉煌。

关键词： 文化发展　新中国成立70年　西北地区

新中国成立70年来，在中国共产党的坚强领导下，在马克思列宁主义、毛泽东思想、邓小平理论、“三个代表”重要思想、科学发展观、习近平新时代中国特色社会主义思想的指导下，西北地区文化事业蒸蒸日上，文化产

---

* 徐哲，宁夏社会科学院文化研究所副研究员，主要研究方向为文化与文化产业。

业蓬勃发展，文化软实力不断提高。砥砺前行70年，栉风沐雨70年，从纵向的时间轴来看，西北地区文化建设成就卓著，但从横向的地域比较来看，西北地区的文化还有很大发展空间。新时代，西北地区要进一步培树区域文化特色，补齐文化发展短板，不断生产出更多优秀的、满足人民群众精神文化需求的文化产品，努力提高西北地区文化的软实力和竞争力，为全面建成小康社会、实现中华民族的伟大复兴凝聚强大精神动力。

一 70年来西北地区文化发展的三大阶段

70年来，西北地区的文化建设主要经历了三个阶段，即新中国成立之初社会主义文化探索发展阶段，改革开放后社会主义文化开放发展阶段和新时代社会主义文化繁荣兴盛阶段。

（一）新中国成立之初社会主义文化探索发展阶段

新中国成立之初，百废待兴。在这一时期，毛泽东同志以高度的文化自觉和文化自信积极探索文化建设新路，创建了中国历史上开天辟地的、崭新的、人民大众的社会主义文化。西北地区积极响应党中央的号召，以高度的自信心投入社会主义文化建设。1950年，中共中央西北局发出《关于目前文艺工作几个问题的指示》，指导各级党委把文艺工作放到党的工作日程中，做好文艺创作、培养文艺干部、加强文艺工作的政治思想指导等工作，确定了西北文化的发展方向。

（二）改革开放后社会主义文化开放发展阶段

十一届三中全会后，西北地区紧跟党中央脚步，坚持文艺为人民服务、为社会主义服务的“二为”方向，坚持百花齐放、推陈出新、洋为中用、古为今用的方针，坚持物质文明建设与精神文明建设两手抓，大力推进社会主义文化事业。随着改革开放的进一步深入，“三个代表”重要思想将建设先进文化上升至立党之本、执政之基的高度，党的十七大将文化定位为民族凝聚力和创造力的重要源泉，文化建设在社会主义建设中的地位越来越突出。西北地区严格贯彻落实党中央的决策部署，紧抓文化建设，稳步推进文化体制改革，完善公共文化服务和基础设施，发展文化产业，在改革中前进，在开放中发展。

（三）新时代社会主义文化繁荣兴盛阶段

迈入新时代，西北地区的文化发展正面临着“百年未有之大变局”，机遇与挑战并行，西北地区的文化正在进入繁荣发展的新时期。面对复杂的发展形势，西北地区坚决同以习近平同志为核心的党中央保持高度一致，坚决贯彻党中央的决策部署，自觉担负起新的文化使命，以高度的文化自信不断发展地方文化事业。首先，持续培育和践行社会主义核心价值观，引领社会主义精神文明建设，解决好世界观、价值观、人生观这个总开关问题，各民族人民对中华文化的认同感不断增强，文化自信更加坚定。其次，推动中华优秀传统文化创造性转化、创新性发展，“深挖”“活化”历史文化资源，不断衍生出新内容，丰富当代文化。最后，创新文化宣传方式，借力新媒体、新科技讲好西北故事，不断构建西北新形象。西北地区文化建设正在新时代再创佳绩。

二　70年来西北地区社会主义文化事业建设的辉煌成就

回顾70年西北地区文化建设的历程，在党的坚强领导下，西北地区的文化发生了翻天覆地的变化。从新中国成立初期的百废待兴，到“十三五”期间优秀文化产品雨后春笋般的涌现，西北地区在文化建设上取得了巨大成就，社会主义文化事业繁荣兴盛。

（一）文化体制更加完善，文化机制更加健全

70年来，西北地区在党中央的带领下，积极出台相关文化政策，完善文化机制，深化文化体制改革，加大财政投入力度，支持西北地区文化的发展。

1. 制定文化发展规划，做好顶层设计

制定文化发展规划，明确文化发展目标，做好顶层设计，是西北地区推动文化发展的重要举措。文化发展的五年规划是每个五年期间文化建设的重要引领性文件，指导着每个时期的文化建设。在“一五”期间，中共中央西北局举行文化行政会议，审议通过西北各省区的文化发展计划。自“十一五”时期开始，伴随着文化部正式颁发实施文化发展纲要，西北地区立足文化发展实情，也开始制定相应的文化发展规划，推进重点领域的建设，促进各项任务的落实。

除文化发展纲要外，西北各省区还有针对性地出台相关政策文件，涉及文化产业、公共文化服务、乡风文明、文化市场、文化遗产开发保护等方面，指导社会主义文化事业繁荣发展，向着文化强省、文化强区的目标前进，例如《陕西省人民政府办公厅关于促进全域旅游发展的实施意见》（陕政办发〔2018〕32 号）、《甘肃省推进基层综合性文化服务中心建设实施方案》（甘政办发〔2016〕24 号）等。

2. 稳步推进文化体制改革，为文化发展奠定根基

深化文化体制改革，是文化大发展、大繁荣的有力保障。文化体制改革，有助于理顺文化管理体制，提高行政主体的宏观管理效能，激活文化主体的市场活力。在 70 年的发展历程中，西北地区在党中央的坚强领导下，坚持从实际出发，有步骤、有计划地进行了文化体制改革。

在改革开放的号召下，西北地区完成了文化艺术、报纸业、广播电视、新闻出版等文化产业事业的改革，取得了显著的成就。截至“十五”结束，陕西省市两级经营性文化事业单位转企改制全面完成，涉及改革单位 313 家，先后组建了 93 家企业，为西部电影集团等文化产业的发展提供了契机。[①] 2009 年，宁夏推进转企改制，组建了黄河出版传媒集团有限公司、宁夏广电传媒集团有限公司、宁夏话剧艺术发展有限责任公司、宁夏报业传媒集团有限公司、宁夏电影集团有限公司等 5 家文化企业，这标志着宁夏文化

① 《陕西省“十一五”文化发展专项规划》，2008。

事业单位的转企改制进入了新征程。2006～2012 年，甘肃在出版发行、报纸行业，文艺院团、电影电视等方面实现了全面的文化体制改革，改变了“吃大锅饭”的状态，激发了行业发展活力。青海在图书馆、文化馆、博物馆等公益性文化事业单位内部实现人事、收入分配等方面的深入改革，提高了文化服务水平和效率。新疆也逐步实现了文化、广播电视、新闻出版等系统的资源整合，推行人事、社保和收入“三项制度”改革，不断形成面向市场、权责明确、运行高效的现代管理体制。

进入新时代，紧跟文化部与国家旅游局合并的机构改革步伐，西北地区也进行了各级文化和旅游部门的融合改制，陕西、甘肃、宁夏、青海、新疆均于 2018 年进行了文旅厅的挂牌，实现了两套行政班子的融合。这为文化产业发展过程中攻克瓶颈期障碍、实现文化产业和旅游业的转型升级提供了条件。

3. 财政投入不断加大，拉动文化建设

70 年来，伴随着西北地区经济实力的提高，公共财政在文化发展上的投入逐步增多。如表 1 所示，十年间，陕西用于文化事业的财政投入年均增长 24.81%，甘肃用于文化事业的财政投入年均增长 15.54%，宁夏用于文化事业的财政投入年均增长 12.45%，青海用于文化事业的财政投入年均增长 18.40%，新疆用于文化事业的财政投入年均增长 13.16%。由这些数据来看，各省区的财政投入逐年增多，除了与各省区的经济实力提高有关外，也与各省区对文化建设的重视程度密切相关。

表 1　2007～2017 年西北五省区 GDP 与文化事业财政投入

单位：亿元

年份	陕西		甘肃		宁夏		青海		新疆	
	GDP	文化事业财政投入	GDP	文化事业财政投入	GDP	文化事业财政投入	GDP	文化事业财政投入	GDP	文化事业财政投入
2007	5757.29	13.30	2703.98	15.23	919.11	7.06	797.35	6.94	3523.16	23.35
2008	7314.58	31.81	3166.82	19.45	1203.92	7.09	1018.62	9.89	4183.21	27.66
2009	8169.80	40.89	3387.56	24.50	1353.31	9.03	1081.27	15.58	4277.05	33.34
2010	10123.48	47.86	4120.75	24.50	1689.65	16.09	1350.43	11.57	5437.47	33.92

续表

年份	陕西		甘肃		宁夏		青海		新疆	
	GDP	文化事业财政投入	GDP	文化事业财政投入	GDP	文化事业财政投入	GDP	文化事业财政投入	GDP	文化事业财政投入
2011	12512.30	61.27	5020.37	29.78	2102.21	13.94	1670.44	14.32	6610.05	47.70
2012	14453.68	91.81	5650.20	33.07	2341.29	14.44	1893.54	18.92	7505.31	68.23
2013	16205.45	100.44	6330.69	49.87	2577.57	16.60	2122.06	25.84	8443.84	74.63
2014	17689.94	93.23	6836.82	59.76	2752.10	16.02	2303.32	34.16	9273.46	74.32
2015	18021.86	103.09	6790.32	49.60	2911.77	20.97	2417.05	33.60	9324.80	78.96
2016	19399.59	125.85	7200.37	62.76	3168.59	25.23	2572.49	33.32	9649.70	77.61
2017	21898.81	121.95	7459.90	64.59	3443.56	22.82	2624.83	37.58	10881.96	80.40

资料来源：国家统计局。

（二）主旋律更加高扬，人民精神面貌更加昂扬

自1979年党中央提出建设社会主义精神文明以来，西北地区始终坚持以马克思主义为指导推进地方精神文明建设。特别是党的十八大提出践行和培育社会主义核心价值观后，西北地区立足本省实际情况，将精神文明建设同其他各项事业相结合，全面推进精神文明建设，主流价值观持续确立，立德铸魂成效显著。

培育践行社会主义核心价值观，总领文化建设。新疆印发《贯彻〈中共中央办公厅、国务院办公厅关于进一步把社会主义核心价值观触入法治建设的指导意见〉实施办法》指导社会主义核心价值观的培育；宁夏借力新媒体，让社会主义核心价值观走进百姓心里；甘肃以“德润陇原”“做文明有礼甘肃人”等活动培育和持续践行社会主义核心价值观。

建设新时代文明实践中心，深入推进社会主义精神文明建设。陕西富平县、凤县、志丹县、延川县入选全国50个首批建设新时代文明实践中心试点县名单，率先启动新时代文明实践中心建设工作。在试点县建设工作中，陕西省四县按照机构、人员、资源设施等权属不变的原则，以志愿服务为抓手，整合现有公共服务阵地资源，着力打通宣传群众、服务群众的“最后一公里”。

发挥先锋模范的榜样作用，引领社会风尚。自2007年第一届全国道德

模范评选到2019年第七届全国道德模范评选，西北地区荣获全国道德模范荣誉称号的人数众多，具体统计如下：陕西省16人、甘肃省14人，宁夏回族自治区15人、青海省15人、新疆维吾尔自治区26人。[①] 道德模范队伍在不断壮大。此外，各省区还借助各类荣誉称号的评选工作，选先树优，培树先锋，例如“宁夏好人”“新时代甘肃好青年”“陕西新时代三秦孝亲敬老楷模”“青海好人”等。这些先进模范擎起时代楷模大旗，传递正能量，弘扬主旋律，树立“崇德向善”的文明新风尚。

（三）文化事业更加繁荣，人民群众文化生活更加丰富

1. 公共文化服务更加普惠

新中国成立后，为丰富人民群众的文化生活，西北地区努力完善公共文化基础设施，丰富文化产品供给，初步形成五级公共文化服务体系，切实保障人民群众的文化生活，充分体现公共文化服务的公益性、均等性。

新中国成立初期，各省区就开始着手建立基本的公共文化服务设施，包括艺术表演团体、艺术演出场所、电影发行放映、群众文化及图书、艺术教育等文化事业机构。2005年，党的十六届五中全会在《中共中央关于制定国民经济和社会发展第十一个五年规划的建议》中，首次提出“逐步形成覆盖全社会的比较完备的公共文化服务体系”。按照党中央要求，西北地区不断加大公共文化服务体系建设力度，实施乡镇综合文化站、广播电视村村通、农村电影放映、农家书屋、文化信息资源共享等重大惠民工程和重大公共文化服务设施项目。在各省区的努力下，覆盖省、市、县、乡、村五级的公共文化服务体系日趋完善。截至2015年底，新疆建成公共图书馆107个、文化馆118个、博物馆（纪念馆）86个、美术馆48个、乡镇街道综合文化站1168个、村级（社区）综合性文化服务中心7795个。[②] 截至2018年底，青海共建成文化馆46个、公共图书馆49个、博物馆23个，广播综合覆盖

---

① 历届“全国道德模范名单”的统计。

② 《新疆维吾尔自治区文化事业“十三五”发展规划》（新发文〔2017〕47号），2017。

率达到98.6%，电视综合覆盖率达到98.7%。[①] 2017年底，宁夏建成图书馆26个、文化馆26个、博物馆75个、乡镇文化站193个、村综合文化中心1266个。[②] 公共文化设施免费开放，文化“进村入户”、普及到人，公共文化的均等性、标准化得到极大提升。

2. 哲学社会科学更加繁荣

在新中国成立初期，各省区便已开始推动哲学社会科学工作。“文化大革命”时期，哲学社会科学工作被迫中止，十一届三中全会后哲学社会科学发展进入空前繁荣期。70年来，西北地区在繁荣发展哲学社会科学方面主要取得了以下成就。一是宣传学习研究马克思列宁主义和中国特色社会主义理论，例如，1959~1961年，陕西社会科学界有近200人参加了马列主义教材和通俗读物的编写工作，编成的教材和通俗读物有《辩证唯物主义和历史唯物主义通俗读物》《政治经济学通俗读物》等共5种[③]。二是形成了具有地方特色的学科，例如西夏学。三是涌现了一批高质量的研究成果，例如《中国西北文献丛书》《阔瑞与萨班凉州会谈》《归义军史研究》《西域古代民族宗教综论》《格萨尔文库》等。

3. 文艺精品不断涌现

新中国成立以来，西北地区的文学艺术创作十分丰富，呈现百花齐放的繁荣景象。

在文学方面，西北地区的文学发展脉络脱胎于中国当代文学发展体系，其突出特点是具有极强的现实主义风格，在中国当代文坛具有举足轻重的地位。陕西出现了路遥、柳青、贾平凹、陈忠实等一批享誉全国的作家。宁夏，从伤痕反思作家张贤亮，到“西海固乡土文学”“宁夏青年作家群”等，展现了当代宁夏文学的成长与成熟历程。

---

① 青海省统计局、国家统计局青海调查总队：《青海统计年鉴（2019）》，中国统计出版社，2019，第32页。

② 宁夏回族自治区党委宣传部、宁夏社会科学院：《辉煌六十年》，宁夏人民出版社，2018，第376页。

③ 陕西省地方志编纂委员会编《陕西省志·社科联志》，西安地图出版社，2001。

在戏剧方面，西北地区的影视剧创作坚持“二为”方向、“双百”方针，不断为国家文艺事业贡献精品剧目。西北地区的戏剧充分体现了民族风情，像青海的舞剧《丝路花雨》、话剧《西安事变》，宁夏的秦腔《花儿声声》、话剧《回民干娘》，陕西的歌剧《大汉苏武》《麻醉师》，甘肃的陇剧《西狭长歌》，新疆歌舞剧《情暖天山》等精品剧目，既体现时代精神，又具有浓郁的地域特色。

在影视方面，学界从地理区位上界定了中国的“西部电影”，虽然冠之以西部，但主要偏向对中国电影事业发展做出重大贡献的西北电影。1958年，西安电影制片厂成立，这是西北地区第一所电影制片厂，它开启了西部电影发展的辉煌历程。陕西导演吴天明、张艺谋、黄建新、顾长卫等，开辟了中国电影史的全新时代，将中国电影推向了世界。在宁夏，镇北堡影视城见证了中国影视的发展历程，《牧马人》《大话西游》《黄河绝恋》等80多部影视剧从这里走向全国、走向世界。

4. 文化遗产保护与传承卓有成效

西北地区文化遗产丰富，为保护好这些珍贵的历史文化资源，西北地区做出了诸多努力。从新中国成立初期抢救性保护的基础工作，到当下“保护传承 + 创新创造”的深度转化，西北地区不断“深挖”“活化”文化遗产资源，生产创意产品，使文化遗产迸发新活力，获得新生命。例如，鼓励非物质文化遗产代表性传承人开办工作室，招收有意愿的传承人传授技艺，鼓励开发创意产品，并提供产品展示销售平台。这些措施不仅活化了历史文化资源，在脱贫攻坚中也发挥了积极作用。

（四）着力凸显区域特色，文化产业蓬勃发展

1. 立足地域特色，培育区域品牌

立足地域特色，培树文化产业品牌，是西北地区发展文化产业的主要路径。陕西立足以周、秦、汉、唐为代表的灿烂传统文化、丰富的革命文化、多彩的民俗文化，形成了西影电影圈子影视产业链，打造出《梦回大唐》《长恨歌》等演艺精品，生产出陕西皮影头谱系列工艺品、汉阳陵博物馆吉

祥物抱枕、仿唐花鸟纹香囊等文创产品。青海则是充分挖掘区域内丰富的少数民族文化资源，培育了唐卡、藏绣、绒毛画、昆仑玉雕等文化创意产品。甘肃发挥丝路文化、石窟文化、黄河文化、敦煌文化等资源优势，打造了“精品丝路·绚丽甘肃”的旅游名片，形成了敦煌莫高窟数字中心等优质产业。新疆借助区内的丝路文化、民族风情，打造了《千回西域》《丝路秀》《吐鲁番盛典》《喀纳斯盛典》等一批享誉国内外的演艺产品。

2. 产业规模化、集约化持续扩大，对经济贡献率不断提高

产业的规模化、集约化是产业发展的显著标志，规模以上文化企业是文化产业发展的核心力量。在文化产业发展过程中，西北地区坚持市场主导与政府引导相结合，通过培养龙头企业、鼓励产业延伸、优化产业布局等措施，依托文化产业园区、文化产业基地、文化产业平台等载体，加速推进文化产业的规模化、集约化。党的十八大以来，西北地区的文化产业规模持续扩大。由表2可以看出，从2012年到2018年，陕西文化及相关产业增加值逐年递增，占GDP的比重也明显增加。宁夏规模以上文化及相关产业法人单位从2012年的54家发展到2017年的108家，增长了1倍，显示出党的十八大以来宁夏文化产业发展迅速。甘肃文化产业的增加值从2012年的78.17亿元增长到2018年的178.16亿元，年均增长率为14.72%，文化产业成长速度

表2　2012～2018西北五省区文化产业增加值和占GDP比重

单位：亿元，百分比

年份	陕西		甘肃		青海		宁夏		新疆	
	文化产业增加值	占GPD比重	文化产业增加值	占GPD比重	文化产业增加值	占GPD比重	文化产业增加值	占GPD比重	文化产业增加值	占GPD比重
2012	500.70	3.47	78.17	1.40	35.01	1.86	51.70	2.21	27.50	0.30
2013	597.20	3.69	108.00	1.70	43.53	2.07	60.00	2.30	—	—
2014	646.11	3.65	132.91	1.94	46.67	2.03	67.00	2.44	—	—
2015	711.93	3.95	157.09	2.30	54.80	2.27	64.94	2.23	112.27	1.21
2016	802.52	4.14	146.00	2.03	63.80	2.48	74.36	2.35	127.90	1.32
2017	911.10	4.16	163.60	2.13	—	—	81.45	2.37	—	—
2018	962.70	4.00	178.16	2.16	—	—	—	—	—	—

资料来源：国家统计局。

明显。新疆从2012年到2015年，文化产业增加值上升了3倍。从这些数据可以看出党的十八大以后西北地区在推动文化产业发展上做出的努力。

3. 文旅融合逐步深入，文化及相关产业迈上新台阶

文化和旅游的融合，是突破文化产业、旅游业发展瓶颈的必然要求，是不断满足人民群众日益增长的美好生活需要的重要手段。近年来，西北地区深挖区域文化资源，推出了一批文化旅游精品项目。总结西北地区在文旅融合上的做法，基本可以归纳为以下三点：一是以旅游景区为抓手，文化进景区。依托现有景区，将文化演艺、非遗技术、创意产品等纳入景区产业中，例如陕西的《长恨歌》、宁夏水洞沟中的大型演艺《北疆天歌》等。二是以项目为抓手，依托文化打造主题景区。陕西策划包装了两汉三国文化景区、白鹿原影视基地等一批优秀文化旅游项目，青海启动了黄南热贡、格萨尔（果洛）、藏族文化（玉树）国家级文化生态保护实验区建设，喇家国家考古遗址公园建设项目等一大批文化遗产保护传承开发利用项目，较好地推动了文化与旅游资源的深度融合。三是充分利用节庆文化，发展节庆旅游。根据宁夏文旅厅统计，2019年春节期间，宁夏歌舞剧院、宁夏京剧院、宁夏秦腔剧院、宁夏话剧杂技团精心组织80余场演出送戏进景区，全区共接待游客201.52万人次，实现旅游收入8.98亿元，同比分别增长0.69%和8.98%。[①] 西北地区正在发挥“创意+”的力量，将区域特色文化资源转变为文旅产业的发展势能。

（五）对外文化交流日趋活跃，文化产品不断向海外推广

新中国成立后，西北地区在党中央的领导下，积极推动对外文化交流，推动具有区域特色的文化产品“走出去”，在全国乃至海外逐步树立起鲜明的文化形象。陕西从1951年到1990年，先后派出文化艺术团组出访198个

---

① 资料来源：宁夏文旅厅公开信息，http://whhlyt.nx.gov.cn/plus/view.php?aid=24145。

国家和地区。[1] 近年来，陕西还通过开通“全景陕西”英文频道、央视网“陕西在线”、中国国际广播电台“了解中国从陕西开始”专题栏目，向国际宣传陕西文化。敦煌艺术是新中国成立初期甘肃对外文化交流的亮点，从1951 年起敦煌艺术展、敦煌壁画展就先后在印度、法国、日本等国的多个城市展出。当下，敦煌文化、丝路文化依然是甘肃对外交流的重要平台，甘肃连续举办四届丝绸之路（敦煌）国际文化博览会，以“交响丝路·如意甘肃”为主题，全方位地向世界展示丝路文化魅力。青海借助“一带一路”的契机，举办丝路花儿艺术节，扩大青海在海内外的文化影响力。新疆也积极融入“一带一路”，借助这一发展机遇，利用区位优势，加强同中亚国家的文化交流。

三 70年来西北文化发展的经验

第一，始终坚持党的领导。新中国成立以来，西北地区文化能够繁荣发展的根本原因在于坚持党的领导。在每个历史时期，西北地区立足本土文化发展实际，结合时代要求，严格将党中央提出的文化发展纲领、目标、政策作为本省区文化建设的指南，遵循文化发展的客观规律，把好文化发展的方向，一步一个脚印，脚踏实地地走出了西北地区文化发展的辉煌历程。

第二，始终坚持马克思主义在文化建设上的指导地位。70 年来，西北地区始终坚持在马克思主义的指导下进行文化发展规划、制定政策文件，牢牢把握住了文化发展的前进方向。

第三，始终坚持融古于今。70 年来西北地区在文化上取得的成就也离不开对地方历史文化资源的传承与转化。甘肃丝路文化相关产业、陕西的大唐芙蓉园等都是立足地方历史文化培育的文化品牌。可见，正是“不忘本来”、融古于今的文化开发策略，为西北地区的文化发展提供着取之不尽，用之不竭的资源基础。

---

① 陕西省地方志编纂委员会：《陕西省志·文化艺术志》，陕西人民出版社，2005。

第四，始终坚持与时俱进。近年来，随着科学技术的发展，数字技术、媒体技术等为文化创新发展打开了新思路。西北地区紧跟科技发展潮流，利用新科技活化传统文艺，打造创意产品。数字丝路、数字敦煌等的出现，为西北地区的文化发展注入了新活力。

总的来说，新中国成立 70 年来，西北地区在文化建设上取得的成就离不开党的领导，离不开先进思想的指引，离不开丰厚历史文化资源的涵养，离不开新理念、新技术的支持。多方面的努力，共同缔造了西北地区 70 年的文化辉煌。

四　新时代西北地区文化发展存在的问题

（一）地方文化的认同感有待进一步增强

地方文化认同感的消散是西北文化建设中面临的一个重要问题。在海外文化、都市文化冲击下，西北地区人民群众对地方历史文化的认同感在不断被消解。西北在全国人民的印象中总是与戈壁沙漠相伴，是“荒凉”的代名词。时至今日，“荒凉”也成为西北人眼中的西北文化。但作为少数民族聚居地的西北地区，见证了数代王朝的变迁，衍生出异彩纷呈的历史文化，这些都是中华文化的重要组成部分，其价值和魅力要充分挖掘和彰显。宣传西北文化，首先要从增强本土文化认同感入手，只有不断增强西北地区人民的文化认同感、提振文化信心，才能更好地推动西北文化走出去。

（二）文化及相关产业发展水平有待进一步提高

70 年来，西北地区在文化产业发展上取得了骄人成绩，形成了一批文化品牌。但我们也要清醒地看到西北地区文化产业与其他省区市之间的差距。中国人民大学主办的“2018 中国文化产业系列指数发布会”通过生产力、影响力、聚合力的比较，将所有省区市分为强势、普通、弱势三个梯队，西北五省区中，陕西勉强跻身于普通梯队，其他四省区均处于弱势梯队。而在2018年西部十二省区市的文化产业指数比较中，陕西位列第三，宁夏、甘肃、青海、新疆分别位列第八、九、十一、十二。由此可见，西北地区的文化产业发展水平与其他区域还有着一定的差距。

（三）公共文化服务有待进一步精准化

西北地区基本建立起了现代公共文化服务体系，基础设施配备基本完备，但在公共文化服务上，还有待进一步完善和提高。当前的公共文化服务，政府承担着绝大部分职责，包括文化建设的机制体制、具体服务和财政支持等，这无疑给政府造成了巨大的压力。另外，作为公共文化服务对象的人民群众，也成为被动的文化接受者，人民群众的文化需求和审美期待与“所送文化”之间存在一定错位。因此，公共文化服务尚需进一步精准化。

（四）人才队伍有待进一步壮大

由于西北地区在地理环境、社会经济发展程度等方面与东部沿海城市存在一定的差距，近年来出现本土人才流失严重、外来人才引进困难、引进人才难以留住等问题。特别是，高端领军人才在西北地区更是缺乏，严重制约西北地区文化及相关产业的发展。

五 新时代西北地区文化发展的形势预测与对策建议

（一）西北地区文化发展的形势预测

2019年10月28～31日，中国共产党第十九届中央委员会第四次全体会议召开。在世界正经历“百年未有之大变局”、中国正实现伟大中国梦的关键时期，以习近平同志为核心的党中央以中央全会的形式，专题研究了坚持和完善中国特色社会主义制度、推进国家治理体系和治理能力现代化若干重大问题，为下一步社会主义各项事业的建设指明了方向。此次全会将繁荣发展社会主义先进文化的一切工作和活动上升到了制度的层面，为繁荣发展社会主义先进文化规划了蓝图、提供了保障，充分彰显了中国特色社会主义制度的优越性。

在繁荣发展社会主义文化制度的指导下，西北地区将不断地将制度优势转化为发展效能，借助地方特色历史文化资源，抓住文旅融合的发展契机，立足实际，扬长避短，促进文化及其相关产业的高质量发展。结合西北五省区的“十三五”文化发展规划和2019年的工作重点来看，探索文旅融合发展的路径与机制、推动文旅产业高质量发展，将是西北地区未来一段时间文化建设的重点工作。

（二）西北地区文化进一步繁荣发展的对策建议

1. 坚持党的领导，不断增强文化认同，坚定文化自信

坚持党的领导，是西北地区文化发展的根本。西北地区是少数民族聚居区，在西北地区加强文化建设，必须始终坚持党的领导，坚决贯彻落实党中央的决策部署，才能把握文化发展的正确方向。

不断增强各族人民的文化认同，是西北地区文化发展的基础。亨廷顿认为，文化认同对于民族来说意义重大，它具有“天然”的稳定性。[①] 这就要完善机制措施，不断增强各民族人民的文化认同，坚定文化自信，筑牢“根”和“魂”。

2. 践行社会主义核心价值观与弘扬优秀传统文化相结合，塑造优良文化氛围，深化精神文明建设

培育和践行社会主义核心价值观是中国特色社会主义的铸魂工程，新时代精神文明建设必然要以社会主义核心价值观为引领，才能筑牢思想文化的根基，确保文化建设的主旋律、正能量。新时代的精神文明建设要将践行社会主义核心价值观与弘扬优秀传统文化相结合，从理论价值上理顺优秀传统

① 〔美〕塞缪尔·亨廷顿：《文明冲突论与世界秩序的重建》，周琪译，新华出版社，2002，第170～180页。

文化与社会主义先进文化之间的关系，在二者的共同发力下，更好地浸润人心，更好地引导人民群众解决好世界观、人生观、价值观的问题，为推进“五位一体”战略布局营造良好的精神文化氛围。

3. 坚持以人民为中心，推动公共文化服务精准化发展

推动公共文化事业的精准化，必须坚持以人民为中心的价值导向。坚持将人民群众作为文化建设的主体，政府才能发挥好服务作用，才能调动人民群众的积极性，从而焕发公共文化事业的生机与活力。

坚持以人民为中心的价值导向，就是要思群众所思，想群众所想，明确群众的喜好，在为人民群众提供更多喜闻乐见的文艺形式的同时，鼓励群众自办文化。例如，出台相关文化政策文件，激发群众文化参与热情；以奖励鼓励的形式吸引普通群众参与文化活动，自办文化活动；发挥拥有民间技艺优秀人才的带领指导作用，迅速带起民间文艺团队。

4. 深挖活化地方历史文化资源，加速文旅融合，走西北特色文旅融合之路

走具有西北特色的文旅融合之路，需要深挖区域文化资源。西北地区目前的文旅融合项目中存在着文化内涵不够，或者将文化简单附着于景区的问题，究其原因是对地方历史文化的探索和挖掘不够深入，很多悠久文化尚未开发利用。针对这一问题，从西北地区的历史文化中提炼特色文化符号并进行资本转化是有效的方法途径。以地方神话传说为例，地方神话传说是区域历史文化的源头，是沉淀在人类思想深处的集体无意识，能够代表地方文化的突出特征，容易唤起受众的心理认同，是可进行资本转化的文化资源。这就需要统筹整理西北地区的神话传说，提炼文化原型，将之作为创意产品开发、旅游景观设计、演艺作品编排、文艺作品创作的脚本，从而打破产业区隔，培育主题文化产业链，促进文旅融合。

5. 依托主题文化，加强区域联动，促进协同发展

借助文化的主题聚合关系打破省区的分割，实现区域联动，协同发展。在西北地区，有很多线性的文化主题，例如丝路文化、黄河文化等。在这些主题上，各个省区都在积极地开发文化及旅游项目，但基本上是各自为政，缺少整体规划与开发，缺乏总体规划指导。以“丝绸之路”为例，古丝路以

长安为起点，分为南北中三线，沿途经过灵州、上邽（今天水）、狄道（今临洮）、枹罕等古城，翻越六盘山，渡过黄河，可以说在今天的陕西、宁夏、甘肃、青海、新疆都留下了沉淀2000年的历史文化资源，其都是可以进行资本转化的文化旅游资源。但目前的丝路文化旅游主要集中在“兰州—嘉峪关—敦煌—吐鲁番—乌鲁木齐—天池”和“西宁—敦煌—乌鲁木齐—天池”这两条主线上尚未整体规划。对西北地区来说，可以借助“一带一路”的发展契机，打破行政划分区隔，利用线性文化主题，加强省区合作打造精品文旅项目，培树特色品牌，扩大西北文化影响力。

6. 完善地方文化人才培养机制，加快引进高层次人才

习近平总书记指出，人才资源是第一资源，也是创新活动中最为活跃、最为积极的因素。新时代，创新创意是推动文化发展中最有力的元素，而要提升创新能力，最急需的就是人才。

第一，创新人才引进机制。鉴于目前西北地区发展滞缓的现状，为吸引更多高端人才，必须加大引进力度和政策优厚程度，才能吸引人才，补充西北地区的人才队伍缺口。第二，优化学科体系，充分发挥地方高校培养服务地方人才的作用。文化及相关产业需要的多是复合型人才，特别是文旅融合发展急需兼具两个学科知识体系的人才，这就要求地方高校尽快整合知识体系，优化学科配置，培养出留得住的优秀人才。第三，优化就业环境。目前，很多文化及相关方向的学生毕业后并不从事相关工作，究其原因还是从业待遇不高，相比于房地产行业、物业管理行业，这些毕业生在旅游、文化行业中的收入难以达到他们的预期。面对这样的问题，为给西北地区文化建设提供更多人才，就需要优化市场环境，给予从事文化及相关产业毕业生相关优惠政策，鼓励学生学以致用，壮大西北地区文化及相关产业的人才队伍。

参考文献

《甘肃省人民政府办公厅关于印发甘肃省“十三五”文化产业发展规划的通知》，甘

肃省人民政府网，http：//www. gansu. gov. cn/art/2016/9/1/art_ 4786_ 284968. html。

甘肃省地方史志办公室：《甘肃年鉴 2018》，甘肃民族出版社，2018。

甘肃省地方史志编纂委员会、甘肃省人民政府外事办公室编纂《甘肃省志·外事志》，甘肃文化出版社，2006。

国家统计局社会科技和文化产业统计司、中宣部文化体制改革和发展办公室：《中国文化及相关产业统计年鉴》，中国统计出版社，2013～2018。

宁夏地方志编审委员会、宁夏回族自治区地方志办公室编《宁夏年鉴 2018》，方志出版社，2018。

宁夏回族自治区党委宣传部、宁夏社会科学院：《辉煌六十年》，宁夏人民出版社，2018。

青海省地方志编纂委员会编《青海年鉴 2017》，青海年鉴社，2017。

陕西年鉴社编《陕西年鉴 2018》，陕西年鉴社，2018。

《陕西省“十二五”文化体制改革和发展规划》，陕西省人民政府网，http：//www. shaanxi. gov. cn/jbyw/ggjg/sewgg/zxgg/65847. htm。

《陕西省人民政府关于印发“十三五”文化和旅游融合发展规划的通知》，陕西省人民政府网，http：//www. shaanxi. gov. cn/zfgb/92100. htm。

《陕西省“十一五”文化发展专项规划》，陕西省人民政府网，http：//www. shaanxi. gov. cn/jbyw/ggjg/sywgg/zxgg/65916. htm。

陕西省地方志编纂委员会：《陕西省志（第 65 卷）·文化艺术志》，陕西人民出版社，2005。

文化部计划财务司：《中国文化事业统计年鉴》，文化艺术出版社，1993～1996。

新疆维吾尔自治区地方志编纂委员会：《新疆年鉴 2016》，新疆年鉴社，2016。

《中国文化年鉴》编辑委员会：《中国文化年鉴》，新华出版社，2001～2014。

B.5
新中国成立70年来西北地区社会发展报告

杨富强*

摘　要： 新中国成立以来，西北地区和全国一道经历了社会主义改造、社会主义探索、改革开放、新时代中国特色社会主义建设，社会发展取得了显著成效。但由于西北地区在自然禀赋等方面的先天不足，经济发展相对于东部地区差距较大，直接导致人才流失严重、社会发展滞后等问题。

关键词： 社会发展　新中国成立70年　西北五省区

新中国成立以来，西北地区和全国一道开展了工业、农业、手工业的社会主义改造，1956年除了牧区以外，大部分地区进入了社会主义社会。社会性质的巨大变化，推动社会结构、面貌发生了翻天覆地的变化，但由于西北地区自然环境和社会环境的制约，社会发展仍然比较缓慢。

一　社会变革是西北地区社会发展的根本动力

1949年7月中国共产党开始了解放西北各省的战斗，9月25日国民党新疆省警备总司令陶峙岳宣布率新疆军政人员起义，至此西北地区全部解

* 杨富强，新疆社会科学院社会学研究所副研究员，博士，罗汉普敦大学访问学者，研究方向为民族社会学。

放，这是一场中华民族历史上前所未有的社会大变革。1956 年社会主义改造基本完成，除了新疆、青海、甘肃的部分牧区，绝大多数地区进入社会主义社会。1955 年 10 月 1 日新疆维吾尔自治区成立，1958 年 10 月 25 日宁夏回族自治区正式成立，民族团结和民族平等政策得以落实，实现了少数民族当家作主的意愿。社会制度的建立，从根本上改变了西北地区的社会发展进程。

20 世纪 80 年代，西北各省区与全国一道进入改革开放的时期，这一时期思想路线拨乱反正，确立经济建设为中心，对内改革和对外开放同步进行。分配方式得以调整，农村土地联产承包，国有企业改革，大锅饭和铁饭碗被打破；社会关系得到全面调整，户籍制度开始松动，人口流动频繁；社会事业发展迅速：实施九年义务教育，医疗事业和社会保障发展较快，开始构建与社会主义市场经济相适应的社会保障体系，养老保险、医疗卫生保险、失业保险、最低生活保障等制度逐步建立；社会思潮也异常活跃，价值观呈现多元化，从注重集体向强调个体的方向转化，西北地区开始走上“富起来”的大道。

由于实施“两个大局”的发展战略，“沿海地区要对外开放，使这个拥有两亿人口的广大地带较快地先发展起来，从而带动内地更好地发展，这是一个事关大局的问题。内地要顾全这个大局。反过来，发展到一定的时候，又要求沿海拿出更多力量来帮助内地发展，这也是个大局”。[①] 受自然、历史及国家优先发展东部沿海地区政策性影响，西北地区和中东部地区的社会发展差距拉大。20 世纪末期，中央实施西部大开发战略、出台对口援助等政策，西部地区社会发展速度加快。社会保障方面初步建立，以社会保险、社会救助、社会福利为基础，以基本医疗、基本养老、最低生活保障制度为重点，以慈善事业、商业保险为补充的社会保障体系。[②] 教育发展方面：实施免费义务教育、“两免一补”、贫困生资助、少数民族教育优惠政策等一

① 《邓小平文选》第三卷，人民出版社，2001。

② 陈玮、张生寅：《改革开放 40 年来中国西北地区社会发展报告》，载《中国西北发展报告（2019）》，社会科学文献出版社，2018。

系列政策，“两基”攻坚实现。“新医改”不断深化，看病难、看病贵问题得到有效缓解。

十八大以来，随着“一带一路”倡议的推进，偏安一隅的西北各省区融入世界发展的大潮更加便捷，西北五省区全部纳入这一建设中，其中新疆被确定为“一带一路”的核心区。同时，新时代的中国共产党以“不忘初心、牢记使命”的决心和信心推进“中国梦”的实现。党的十九大报告中指出：“中国共产党人的初心和使命，就是为中国人民谋幸福，为中华民族谋复兴。”尤其是2019年5月31日党中央召开“不忘初心、牢记使命”主题教育工作会议，这一主题教育活动很快在全国范围内展开。新疆以刀刃向内、自我革命的勇气，盘点收获、检视问题、深刻剖析，努力建设中国特色社会主义新疆。甘肃省委要求提高政治站位，落实领导责任，为开创富民兴陇新局面提供坚强政治和组织保证①。学习活动增强了各级干部的政治意识，锤炼了忠诚干净担当的政治品格，为社会发展打下了组织保障。

二　新中国成立以来西北地区社会发展概况

为了能够较为全面地反映西北地区社会发展的总体情况，本报告参考相关研究，将新中国成立以来西北地区社会发展历程和近几年社会发展的重点相结合，力图呈现西北地区70年来社会发展的全貌。

（一）西北地区各族人民摆脱贫困是70年来社会发展的伟大成就之一

新中国成立以来的70年，是西北地区各民族人民摆脱贫困的70年。新中国成立之初，西北五省区虽然没有经历大规模战争，但由于大部分省区属于大陆性气候，高原、沙漠、戈壁、山区面积大，生态环境脆弱，民族多、

① 陈多：《甘肃省“不忘初心、牢记使命”主题教育动员部署会在兰州召开》，中国日报中文网，https：//cnews.chinadaily.com.cn/a/201906/04/WS5cf5d31ba31011d294da9ed6.html，2019年6月4日。

宗教复杂，人文环境复杂，经济文化落后，贫困问题一直是社会发展过程中的顽疾。改革开放之后，西北地区和中东部之间的差距快速拉大，贫困人口和贫困面极为凸显。1986 年上半年国务院扶贫开发领导小组成立，1994 年《国家八七扶贫攻坚计划（1994 ~2000 年)》开启了政府主导下的扶贫减贫事业。经过多年的努力，西北地区扶贫工作取得了显著成效，贫困人口总量持续减少、降幅持续增大。但由于贫困面较大，截至 2019 年西北地区还有 143 个贫困县，占全国 24.16%，占西部地区的 38.13%。其中，陕西省有 50 个国家级贫困县，甘肃省有 43 个，新疆有 27 个，青海有 15 个，宁夏有 8 个。

十八大以来，党中央把脱贫攻坚摆到治国理政的重要位置，全面打响脱贫攻坚战。党的十九大明确把精准脱贫作为决胜全面建成小康社会必须打好的三大攻坚战之一，做出了新的部署。2018 年，青海、宁夏农村贫困发生率降至 3% 以下，走在全国前列。2017 年 11 月国家出台了《关于支持深度贫困地区脱贫攻坚的实施意见》，这一政策推动了新疆南疆四地州、甘肃的甘南地区和临夏回族自治州的脱贫进程。2018 年底，新疆有 513 个贫困村退出、3 个贫困县摘帽。其中南疆地区 22 个深度贫困县的 6.89 万户建档立卡贫困户的住房问题基本解决；7.5 万名来自深度贫困家庭的劳动力实现稳定转移就业。新疆共投入扶贫资金 334.11 亿元总额中，南疆和田地区、喀什地区、阿克苏地区、克孜勒苏柯尔克孜自治州占投入资金总量的 92.3%。甘肃省已有 36 个县脱贫摘帽，3476 个村退出贫困序列①；陕西省 23 个深度贫困县脱贫摘帽成功，104.5 万人摘帽脱贫；青海省实现了 13 个贫困县摘帽、1452 个贫困村退出、44.3 万名贫困人口净脱贫，预计 2019 年底实现全省绝对贫困“清零”。但受自然环境等因素的限制，新疆南疆的四地州、甘肃省的临夏州仍然是中国最贫困的地区。

（二）城镇化水平提高，城镇化建设速度加快

新中国成立以后，面积占全国约 1/3 的西北地区，工业产值仅为全国的

① 梁峡林、宋冠儒：《甘肃省已有 36 个县脱贫摘帽 3476 个村退出贫困序列》，中国甘肃网 - 兰州晨报，2019 年 9 月 26 日，第 2 版。

3%，铁路总长度占全国的6%，区域发展不平衡导致城乡经济发展不平衡。因此，国家在制定第一个五年计划时，重点安排建设的156个重大建设项目中，陕西占24项，甘肃占8项，连同军工及配套项目达到16项，计划经济时代、西北地区和其他省区的发展差距不是很大，城乡对立也不明显。1958年，《中华人民共和国户口登记条例》颁布，户籍限制了人口的流动，城乡二元逐渐对立。城乡劳动力转移缓慢甚至受阻，城乡发展差距迅速拉大，西北地区与全国城乡收入差距不大。改革开放以后，随着户籍制度的调整，人口流动速度加快，西北地区的城镇化速度有了很大提高，城镇化水平也有了很大的发展。截至2010年，西北五省区的城镇人口达3882.51万人，城镇化水平42.91%，[①] 呈现逐年上升的趋势，西北地区进入了城镇化快速发展阶段。到2018年，西北五省区除甘肃省外，其他四个省区的城镇化率均超过了50%，其中陕西省高达58.13%。

（三）农村生产关系调整，农村社会巨大变化

新中国成立以后，土地改革确保了广大农民获得土地，经过多次有益的探索，20世纪80年代初国家开始全面推行家庭联产承包责任制，农民分到土地后，生产关系得以调整，改变了原有的分配方式，极大地解放了生产力。21世纪以来，"三农"问题被提上历史日程，政府先后开辟了支持农业的新的财政来源，财政支持农业的来源渠道、总量、范围和方式发生了如下积极的变化。从2004年以后中央1号文件都是关注"三农"问题，逐步启动"多予少取"政策。同年，国务院颁布《国务院关于深化改革严格土地管理的决定》，其中关于农民集体所有建设用地使用权可以依法流转的规定，强调"在符合规划的前提下，村庄、集镇、建制镇中的农民集体所有建设用地使用权可以依法流转"[②]。土地流转在一定程度上将农民从土地中解放出来，进一步激活农业剩余劳动力的转移，为农业规模化、集约化、高

① 中华人民共和国国家统计局人口和就业统计司：《中国人口和就业统计年鉴》，中国统计出版社，2010。

② 《国务院关于深化改革严格土地管理的决定》，2004。

效化经营提供广阔空间，促进农民获得财产性增收。

新中国成立以来，城乡二元发展模式导致农村基础设施建设一直比较落后，进入21世纪，中国城乡面貌的差异巨大，西北地区尤其突出。农村基础设施缺乏，人口流出严重，“空心化”越来越明显。为了建设农村，确保农业稳定，2005年10月，中国共产党第十六届五中全会通过《十一五规划纲要建议》，提出按照“生产发展、生活宽裕、乡风文明、村容整洁、管理民主”的要求，各地开展社会主义新农村建设，农村面貌开始改善；2016年10月，国家发展改革委发布《关于加快美丽特色小（城）镇建设的指导意见》（发改规划〔2016〕2125号）。配合精准脱贫，推进城乡面貌有了较大的改善。美丽乡村建设持续进行，在农村开展脱贫攻坚的过程中，美丽乡村建设逐步展开。2018年7月，陕西省成立了“美丽乡村标准化技术委员会”。2018年底，甘肃省累计建成900个省级美丽乡村示范村、1944个市县级美丽乡村示范村，省级美丽乡村建设示范村都实现了“五通十有”（五通：通路、水、电、网、物流；十有：有村级综合服务中心、幼儿园、卫生室、乡村舞台、农家书屋、日间照料中心、公厕、文化宣传长廊、体育健身设施、党员活动阵地）。结合精准脱贫，新疆要求脱贫村实现“五通七有”，“五通”即通水、通电、通路（砂砾路、柏油路、沥青路）、通广播电视、通宽带或通信；“七有”即有村“两委”班子且发挥作用、有支撑稳定增收的产业、有村集体经济收入、有村级党组织阵地（办公场所）、有双语幼儿园（中心幼儿园）、有便民服务中心（文化体育活动场所）、有卫生室。农村村容村貌是重要的指标之一，正因为有这些要求，在贫困村退出的过程中，广大农村村容村貌获得了极大的改观。同时，选择1000个基础条件较好、有一定代表性的行政村，打造一批较高标准的美丽宜居乡村。青海省从整治农村人居环境着手，围绕“生产强产业美、生态优环境美、生活好家园美”，已开工248个，开工率为83%；整合各类建设项目903个；安排结对共建单位850个；累计筹集建设资金11.7亿元。农村“厕所革命”已开工64869座，开工率达到89%；已建成39261座，完工率达到54%。农业面源污染有效管控，300个规模养殖场实施设施设备提升改造，3 个县整县推进粪污资源化利用，22 个县开展农田残膜回收。通过清洁行动清理农村生活垃圾 40 余万吨，拆除残垣断壁、乱搭乱建设施 2 万多处，整治非正规垃圾堆放点 175 处，整治率达到 72.3%，村容村貌明显改善①。

（四）民生建设力度持续加强

民生是人民幸福之基、社会和谐之本。新中国成立以来，民主建设保障和维护人民群众当家做主的地位和权利。通过恢复经济、稳定物价、解决就业、社会救济等手段积极改善民生，通过扫除文盲、宣传引导、移风易俗净化社会风气、培养新人。② 人民群众不仅获得了和平、安宁的生活环境，而且生活水平提高，公共服务获得较大改善。尽管在探索过程中有挫折与失误，但成就仍是举世瞩目的。改革开放以后，社会开始分化，新的社会阶层得到发育和成长，到 20 世纪末期，提前实现“翻两番”的发展目标，消费品供应出现历史性增长，人民生活总体达到小康水平。十八大以后，党和政府重点在“补短板”上下功夫，全面打响了脱贫攻坚战，统筹推进“五位一体”总体布局和协调推进“四个全面”战略布局的重要内容。坚持在发展中保障和改善民生，全面推进幼有所育、学有所教、劳有所得、病有所医、老有所养、住有所居、弱有所扶，不断增进人民福祉。2019 年，新疆保障和改善民生的资金占新疆财政支出 70% 以上。甘肃省人民政府一次性安排省财政资金 3 亿元支持农村“厕所革命”、村庄清洁行动、农村妇女“两癌”检查，支持毕业生到企业就业、农村边远地区中小学温暖工程等，持续开展民生建设。青海省开展的民生建设项目包括绝对贫困“清零”工程、稳定就业工程、扩大普惠性幼儿教育工程、优化教育资源布局工程等。宁夏财政支出 80% 以上用于改善民生，主要用于精准扶贫、社会保障、就业创业、教育就医。陕西省从七个方面保障和改善民生问题，包括就业和增

① 《青海省农村人居环境整治全面推开》，《青海日报》2019 年 9 月 25 日，第 1 版。

② 李文：《新中国 70 年社会建设和民生改善的成就与启示》，《光明日报》2019 年 12 月 25 日。

收、教育、医疗卫生、社会保障、公共文化服务、安全生产、社会治理，成绩斐然。

（五）社会保障覆盖面逐步扩大

新中国成立以后，计划经济时代社会保障制度主要包括社会救济与福利、劳动保险与就业保障以及医疗卫生保障等，覆盖了国家保障、城镇职工单位保障、农村集体保障。“五保”供养制度到现在还在执行。改革开放以后，社会保障体系建设开始了“城乡统筹、覆盖全社会，初步建立了以社会保险、社会救助、社会福利为基础，以基本医疗、基本养老、最低生活保障制度为重点，以慈善事业、商业保险为补充的社会保障体系”①。十八大以来，各省区的机关事业单位开始建立起与企业相同的基本养老保险制度，“养老金双轨制”开始破冰并进入并轨阶段。借助精准扶贫，2018 年新疆全面实施全民参保计划，以社保扶贫为重点，为贫困人口和困难群体编织社会保障网，全疆建档立卡贫困人口基本养老保险参保率达到 98.47%，基本医疗保险参保率 99.92%。2019 年，甘肃省政府继续提高城乡低保指导标准和补助水平、特困供养补助标准，实现农村特困人员收入上的“政策性脱贫”。同时，搭建“互联网 + 民政”云资源服务平台及数据资源中心、健全养老服务信息管理系统、建成居民家庭经济状况核对系统。陕西省 2019 年 5 月 1 日起，城镇职工基本养老保险（包括企业和机关事业单位基本养老保险）单位缴费比例由 20% 降至 16%。

（六）社会秩序稳定向好

1. 扫黑除恶事关社会大局稳定和国家长治久安，事关人心向背和基层政权巩固，意义重大

新中国成立之初，国家通过平叛剿匪确保了新政权的稳定和人民群众安

---

① 胡锦涛：《高举中国特色社会主义旗帜　为全面建设小康社会新胜利而奋斗》，《人民日报》2007 年 10 月 25 日。

居乐业。继 1983 年“严打”以后，2019 年根据中央部署，各省区持续开展扫黑除恶专项行动。截至 2019 年上半年，甘肃省累计打掉涉黑组织 50 个、恶势力犯罪集团 121 个、恶势力犯罪团伙 299 个，抓获犯罪嫌疑人 6050 名，破获各类刑事案件 3825 起，查处治安案件 1032 起，缴获枪支 30 支，查扣涉案资产 25.5 亿元，扫黑除恶专项斗争取得明显成效[①]。青海省各级纪检监察机关共得到涉黑涉恶腐败和“保护伞”问题线索 461 件，办结 219 件，立案 117 件，处理 138 人。[②] 截至 9 月底，宁夏共打掉涉黑涉恶犯罪团伙 112 个，破获涉黑涉恶刑事案件 1676 起，刑拘犯罪嫌疑人 1444 名，查封、扣押、冻结涉案资产 9.92 亿元；立案查处涉黑涉恶腐败及“保护伞”案件 318 件，给予党纪政务处分 257 人，移送司法机关 30 人。[③] 截至 5 月底，陕西省共受理审查逮捕黑恶势力犯罪案件 839 件 2789 人，批捕 2340 人；受理审查起诉黑恶势力犯罪案件 556 件 2908 人；提起公诉 267 件 1488 人，其中涉黑案件 14 件 190 人、涉恶案件 253 件 1298 人[④]。通过扫黑除恶专项行动，干部队伍得到净化，社会治安明显好转，人民群众安全感大幅度提升。

2. 打击暴力恐怖事件的发生

新中国成立以来，分裂分子在新疆制造的暴力恐怖事件和反革命事件一直没有停息，20 世纪 60 ~ 80 年代暴力恐怖事件发案率降低，新疆社会持续稳定。20 世纪 80 年代以来，分裂势力制造的事端又开始逐年增加，尤其是在 2009 年乌鲁木齐市“7·5”暴力恐怖事件以后，暴力恐怖事件呈频发、高发的特点。第二次新疆工作座谈会确定了新疆工作的总目标：维护社会稳定和长治久安，2016 年底以来，新疆维吾尔自治区持续打好“组合

① 《甘肃扫黑除恶专项斗争取得明显成效丨省纪委监委公布一批涉黑涉恶腐败和“保护伞”典型案例》，甘肃日报，https：//baijiahao.baidu.com/s? id = 1637003715775914565，2019 年 6 月 22 日。

② 《青海：扫黑除恶斗争取得阶段性进展　抓获涉黑涉恶人员 658 人》，http：//www.myzaker.com/article/5d00e1b28e9f091e8466e14a。

③ 《宁夏扫黑除恶取得重要阶段性战果》，《法制日报》2019 年 10 月 27 日。

④ 《李媛深挖彻查全力“破网打伞”陕西检察机关逮捕黑恶势力犯罪 2789 人》，西部网 – 陕西新闻网，2019 年 6 月 18 日。

拳”，为世界反恐维稳提供了新模式。紧紧围绕社会稳定和长治久安总目标推进各项工作，是新疆各级党政的共识。自2016年底到2019年11月实现了33个月未发生暴力恐怖案件的良好局面，为新疆经济社会发展奠定了稳定的发展环境。

（七）民族团结事业持续推进

历史上西北地区民族关系复杂，1949年新政权建立，具有宪法性质的《中国人民政治协商会议共同纲领》规定：中华人民共和国境内各民族，均有平等的权利和义务；中华人民共和国境内各民族一律平等，实行团结互助，反对帝国主义和各民族内部的人民公敌，使中华人民共和国成为各民族友爱合作的大家庭①。1951年政务院发出《政务院关于处理带有歧视或侮辱少数民族性质的称谓、地名、碑碣、匾联的指示》。新疆和宁夏建立了民族自治区，通过民族识别保障少数民族的平等权利。“文化大革命”中民族工作也遭受了挫折，但由于受阶级扩大化的影响，这一时期出现不同民族间“阶级认同”高于“民族认同”，同一阶级的不同民族更为团结。

1978年以后，民族团结事业逐步走上正轨，但国内外民族主义抬头，宗教气氛升温，民族意识增强。在新疆，部分分裂分子并没有丢弃分裂企图，他们炮制分裂理论、歪曲历史、制造事端、散布分裂言论。1981年中央讨论新疆工作问题时提出：“新疆的汉族干部要确立这样一个正确观点，即离开了少数民族干部，新疆的各项工作搞不好；新疆的少数民族干部也要确立这样一个正确的观点，即离开了汉族干部，新疆各项工作也搞不好。如果汉族干部认为离开少数民族干部也可以，少数民族干部认为没有汉族干部也可以，都是错误的、危险的。”1990年9月中央提出“三个离不开”思想，成为中国共产党民族团结思想发展史上的一个重要里程碑。② 1983年

① 《中国人民政治协商会议共同纲领》，1949。

② 中国统一战线新闻网 www. tyzxpeople. cn，2014－10－7。

起，新疆把每年的5月作为民族团结教育月，集中开展民族团结教育活动，2016年新疆开展民族团结年。但分裂势力披着民族的外衣，制造的暴力恐怖事件对民族关系造成了直接创伤，2014年第二次新疆工作座谈会召开，会议对民族问题、分裂分子的目的、民族团结的重要性、实现民族团结的途径做了相当篇幅的论述。习近平总书记强调，新疆的问题最长远的还是民族团结问题，这是对历史和现实的高度概括。

2014年9月中央民族工作会议暨国务院第六次全国民族团结进步表彰大会召开。会议指出我国民族关系大局是好的，民族团结的基础是稳固的，但随着时代的变化，民族工作也面临着新的机遇和挑战。2016年新疆制定了《民族团结进步工作条例》并开始执行，这是新疆通过的第一部有关开展民族团结的条例，这是全国首个省级地方人大出台与民族团结相关的地方法规。新疆针对民族团结，实施了一系列促进民族团结的措施，如“三进两联一交友”民族团结一家亲等方式，确保平等团结互助和谐的民族关系得到持续巩固和发展。2018年，宁夏出台了《关于创建全国民族团结进步示范区的实施意见》。2019年《青海省促进民族团结进步条例》出台，一系列政策措施，推动了各民族交往交流交融局面的形成。

（八）生态环境保护与建设备受重视

西北地区生态脆弱，环境保护一刻都不能放松。早在1956年，我国就提出了“综合利用工业废物”想法，20世纪60年代末提出“三废”处理和回收利用的概念，到70年代改用“环境保护”这一比较科学的概念。改革开放后，随着经济快速发展，环境问题逐步凸显。环保意识进一步增强，一系列环保条例出台。2019年在中国北京世界园艺博览会上，习近平总书记提出，“人因自然而生，人与自然是一种共生关系”，要求用最严格制度最严密法制保护生态环境。青海三江源地区的生态保护，关乎西北地区乃至全国的生态安全，2005年，国务院批准实施《青海三江源自然保护区生态保护和建设总体规划》。祁连山系列环境污染案、宁夏中卫“美利林区”污染事件，均是近年西北地区环境污染的典型事件。2018年7月以来“秦岭违建别墅拆除”让陕西省备受关注，新修订的《陕西省秦岭生态环境保护条例》于2017年3月1日起施行①。2019年9月甘肃省人民政府出台《甘肃省环境保护条例》（修订）增加了有关环境污染公共监测预警的规定：县级以上人民政府应当建立环境污染公共监测预警机制，组织制定预警方案；环境受到污染，可能影响公众健康和环境安全时，依法及时公布预警信息，启动应急措施②。青海省持续加大了三江源生态保护力度，2019年6月长江湿地保护网络年会在青海西宁举行，相关部门签署了《西宁共识》，提出“共抓长江大保护，守护长江生命之源”。

三 西北地区社会发展中的机遇和挑战

（一）西北地区社会发展中的机遇

1. “一带一路”倡议成为西北地区社会发展的最强动力

近年来，西北地区与“一带一路”沿线国家之间贸易合作交流领域逐年拓宽，经贸交流规模持续扩大，交流的层次与水平日趋提高。③ 2019年4月26日第二届“一带一路”国际合作高峰论坛在北京召开，论坛提出共建“一带一路”的五大方向，提出“六廊六路多国多港”的互联互通架构，在丝绸之路经济带的三大走向中，通过西北地区的有，中国西北经中亚、俄罗斯至欧洲、波罗的海；中国西北经中亚、西亚至波斯湾、地中海。陕西省是传统丝绸之路的起始点，新疆是新丝绸之路经济带的核心区，甘肃、青海、宁夏是新丝绸之路经济带的必由之路，可以说，“一带一路”建设是西北各省区社会发展最强的动力，西北地区受益最广。“2019年前三季度新疆霍尔果斯口岸进出境中欧班列2400列，同比增长28.14%，占全疆的48.67%；

① 《〈陕西省秦岭生态环境保护条例〉修订通过》，https：//news. sina. com. cn/o/2019－10－25/doc－iicezzrr4828175. shtml。

② 《〈甘肃省环境保护条例〉获通过》，《甘肃日报》2019年10月9日，第1版。

③ 《“一带一路”倡议下西北地区向西开放的思考》，《光明日报》2016年12月25日，第6版。

货运量达205.72万吨，同比增长71.09%。这些中欧班列包含‘渝新欧’‘郑新欧’‘蓉新欧’‘义新欧’‘长安号’等16条线路，其中出境班列2078列，主要来自连云港、郑州、成都、重庆等城市；返程班列322列，主要来自德国、波兰、乌兹别克斯坦、哈萨克斯坦等国”①。借助“一带一路”，10月19日，陕西省陕西·渭南2019国际轮滑马拉松赛吸引了来自英国、澳大利亚、俄罗斯、波兰、意大利、伊朗、越南等20多个国家及地区的135名职业运动员和来自全国33个省区市的2000余名运动员同场竞速。

2. 借助精准脱贫攻坚政策，消除西北地区农牧区极端贫困

西北地区自然禀赋不足，贫困面大，贫困人口多，2013年春节前夕，习近平总书记视察甘肃时强调，甘肃“要着力推进扶贫开发，尽快改变贫困地区面貌”，“努力到2020年与全国一道全面建成小康社会”。新疆是集中连片特困省区，南疆四地州脱贫攻坚任务相当繁重，经过2014～2018年的努力，新疆累计实现58.87万户231.47万贫困人口脱贫、2131个贫困村退出、13个贫困县摘帽。这一切都得益于精准脱贫政策。在精准扶贫的过程中，除了中央的扶持外，还有来自“东西协作对口帮扶”。截至2019年9月，东部共有260个县市与西部287个县（市）结成帮扶对子。20个东部省市向西部10个省区市共提供财政援助132.7亿元，帮助西部省区市修建农村公路2.15万公里，支持建设1690个卫生院（所），新疆、甘肃、宁夏、青海均从中受益。在2020年精准扶贫工作完成前，西北地区农牧区还可以借助精准扶贫政策，实现摆脱贫困的目标。

（二）西北地区社会发展面临的挑战

虽然西北地区社会建设的成就有目共睹，但社会发展仍面临基础环境脆弱、人才缺乏、资金不足、社会稳定有潜在风险、社会公共服务滞后等多重挑战。

① 《前三季度新疆霍尔果斯口岸进出境中欧班列2400列》，中国新闻网，2019年10月22日。

1. 自然环境脆弱，社会环境复杂

西北五省区大部分地区矿产、能源种类较多，储量丰富，但因自然环境脆弱而对经济社会发展的推动有限。西北地区贫困面较大，社会环境复杂，这些短板在短期内无法克服。西北地区少数民族比重较大，部分民族依然保持着传统的生产、生活方式，部分信教群众发展生产的内生动力不足，部分地区出现极端思想和暴力恐怖的潜在风险依然没有消除，这在很大程度上制约当地的社会发展。

2. 贫困依然是一个重要议题

西北地区贫困面大，贫困人口多，贫困发生率居高不下，其中因病、因残致贫比例大。尤其是南疆的四地州，甘肃的临夏回族自治州和青海省的藏区。这几个地区贫困发生率高，贫困程度深，基础条件薄弱，致贫原因复杂，脱贫难度更大，是国家级重点贫困区。在一定程度上，西北地区是荒凉、贫困的代名词，借助于脱贫攻坚，绝对贫困的状况有所改善，但与中东部省份之间的差距在短时间内难以消除。

3. 人才流失严重，人力资源不足

2019 年全国范围内的“抢人大战”依然持续，发达地区依托雄厚的资本、优惠的条件，吸引着西北地区的中高层次人才。人力资源的合理流动不仅关系劳动力资源得到合理的利用，而且关系社会经济效益和劳动生产率的提高，以及社会治安的稳定。随着人力资源流动的市场化程度的不断提高，中东部省份的待遇成为吸引西部地区人才的最大优势，部分地区没有用好用活现有政策，没有做好引进人才的服务保障工作，依然有“等、靠、要”的思想。有些关键部门对人才引进多方面设置障碍，对人才引进、培养、激励、保障等工作不重视、不投入。2019 年甘肃省通报了省人社厅任性用权制约高层次人才引进工作的处理情况。“把部门利益看得太重，只想揽权、不愿放权、任性用权”，“导致用人单位苦不堪言”，“对办事群众态度简单粗暴、反复折腾，存在严重的官僚主义问题……”此种现象，在西北其他省区也比较普遍。部分行业明确提出对造成人才流失严重的用人单位，要严肃问责，即便如此，也难以遏制人才外流的窘境。

4. 经济发展缓慢，经济总量偏小，人口总量小，难以形成较大的消费市场

西北地区各省区经济社会发展理念较为落后，不是“找问题、解决问题”，而是“怕出问题”确保“不出问题”，墨守成规、思想保守不仅仅存在广大民众中，甚至在广大干部中也颇有市场。甘肃、宁夏、新疆农业生产的规模和工业产品附加值不高，距离中心市场远制约其产品的竞争优势。以阿克苏棉业为例，棉花加工成棉纱后，运输到浙江省织布上色，再运回阿克苏地区加工成衣服，运输环节多、成本高。尖端行业受制于人才缺乏和远离中心市场的困扰；区域内人口总量不大，2018 年，新疆总人口 2487 万人，青海省 603 万人，甘肃省 2637 万人，宁夏 688 万人，陕西省人口最多，也只有 3864 万人，人口总量小，难以形成强大的消费市场，经济的发展总体落后发达省市。

5. 公共服务相对滞后

西北地区除陕西省外，其他四个省区交通建设依然落后，存在路网密度低、道路等级低等问题，青海和新疆境内的高铁多数时段就是 140 ~ 170 km/h，从乌鲁木齐到兰州的高速铁路，1600 公里仍然需要 10 小时才能到达，而且班次少；乌鲁木齐到和田地区列车运营时间还是在 24 小时左右，基础设施落后可见一斑。教育、医疗、卫生等方面基础设施在逐步完善，但由于人力资源不足，软件建设依然是发展瓶颈。新疆缺少大量的双语教师；社会组织发育迟缓，公共服务在质量和覆盖面上难以满足需求。

四　促进西北地区社会发展建议

（一）争取中央的特殊政策，支持西北地区发展

在“一带一路”的框架下，中央通过政策倾斜、资金倾斜，推动西北地区超常规发展。西北地区在历史上是拱卫中原、维护国家安全的重要屏障，目前仍然是国家战略发展的重要支撑点。中央将新疆作为新丝绸之路经济带核心区，把喀什市和霍尔果斯市作为经济特区，中巴经济走廊建设正是

基于这一战略的考虑，中巴经济走廊是连接喀什和巴基斯坦西南部瓜达尔港的重要通道，是中国国家战略的主要部分。新疆作为“一带一路”的核心区，对外是向西开放的桥头堡，对内辐射甘肃和青海，既要实现社会稳定也要实现发展，应该充分利用在“一带一路”倡议中的区位优势，争取国家政策的倾斜与扶持，尤其是在政策、资金、技术、人才上的支持，加大科技、教育投入，优先发展能源、交通、通信等基础设施建设，弥补自然和人文环境不足，努力提高地区社会经济发展水平，尽可能地缩小东西区域差距。

（二）争取中央的支持，借助精准扶贫和乡村振兴，实现西北地区农牧区深层社会改造

加大贫困地区社会发展。加快户籍制度改革，将户籍改革落到实处，消除城乡社会保障的二元格局，通过扶持农民创业、土地流转、美丽乡村建设遏制农村“空心化”。部分地区通过易地扶贫搬迁政策，集聚人口，形成市场，打造新型城镇，不失为一种好的选择。西北地区许多少数民族农牧区，农村社会结构比较完整，传统思想观念在很大程度上阻碍着农牧区的现代化进程。在当前的环境下，应吸取中东部地区农村“空心化”的教训，调整产业布局，加大对农村基础设施的投入，避免农村“空心化”。借助精准扶贫和乡村振兴政策，“弯道超车”，避免中东部地区农村发展走过的弯路，从改造农村社会的视角，彻底改造西北农村落后的现状。

（三）通过人才建设的顶层设计，遏制高层次人才外流，培植新的产业点

解放思想在西北地区依然任重而道远，尤其是缺乏锐意进取的干部队伍。优质的干部队伍依托于人才建设，现状显示，仅凭西北地区自身的努力，无法遏制人才外流的现象，需要从中央层面制定出台振兴西北地区特殊人才政策，通过提高待遇，吸引高端人才流向西北，至少遏制人才外流的局面，保证人才合理布局。新中国成立以来，西北地区在“大三线”建设的过程中，布局了一系列的现代化工业，但改革开放以后，西北地区工业现代

化与中东部地区的差距越拉越大。以人才建设促进产业发展，建议将节能环保、新兴信息产业、生物产业、新能源、新能源汽车、高端装备制造业和新材料产业尽可能地在西北地区布局，打造中国西北地区的高科技带。

（四）提升民族宗教管理水平，树立民族宗教管理一盘棋的理念

民族宗教是西北地区社会治理中不可忽视的一个重要内容，要在全社会树立像爱护自己的眼睛一样爱护民族团结，像珍视自己的生命一样珍视民族团结的理念，才可以实现各民族像石榴籽那样紧紧抱在一起的局面。建立民族宗教管理一盘棋的理念，至少在西北地区，民族宗教管理政策不应该有冲突。坚持“保护合法、制止非法、遏制极端、抵御渗透、打击犯罪”的基本原则，保护合法宗教在西北各省区尤显重要，依法治理非法宗教活动。坚持在各省区持续推进“去极端化”，引导宗教与社会主义社会相适应。民族团结是西北各省区的重点工作之一，应加强各民族交往交流交融，共同实现伟大复兴的中国梦。

（五）加大中央对西北地区公共服务建设的力度

西北地区尤其是新疆、青海和甘肃，城际距离大，许多地区远离高速铁路网，落后的交通状况同中东部地区快速发展的高铁形成鲜明的对比。打造更高速度的铁路运输，加强西北地区和中东部省区的联系，让西北地区在“一带一路”倡议中发挥应有的作用势在必行。同时，提升社会治理理念，大力发展社会组织，推动公共服务质量提升。加大教育、医疗卫生等方面人力和资金上的支持，尽量缩小与中东部省区在待遇上的差距，吸引人口稠密地区的劳动力进入西北地区，既可以推动西北地区经济社会发展，又可以确保西北边疆的安全与稳定。

参考文献

新疆各省区统计网站相关数据及资料。

陕西、甘肃、青海、宁夏、新疆等省区部分年度的统计年鉴。

陕西、甘肃、青海、宁夏统计局网站及相关资料。

王福生、马廷旭、董积生主编《中国西北发展报告（2018）》，社会科学文献出版社，2018。

张进海、陈冬红、段庆林主编《中国西北发展报告（2014）》，社会科学文献出版社，2013。

赵宗福、孙发平、苏海红、鲁顺元主编《中国西北发展报告（2015）》，社会科学文献出版社，2014。

生态文明篇

Ecological Civilization Reports

B.6 2019年西北地区生态文明建设报告

黄　懿*

摘　要： 2019 年，是全面建成小康社会、打好污染防治攻坚战、加快推进生态文明建设的关键之年。西北地区生态文明建设取得了系列成效，但在应对工业化、城镇化、农业现代化的压力，承担环境质量改善、生态环境保护责任及乡村生态环境管理等方面还存在不足。进一步推动西北地区生态文明建设，既面临国家高度重视生态环境保护、推动高质量发展、实施乡村振兴战略、推进“一带一路”建设、推进国家公园建设等机遇，也面临打好污染防治攻坚战、经济下行、自然环境变化不确定等挑战，必须加强创新驱动、推动综合施策、实现大保护大治理、持续深化改革。

关键词： 生态文明　环境　西北地区

* 黄懿，陕西省社会科学院农村发展研究所助理研究员，博士，研究方向为农村经济、可持续发展。

2019 年，既是新中国成立 70 周年、西部大开发 20 周年之际，西北地区生态文明建设成效、典型经验的展示之年，也是全面建成小康社会、打好污染防治攻坚战的关键之年。对标《中共中央 国务院关于加快推进生态文明建设的意见》[①]，发现问题，找准差距，积极应对，西北地区才能在 2020 年，与全国同步实现国家生态安全屏障建设、更加丰富的生态产品供给、生态环境质量全面改善、城乡居民宜居、生态文明制度体系健全等目标，推动生态文明建设迈上新台阶、走向新征程。

一 西北地区生态文明建设的现状及成效[②]

2018 年以来，西北地区国土空间开发格局不断优化，各省资源利用效率持续提高，大气、水、声、辐射等自然生态环境治理日益改善，农村生态环境明显变好，清洁能源及绿色产业进一步发展壮大，生态环境管理、环保督察、污染防治、生态补偿、生态文明建设典型等制度体系逐步健全。

（一）国土空间开发格局不断优化

大中小城市与小城镇发展协调度进一步提高。关中平原城市群、宁夏沿黄城市群、天山北坡城市群的发展水平不断提升，兰州—西宁城市群的生态安全格局逐渐成形。青海积极推动西宁—海东都市圈建设，构建了“两核一轴一高地”区域协调发展新格局。

绿色城镇化大力推进。供水、雨水收集利用、供热、供气、环保等基础设施的建设水平不断提升，污水、垃圾处理能力进一步提高。2018 年，陕西、甘

① 中共中央、国务院印发《中共中央 国务院关于加快推进生态文明建设的意见》，http：//www. gov. cn/xinwen/2015 - 05/05/content_2857363. htm，最后检索时间：2020 年 4 月 1 日。

② “现状及成效”按照《中共中央 国务院关于加快推进生态文明建设的意见》提出的主要目标展开，包括国土空间开发格局、资源利用、生态环境质量、生态文明重大制度等内容。本节资料来源：中华人民共和国生态环境部、陕西省生态环境厅、甘肃省生态环境厅、青海省生态环境厅、宁夏回族自治区生态环境厅：《2018 年生态环境状况公报》，新疆维吾尔自治区生态环境厅：《2018 年环境状况公报》，其他来源在相应地方单独标注。

肃、青海、宁夏的城市燃气普及率分别为96.19%、90.91%、94.69%、93.85%，比2017年分别高出2.58个、0.35个、0.5个、2.14个百分点；陕西、甘肃、青海、宁夏、新疆的生活垃圾无害化处理率分别为99.1%、99.8%、96.0%、99.3%、91.4%，比2017年分别高出0.1个、1.4个、1.2个、0.2个、2.8个百分点①。青海探索了努力在生态脆弱地区、欠发达城市塑造绿色发展的新型城镇化“西宁模式”。

城乡空间布局逐渐优化。随着乡村振兴战略的实施，陕西沿黄河和沿汉丹江生态城镇带、甘肃陇海铁路中轴线城镇轴、新疆乌鲁木齐都市圈和11个绿洲城镇组群等中小城市建设进程加快，人口集聚、承接大城市产业外溢、反哺农村等作用日益明显。同时，各省区都提出了发展特色小镇和小城镇的目标，以集镇为中心的农民生活圈正在形成，农业产业发展空间进一步扩大。

（二）资源利用效率持续提高

节能降耗取得明显成效。能源消费平稳低速增长。2018年，陕西、宁夏、新疆能源消费总量增速较2017年有所降低；除宁夏外，其他四省区万元GDP能耗均有不同程度的下降；陕西万元GDP电耗下降，甘肃、宁夏、青海的万元GDP电耗增速减缓（见表1）。清洁能源消费比重逐年提高，能源消费结构不断优化。2018年，陕西、宁夏的可再生能源（水电、风电及光伏发电等）消费量占能源消费总量的6.26%、11.3%，比2017年分别提高0.49个、0.8个百分点②。

表1　2017～2018年西北五省区能耗情况

地区	年份	能源消费总量增速（%）	万元GDP能耗上升或下降（±%）	万元GDP电耗上升或下降（±%）
陕西	2017	3.4	-4.19	1.46
	2018	3.0	-4.88	-1.49
甘肃	2017	2.8	-0.75	5.55
	2018	4.3	-1.97	4.15

① 资料来源：中华人民共和国国家统计局的地区数据，http://data.stats.gov.cn/index.htm，最后检索时间：2020年5月24日。

② 资料来源：陕西省统计局、宁夏回族自治区统计局，2019年统计年鉴。

续表

地区	年份	能源消费总量增速（%）	万元 GDP 能耗上升或下降（±%）	万元 GDP 电耗上升或下降（±%）
宁夏	2017	16.0	7.65	2.33
	2018	10.1	2.85	1.74
青海	2017	2.2	-4.71	0.44
	2018	4.1	-2.88	0.28
新疆	2017	6.7	-0.89	1.46
	2018	1.8	-4.04	2.65

资料来源：中华人民共和国国家统计局：《2017 年分省（区、市）万元地区生产总值能耗降低率等指标公报》，http://www.stats.gov.cn/tjsj/zxfb/201807/t20180719_1610865.html；《2018 年分省（区、市）万元地区生产总值能耗降低率等指标公报》http://www.stats.gov.cn/tjsj/zxfb/201909/t20190917_1697942.html。最后检索时间：2020 年 5 月 24 日。

单位水耗有所下降。2018 年，西北地区用水总量为 847.1 亿立方米，比 2017 年减少 6.2 亿立方米。其中，工业用水量和农业用水量分别减少 1.7 亿立方米、27.6 亿立方米。陕西、甘肃、宁夏、青海、新疆的万元工业增加值用水量分别为 15 立方米、47.5 立方米、38.6 立方米、30.7 立方米、33.6 立方米，陕西、甘肃、新疆的农田灌溉水有效利用系数分别为 0.572、0.56、0.553，均已达到生态文明建设的国家目标①。从人均用水量来看，陕西、甘肃、宁夏、青海、新疆分别为 242.5 立方米、426 立方米、966 立方米、433 立方米、2206.89 立方米，其中，甘肃、宁夏、新疆比 2017 年分别下降 3.7%、0.8%、2.3%。②

农业生产废弃物资源化利用全面推进。青海 3 个县实施了整县推进粪污资源化利用，22 个县开展了农田残膜回收；宁夏畜禽粪污综合利用率为 88.7%，残膜的回收率、加工利用率分别达 93%、67.9%，秸秆资源化综合利用率达 83%。化肥、农药利用率提升。以宁夏为例，化肥使用量为 106.24 万吨，比 2017 年减少 1.26 万吨，利用率达 38.7%；农药使用量为

① 《中共中央　国务院关于加快推进生态文明建设的意见》提出了“万元工业增加值用水量达到 65 立方米以下”“农田灌溉水有效利用系数提高到 0.55 以上”目标。

② 资料来源：陕西省水利厅、甘肃省水利厅、青海省水利厅、宁夏回族自治区水利厅、新疆维吾尔自治区水利厅，2018 年水资源公报。

2882.3 吨，比 2017 年减少 34.6%，小麦、玉米、水稻三大粮食作物农药使用率 39.16%，比全国高 0.36 个百分点。

（三）生态环境质量日趋改善

1. 大气

大气污染物浓度基本稳定，空气质量有所好转。2018 年，陕西 13 个市（区）平均环境空气质量综合指数 5.72，比 2017 年下降 5.9%，重污染天数下降 20.7%；PM2.5、SO_2、NO_2、CO、O_3 的年均浓度分别下降 10.5%、20.0%、4.8%、13.0%、1.2%。甘肃 14 个市（州）平均环境空气质量综合指数 4.29，比 2017 年下降 2.1%；SO_2、NO_2、CO、O_3的年均浓度分别下降 14.3%、6.9%、6.2%、0.7%。剔除沙尘天气影响后，宁夏 5 个地级城市平均优良天数比例为 87.2%，同比上升 5.8%；PM10、PM2.5、SO_2、NO_2、CO、O_3 的年均浓度分别下降 8.9%、10.3%、33.3%、9.4%、16.7%、1.9%。青海环境空气质量达标天数比例为 90.9%，SO_2、NO_2、CO、O_3 的年均浓度分别下降 15%、4.5%、6.3%、0.8%。新疆环境空气质量达到国家Ⅱ级标准的城市新增博乐、乌苏、哈密，重度及严重污染比例比 2017 年减少 0.3 个百分点，PM2.5、SO_2、NO_2、CO、O_3的年均浓度分别下降 10.9%、15.4%、10.0%、8.3%、2.2%。此外，2018 年西北五省区各监测点均未检测出酸雨样本。

2. 水

2018 年，西北地区地表水考核断面（点位）共 514 个，Ⅰ～Ⅲ类水质断面（点位）占 86.58%，比全国高出 15.58 个百分点。陕西、甘肃、青海的Ⅰ～Ⅲ类水质断面占比，比 2017 年分别上升 13.8、1.5、2.2 个百分点。国家监测的西北诸河 62 个水质断面中，Ⅰ类占 25.8%，比 2017 年上升 12.9 个百分点。西北地区境内河流流域水质较 2017 年保持稳定，长江流域、黄河干流水质为优，其中，黄河干流陕西段水质由轻度污染转为优。青海湖水质状况优。新疆湖库水质总体好转，监测的 31 座湖库中，Ⅰ～Ⅲ类水质占 74.2%，比全国高出 7.6 个百分点，较 2017 年增加 3.2 个百分点。

西北地区监测的112个地级城市集中式饮用水源，水质达标比例为91.07%，比全国高出0.17个百分点。

3. 声环境

区域声环境质量、道路交通声环境质量总体保持稳定。陕西10个设区市的区域声环境质量、道路交通声环境质量均保持在二级以上。甘肃14个监测的城市中，昼间区域声环境质量较好的城市有12个。宁夏5个地市的城市昼间区域声环境质量等级为二级，总体水平评价为较好；城市道路交通声环境昼间等效声级平均值为66.4分贝，比2017年降低0.1分贝。城市功能区昼间声环境质量明显好于夜间。陕西、甘肃、宁夏、新疆各类功能区昼间点次达标率分别为94.3%、94.3%、99.3%、88.6%，夜间点次达标率分别为76.7%、67.4%、87.8%、78.8%。其中，陕西、宁夏城市功能区声环境质量好于全国平均水平。

4. 辐射

辐射环境质量总体良好。陕西7个辐射环境自动监测站、23个陆地监测点、14个土壤监测点、27个水体监测点、51个电磁环境监测点、3个国家重点监管的核与辐射设施均未发现异常。甘肃14个陆地γ辐射监测点、24个水体监测点、19个土壤监测点的监测结果与近几年相比，无明显变化；3个电磁辐射环境质量监测点、3个电磁辐射污染源监测点的监测结果符合标准。宁夏、青海、新疆的环境电离辐射水平处于本底涨落范围，地表水、土壤的人工放射性核素活度浓度未见异常，电磁辐射设施周围及城镇环境电磁辐射水平低于规定的公众暴露控制限值。

5. 自然生态

陕西生态环境质量为“良”，生态环境状况指数比2016年上升0.43，总体保持稳定。其中，11个区县生态环境状况略微变好，92个区县生态环境状况基本稳定，评级为“优”的区县增加1个，评级为“良”的区县增加4个①。宁夏生态环境质量总体为“一般”，4个生态环境质量为“良”的

① 资料来源：陕西省生态环境厅：《2018年生态环境状况公报》，公报采用2017年数据。

县域，占全区土地总面积的14.3%，比2017年提高10.2个百分点。青海生态环境以“良”为主，与2017年相比，各县生态环境状况指数变化范围为 -0.02 ~ 1.86，生态环境质量稳中向好。

2018年，全国有9个省份造林面积超过500万亩，西北地区有甘肃、陕西2个省份；全国有7个省区森林抚育面积超700万亩，西北地区只有新疆1个省份。此外，宁夏完成营造林面积150.08万亩，其中人工营造林面积67.24万亩；森林抚育面积40.0万亩，国土绿化行动完成荒漠化治理90万亩。青海全民义务植树2497万株，当年治理水土流失面积485平方公里，造林面积27.07万公顷。

2019年，西北地区共有省级以上自然保护区172个。其中，国家级自然保护区78个，占全国总数的16.46%。青海自然保护区占辖区面积比重达30.2%，高于全国平均水平。宁夏湿地型自然保护区有4处，湿地保护率达51.6%。

（四）制度体系建设逐步健全

生态环境保护的机构调整逐渐完善。2018年底，西北五省区均挂牌成立了生态环境厅。新组建的生态环境厅整合了省（区）的发展和改革委员会、国土资源厅、水利厅、农业厅/农牧厅的相关职责，将分散在各部门的应对气候变化和减排、监督防止地下水污染、编制水功能区划、排污口设置管理和流域水环境保护、农业面源污染治理等职责调整到一个部门，生态环境保护的部门权责更加明晰，行政效率进一步提升。

环保督察制度深入实施。持续推进中央环保督察整改工作，西北五省区均建立健全了按月调度、联席会议、验收销号、一月一督查、整改宣传、公开公示等机制，推进整改工作。针对中央环保督察反馈意见梳理的问题，陕西、甘肃、宁夏、青海、新疆的整改完成率分别为91.53%、75.81%、75.61%、46.15%、58.51%。陕西配合保障中央环保督察“回头看”工作，办结环境信访问题1711件，问责417人。甘肃祁连山自然保护区问题整改任务完成，并完成了《祁连山生态环境专项整治行动情况的报告》《祁连山国家级自然保护区生态环境状况监测评价报告》。同时，西北五省区扎实推进省内环保督察工作。其中，陕西开展了10个县秋冬季大气污染综合治理、秦岭生态环境保护专项督察等行动，并在延安、榆林、安康3个市开展了省委环保督察“回头看”工作；甘肃实现了省级环保督察在14个市州全覆盖，交办生态环境信访投诉1715件。

生态环境管理制度不断完善。为确保打好污染防治攻坚战，西北五省区出台了“蓝天保卫战”“碧水保卫战”“净土保卫战”“青山保卫战”等工作方案。源头预防、过程控制、损害赔偿、责任追究等生态文明制度体系进一步完善，陕西、新疆全面落实河长制、湖长制，陕西、甘肃、宁夏、青海启动并出台了生态环境损坏赔偿制度改革实施方案，青海印发了《青海省深化环境监测改革提高监测数据质量实施方案》。同时，生态保护补偿、生态保护红线等关键制度建设逐渐开展。陕西、青海编制了“三线一单”（生态保护红线、环境质量底线、资源利用上线和生态环境准入清单），新疆编制了生态保护红线划定方案。

生态文明建设典型的示范引领作用日益显现。截至2019年，西北五省区共有“中国生态文明奖先进集体”2个、“中国生态文明奖先进个人”9人，陕西凤县、甘肃平凉市、青海湟源县、新疆昭苏县、陕西西乡县、甘肃两当县进入国家生态文明建设示范市县名单，陕西留坝县和镇坪县获“绿水青山就是金山银山”实践创新基地称号。青海开展了祁连山、三江源国家公园体制试点，初步搭建了国家公园生态系统监测平台。宁夏成为全国唯一的省级节水型社会示范区，甘肃、宁夏、青海纳入国家清洁能源示范省（区）监测评价体系。

（五）农村生态环境明显变好

2018年，国家出台《农村人居环境整治三年行动方案》，陕西、甘肃、宁夏、新疆相继出台了方案或实施方案，陕西、青海、新疆还出台了“农村人居环境整治村庄清洁行动方案”等专项方案。西北五省区农村人居环境整治遵循国家要求，主要涉及农村生活垃圾治理、厕所粪污治理、农村生活污水治理、村容村貌改善、村庄规划管理等内容。其中，陕西实施了生活垃圾治理、生活污水治理、“厕所革命”、农业废弃物资源化利用、村容村貌提升“五大行动”；全省生活垃圾、生活污水得到有效治理的行政村分别达89%、41%，户用无害化卫生厕所普及率达40.7%①。甘肃出台了《甘肃省农业农村污染治理实施方案》，推动农业绿色发展，改善农村生态环境。宁夏召开了农村生活垃圾治理、生活污水治理、改厕以及村庄清洁等现场会，积极推进了畜禽粪污、农膜和农作物秸秆综合利用；2019年，建设了美丽小城镇20个、美丽村庄132个、特色小镇12个，新建卫生户厕11.8万座②。青海高原美丽乡村建设开工248个、占全省总量的83%；农村“厕所革命”开工近6.5万座、占全省总量的89%，已建成3.9万余座、占全省总量的54%；清理农村生活垃圾40余万吨，非正规垃圾堆放点整治率达72.3%③。新疆制定了“千村示范、万村整治”工程2019~2020年工作推进方案，充分利用农村厕所革命、地膜回收、美丽乡村建设试点等资金，扎实有序推进农村人居环境整治工作。

（六）绿色产业进一步发展壮大

可再生能源发电量不断增长。甘肃规模以上工业清洁能源发电量比2017年增长21.4%；宁夏清洁能源发电量294.0亿千瓦时，同比增长23.1%；新疆清洁能源发电量占全部发电量的21.7%。生态产业发展态势良好。其中，陕西新能源汽车产量同比增长70%。甘肃设立2000亿元的绿色生态产业发展基金推动十大生态产业发展，十大生态产业完成增加值1511.3亿元，占全省生产总值的18.3%，增长6.7%；酒泉戈壁生态农业、张掖创建“双创”示范城市等经验得到国家肯定。

① 《我省实施乡村振兴战略成效初显》，《陕西日报》http：//www.shaanxi.gov.cn/sxxw/sxyw/136131.htm，最后检索时间：2020年4月1日。

② 宁夏回族自治区人民政府：《2020年宁夏回族自治区政府工作报告》，http：//www.nx.gov.cn/zzsl/zfgzbg/202001/t20200120_1927557.html，最后检索时间：2020年4月1日。

③ 《青海省农村人居环境整治全面推开》，《青海日报》http：//www.gov.cn/xinwen/2019-09/25/content_5432851.htm，最后检索时间：2020年4月1日。

二　西北地区生态文明建设存在的问题

西北地区经济社会发展相对落后，生态文明建设长期面临工业化、城镇化、农业现代化带来的压力。同时，受客观自然条件影响，大气环境、水环境、自然生态等方面的质量改善任务艰巨。祁连山、秦岭北麓等重大生态环境问题不断出现，生态环保的意识有待加强、责任有待夯实。此外，乡村生态环境依然是西北地区生态文明建设的短板，其管理机制有待健全和完善。

（一）工业化、城镇化、农业现代化的压力依然突出

产业结构偏重，经济总量增长与能耗增加尚未脱钩，生态环境压力持续增加。西北地区经济发展，在一定程度上仍表现为高能耗、高水耗。2018年，甘肃、宁夏、青海的能源消费总量增速比全国分别高出1、6.8、0.8个百分点；甘肃、宁夏、青海、新疆的万元GDP用水量分别为136.2立方米、178.6立方米、91.1立方米、449.8立方米，比全国分别高出69.4立方米、111.8立方米、24.3立方米、383立方米①。

供水、生活垃圾无害化处理、供气、建成区绿化等指标，与全国平均水平还存在一定差距。2018年，陕西、甘肃、新疆的用水普及率比全国分别低2.91、0.5、0.74个百分点，青海、新疆的生活垃圾无害化处理率比全国分别低3、7.6个百分点，燃气普及率仅新疆达到全国平均水平，建成区绿化覆盖率均低于全国平均水平（见表2）。噪声是城镇化必不可少的产物，是一种典型的城市病，是仅次于大气污染的第二大环境举报问题，在西北地区也较为突出。由于难以及时测量、多头管理、难理清制造者和受害者的权责，噪声治理难度较大。陕西区域环境噪声平均等效声级范围为53.9～

① 资料来源：中华人民共和国水利部、甘肃省水利厅、青海省水利厅、宁夏回族自治区水利厅、新疆维吾尔自治区水利厅的2018年水资源公报。

59.34 分贝，高于全国 46～54.4 的平均水平，且同比上升 0.6 分贝；甘肃 1 个市的夜间区域声环境质量为“较差”，3 个市的夜间道路交通声环境质量为“较差”；宁夏昼间、夜间等效声级平均值，比 2017 年分别上升 0.3 分贝、2.0 分贝；青海西宁市的城市功能区声环境均出现昼间、夜间不达标现象；新疆昼间区域声环境质量“较差”的城市占 5.6%。

表 2　2018 年西北五省区城镇化相关情况

单位：%

地区	城市用水普及率	生活垃圾无害化处理率	城市燃气普及率	建成区绿化覆盖率
陕西	95.49	99.1	96.19	38.8
甘肃	97.90	99.8	90.91	33.5
青海	99.00	96.0	94.69	33.9
宁夏	98.40	99.3	93.85	40.5
新疆	97.66	91.4	98.01	39.6
全国	98.40	99.0	96.70	41.1

资料来源：中华人民共和国国家统计局的地区数据、年度数据，http：//data.stats.gov.cn/index.htm，最后检索时间：2020 年 5 月 24 日。

（二）进一步改善环境质量任务艰巨

环境质量改善伴随经济结构调整和治理水平提高而逐步实现。相比发达省份，西北五省区是在相对较低的经济发展水平条件下、相对更严格的生态环境保护要求下，完成建立国家生态安全屏障、推进清洁生产、实施节能减排、建设环境公共设施等生态环境保护任务，治理复杂性和改善难度更大。同时，随着生态文明建设深入推进，留下的很多生态环境问题都是“难啃的硬骨头”。

大气环境方面，沙尘暴、扬沙、浮沉等恶劣天气，以及冬季采暖季雾霾等因素，仍然是影响西北地区优良天数的主要原因，且多呈现频发、强度大、持续时间长、影响范围广等特征。2018 年，甘肃 14 个市州均出现沙尘天气过程，累计受影响天数达 642 天，比 2017 年增加 276 天；宁夏 5 个地市沙尘天气过程增加10次，三级以上沙尘暴、强沙尘暴天气过程增加7次；新疆南北疆同时发生大范围区域性沙尘天气14次，沙尘发生时PM10监测浓度最高值达14620微克/立方米。水环境方面，部分区域流域污染仍然较重，宁夏境内8条黄河支流水质总体为轻度污染，沿黄重要湖泊（水库）水质总体为轻度污染，19条主要入黄排水沟水质总体为重度污染。污水处理能力存在明显短板，西北地区污水总排放量占全国的5.71%，但污水日处理能力仅占全国的4.94%。自然生态方面，西北地区生态环境质量“较差”和“差”的县域，主要分布在甘肃中西部、新疆大部，这部分地区生态质量不好、不宜居住的局面将长期存在。

（三）生态环境保护责任有待夯实

加强生态环境保护、“绿水青山就是金山银山”的认识自觉和行动自觉已基本形成，但仍存在对绿色发展认识不高、能力不强、行动不实的问题。经济主体环保守法意识淡薄，追求短平快发展，环保创新投入和能力不足，违法违规问题突出；公众践行绿色生活方式的意愿不足，汽车保有量逐年上升；祁连山生态环境问题、秦岭北麓违建别墅、大棚房违法违规搭建等重大生态环境问题接连出现。同时，生态环境管理机构改革仍在理顺阶段，面对复杂的生态环境问题，有一段适应期，在水污染、农业面源污染、城乡衔接区环境治理等方面仍存在多头交叉管理、管理缺位的现象。

（四）乡村生态环境管理机制有待完善

随着乡村振兴战略的实施，国家开展了“农村人居环境整治三年行动”，并将改厕等工作交由农业农村部门牵头负责，因为各职能部门前期职责有差异，新牵头部门在实施方案、推进路径、行动目标等方面仍需进一步完善。城乡发展和环境治理不平衡问题突出，乡村环境基础设施建设相对滞后，乡村生态环境管理队伍缺乏，农村人居环境仍然存在脏乱差现象，化肥、农药、农膜等不合理使用造成的农业面源污染依然存在。城市污染企业、部分城镇生活垃圾向农村转移，进一步加剧了农村环境问题。但是，农村尚未形成生态环境治理、设施管护的长期、稳定投入机制，无疑提升了生态文明建设和成效巩固的难度。

三　西北地区生态文明建设的展望

党中央、国务院高度重视生态环境保护，为西北地区生态文明建设提供了基本方向和根本保障。习近平总书记在 2018 年全国生态环境保护大会上，系统阐释了关于生态文明的重要思想，一年多以来，绿水青山就是金山银山、良好生态环境是最普惠民生福祉、山水林田湖草是生命共同体、最严格制度最严密法治保护生态环境、共谋全球生态文明建设等习近平生态文明思想，已经成为我国生态文明建设的重要遵循。2019 年，习近平总书记在河南主持召开了黄河流域生态保护和高质量发展座谈会，为沿黄省区实现生态保护治理的区域合作和分工，实现流域高质量发展提供了指导。青海、甘肃、银川 3 省着力提升水源涵养能力，以三江源、祁连山、甘南等黄河上游水源涵养区为重点，推进实施重大生态保护修复和建设工程，创造更多生态产品。陕西突出抓好水土保持和污染治理，下大气力推进治理污染严重的支流，以自然恢复为主，减少人为干扰，在有条件的地方大力建设旱作梯田、淤地坝等，在粮食主产区积极发展现代农业，提升农产品质量。同时，沿黄河各省区要把水资源作为最大的刚性约束，合理规划流域人口、城市和产业发展，发展节水产业和技术，推进农业节水，实施全社会节水行动。

推动经济高质量发展，为西北地区生态文明建设提供了后发赶超契机。高质量发展是当前和今后一个时期的基本发展思路，对生态环境保护提出了新的更高要求。生态环境是高质量发展的核心目标之一，良好环境、优质生态产品是人民群众日益增长的美好生活需要的重要组成部分。将生态文明建设纳入“五位一体”战略，全面深化改革、全面建设小康社会等“四个全面”战略，供给侧结构性改革等与高质量发展相关的战略，都必不可少地将生态环境改善、资源利用效率作为重要内容。同时，高质量发展各重大战略的实施，必然降低资源、生态环境压力，其成果与生态环境改善密不可分。

实施乡村振兴战略、推进“一带一路”建设，为西北地区生态文明建设提供了助力。乡村振兴战略提出了生态振兴的要求，并以农业绿色发展、显著改善农村人居环境、建设生态宜居的美丽乡村、农村自来水普及等内容作为振兴目标。针对农村生态文明建设，尤其是生态环境基础设施、生态文明意识等长期短板，提出了完善方案。“一带一路”建设的推进，为西北地区在水资源危机、水争端、绿色农业、应对全球气候变化、防治水土流失等方面，开展国际合作提供了机会。

国家公园体制、《土壤污染防治法》颁布、自然资源和生态环境等机构改革、环保督察“回头看”工作，为西北地区生态文明建设提供了制度保障。2019 年 6 月，中共中央办公厅、国务院办公厅印发了《关于建立以国家公园为主体的自然保护地体系的指导意见》，并提出“建立分类科学、布局合理、保护有力、管理有效的以国家公园为主体的自然保护地体系”。西北地区拥有数量众多、类型丰富的各类自然保护地，在建设国家公园、自然保护区、自然公园等自然保护地体系，提升生态产品供给能力等方面，具有天然的优势和责任。《土壤污染防治法》明确了土壤污染的主体责任和治理责任，建立了农用地、建设用地相关管理制度，为“净土保卫战”提供了法治保障。同时，保障了农产品质量和人居环境安全，避免了西北地区承接有潜在土壤污染的产业转移，也进一步推动了垃圾分类的实施。自然资源和生态环境等新部门的挂牌成立、顺利运作，标志着自然资源、生态环境的统一监管架构及体制初步确立，生态文明建设的各项任务主体及其权责更加明晰。中央环境保护督察整改情况“回头看”工作，主要督察各省对整改责任的落实和工作推进情况，各省也建立健全了省级环保督察制度，环保已经成为各级党委政府高度关注、高度重视的头等大事，进一步提高了生态文明建设的执行力。

同时，西北地区生态文明建设也面临一些挑战。打好污染防治攻坚战是

2020年全面建成小康社会的“三大攻坚战”之一。SO_2、氮氧化物排放量下降3%，汾渭平原大气污染治理、清洁取暖，化学需氧量、氨氮排放量下降2%，垃圾分类处理、减量化、资源化、无害化等污染防治任务；污染行业达标排放改造，优化能源结构，推进煤炭清洁化利用，发展可再生能源，完善城市污水管网和处理，资源节约集约和循环利用等绿色环保产业发展；推进山水林田湖草生态保护修复，国土绿化，加强荒漠化、石漠化、水土流失治理，生物多样性保护，退耕还林还草还湿，深化国家公园体制改革等生态系统保护修复项目，都对西北地区生态文明建设提出更高要求。受西北地区自然条件限制，沙尘天气、水资源缺乏、生态环境较差等因素对生产生活影响更大，也会增加生态文明建设，尤其是提高资源利用效率、改善环境质量的难度。

四　西北地区生态文明建设的对策建议

巩固生态文明建设成效，确保2020年西北地区生态文明建设水平与全面建成小康社会目标相适应，应围绕高质量发展、污染防治、生态环境管理、乡村生态环境等重点内容，从创新驱动、综合施策、大保护大治理、深化改革等方面入手，提出进一步深化生态文明建设的措施。

（一）创新驱动，实现高质量发展

依法依规加大督察执法力度，淘汰污染重、能耗高、技术水平低的企业，加快发展绿色生态产业，优化升级传统产业。在制度层面，健全和完善源头预防、过程控制、损害赔偿、责任追究的生态文明制度，加快自然资源资产产权和用途管制、生态保护红线、生态保护补偿等关键制度建设。在技术层面，围绕提升全要素生产率，突出企业创新主体地位，加大对企业清洁生产和生态环境科研的支持力度，提高资源配置、利用的质量和效益。

（二）综合施策，打好污染防治攻坚战

全面推进蓝天保卫战，强化对重点区域的监督、扩大冬季清洁取暖“煤改电”“煤改气”试点。着力打好碧水保卫战，深入实施水源地保护、城市黑臭水体治理、农业农村污染治理、污水处理等攻坚行动；强化入河、入湖排污口监管，全面深入实施河长制、湖长制。扎实推进净土保卫战，完成农用地污染状况详查，严厉打击固体废物及危险废物非法转移和倾倒行为；稳步合理推进垃圾分类，开展垃圾焚烧发电试点。大力开展生态保护和修复，进一步完善和划定各省生态保护红线，开展自然保护区监督检查专项行动。有序推进生态环境执法队伍建设，整合组建生态环境保护综合执法队伍，规范生态环境保护监管执法行为；依法依规对环境违法行为坚决查处，防止“劣币驱逐良币”；对守法合规的企业，减少执法对正常生产经营的影响。

（三）共同抓好大保护，协同推进大治理

各级政府、各类经济主体都应深入学习贯彻生态文明思想，树立生态文明价值观，坚定生态环境保护信念，坚决杜绝“抓一阵松一阵，有外在压力抓一下，风头一过放一边”现象。完善生态环境督察制度，建立省、市督察体系，推动督察的常态化，持续加大宣传力度，充分发挥群众的监督作用。建立健全部门合作机制，推动各省区之间、职能部门之间、上级部门与基层部门之间互派人员挂职交流，力争每项政策的落地实施，有利于减少污染物排放、改善生态环境质量，有利于解决群众身边的突出环境问题、促进社会和谐稳定。提升生态环境保护的预判、预处理能力，针对伴随工业化、城镇化、农业现代化发展，可能出现的工业污染、噪声、养殖污染、生态破坏等生态环境问题，提前做好应对措施和方案。持续发挥国家公园、生态文明建设示范市县、节水社会、清洁能源示范省等国家级生态文明建设试点的示范引领作用。广泛开展跨省区、跨市县合作，充分发挥西北地区的生态环境优势，申报国家级生态文明建设试点，打造生态文明建设的“西北样本”。

（四）深化改革，建立乡村生态文明建设长效保障机制

建立乡村人居环境建设和管护长效机制，发挥村民主体作用，鼓励公开招标采购第三方服务，实现专业化、市场化建设和运行管护。健全完善财政补贴和农户付费合理分担机制，围绕垃圾清运、污水处理等方面，在有条件的城郊地区、村集体经济发展较好的地区，推行环境治理依效付费制度。

B.7
甘肃河西祁连山内陆河生态安全屏障建设发展报告

侯万锋*

摘　要： 加强河西祁连山内陆河生态安全屏障建设，是维护国家生态安全战略格局的重要任务。近年来，甘肃在河西祁连山内陆河生态安全屏障建设上取得较大进展。但该区域仍存在生态的脆弱性不断增加、发展与环保的矛盾依然突出、生态补偿机制不够健全、绿色发展的模式尚未形成和环境民生供需尚不平衡等困难和问题。新时代，进一步加强河西祁连山内陆河生态安全屏障建设应从树立生态文明新理念、巩固祁连山生态环境问题整改成效、推进三大内陆河流域综合治理、推动生态系统的整体治理、建立生态保护的管控机制和生态补偿的长效机制等六个方面持续发力。

关键词： 河西祁连山内陆河　生态安全屏障　甘肃

甘肃河西祁连山内陆河生态安全屏障发源于祁连山的疏勒河、黑河、石羊河流域及哈尔腾苏干湖水系组成的内陆河地区，包括酒泉、嘉峪关、张掖、金昌、武威等5市，是我国“两屏三带”青藏高原生态屏障和北方防

---

* 侯万锋，甘肃省社会科学院公共政策研究所所长、研究员，主要从事政治学、社会学、地方治理和公共政策等研究。

沙带的关键区域，也是西北草原荒漠化防治区核心区。① 加强该区域生态安全屏障建设，对于推进国家生态安全战略、加强甘肃生态文明建设具有十分重要的现实意义。

一　河西祁连山内陆河生态安全屏障建设的进展和成效

祁连山是甘肃河西地区河流的主要发源地。甘肃在河西祁连山内陆河生态安全屏障建设上，取得了较大进展和显著成效。

（一）集中整治祁连山自然保护区生态环境保护问题

自 2017 年中央就甘肃祁连山国家级自然保护区生态环境问题通报后，甘肃和河西五市严格按照中央整改要求，对自然保护区生态环保问题全面排查和集中整改，取得了较大进展和积极成效。

1. 健全制度体系

在整改过程中，甘肃省注重建立健全生态环境保护机制。一是健全理顺管理体制。挂牌成立了祁连山国家公园管理局，理顺保护区管理体制。二是划定生态保护红线。有关部门制定实施方案，划定祁连山地区生态保护红线。三是建立产业准入负面清单。甘肃将不符合主体功能定位的产业，禁止纳入划定的祁连山冰川与水源涵养生态功能区范围。四是推进改革试点。有关部门编制完成祁连山地区自然资源资产负债表，制定自然资源产权制度改革和自然生态空间用途管制等试点工作方案。五是加大生态补偿力度。甘肃制定生态保护补偿试点实施意见，推动生态补偿试点。六是建立长效监管体系。甘肃通过编制印发的《祁连山国家公园体制试点甘肃省片区实施方案》和制定的生态保护红线划定工作实施方案，以及自然资源产权制度改革试点、自然生态空间用途管制试点、流域上下游横向生态保护补偿试点实施方

① 甘肃省人民政府办公厅：《甘肃省建设国家生态安全屏障综合试验区“十三五”实施意见》（甘政办发〔2016〕131 号），2016 年 8 月 22 日。

案和意见，完善了生态环境保护制度体系。

2. 全面关停探采矿项目

甘肃省专门成立矿产资源整改组，制定保护区矿业权分类退出办法，坚决停止保护区内矿产勘查开采和审核审批，通过注销式、扣除式、补偿式3种差别化方式，已促使保护区内144宗矿业权项目全部停产停工。张掖市77宗应退出的矿业权项目全部退出，矿业权全部注销。武威市全面关停对祁连山保护区武威段核心区、缓冲区内所有采探矿项目，已完成采探矿整改项目37个，有8个采矿企业已被注销，剩余整改项目全部冻结。金昌、张掖两市开展绿色矿业发展示范区建设。酒泉市关停各类自然保护区内的196个建设项目，并督促项目业主落实生态环境恢复责任。

3. 完成水电开发项目的阶段性整改

在水电站专项整治中，甘肃制定《甘肃祁连山国家级自然保护区水电站关停退出整治方案》，分类处置保护区内42座水电站，分类整治在建水电站；关停退出建成水电站3座、规范运营30座；对关停水电站进行集中整改。甘肃建立水电站引泄水流量监管系统，安装引水泄水计量监控设备，实施在线监控。在线监控和预警管理规范运营的水电站，基本上解决了因水电开发导致的水量减少。

4. 加大保护区内旅游设施的整治力度

甘肃在排查摸清祁连山保护区内的旅游项目的基础上，制定保护区旅游设施项目差别化整治和补偿方案，配套出台差别化整治措施清单，明确差别化整治措施，对保护区内25项旅游项目（核心区、缓冲区5项，实验区20项），关停核心区、缓冲区项目和设施，规范运营实验区项目。在保护区中应整治的25个旅游设施，已整治21个。通过全面整治，核心区、缓冲区的旅游设施全部拆除，实验区内旅游项目规范运行。

5. 重点整治草原超载与生态恢复

甘肃修订保护区管理条例，将保护区草原纳入新一轮草原奖补政策范围，加强林草“一地两证”问题整改落实。河西各地推进保护区内生态移民，通过实施草原奖补、农牧民定居、整合生态保护、精准扶贫、公益林补助管护、困难群众救助等政策，促进生态恢复。张掖、武威两市已完成在保护区核心区内208户701名农牧民的搬迁；张掖市95.5万亩草原实施禁牧。

（二）加强三大河流域生态综合治理

1. 加强疏勒河流域生态综合治理

甘肃疏勒河流域行政区划属酒泉市的玉门、沙洲、敦煌、肃北、阿克塞5县市以及张掖市肃南裕固族自治县的部分区域，是我国极度干旱地区之一。甘肃内陆河生态安全屏障、祁连山冰川和水源涵养生态功能区、敦煌生态环境和文化遗产保护区、肃北北部荒漠自然保护区，均在疏勒河流域或处于疏勒河流域之内。多年来，甘肃不断加强对疏勒河流域的综合治理，取得了显著成效。一是开展常态化监督和日常监测。甘肃省疏勒河管理局强化疏勒河干流地表水资源统一管理，实现了全流域入河（渠、库）排污零排放、水污染事故零容忍。二是全面推行河长制。以酒泉为例，“市境内共有河流、湖泊、洪水沟道147条（座），河湖生态管理涉及上下游、左右岸、跨区域。酒泉市共设置市级总河长2名、市级河长7名，县级总河长14名、县级河长127名，乡级总河长8名、乡级河长391名。①”目前甘肃省、市、县、乡、村五级河长体系逐步建立。

2. 加强黑河流域生态综合治理

甘肃黑河流域行政区划属张掖市山丹、民乐、张掖、临泽、高台、肃南和酒泉市等市县。近年来，甘肃不断加强对黑河流域的综合治理，生态系统逐步得到恢复。以张掖市为例，张掖通过实施黑河河道生态治理、黑河沿岸防护林工程，以及黑河生态带、交通大林带、城市绿化带生态造林示范建设，不断加强黑河流域生态综合治理。一是实施黑河河道生态治理项目。“对黑河干流及主要支流的43.2公里河道进行治理，包括黑河城区段、黑河草滩庄至省道213线、临泽县黑河干流及大沙河流域、高台县黑河水系石炭

① 石岩：《疏勒河上榜“最美家乡河”的背后》，《中国经济时报》2018年9月19日，第7版。

沟下段等4个子项目，确立区域水生态保护格局，河湖湿地不断改善，水土流失状况得到有效治理。[①]” 二是实施黑河沿岸防护林工程。包括在甘州区、临泽县实施黑河沿岸防护林工程和黑河甘州段、临泽段及大沙河沿岸，进行人工造林。三是是拓展城市绿化空间，增加森林资源的总量。2018 年新建扩建城市生态景观林，新增特色经济林种植面积 5.53 万亩。2017 ~ 2019 年，民乐县实施林草植被恢复、矿山环境治理恢复、小流域综合治理、土地整治与污染修复等祁连山黑河流域山水林田湖草生态保护修复项目 14 项。四是推进无垃圾示范创建和农业面源污染治理，优先安排建档立卡贫困人口从事生态管护和监测，实现生态环境监管与群众脱贫致富双赢。[②]

3. 加强石羊河流域生态综合治理

甘肃石羊河流域是中国西北内陆地区的最东部屏障。甘肃通过加强石羊河流域生态综合治理，使得祁连山生态环境问题得以缓解。一是加大节水力度。石洋河流域各地不仅进行灌区改造，而且针对用水总量建立有效的管理制度及节水机制。二是缩减灌溉面积。根据水资源可利用量，压减灌溉面积，减少灌溉用水量，退耕退水还生态。三是合理配置水资源。流域各地既通过生态补水管道建设、生态补水渠道建设等直接生态输水，也通过引黄景电二期工程建设，实施向民勤生态补水。四是精细化水管控。流域实行地下水水位控制与取水总量控制“双重管理”，全面落实地下水取水许可审批制度。以民勤县为例，石羊河流域治理以来，消亡近60年的青土湖获得重生，民勤地下水位也持续缓慢回升。

（三）加强防风固沙林体系建设

酒泉、嘉峪关、张掖、金昌、武威等5市在防风固沙林建设上取得新的进展。酒泉市采取封滩育林、固沙造林、封禁保护、工程治沙等预防与治理

① 李星凯：《黑河流域生态综合治理工程》，http：//www. gs – zy. com/zhti/2018 – 05/17/content_ 2312316. htm，最后检索时间：2018 年 5 月 17 日。

② 高康迪、杨艳敏：《甘肃张掖综合治理全域生态系统：荒滩戈壁变“碧水绿洲”》，http：//www. gs. chinanews. com/news/2019/05 – 20/317397. shtml，最后检索时间：2019 年 5 月 20 日。

措施，建立沙化土地封禁保护区，治理土地沙化。嘉峪关市加强重点公益林管护和防风治沙。“2019 年上半年，完成人工造林 1011 亩、修复公益林 1355 亩，防风治沙造林 300 亩，草原植被盖度达到 16.5%。[①]”张掖市加大“一园三带”造林绿化示范建设；金昌市在祁连山区通过人工造林，恢复林缘区坡耕地植被，保护重点水源地，加强农田防护林及沙漠化土地治理；武威市实施祁连山生态恢复、防沙治沙、绿洲绿化美化、湿地保护恢复、林业产业培育五大工程。2019 年“完成营造林 96.62 万亩，其中，人工造林 51 万亩，封山（沙）育林（草）45.62 万亩，投资 6.52 亿元”。[②]

二　河西祁连山内陆河生态安全屏障建设存在的困难和问题

（一）生态的脆弱性不断增加

随着全球气候变暖加剧，甘肃祁连山内陆河生态安全屏障建设面临诸如冰川退缩、雪线上移、植被退化、水源涵养功能减弱等问题。高温天数的增多、日最高气温的升高，加大了森林和草原的防火压力，不利于生态环境的建设和保护。沙化面积递增，沙尘暴等气候灾害次数、频度、强度不断增加。永久性雪山冰川面积减少，三大内陆河源头区有从湿地、高山草甸草原蜕变为荒漠草原的可能。生态的脆弱性影响了河西祁连山内陆河生态安全屏障建设进程，增加了治理难度。

（二）发展与环保的矛盾依然突出

甘肃祁连山地区涉及张掖、金昌、武威 3 个市，包括肃南、民乐、

---

① 杨亮：《“绿色雄关”似江南——我市生态文明建设纪实》，《嘉峪关日报》2019 年 8 月 20 日，第 2 版。

② 伏润之、张志华：《在干旱缺水地区走出一条绿色之路——武威市深入推进全域生态文明建设综述》，《甘肃日报》2019 年 3 月 21 日，第 5 版。

山丹、甘州、永昌、古浪、天祝、凉州区等8个县（区）。近年来，这些地方的不当开发利用和自然因素的叠加，加剧了祁连山生态环境的退化。以肃南县为例，草地退化面积达到4446千米，占草地总面积的31.27%。冰川及多年冻土退缩也使甘肃境内冰川总面积减少441千米。由于人为干扰，野生动物分布范围缩减，水源涵养植被减少，地表呈荒漠草原景观。森林资源减少，森林、草原和湿地生态系统严重削弱，对经济社会发展的支撑能力下降。由于地方经济发展对自然资源的依赖度高，在处理发展与保护关系上有所欠缺，因此河西祁连山内陆河流域的生态受到破坏。

（三）生态补偿机制不够健全

甘肃省及河西各市虽然采取了一系列的生态补偿措施，一定程度上缓解了生态环境恶化的问题，对于河西祁连山内陆河生态安全屏障建设具有一定的积极作用。但仍存在补偿范围小、在不同行政区政府间划分补偿责任不明确等问题，其制约着河西内陆河地区生态安全屏障的建设进程。生态造林、封山育林、天然林管护的国家补助标准低，生态安全屏障建设缺乏动力。治理超载过牧因缺少应有的生态补偿政策而难以实施，影响河西祁连山内陆河的生态安全屏障建设。

（四）绿色发展的模式尚未形成

甘肃祁连山地区社会经济发展与生态承载力矛盾突出，对生态资源承载力引导不够，加之对生态资源经济价值的过度追求，使得有些地方生态承载力严重超载。省级部门和各市县之间各自为政，三大内陆河流域的管理机构在职能上有待强化。涉及生态综合治理的环境、国土、林业、水利、气象、农业等各部门之间的协调性不足。甘肃生态修复、监管平台建设、山水林田湖草等项目实施存在着巨大的资金缺口。这些因素的叠加导致生态环境能力建设滞后。如何探索建立生态优先、绿色发展模式，仍是亟须解决的突出问题。

（五）环境民生供需尚不平衡

虽然针对祁连山生态环境破坏，采取了诸如全面退出矿业权、解决林草“一地两证”问题，搬迁保护区核心区农牧民、实施重点生态保护工程等措施，取得了明显成效，但遗留的非法采矿、水电过度开发等对生态环境造成的破坏，使得生态环境修复适应流域系统治理机制尚待健全。农田水利设施配套不完善使得流域水利基础设施与区域经济社会发展不相适应。由于资金、技术等限制，区域内还存在生态修复工程进度慢、禁牧限牧不彻底、生态环境状况监测和保护机制尚不完善等问题，各地寻求环境民生服务需求和污染治理供给之间的不平衡问题短期内无法解决。

三　加强河西祁连山内陆河生态安全屏障建设的对策建议

（一）树立生态文明新理念

甘肃要自觉用树立生态文明新理念，形成河西地区与祁连山保护区生态和谐发展的新格局。一是牢固树立尊重自然理念。各地要充分认识形成绿色发展和生活方式的重要性，加快构建政府企业公众共治的绿色行动体系，形成人和自然和谐发展的新格局。二是树立“绿水青山就是金山银山”理念。各地要划定生态圈保护区域，坚持自然恢复为主，促进自然修复，恢复原有的自然生态廊道。统筹考虑自然生态各要素，既要整体保护，又要系统修复，更要综合治理。三是牢固树立生态优先理念。各地要通过改变不合理的产业结构、空间布局、能源结构和生活方式，探索环境保护新路，推动绿色、循环和低碳发展，实现经济社会发展与生态环境保护的共赢。

（二）全面推进祁连山生态环境问题整改

一是河西各地要充分认识祁连山生态环境问题的严重危害性，严格履行主体责任，坚决停止保护区核心区、缓冲区、实验区所有矿业权新设，取缔非法探采矿行为。二是祁连山各地加快实施综合治理，按照扣除、注销、冻结、储备的方式分类有序退出保护区范围内的持证矿业权，有序开展恢复治理。三是河西各地要健全机制，把整改作为贯彻绿色发展理念、担负生态保护政治责任的重大任务，细化明确责任分工，确保各项工作有力有序有效推进。

（三）持续推进三大内陆河流域综合治理

甘肃要持续推进生态综合治理，全面实施《敦煌水资源合理利用与生态保护综合规划》，坚持以优化水资源综合利用为重点，实施疏勒河流域灌区节水改造、月牙泉恢复、引哈济党、湿地生态引水等工程建设，通过人工造林、封沙育林（草）等，加强防护林体系建设，建立林草相结合的防风固沙体系；各地要加大西湖国家级自然保护区、大小苏干湖等湿地类型自然保护区建设力度，实现区域生态平衡。甘肃各地加快黑河二期治理，完善绿洲森林植被防护体系，提高祁连山水源涵养能力；推进防沙治沙工程建设，加强重点公益林管护和荒漠化治理。甘肃各地持续推进羊河流域生态综合治理，推进流域防沙治沙和生态恢复、祁连山水源涵养区生态环境保护和综合治理。

（四）加强生态系统的整体治理

加强河西祁连山内陆河生态安全屏障建设，要突出生态系统的整体治理。一是建立草原资源管控制度。甘肃要通过稳定和完善草原承包经营制度，加强湿地分级管理，加大草地治理力度，持续推进草原畜牧业生产方式转变。二是加大生态退化区域综合治理。河西各地重点对矿产、水电资源开发区域加强植被恢复、河道治理和垃圾分类处置；实施沙化土地封禁保护，构建祁连山保护区水土流失综合防护体系。加强凉州、肃南等县（区）境内冰川环境保护，强化黑河、石羊河等湿地保护。三是推进国家公园建设。甘肃要做好祁连山国家公园体制试点，坚持以生物多样性保护优先区域为重点，实行差别化保护管理。

（五）健全生态保护的管控机制

甘肃要综合考虑，从资源、环境与生态统一性出发，建立河西祁连山内陆河生态保护源头严防、过程严管、结果严惩的长效机制，确保河西祁连山内陆河生态保护真正落实落地。一是健全源头严防机制。河西祁连山内陆河生态保护红线管控坚持预防为主、保护优先，既要建立统一的空间规划体系，形成科学的生态保护红线管控边界，也要加强多部门协作，整合管控力量，提高管控能力。二是建立过程严管机制。生态部门要坚持立体化、全天候监控，利用自然地形图、高分辨率遥感影像图，确定生态保护红线的空间范围，建立生态保护红线数字化综合管理平台。三是建立结果严惩机制。甘肃要对突破河西祁连山内陆河生态保护红线的行为加大严惩力度，突出震慑作用，靠实各市县、各部门的责任。

（六）建立生态补偿的长效机制

生态补偿是河西祁连山内陆河生态安全屏障的核心机制，是打通祁连山“绿水青山就是金山银山”通道的重要方式。一是甘肃加强生态补偿制度设计，注重综合性补偿，推进各单项补偿政策的综合和融合。二是生态部门要研究制定生态补偿标准。充分考虑补偿范围以提高保持水土、涵养水源、美化环境等生态效益。三是河西各地要探索多元化生态保护补偿模式，完善森林、草地、湿地、荒漠、冰川等重点生态区域补偿机制，落实不同领域、不同区域生态保护补偿机制政策措施。四是各地规范祁连山保护区生态移民管理，建立健全祁连山生态移民保障机制，探索生态移民、扶贫与生态补偿工作相结合的有效模式。

参考文献

白佳玉、程静：《论海洋生态安全屏障建设：理论起源与制度创新》，《中国海洋大学学报》（社会科学版）2016 年第 6 期。

常兆丰：《甘肃河西 60 年防沙治沙的问题及出路》，《干旱区资源与环境》2019 年第 9 期。

常兆丰等：《沙漠、戈壁光伏产业防沙治沙的生态功能——以甘肃河西走廊为例》，《生态经济》2018 年第 8 期。

邓小兵、武刚：《祁连山国家公园资源环境综合执法研究》，《兰州文理学院学报》（社会科学版）2019 年第 5 期。

李明：《甘肃建设国家生态安全屏障综合试验区的财政政策思考》，《财会研究》2014 年第 3 期。

蒋兴国：《结合祁连山生态保护与修复加快张掖民族地区脱贫攻坚》，《边疆经济与文化》2019 年第 9 期。

晋王强、郝春旭、妙旭华、董战峰：《甘肃祁连山生态文明示范区建设路径研究》，《环境保护》2019 年第 14 期。

孙海燕、王泽华、罗靖：《国内外生态安全屏障建设的经验与启示》，《昆明理工大学学报》（社会科学版）2016 年第 5 期。

孙小丽、马丁丑、邱芳：《甘肃国家生态安全屏障制度化保障机制构建研究》，《资源开发与市场》2016 年第 4 期。

王迪东：《构筑生态安全屏障　加快林业转型跨越发展——张掖市甘州区林业局林业工作纪实》，《甘肃林业》2015 年第 3 期。

B.8 宁夏沿黄生态经济带建设研究

李文庆*

摘　要： 沿黄生态经济带是宁夏经济发展的核心区，也是宁夏经济社会发展的精华地带，在全区经济发展和生态安全格局中占有重要地位。本文论述了宁夏沿黄生态经济带建设概况，包括生态经济的内涵和建设目标，宁夏沿黄生态经济带建设情况及存在的主要问题；分析了宁夏沿黄生态经济带建设路径，坚持生态优先、打造黄河流域生态保护先行区，坚持绿色发展、建设黄河流域高质量发展示范区，完善宁夏沿黄生态经济带制度体系；提出了加强党政领导责任，推进宁夏沿黄生态经济带产业转型升级，加强生态环境综合整治，促进各级领导干部履职尽责等对策建议。

关键词： 沿黄生态经济带　高质量发展　宁夏

党的十九届四中全会提出的坚持和完善生态文明制度体系，为宁夏沿黄生态经济带生态保护和高质量发展指明了方向。宁夏回族自治区党委十二届八次、九次全会提出，坚持“三个进一步”，担当新使命；守好“三条生命线”，走出一条新路子；始终抓好“三个着力”重点，建设美丽新宁夏。我们要把生态环境保护作为一项重大政治任务，守好改善生态环境的生命线，

* 李文庆，宁夏社会科学院农村经济研究所所长、研究员，研究方向为产业经济学。

推进黄河流域宁夏段生态环境质量逐步好转，推动宁夏沿黄生态经济带生态保护和高质量发展取得明显成效。

一 宁夏沿黄生态经济带建设概况

（一）生态经济的内涵

生态经济是指在生态系统承载能力范围内，合理利用自然资源，维护自然资源的生态平衡，实现自然生态与人类社会的动态协调的经济。生态经济的本质，是遵循生态规律和经济规律，把经济发展建立在生态环境可承受、自然环境可持续利用的基础之上，实现经济发展和生态保护“双赢”，兼顾经济效益、社会效益和生态效益，建立经济、社会和生态环境良性循环的复合系统。

（二）宁夏沿黄生态经济带建设基本情况

宁夏沿黄生态经济带包括银川市、石嘴山市全域，吴忠市利通区、青铜峡市，中卫市沙坡头区和中宁县，是宁夏经济发展的核心区，也是全区经济社会发展的精华地带。2018 年，宁夏沿黄生态经济带土地面积 28978.91 平方公里，占全区土地面积的 43.65%；人口 449.93 万人，占全区总人口的 65.95%；地区生产总值 3211.17 亿元，占全区地区生产总值的 86.67%；一般公共预算收入 284.45 亿元，占全区一般公共预算收入的 68.12%。其中：银川市土地面积 8847.61 平方公里，占全区土地面积的 13.33%；人口 222.54 万人，占全区总人口的 32.64%；地区生产总值 1901.48 亿元，占全区地区生产总值的 51.32%；一般公共预算收入 181.17 亿元，占全区一般公共预算收入的 43.39%，银川市在全区经济发展中占据“半壁江山”（见表 1）。

从城乡居民收入状况来看，银川市城镇居民人均可支配收入超过全区平均水平，其他市（县、区）均未达到全区平均水平；在农村居民人均可支配收入中，宁夏沿黄生态经济带农村居民人均可支配收入均超过全区平均水平。

表1　2018年宁夏沿黄生态经济带基本情况

地区	土地面积（平方公里）	人口（万人）	生产总值（亿元）	一般公共预算收入（亿元）	城镇居民人均可支配收入（元）	农村居民人均可支配收入（元）
全区	66400	681.79	3705.18	417.59	31895	11708
银川市	8847.61	222.54	1901.48	181.17	35586	14160
石嘴山市	5208.13	80.30	605.92	23.92	30583	14000
利通区	1414.58	41.48	194.69	37.66	29828	14906
青铜峡市	2438.32	29.70	158.77	7.23	27591	14199
沙坡头区	6877.44	41.06	187.69	25.34	28694	12194
中宁县	4192.83	34.85	162.62	9.13	27271	12180
合计	28978.91	449.93	3211.17	284.45	—	—
占全区比重（%）	43.65	65.95	86.67	68.12	—	—

资料来源：根据区统计局《两会统计服务手册2019》《宁夏统计年鉴2018》整理。

（三）宁夏沿黄生态经济带建设目标

1. 宁夏沿黄生态经济带建设的实质：实现人与自然和谐共生

自人类从自然界分离出来，人类既受惠于自然，又受到自然的约束。因此，人类既要适应自然、利用自然，又要保护好自然环境。从经济学的角度来说，一是减少经济发展的自然损耗，尽可能对自然灾害侵袭有所防范与规避，增强人类应对自然灾害的能力，增进人与自然和谐共生。二是经济发展与生态环境相协调，在经济发展中有效地保护好自然环境，节约各种自然资源尤其是基本资源，经济发展既要在生态环境承载能力范围之内，又不对生态环境造成破坏，对经济活动与开发项目，要在控制中精选，把握好经济发展与生态环境的协调。三是减少经济活动的自然成本，要努力实现在经济发展中减排降耗，调整产业结构、改变生产方式、倡导环保生活。

2. 宁夏沿黄生态经济带建设的目标：实现可持续发展

自20世纪中后期以来，人类面临严重的资源危机、环境危机，国际学术界和各国政府提出了可持续发展理念。为了实现可持续发展目标，需要注重以下要点：一是环境保护，将环境保护放在经济发展的优先位置，运用经济、法律等手段保护环境。二是在工业领域推广清洁生产，最大限度地减少生产废弃物，循环利用生产中排放的废弃物，实现资源综合利用，减少环境污染。三是推动科技进步，科学技术是解决资源危机、环境危机，实现可持续发展的基本手段，重点发展清洁生产技术、资源循环利用技术、新能源和新材料技术以及生态环境保护技术，提高人类的可持续发展能力。

（四）宁夏沿黄生态经济带建设中存在的主要问题

过去一个时期，宁夏沿黄生态经济带主要依靠高强度的投资、资源和能源开发发展模式实现了经济快速增长，但也耗费了大量的资源和付出环境污染的代价，积累了许多生态风险和矛盾。

1. 生态环境压力较大

宁夏沿黄生态经济带是全区重要的工业区，以能源为依托的发展模式具有结构单一化、重型化、资源型的特征，倚重倚能的发展模式还没有得到根本性转变。近年来，以重化工业为主的产业结构对区域环境质量提出了严峻的挑战，工业园区已成为沿黄生态经济带的主要产业集聚区，发展了现代能源、化工、现代纺织、设备制造、冶金、建材等行业，但一些工业园区环境治理滞后，环境污染问题突出，环境治理难度较大。

2. 农业发展方式粗放

一是农业标准化水平不高，创新水平不够，农产品质量不高，产业链不长，农产品附加值低。二是农药、化肥依赖度较高，大量施用化肥依然是沿黄生态经济带种植业发展的主要手段，粮食生产对化肥的大量施用已形成严重依赖。三是畜禽养殖区生产经营总体水平较低，水产养殖业产生了大量未得到有效处理的污染物，农村环境面源污染较为严重。

3. 资源利用效率低下

随着工业化和城镇化的加快推进，宁夏沿黄生态经济带城市单位工业用地产出明显低于全国平均水平，但单位 GDP 能耗明显高于全国平均水平。与资源利用效率较低相对应，宁夏沿黄生态经济带单位工业产值废水排放量和单位工业产值 SO_2 排放量都高于全国平均水平，沿黄生态经济带环境质量面临严峻挑战。

4. 生态保护资金缺口大

宁夏作为经济欠发达地区，经济发展较为滞后，生态环境较为脆弱，污染治理成本相对较高。由于多年来资金投入不足，生态环境建设资金缺口较大，欠账较多，一些群众反映的突出问题，特别是个别中央环保督察反馈问题的整改资金落实缓慢。

二　宁夏沿黄生态经济带建设路径

宁夏沿黄生态经济带在全区经济发展和生态安全格局中占有重要地位，要按照习近平总书记讲话精神为指引，维护区域生态安全，促进经济社会与生态环境可持续发展。

（一）坚持生态优先，打造黄河流域生态保护先行区

1. 严守生态保护红线

严守生态安全的生命线，全方位、全地域、全过程开展生态文明建设。优化开发区域，确保资源、生产、消费等与经济社会发展相匹配相适应。在经济发展的同时，必须强化节能减排，大力发展循环经济，加强资源综合利用，构建以沿黄生态经济带为核心、工业园区为支撑、各地工业协调发展的产业格局。

2. 加强黄河流域宁夏段自然生态保护

宁夏作为黄河中上游地区，必须加强黄河流域宁夏段自然生态保护工作。一是加强水生态保护。水是生命之泉、农业命脉、工业血液，人类生存、发展的润滑物。要以水质保护为重点，以河长（湖长）制为牵引，以流域生态综合治理为抓手，进一步健全完善区、市、县、乡四级配套政策措施，强化基层河长工作机制，推广民间河长、志愿河长等模式，着力加强水资源红线保护、水域岸线保护、水土保持生态建设、水利风景区建设、入河湖污染物防治、流域水文化建设等措施。今后一段时间，要全力打好水污染

防治攻坚战，促进宁夏河湖水资源休养生息、水资源合理利用和水环境保护有机统一。二是加强自然生态保护。宁夏率先在全国范围内制定了加强自然生态保护和生态保护红线等相关法规通过国家审批，启动了首批生态保护红线管理地方立法；扎实开展“绿盾”行动，自然保护区清理工作稳步推进。开展贺兰山生态环境整治专项行动，生态面貌不断改善。始终把防治荒漠化放在突出位置，坚持不懈地推进荒漠化防治工作，建设防沙治沙综合示范区。三是加强环境污染防治。强化燃煤污染、烟尘污染治理，强化扬尘污染防治，强化机动车污染、空气异味综合整治，强化重污染天气应对。加快水环境污染防治，强化城镇污水处理，构建城乡饮用水安全保障体系。深化土壤污染防治，推进工业固体废物综合利用，严控农业面源污染。

3. 积极探索生态补偿机制

根据国家主体功能区的划分，要牢固树立“资源有价”“生态补偿”的理念，守好生态保护、耕地、水资源三条红线，全面实施退耕还林、天然林保护、湿地保护等重点生态工程，深入推进林权制度改革，加快建立生态补偿机制，扩大国家补偿范围，实行最严格的林草保护制度，使生态补偿成为生态建设的有效保证和稳定农民增收的有效途径。

（二）坚持绿色发展，建设黄河流域高质量发展示范区

1. 大力发展绿色经济

绿水青山具有生态、经济、社会多重效益，蕴含着巨大的经济价值和增值空间。积极打造“绿色银行”，注重做好治山理水、显山露水的大文章，统筹山水林田湖草系统治理，大力实施生态修复工程，保护好贺兰山、六盘山、罗山自然保护区。推动生态与经济、历史文化深度融合，逐步培育发展以生态产品为核心的文旅经济、观光经济、休闲经济、民宿经济，赋予生态要素新内涵、新功能、新价值，使绿水青山真正转化为富民增收的金山银山。推动绿色、循环、低碳发展，培育壮大节能环保产业、清洁生产产业、清洁能源产业，更加注重培育循环经济产业链，促进资源

节约与高效利用。

2. 发展高效生态农业

培育和发展高效生态农业对于减少资源消耗与环境污染具有战略意义。围绕黄河流域宁夏段建设特色农业长廊，大力发展特色优势农业，加快发展优质粮油、绿色牛羊肉、蔬菜瓜果、马铃薯、枸杞、葡萄等产业，积极发展设施农业。推进宁夏沿黄生态经济带“高品质粮油”品牌建设，生产无污染、无公害的绿色食品和有机食品，实现资源利用高效化、生态化、标准化，培育农民增收新增长点。以从源头倒逼绿色发展为导向，推进一二三产业融合发展，加快推进农业科技创新与成功转化，努力提高生态农业生产率。

3. 构建生态工业体系

加大资源型产业绿色化技术攻关，以宁夏煤炭及相关资源为基础，以宁东能源化工基地为中心，推动能源清洁化转型，开发和推广应用洁净煤技术，建设清洁能源输出基地。推进产业联动发展，鼓励煤炭生产、煤化工、石油、电力、冶金等关联度较强的重点产业发展延长产业链，构建产业集群。促进企业清洁生产，加强废水、废气、废渣、余热等回收再利用。大力发展资源综合利用、节能环保产业、清洁生产产业，提高节能环保技术水平。

4. 培育和发展全域生态旅游产业

宁夏沿黄生态经济带丰富的自然与人文生态资源赋予当地发展生态旅游的资源优势。一要以生态经济为指导，坚持旅游资源生态化开发，实现经济效益、社会效益、生态效益的协调统一。二要在传统工业、传统农业及相关产业中融入旅游业的成分，围绕旅游产业内部食、住、行、游、购、娱等各要素构建生态旅游主导产业，充分发挥旅游业的前向与后向拉动作用，促进全域生态旅游协调发展。三要与黄河上游毗邻地区加强旅游合作，依托“西北风情”旅游联合会，加快整合黄河上游旅游资源，共建旅游产品体系，实现区域旅游资源优势互补、客源互送、共同发展。

（三）完善宁夏沿黄生态经济带建设制度体系

宁夏沿黄生态经济带长期以来由于资源禀赋和历史原因，产业结构以重工业为主体，产业结构重型化特征突出，生态环境非常脆弱。我们要以十九届四中全会精神为指导，加强战略谋划，不断完善生态文明制度体系。

1. 建立资源高效利用制度，加强生态环境保护

健全资源节约集约循环利用政策体系，以发展绿色经济体系为目标，加快构建生态环境技术服务体系，推进传统产业技术升级，着力解决宁夏沿黄生态经济带高投入、高污染、低产出的产业现状，大力发展绿色农业、低碳循环工业和现代服务业，提高资源利用效率。以防治大气污染为重点，加强生态环境综合整治，加快解决大气、水、土壤污染等突出问题，深入实施蓝天、碧水、净土“三大行动”，全面开展城乡环境保护和污染治理，加强对重点流域、重点区域和重点企业以及农村面源污染的整治，改善区域生态环境质量。

2. 健全生态保护和修复制度

加强对重要生态系统的保护和永续利用，大力实施生态保护与修复工程，加强黄河流域宁夏段的生态保护和系统治理，筑牢西北地区重要生态安全屏障。以自然保护区为载体，以风景名胜区、湿地公园、森林公园、地质公园等为重要组成部分，将林地、湿地、荒漠生态空间治理以及生物多样性纳入保护范围。

3. 严明生态环境保护责任制度

宁夏沿黄生态经济带生态环境保护与治理中还存在一些问题，如“先污染后治理”“边污染边治理”，以及部分企业环保设施不配套、环保设备时开时停等现象，大多与制度不完善、机制不健全、法治不完备有关，必须把严明生态环境保护责任制度作为推进生态文明建设的重中之重，积极推进生态环境保护综合行政执法，开展领导干部自然资源资产离任审计，着力破解制约宁夏沿黄生态经济带建设的制度障碍，推动生态环境保护责任制度的不断完善。

三 宁夏沿黄生态经济带建设的政策建议

党的十九大以来，生态文明建设的重要性深入人心，相关区域坚持人与自然和谐共生，加快生态文明体制改革，建设好宁夏沿黄生态经济带。

（一）加强党政领导责任，推进宁夏沿黄生态经济带建设

各地党委、政府要站在大局角度，时刻牢记守土有责、守土负责、守土尽责，担当起为子孙后代留下美好生态的历史责任，摒弃错误的政绩观，为共建宁夏沿黄生态经济带凝聚全社会力量。针对黄河流域宁夏段生态环境治理碎片化的突出问题，将宁夏沿黄生态经济带作为一个有机整体，建立区域协同合作机制，就防洪调度、水资源分配、生态补偿、重大工程建设等事宜加强合作，协调解决大气、水、土壤污染等生态保护突出问题，强化责任追究，严格落实各项规划和制度，推进宁夏沿黄生态经济带建设。

（二）大力发展“生态+”产业，推进宁夏沿黄生态经济带产业转型升级

绿色发展代表着宁夏沿黄经济带产业发展方向，大力构建具有科技含量高、资源消耗少、环境污染低的生态产业体系。积极发展“生态+”旅游，加强生态保护和修复，在山水林草湖上做文章，建设绿色空间相隔、湖泊水系相通、绿地环绕相拥的沿黄旅游带，加快构建全域旅游发展格局。大力发展“生态+农业”，结合乡村振兴战略，积极发展观光型农业、休闲型农业、创意型农业，打造绿色农业产业链，大力发展有机农业，扩大绿色、有机、无公害农产品供给，促进沿黄生态经济带一二三产业的融合发展。着力发展“生态+制造业”，倡导绿色生产方式，优化工业布局，引导具有一定关联度的企业向工业园区集聚，促进现有产业转型升级。

（三）以防治大气污染为重点，加强生态环境综合整治

宁夏产业结构以煤基工业为基础，重化工业为特征，改善空气环境压力较大。加快解决大气、水、土壤污染等突出问题，实行最严格的生态环境保护制度，深入实施蓝天、碧水、净土“三大行动”，实施生态环境综合整治工程，打好污染防治攻坚战，强化大气污染协同控制，全面改善宁夏沿黄生态经济带环境质量，把天蓝、地绿、水净、空气清新、宜居宜业这张名片打造得更加亮丽，为“美丽中国”建设做出新贡献。

（四）以离任审计为抓手，促进各级领导干部履职尽责

领导干部如何践行新发展理念，在经济发展的同时确保自然资源适度开发、生态环境不断改善，已成为评价其任职期间成绩的一个重要方面。要强化地方党委、政府及其相关部门的生态保护责任，在政绩考核中应增加和细化生态质量改善与污染减排在各地各级政府效能考核中的分值，严格落实生态保护内容考核指标。将经济责任审计和自然资源资产离任审计有机结合，合理分析并界定审计发现的问题及对应责任，强化结果运用、责任追究和工作问责，落实“一票否决”制度，促进各级领导干部履职尽责。

参考文献

〔印度〕阿玛蒂亚·森、让·德雷兹：《印度：经济发展与社会机会》，黄飞君译，社会科学文献出版社，2006。

冯留建、韩丽雯：《坚持人与自然和谐共生建设美丽中国》，《人民论坛》2017 年第 34 期。

谷树忠、胡咏君、周洪：《生态文明建设的科学内涵与基本路径》，《资源科学》2013 年第 1 期。

贺亚坤、李钢：《我国生态文明建设现状及对策研究》，《学理论》2015 年第 22 期。

黄娟：《建设生态文明打造美丽中国》，《人民论坛》2018 年第 6 期。

李周：《建设美丽中国实现永续发展》，《经济研究》2013 年第 2 期。

夏光：《生态文明是一个重要的治国理念》，《环境保护》2007 年第 21 期。

肖文华：《中国特色社会主义生态文明建设历程研究》，北京工业大学硕士学位论文，2012。

俞可平：《科学发展观与生态文明》，《马克思主义与现实》2005 年第 4 期。

郑长德：《中国少数民族地区包容性发展研究》，《西南民族大学学报》（人文社会科学版）2011 年第 6 期。

B.9

三江源国家公园体制机制创新的实践探索和前景展望

毛江晖　孙发平*

摘　要： 三江源国家公园试点区自启动以来，为我国建设国家公园积累了一些可复制、可借鉴的经验和模式。本文从国家公园体制机制创新背景入手，系统梳理了三江源国家公园体制机制创新的实践探索和面临的一些具有典型性和普遍性的困难与挑战，从法律法规建设、管理体制构建、建设与管理规范、社区协调发展和多元治理体系建设等方面，提出对策建议，并展望了未来前景。

关键词： 三江源　国家公园　体制机制

三江源国家公园试点区自启动三年来，管理体制趋于完善，机构运行日益顺畅，治理水平不断提升，试点效应逐步显现，为我国建设国家公园提供了一些可借鉴或可复制的模式与经验。作为第一个和成效最为显著的试点区，三江源国家公园还面临着一些具有典型性和普遍性的困难和挑战。探寻破解难题的路径，将为有效推进国家公园体制试点和未来国家公园建设的政策取向带来有益的启示。

* 毛江晖，青海省社会科学院生态环境研究所所长、副研究员，研究方向为自然保护地体系、区域生态经济和生态文化；孙发平，青海省社会科学院副院长、研究员，研究方向为应用经济。

一　创新背景

青海被认为是长江、黄河与澜沧江的源头，这里百川织锦、千山堆秀，有着丰富的自然资源，并且对于国家可持续发展战略的实现具有重大影响。对该地区生态环境的保护是否给予高度重视，不仅直接影响到整个国家的生态安全，同时影响到中华民族的长足发展与长远利益。一直以来，各级政府部门都非常关注三江源的生态环境，在此先后设置了一系列自然保护区。历经不懈努力，区域生态环境明显好转，生态保护体制机制日益健全，农牧民生产生活水平稳步提高，持续筑牢国家生态安全屏障。

党的十八大以来，青海省委省政府在习近平生态文明思想的指引下，主动承担起生态环境保护的历史重担，2015 年 11 月，将制定的《三江源国家公园体制试点方案》（下称《试点方案》）上报给中央，并于 12 月经中央审议通过。次年，中央办公厅联合国务院办公厅共同完成了《试点方案》的印发工作，至此，正式确立了国内首个获得国务院与党中央批复的国家公园体制试点区。《试点方案》这样描述此体制试点的目标：在青藏高原，以自然保护、生态文化传承和生态保护及修复为主题，进行三江源国家公园示范区的建设。通过艰苦实践、开拓创新，在中国生态文明建设中，建设好三江源国家公园，把后者打造成国家重要生态安全屏障的典型，为后代子孙留下一笔宝贵的自然财富。与此同时，《试点方案》明确指出了以下几项任务：对生态保护和修复功能进行彰显、对人与自然的和谐发展模式进行探索、有序扩大社会参与、建立资金保障长效机制、创新生态保护管理体制机制。

2016 年 3 月，习近平总书记在十二届人大四次会议上提出：三江源地区绵延 12 万平方公里，将此地当作国家公园体制的试点，对‘九龙治水’观念进行转变，为“两个统一行使”规划的实施创造良好条件，将改革与担当精神充分呈现出来。要将试点工作顺利地开展并实施下去，对江河、湖泊、草甸等源头区域的生态系统进行有效的保护，对推广性和复制性极强的保护管理经验进行总结，增强人与自然的发展协调性。[①] 此外，习总书记还特别提道："保护好三江源，保护好'中华水塔'是青海义不容辞的重大责任，来不得半点闪失。""青海最大的价值在生态，最大的潜力在生态，最大的责任也在生态。必须把生态文明放在突出位置来抓。2015 年底，中央全面深化改革领导小组批准了青海三江源国家公园体制试点方案，开始了全新体制的探索。要用积极的行动和作为，探索生态文明建设的好经验，谱写美丽中国青海新篇章。"[②]

2017 年 10 月 18 日，习总书记在十九大上明确指出："制定国土空间开发保护制度，完善主体功能区配套政策，建立以国家公园为主体的自然保护地体系。"[③] 这是自《建立国家公园体制总体方案》的制定和推行起，更进一步地明确了国家公园的定位和价值，对国内自然生态保护工作的发展走向进行明确。这意味着中国在顶层设计方面，基本实现了国家公园体制的创建，国家公园建设取得了实质性进展。

对于中华民族而言，自然保护地弥足珍贵，其也是生态文明建设的重要载体，以及美丽中国的显著表现。在国家生态安全中，自然保护地占据着重要地位。历经半个多世纪的努力，我国已建立起功能不同、类型多样的众多自然保护区，其不管是对生态环境质量的改善、生物多样性的保护，还是对国家生态安全的维护、对自然遗产的保留等，均发挥出显著作用。但是，也存在着众多的不足与欠缺，譬如：边界不清、重叠设置、发展与保护矛盾突出、多头管理、权责不明等。

为推动以国家公园为主体的自然保护地体系的加速建设，更快地建设美丽中国，中共中央办公厅、国务院办公厅于 2019 年印发《关于建立以国家

---

① 《习近平参加青海代表团审议》，新华网，2016 年 03 月 10 日，http：//www. xinhuanet. com//politics/2016lh/2016 - 03/10/c_ 1118286141. htm。

② 《新华社评论员：推进绿色发展　共筑生态文明——学习贯彻习近平总书记在青海考察时重要讲话精神》，新华网，2016 年 8 月 24 日，http：//www. xinhuanet. com//politics/2016 - 08/24/c_ 129252848. htm。

③ 习近平：《决胜全面建成小康社会　夺取新时代中国特色社会主义伟大胜利——在中国共产党第十九次全国代表大会上的报告》，新华社，2017 年 10 月 18 日，http：//politics. gmw. cn/2017 - 10/27/content_ 26628091. htm。

公园为主体的自然保护地体系的指导意见》[①]，这也是全面贯彻习近平生态文明思想、围绕国家公园来构建自然保护地体系所需的重要指引与根本原则，意味着我国自然保护地的发展迈入新阶段。

2019 年 8 月 19 日，第一届国家公园论坛在西宁开幕，习近平总书记特别致信祝贺。在贺信中，习总书记提道：生态文明建设是利国利民的重要决策，对人类文明发展有着深刻意义。近年来，围绕绿水青山就是金山银山的发展理念，中国坚定不移地推进山水林田湖草系统治理工作，并建立起国家公园体制。中国之所以推行国家公园体制，根本目的是构筑起生态安全屏障，更多保护生物多样性，保持自然生态系统的完整性与原真性，为后代子孙留下发展需要的宝贵自然资产。这是中国开展生态自然保护、推进人与自然和谐发展、建设美丽中国的重要举措之一。同时，习总书记强调：在生态文明建设的进程中，中国不仅需要对本国国情有密切考量，也需要对国外有效经验加以借鉴。希望本届论坛能够围绕生态文明建设的发展进行全面、深入的研讨，充分发挥与会者的智慧与力量，为世界生态文明的发展、为人类命运共同体的构建做出突出贡献。

习总书记的重要指示、嘱托，进一步明确了青海在全国乃至全球生态安全中的战略地位，是青海扎实推进生态文明建设的根本遵循和行动指南，为青海做好三江源国家公园体制试点工作提供了强大精神动力和政策保障。以习总书记的要求为指引，青海省委省政府坚定实施并提出以下目标："一年夯实基础，两年完成试点任务，五年设立国家公园"。

二　实践探索

目前，在管理体制、共生模式、科技支撑等方面，三江源国家公园试点区取得了显著成效，为中国全面建设国家公园提供有效的经验指引。

---

① 中共中央办公厅、国务院办公厅印发《关于建立以国家公园为主体的自然保护地体系的指导意见》，中国政府网，2019 年 6 月 26 日，http：//www.gov.cn/zhengce/2019 - 06/26/content_ 5403497. htm。

（一）建立事权统一、分级管理的机制

一是对统一化管理机构进行组建。2016 年 11 月 16 日，青海省委省政府下达《关于设立三江源国家公园管理局的通知》，三江源国家公园管理局正式成立。将可可西里世界自然遗产管理机构的牌匾加挂于长江源区管委会及有关管理单位，增加自然遗产保护管理职责。同时，为了加强三江源国家级自然保护区管理，在相应地区保留了保护分区管理机构牌子。2017 年年底，三江源国家公园管理局增挂三江源自然资源资产管理局牌子和园区国家公园管理委员会（管理处）牌子。筹建初期，就省内既有编制来看，编制划转量已经达到 354 个，分别完成了三江源国家公园管理局和三个园区管委会的组建。为进一步加强工作力量，2018 年 1 月，省机构编制委员会核增编制 51 名（行政编制 20 名、事业编制 31 名），在局机关增设 2 个内设机构、3 个事业单位（包括 1 个成建制划转机构）。至此，三江源国家公园管理局有编制 405 名，包括行政编制 80 名、事业编制 201 名、森林公安专项编制 124 名。

二是承担国家公园体制与自然资源资产管理体制“双试点”职责。新组建的三江源国家公园管理局为省政府派出机构，负责三江源国家公园体制和健全国家自然资源资产管理体制“双试点”，行使相应管理职责。负责统一行使三江源国家公园和三江源国家级自然保护区全民所有自然资源资产管理职责和国土空间用途管制，承担国有自然资源资产所有者职责，依法实行更加严格的保护。组织开展自然资源调查、监测、评估，编制自然资源资产负债表；负责对出让国有自然资源使用权所获取到的收益进行管理，以国有自然资源为核心，建立资产有偿使用制度、特许经营制度、生态补偿机制等，并组织实施；拟订三江源国家公园及自然保护区建设项目的维护和管理制度；管理并维护三江源国家公园及自然保护区内的生态及景观多样性等。

（二）形成分工明确的共建机制和联动机制

一是建立职责明确、分工合理的三江源国家公园共建机制。在省级层

面，成立三江源国家公园体制试点领导小组，组长由省委省政府主要领导出任，玉树州、果洛州也分别成立三江源国家公园体制试点领导小组。玛多、杂多、治多、曲麻莱4个县的县委书记、县长分别兼任所在园区管委会（管理处）党工委书记和主任，管委会（管理处）内设机构和下设机构与县政府相关工作部门的领导实行交叉任职，依托乡镇政府设立的保护管理站，站长和副站长分别由乡镇党委书记、乡镇长兼任。3个园区管委会同时服从并负责于三江源国家公园管理局和当地政府，主管单位还是三江源国家公园管理局。各园区管委会（管理处）设立的生态环境和自然资源管理局，受管委会（管理处）和所属县政府双重领导，以管委会（管理处）管理为主，负责具体实施县域内、园区内外山水林草湖等自然生态系统的保护，实现管理规范的统一与用途管制的统一。同时，属地县政府机构改革，按照生态保护优先、职能有机统一、党政有效联动、编制有效支撑原则，结合国家公园体制试点工作，探索职能有机统一的大部门制。

二是探索建立自然资源刑事司法和行政执法高效联动机制。为使刑事司法和行政执法高效结合，三江源国家公园森林公安局与青海省人民检察院侦查监督处建立联席会议制度，积极推进服务和保障三江源国家公园建设专项检察工作。2017年以来，先后出台《青海省人民检察院关于充分履行检察职能服务和保障三江源国家公园建设的意见》《三江源国家公园生态保护行政执法与刑事司法衔接工作制度》等。在三江源地区设立第一个生态法庭，即玉树市人民法院三江源生态法庭，为三江源国家公园生态环境保护提供有力司法保障。

（三）加快区划编制和落界

一是统一功能区划。按照各类保护地管控要求，结合现状评价结果，突出更加严格的保护要求，对地理区域和生态功能“双统筹”，对核心保育、生态保育修复和传统利用区这几个“一级功能分区”进行明确的划分。核心保育区的总面积达90570.25km^2，占三江源国家公园面积的73.55%，是自然保护区的核心区和缓冲区范围。传统利用区的总面积为

26647.16km²，占三江源国家公园面积的21.46%，是国家公园核心保育区和生态保育修复区以外的区域。生态保育修复区的总面积5923.99km²，占三江源国家公园面积的4.81%。在对现状调查基础上，对核心保育区、传统利用区、生态保育修复区三个一级分区开展二级功能分区，用于落实具体管控措施，加强生态系统完整保护，实现一级分区确定的空间管控目标。

二是严格空间管控。2018年，《青海省生态保护红线划定方案》将三江源国家公园12.31万km²国土面积划入全省生态保护红线范围，占全省红线划定范围的38.11%。在核心保育区，严格维护大面积原始生态系统的原真性，限制人类活动。在传统利用区，将乡镇政府所在地和社区、村落现状建设用地等生活区域，以及铁路、国省干道公路划定建设用地限制线，对管控工作进行强化；其他地区全面落实草畜平衡政策，对有机畜牧业进行适度发展，帮助草原缓解载畜负担，加快牧民转产转业，逐步减少人类活动。在生态保育修复区，主要修复退化、沙化草地，强化自然恢复和实施禁牧等必要的人工干预措施，以维护高寒生态系统持续健康稳定，全面提高水源涵养功能。

（四）加强法规制度建设

一是填补地方法规空白。2017年，青海通过《三江源国家公园条例（试行）》，并以青海省人民代表大会常务委员会第47号公告正式公布，自2017年8月1日起施行。《三江源国家公园条例（试行）》的颁布和实施，标志着三江源国家公园法制化建设迈出新的一步，不仅为我国国家公园提供了立法指引，也从国家角度出发，为公园立法工作的组织和开展，探索了路子、积累了实践经验。

二是完善行政规章。2016年10月29日，由青海省委办公厅省政府办公厅印发《三江源国家公园生态管护员公益岗位管理办法（试行）》《三江源国家公园经营性项目特许经营管理办法（试行）》《三江源国家公园项目投资管理办法（试行）》《三江源国家公园社会捐赠管理办法（试行）》《三江源国家公园志愿者管理办法（试行）》《三江源国家公园访客管理办法（试行）》《三江源国家公园国际合作交流管理办法（试行）》等8个规范性文件。11月29日，印发《三江源国家公园草原生态保护补助奖励政策实施方案》。2018年，印发了《关于在三江源国家公园体制试点中积极探索创新农牧民生产经营模式的实施方案》等文件。借助行政规章的完善，逐步构建起国家公园制度体系，使建园工作的组织和开展拥有了明确的法律依据，为中国建设国家公园制度起到了示范作用。

三是制定标准体系。结合三江源区实际，按照国际标准，研究制定《三江源国家公园管理规范和技术标准指南》及引用标准汇编（Ⅰ、Ⅱ、Ⅲ册），制定发布了《三江源国家公园标准体系导则》等青海省地方标准。按照《三江源国家公园标准化技术委员会章程》《三江源国家公园标准化技术委员会秘书处工作细则》，研究部署标准制定和标准化体系建设计划，为改革和创新三江源国家公园建设、运营和维护等标准的建立打下了坚实的基础，推进标准化体系建设进入规范化和常态化发展的轨道。

（五）探索人与自然和谐共生新模式

一是对公益性的生态管护岗位进行设置。2016年实现了公益性生态管护岗位7421个的增量，园区内共有10051个公益类生态管护岗，“一户一岗”的精准扶贫战略覆盖了整个园区。2017年，根据园区内实际牧户数量，新增生态管护公益岗位7160个。至今，园区内持证上岗生态管护员共计17211个，实现园区内牧民生态管护公益岗位“一户一岗”全覆盖。同时，从园区建档立卡贫困户中选聘的10051名生态管护员，每人每年可获得21600元的工资，按照人均纯收入4000元的脱贫标准，户均人口5人以下的贫困户全部实现脱贫，生态脱贫效果初步显现。

二是有效探索野生动物肇事补偿。2012年1月1日，《青海省重点保护陆生野生动物造成人身财产损失补偿办法》（下称《补偿办法》）颁布实施。但随着补偿工作深入推进，补偿程序复杂、受理时限过长、补偿范围局限、与农牧业保险交叉重叠等问题和困难日益凸显。省政府已将2012年出台的

《补偿办法》的修订工作纳入 2019 年立法工作计划，后续修订的《青海省陆生野生动物造成人身财产损失补偿办法》将有效推进人兽冲突相关问题解决。另外，在国内率先尝试建立家畜保险基金制度，每年有 8000 头左右的牦牛参加保险，每头牦牛缴纳保险金 3 元，共同纳入社会捐助和政府筹措资金。村民每损失一头牛，可以获得补偿 500 元。家畜保险基金的建立，激发了社区群众自我管理家畜动力，牧民积极配合使用藏獒辅助放牧，有效减少了狼、雪豹等食肉动物对家畜的伤害。通过开展重点肇事野生动物习性研究，开辟人与动物和谐相处的新境界。

（六）建立科技支撑体系

一是建设科技支撑平台。中国科学院和青海省人民政府共同谋划，高起点、高标准建设“中国科学院三江源国家公园研究院”，并成立研究院理事会，审议通过《中国科学院三江源国家公园研究院章程》和《中国科学院三江源国家公园研究院理事会议事规则》，孙鸿烈院士、南志标院士、傅伯杰院士、魏辅文院士等为三江源国家公园科研发展建言献策。

二是搭建智能管理平台。创建国家公园云管理系统，搭建集管理、科研等功能为一体的大数据平台了，为数据的存储、传输和安全管理工作寻求到有力的支撑。以三江源国家公园生态大数据中心一期项目为支撑，生产出一些与人类活动和生态系统有关的标准数据。建设 15 米级别和亚米级分辨率的地理信息系统，在重点区域创建三维展示模块。在统一时空框架下，统筹管理，标准化处理，动态引进并直观展示多源异构时空数据，在空间信息方面，有效支撑园区管理、生态保护和环境监测等工作。

三　主要困难

尽管取得了不少成绩，但由于历史积累下的问题、各方面对新生事物理解上的差异以及新时代生态文明建设和高质量发展与保护的要求，三江源国家公园建设还需要克服众多困难和挑战。

（一）土地权属复杂，获取土地管理权困难

三江源国家公园试点区总面积12.31万平方公里。园内有国家级自然保护区、国家级水产种质资源保护区、水利风景区、世界自然遗产地等6类15个保护地。虽然试点区土地权属100%为国有，但草地使用权全部被承包到牧户。而且，很多自然区域、自然保护地存在土地权属不清的问题，土地所有权、承包经营权、使用权、管理权、收益权混乱。除财政能力外，国家公园管理机构获取公园内土地管理权面临很多困难。同时，在土地“三权”分置改革的新背景下，怎样考虑国家公园未来土地制度的改革，也将是新的挑战。

（二）重组自然保护地体系将面临各类利益冲突和阻力

未来三江源国家公园建设在很大程度上将通过整合现有保护地来完成，这一过程中难免遇到各种阻力。一方面，新的国家公园建立将涉及众多机构和人员的归并整合、财权事权调整和人事变动，影响一些机构和个人的利益，存在抵制的阻力。另一方面，很多具有国家代表性的自然和文化遗产，同时具有很高的景观和美学价值，在未建国家公园之前，已经是知名的旅游景点。由于国家公园实施最严格的保护，并强调全民公益性，可能对旅游收入造成一定的影响，这使得一些地方政府和旅游从业者缺少参与国家公园建设的积极性。

（三）地方治理能力薄弱，存在社会冲突隐患

当前，无论是三江源区已有的各类保护地，还是国家公园体制试点区，在区域设立、边界划定、功能分区与管理中，治理结构尚存在欠缺，政府仍旧有着绝对主导权，社会公众不具有足够的参与度，独立的咨询评估机制普遍缺乏。已有的关于鼓励社会投入和公众参与的法规规定基本上是原则性的，没有明确的权利义务规定，缺乏可操作的程序和制度保障。在治理中，政府掌握着绝对主导权，因而存在管理成本高、周边民众对国家公园的建设管理有着较大意见、相关方的权益得不到保障等问题。

（四）未形成多元资金投入机制，普遍面临资金短缺问题

目前，试点区原有的各类保护地资金投入不足，现行国家公园体制试点的财政资金也十分有限，没有形成稳定持续的投入机制。尽管一些社会资本有较强的投资意愿，但由于尚未建立规范的特许经营等制度，社会资本对介入仍持谨慎态度。试点区在集体土地流转、矿业权退出、生态移民等方面，资金需求量相当大，超出了青海政府的承担上限，资金不足问题普遍存在。

（五）专业化、差别化、精细化的管理能力薄弱

在试点区现有的自然保护区、森林公园、湿地公园中，以及三类一级功能分区范围内，与专业化、差别化、精细化的管理要求相比，保护地管理普遍面临自然生态本底不清楚、管理目标不明确、管理方法不规范，以及存在缺乏现代化的监测管理设备、科学合理的年度管理计划以及专业化管理人员等问题，保护地管理质量和效率不高。

四　前景展望

在对三江源国家公园试点工作进行分析的过程中可知，鉴于中国刚刚开始探索建设国家公园，对关键问题进行妥善处理，将有助于促进试点目标的达成，实现政策创新，完善体制机制。

（一）快速制定有关法律规范

当前阶段，与国家公园保护及管理有关的国家级法律规范尚不健全，与此有关的既有法规位阶不高，不具备完善的立法体系。此种情况下，应该加速“国家公园法”立法进程，用法律形式确立国家公园的保护目标、功能定位与管理原则，对地方及中央职责进行合理划分，积极制定与国家公园特许经营相关的法律规范，有效衔接现有法律法规，从法律角度为建设国家公园提供切实保障。

加速推进“国家公园法”的制定与完善，保证“一园一法”。在出台“国家公园法”的基础上，有关部门将逐步构建涵盖公园巡护、保护、游憩、监测等技术指标体系，建立有关资金保障制度，制定对应的人事管理制度、特许经营制度、申报制度、责任追究制度、保护管理制度等，从制度方面为建设国家公园提供支持。

（二）科学构建管理体制

在国务院机构改革的浪潮影响下，以自然资源部和国家林业局的设置为契机，在改革国家公园体制的过程中，对不同部门间的权责关系进行精准把握，对归属明确、权责合理和监管有力的国家公园管理体制进行创建和完善。

围绕国家公园进行自然保护地管理体系的构建和完善，既有效维护了自然生态系统的原真性和完整性，较好地保护野生动植物，维持生物多样性，还可以使文化获得传承与保护。通过法律体系的构建，社会逐渐形成高效、统一、完善的管理及监督体系。加大财政投入力度，建立起主体为国家、辅之以地方的投入机制。基于科技服务体系、人才保障体系、公众参与体系进行特许经营制度的构建，同时合理组织生态旅游，科学建设游憩设施，使公众在充分享受自然美的过程中，提升自身的生态环境意识与爱国情怀。

（三）规范国家公园建设和管理工作

应在以体制试点为根基，对研究工作进行拓展和深化，将国家公园的准入指标、设计流程、建设要求、管理模式等内容明确下来，为国家公园的建设、运行和发展，提供科学、规范的保障。

在国家公园建设标准和管理规范日益严格的情况下，国家公园建设工作也将具备极强的科学性，规范监管国家公园建设项目，实现项目决策科学化和投资效益水平的提升，为编制、评估、审批国家公园工程项目可行性研究报告提供重要依据，为主管部门审查国家公园工程项目初步设计和监督检查建设全过程规制尺度。

（四）完善自然生态系统保护制度

针对国家公园的巡护管理、自然资源资产管理、项目建设清单管理制定对应的管理办法，构建国家公园技术、监测体系，并积极开展相关的监测试点工作。

通过完善自然生态系统保护制度，针对国家公园实行最严格的生态环境保护。首先，能够构建强有力的监督管理制度，有效监管自然保护地；其次，可以促进相关技术标准的完善以及各类监测网络体系的建设，使卫星遥感以及地面生态系统、水资源、环境、水土保持、气象、海洋以及水文等监测站点所具有的作用得到充分发挥，从而实现对生态环境的有效监测；再次，有助于借助物联网、云计算等现代技术，对收集的关于自然保护地的监测数据进行综合分析与应用，从而实现对自然保护地生态系统分布、组成、动态变化等情况的全面掌握，并及时对潜在的生态风险进行预警与评估；最后，对自然保护区内的矿产开发、基建等活动进行全面监控。

（五）建立社区协调发展机制

通过该制度的构建，可以更好地对国家公园附近的自然资源进行保护。具体包括：首先，优化生态保护补偿制度，在公益林管理范围中增设关于国家公园内的林地管理内容，倡导国家公园所处地区和受益地区以资金补偿等方式进行横向补偿关系的构建；其次，健全社会参与机制，在国家公园的特许经营项目上，积极鼓励社会力量的参与。

通过建立国家公园与社区协调发展制度，可厘清自然生态系统保护与周边社区可持续发展的问题，使国家公园建设获得更广泛的认可和支持，这对社区发展和国家公园建设的公众认知感和责任感的提升都是相当有利的。国家公园与社区协调发展将从构建共享体系、新型城镇化、绿色发展模式、社会事业发展、社会参与体系、创新体制机制等方面着手，通过设立社区发展基金、培育社区自我管理能力、加强科技保障等，统筹国家公园体制试点与园区内外社区发展相互促进、相辅相成。

（六）形成多元共治的国家公园治理体系

我国在建设国家公园时需吸取相关经验教训，尤其是要避免采取自然保护区建设过程中的“先画圈后保护”的做法（这种做法导致了诸多不良后果，比如加剧了发展和保护的矛盾、管理质量低下等），对利益相关方的参与给予高度重视，通过现代化治理体系的构建，以及多元共治的实现，最终实现人与自然和谐相处。

构建多元共治的国家公园治理体系，将有助于建立统筹决策机制，在中央的带领之下，逐步形成除了中央与地方政府以外，还涉及行业协会、社区、公益组织等其他利益相关方参与的理事会或委员会制度；有助于明确由各级草原局、林业局、国家公园管理局负责具体管理执行工作；有助于以评估机制与科学咨询为依托，由独立的科学委员会负责执行具体的治理工作，从而为开发、规划、保护、评估等工作奠定良好基础。

参考文献

王梦君、孙鸿雁：《建立以国家公园为主体的自然保护地体系路径初探》，《林业建设》2018 年第 3 期。

庄优波、杨锐、赵智聪：《国家公园体制试点区试点实施方案初步分析》，《中国园林》2017 年第 8 期。

吴必虎、丛丽：《中国国家公园体系立法评估及综合立法途径》，《旅游规划与设计》2014 年第 4 期。

张振威、杨锐：《中国国家公园与自然保护地立法若干问题探讨》，《中国园林》2016 年第 2 期。

唐芳林、王梦君、李云、张天星：《中国国家公园研究进展》，《北京林业大学学报》（社会科学版）2018 年第 3 期，第 17 ~ 27 页。

王凤春：《完善法律法规，依法保障国家公园体制稳步建设》，《生物多样性》2017 年第 10 期。

B.10
2019年新疆生态文明建设报告

宋建华*

摘　要： 2019年，在新发展理念引领下，新疆生态文明建设和环境保护事业有序推进，蓝天、碧水、净土、农村人居环境整治四大战役全面打响，深化落实改革举措，综合施策生态保护，强化环境法制建设，促推各项保障措施，呈现人与自然和谐发展的新局面。2020年，新疆生态文明建设面临新形势和新任务，需要统一思想提高认识，推进顶层设计和系统规划，优化产业空间布局，加大农村环境设施建设支持力度，推动绿色发展方式和生活方式，构建生态文明建设体制机制，推进生态文化建设，努力建成山川秀美、人文厚重、和谐宜居、绿色低碳的生态文明美丽新疆。

关键词： 生态文明　高质量发展　新疆

党的十九大报告提出，建设生态文明是中华民族永续发展的千年大计，明确要像对待生命一样对待生态环境，坚持节约资源和保护环境的基本国策[①]。建设生态文明，关系人民福祉、关乎民族未来。新疆地处欧亚大陆腹心，地理位置独特，是国家生态安全的重要屏障，也是我国生态文明建设的

* 宋建华，新疆社会科学院经济研究所所长、研究员，研究方向为区域经济学、产业经济学。

① 《习近平在中国共产党第十九次全国代表大会上的报告》，人民网，2017年10月28日，http：//cpc. people. com. cn/n1/2017/1028/c64094 -29613660 -8. html。

重点区域。新疆属于典型的干旱半干旱地区，气候干旱少雨，草原退化、沙化严重，森林覆盖率低，是我国荒漠化面积最大、分布最广和危害最严重的地区，生态环境十分脆弱。新疆加强生态文明建设和生态环境保护，要以推进生态修复和保护重大工程实施，加大沙漠化、荒漠化、水土流失综合治理，以解决损害群众健康的突出问题为重点，强化水、大气、土壤等污染防治和农村人居环境整治，加快形成绿色发展方式和生活方式，努力建设和谐美丽富裕新疆。

一　2019年新疆生态文明建设现状

（一）打好水、大气、土壤防治污染和农村人居环境整治四大战役

2019 年，新疆持续推进大气、水、土壤污染防治，全面打响蓝天、碧水、净土、农村人居环境整治四大战役，推进“电气化新疆”进程，着力解决关系民生的生态环境突出问题，努力建设天蓝地绿水清的美丽新疆，生态环境质量持续好转，绿色发展呈现可喜局面。

1. 坚决打好水污染防治重大战役

新疆深入实施《水污染防治行动计划》，扎实推进整治任务落实，全面落实水环境质量分析及预警工作，由环保部门牵头集中抓好年度重点工作。特别是重点流域加大推进水污染治理和生态修复保护工程支持力度，助力加快推进城乡水源地的饮用水安全工程。实施最严格的生态保护制度和空间用途管制制度，全面落实河长制、湖长制。

新疆全面推进住房和城乡建设领域水污染防治工作，推动工业聚集区污水集中处理设施建设，进一步强化城镇生活污水处理设施建设及规范化运营管理、城市黑臭水体排查整治、城镇供水安全和城市节水等各项工作。新疆地级及以上城市建成区全部完成黑臭水体整治任务，城镇生活污水处理设施建设已进入从量变向质变的阶段。截至 2019 年 11 月，新疆 108 座城镇生活污水处理设施中，一级 A 排放标准 66 座，占比 61%，一级 A 排放标准城镇

生活污水处理设施较 2018 年初增加 44 座。再生水利用率约 19%，较 2018 年增加约 7 个百分点。克拉玛依市、喀什市、额敏县等 26 个市县为充分利用再生水资源，还积极建设（或在建）再生水“冬储夏灌”设施①。

2. 坚决打响蓝天保卫战

2019 年，新疆加快“电气化新疆”工作，按照《南疆四地州“煤改电”工程（一期）实施方案（2019～2021 年）》的要求，在南疆四地州推进“煤改电”居民住房供暖设施改造工程。新疆各地州市开展工业减排、燃煤减量、扬尘管控等综合治理工程，继续推进《大气污染防治行动计划》，扎实做好重点区域大气污染治理。以重点区域乌鲁木齐－昌吉－石河子、奎屯－独山子－乌苏等为主战场，推进联防联控、同防同治，健全联合机制，突出整治合力，空气质量不断改善。乌鲁木齐市贯彻落实《自治区柴油货车污染治理攻坚战行动实施方案》及《乌鲁木齐市打赢蓝天保卫战三年行动计划（2018～2020 年）》精神和要求，开展柴油货车路检路查联合执法工作，重点对柴油货车的尾气排放达标情况、污染控制装置、OBD 和车用尿素等使用情况进行检查，严厉打击超标排放等违法行为，基本消除柴油车排气口冒烟现象②。

3. 坚决打赢土地污染防治战

2019 年是《新疆维吾尔自治区土壤污染防治工作方案》和《土壤污染防治行动计划》深入实施年，也是《中华人民共和国土壤污染防治法》实施的第一年。新疆维吾尔自治区生态环境厅出台《2019 年自治区土壤农业农村地下水生态环境保护工作要点》，对土壤污染防治工作进行了重点安排部署，深入实施土壤污染治理与修复重点项目，扎实推进新疆净土保卫战。新疆进一步完善土壤污染防治相关制度和程序，强化农用地土壤风险管控，推动农业用地土地清理整治工作，启动与各地签订土壤污染防治目标责任书

① 《新疆持续推进水污染防治》，中华人民共和国中央人民政府网，2019 年 11 月 26 日，http：//www. gov. cn/xinwen/2019－11/26/content_ 5455637. htm。

② 《我市正式开展柴油货车路检路查联合执法工作》，财富生活频道，2019 年 10 月 10 日，https：//life. eastmoney. com/a/201910101256674143. html。

工作，重点围绕农业用地土壤污染状况、土壤环境重点行业[①]企业用地污染状况开展新疆土壤状况详查工作[②]。

4. 全面打响农村人居环境整治战

新疆持续开展农村人居环境三年整治行动，启动实施“千村示范、万村整治”工程，推进农村“六好建设”[③]。围绕精准脱贫、扶贫攻坚和乡村振兴战略的全面实施，加大资金、技术、人才支持力度，深入推动农牧民进行种植区、养殖区、生活区的“三区分离”。新疆重点推动生活污水垃圾处理、厕所革命、庭院改造建设工程。加快美丽乡村示范点建设，全面提升村容村貌。全疆7532个行政村收集治理生活垃圾，1600个行政村建立了生活污水处理设施或将其纳入城镇污水管网，建成卫生厕所163.65万座、普及率达50.02%。

（二）深化落实各项改革举措

1. 跨系统建立路检路查联合执法小组

落实《自治区柴油货车污染治理攻坚战行动实施方案》及《乌鲁木齐市打赢蓝天保卫战三年行动计划（2018~2020年）》精神和要求，乌鲁木齐生态环境部门联合市公安局交管、运管部门，按照《乌鲁木齐市机动车排气污染路检路查联合执法实施方案》工作部署，设立路检路查联合执法小组，通过全面开展路检路查工作，严厉打击超标排放等违法行为，基本消除柴油车排气口冒烟现象。

2. 推进党政机关公共机构生活垃圾分类工作

全面贯彻落实《自治区发展改革、住房和城乡建设厅生活垃圾分类制度实施方案》工作部署，乌鲁木齐市和自治区区直单位在2019年底率先实现生

① “土壤环境重点行业”是指有色金属矿选、冶炼、石油开采、加工、化工、焦化、电镀、制革、危险废物处置等行业。

② 《新疆扎实推进净土保卫战　将全面启动重点行业企业用地污染状况初步采样调查》，大众网，2019年5月16日，https：//www.dzwww.com/xinwen/guoneixinwen/201905/t20190516_18729594.htm。

③ “六好建设”是指好村庄、好道路、好林带、好果园、好庭院、好环境。

活垃圾分类全覆盖。通过政府推动、部门联动、全面发动、全员参与，以自治区党政机关等公共机构为着力点，实施生活垃圾分类，做到应分尽分，应收尽收，资源回收利用得到加强，城乡环境有效改善，加快资源节约型、环境友好型“两型社会”建设步伐，提高新型城镇化质量和生态文明建设水平。

（三）综合施策，加大生态保护力度

1. 不断推进保护区生态修复

新疆推进世界自然遗产地、自然保护区、沙化土地封禁保护区、重要饮用水水源保护区等保护建设，严格执行自治区党委自然保护区管理要求，已经划定的各级各类自然保护区绝不允许擅自调整。在推进生态环境保护工作中，新疆把提升保护区能力、推进生态修复工作放到重要位置来抓，坚持保护优先、自然恢复，加强国家级自然保护区和国家级湿地公园的保护和能力提升建设，不断提升生态系统质量和稳定性。12 个国家级自然保护区综合科学考察报告和自然保护区总体规划的编制工作已经全部完成①。随着新疆自然保护区建设和发展，人工保护产生积极影响，越来越多的珍稀动植物得以与人类共享家园。

2. 加强生态工程建设

新疆加快推进额尔齐斯河流域山水林田湖草生态保护修复工程试点项目建设，持续实施天然林、重点防护林、退牧还草、退耕还林还草等生态保护修复工程，全面启动草原生态修复治理工作。加快阿克苏百万亩绿化、塔城和阿勒泰储备林等工程建设，开展乡村绿化美化、森林城市和森林乡村建设，提升城乡绿化水平，完成土地沙化治理 524. 89 万亩，造林 214. 2 万亩②。

新疆启动了第六次荒漠化和沙化监测工作，完成对前期部分地块的复查，对变化地块进行现地测量，及时掌握荒漠化和沙化土地的最新状况、动

① 《新疆推进自然保护区建设》，中国新疆网，2019 年 3 月 26 日，http：//www. chinaxinjiang. cn/zixun/xjxw/201903/t20190326_ 575265. htm。

② 《2020 年新疆政府工作报告》，《新疆日报》，2020 年 1 月 12 日，http：//wap. xjdaily. com/xjrb/20200112/148376. html。

态变化及发展趋势[①]，更新荒漠化和沙化土地基础信息数据库。创新造林绿化机制，推进“互联网+全民义务植树”碳汇计量工作试点建设，调动社会各界造林绿化积极性。

3. 开展生态文明建设示范县市试点创建

新疆落实党中央、国务院关于加快推进生态文明建设的决策部署，积极推进生态文明建设试点创建工作，2019 年新疆巩留县、布尔津县荣获第三批国家生态文明建设示范市县称号[②]。截至 2019 年 11 月，新疆已创建国家级生态文明建设示范县 3 个、国家级生态县（区）1 个、生态乡镇 35 个；创建自治区级生态县 11 个、生态乡镇 162 个、生态村 1201 个[③]。

（四）强化环境法制建设

1. 加大环境执法监管力度

新疆加强对自然保护区稽查工作，严肃处理矿产资源开发中违法违规问题，认真抓好中央环保督察反馈意见的整改落实，对破坏环境者进行严肃问责。依法打击破坏森林、林地、草地和野生动植物资源等违法犯罪行为，开展“绿卫 2019”[④] 森林草原执法专项行动。

新疆维吾尔自治区党委政府召开专题会议，落实党中央、国务院关于打好水源地保护攻坚战的决策部署，层层压实责任，扎实推进整治任务落实，截至 2019 年 10 月，新疆水源地环境问题清理整治任务完成比例达 98.8%，整治进度超过了序时进度要求。

---

① 《新疆启动了第六次荒漠化和沙化监测》，新华网，2019 年 11 月 2 日，http：//www.xj.xinhuanet.com/2019－11/02/c_ 1125184600.htm。

② 《关于命名第三批国家生态文明建设示范市县公告》，《第三批国家生态文明建设示范市县公告》，中华人民共和国生态环境部，2019 年 11 月 14 日，http：//www.mee.gov.cn/xxgk2018/xxgk/xxgk01/201911/t20191114_ 742442.html。

③ 《十八大以来新疆辉煌成就综述：舒展美丽新疆新画卷》，快资讯，2019 年 11 月 6 日，https：//www.360kuai.com/pc/968faca0f78903167？cota = 4&kuai_ so = 1&tj_ url = so_ rec&sign = 360_ 57c3bbd1&refer_ scene = so_ 1。

④ “绿卫 2019”是指 2019 年 3 月国家林业和草原局通过电视电话会议部署的一项在全国范围内首次开展的森林草原联合执法专项活动。专项活动将持续 8 个月时间。

2. 健全环境法律法规体系

新疆启动编制“新疆环境保护‘十四五’规划”，全面开展《环境保护法》实施年活动，及时修订新疆有关环境保护条例。《自治区城镇生活垃圾分类及评价标准》正式印发。乌鲁木齐市和自治区区直单位将在2019年底前实现生活垃圾分类全覆盖。新疆排污减排等系列政策文件及时下发落实，多措并举保证环境法律法规制定和实施更加科学化和规范化，也使追究生态环境损害方责任有了制度保障。

3. 加强环境执法能力建设，加大环境执法监管力度

新疆严守生态保护底线，强化环境执法监管力度，加强环境执法队伍培训，利用互联网优化移动执法系统、提升环境执法效能，发展和利用“数字环保”作用，丰富了离线执法、智能决策等新功能。实行环境保护约谈办法，实施环保与公检法部门执法联动机制，完善环境犯罪案件移送制度，完成新疆重点行业、重点地区、重点排污单位自动监控排查工作。

（五）多措并举，强化各项保障措施

1. 强化资金保障

新疆争取国家预算投资用于新疆防护林、湿地保护、天然林资源保护、防沙治沙等重大工程建设，支持新疆节能技术改造、节能能力建设，节水、循环经济、清洁生产、垃圾污水处理等重点项目建设，安排一批工业、建筑节能、公共机构节能改造能力建设等重要工作，落实57个重点生态功能区县市实行生态保护补偿。

2. 加强环保机构和人才队伍建设

新疆定期举办了专业培训和专题知识讲座，组织专业技术人才引进和培养活动。积极推动自治区资源环境厅内外网栏目信息更新、统计、自查工作，稳步推进国际合作、科技支撑等工作。

3. 加大了生态文明建设宣传力度

新疆加强节能减排、应对气候变化的舆论宣传，强化了公众参与意识。积极配合国家确定的全国节能宣传周、全国低碳日活动，组织开展节能减排

专项行动，通过典型示范、专题活动等多种形式，从思想上、行动上提高民众对新疆生态文明建设重要性和必要性的认识，动员全社会参与节能减排，倡导文明节约绿色、低碳的生产方式、消费方式和生活习惯。

二　2019年新疆生态文明建设取得的主要成绩

（一）环境质量有所改善

1. 空气质量有所好转

截至2019年9月，新疆14个城市［地州市人民政府（行政公署）所在城市，下同］环境空气质量有所好转，平均优良天数比例为90.7%，同比增加10.2个百分点，1~9月，平均优良天数比例为73.8%，同比增加3.1个百分点。新疆污染物主要为PM2.5、PM10、O_3（臭氧）。乌鲁木齐市环境空气质量在自治区14城市中排名第8位，同比上升2位。“乌鲁木齐－昌吉－石河子”区域9月平均优良天数比例为98.3%，区域空气质量稳中有升①。

2. 水环境质量保持稳定

2019年1~9月，新疆监测的169个河流断面中，优良水质比例为98.8%，同比上升2.4个百分点；劣Ⅴ类重度污染水质断面比例为1.2%，同比无变化。监测的32座湖库中，优良水质比例为71.0%，Ⅳ类轻度污染水质湖库比例为6.4%，同比无变化②。

3. 土壤环境总体可观

新疆落实土壤污染防治方案，基本完成全疆农用地土壤污染状况详查，首次查清了全疆农用地土壤污染面积、分布、污染程度及对农产品的影响。

① 《2019年9月自治区14城市及兵团2城市环境空气质量状况及排名》，新疆维吾尔自治区生态环境厅，2019年10月16日，http://sthjt.xinjiang.gov.cn/xjepd/sthjhjjckpm/201910/ea109b82649f4ea4b44df14bfc1aae1a.shtml。

② 《2019年1~9月全区水环境质量状况及城市水环境质量排名情况》，新疆维吾尔自治区生态环境厅，2019年10月31日，http://sthjt.xinjiang.gov.cn/xjepd/sthjhjjcspm/201910/c0e8faab1b5f457691d60124786102ff.shtml。

开展重点行业企业用地土壤污染状况调查，优化土壤环境监测网络，强化土壤污染治理和土壤环境监管技术支撑，新疆土壤环境总体良好。

（二）污染防治水平得到提升

1. 污染治理设施建设步伐明显加快

新疆全面推进水污染防治行动计划，加快污染治理设备建设，提升污染治理技术水平，全力推进园区污水集中处理设施建设，污水处理厂数量和处理能力进一步增加，再生水利用持续增长。截至 2019 年底，全疆 85 个自治区级以上园区（含自治区级，不含兵团）中，已完成污水集中处理设施建设任务的园区从 2017 年底的 30 个增加到 83 个，完成率从 35.3% 提高到 97.6%[①]，仅有 2 个园区未完成建设任务。

2. 主要污染物减排目标任务完成

新疆加快排污许可证核发进度，重视排污费征收工作，重点行业重点企业节能减排有突破，圆满完成规模以上工业企业能源消费量增速控制在 4% 以内、单位工业增加值能耗下降 3.2% 以上的“双控”目标。

（三）生态环境明显好转

1. 生态建设工程稳步推进

新疆实施天然林、重点防护林建设及退牧还草、退耕还林还草等生态保护修复工程，全面启动草原生态修复治理工作，加快推进额尔齐斯河流域山水林田湖草生态保护修复工程试点项目建设，森林覆盖率提高，生态环境明显改善。2019 年新疆完成造林 214.2 万亩，治理沙化土地 524.89 万亩[②]，

① 《新疆园区污水处理设施完成率达到 97.6%》，新疆维吾尔自治区人民政府网，2020 年 1 月 3 日，http：//www.xinjiang.gov.cn/xinjiang/bmdt/202001/51dfa643d079458080564a5f140c7643.shtml。

② 《新疆维吾尔自治区政府工作报告——2020 年 1 月 6 日在新疆维吾尔自治区第十三届人民代表大会第三次会议上》，中国经济网，http：//district.ce.cn/newarea/roll/202001/16/t20200116_ 34138706.shtml。

森林抚育 184 万亩、退耕还林 104.8 万亩①。

2. 自然保护区建设发展态势良好

新疆自然保护区在保持水土、涵养水源、改善环境、保持生态平衡和保护生物多样性等方面发挥了重要作用。截至 2019 年 9 月，新疆建成国家级和自治区级自然保护区 29 个（国家级 15 个、自治区级 14 个）；国家级公园 56 个，其中国家湿地公园 28 个、国家森林公园 23 个、国家地质公园 5 个，新增世界自然遗产 1 处②。

（四）环境监测监察能力得到提升

1. 生态环境监测任务得到加强

新疆落实《生态环境监测网络建设方案实施计划（2016～2020 年）》，组织完成新疆水源地环境监测整治任务，完成新疆第一批实验室筛选、污染源企业遥感位置核实、84 个县市的农用地土壤状况详查等重点工作。开展农村环境质量监测工作。

2. 环境监察执法工作进展顺利

新疆主要对水泥、钢铁、电力等重点行业的近千家企业进行家底排查和评估，全面推进达标排放工作，对超标企业严格整治。实施环境执法专项行动和行业环保执法专项行动，做好排污费征收和费改税工作，环境执法力度显著加大。

三　新疆生态文明建设面临的形势和挑战

（一）新疆生态文明建设的有利条件

1. 执政理念和发展方式深刻变革为生态文明建设奠定思想基础

进入 21 世纪以来，我国生态文明建设经历了从基本国策到“五位一

① 《稳步推进林草生态建设　新疆 2019 年将造林 200 万亩》，天山网，2019－5－25，http：//news.ts.cn/system/2019/05/25/035707407.shtml。

② 《十八大以来新疆辉煌成就综述：舒展美丽新疆新画卷》，快资讯，2019 年 11 月 6 日，https：//www.360kuai.com/pc/968faca0f78903167？cota＝4&kuai_so＝1&tj_url＝so_rec&sign＝360_57c3bbd1&refer_scene＝so_1。

体”执政理念和方式的深刻变革。党和政府提出生态文明理念及对其完善，为推进生态文明建设指明了前进方向和实现路径。

2. 新疆战略地位的提升为生态文明建设提供了政策保障

新疆战略地位重要，是国家安全屏障。党中央、国务院高度重视新疆工作，先后出台了一系列优惠政策，从财政、税收、投资、金融多方面加大对新疆扶持力度。新一轮对口援疆工作开展后，19个省区市建立了人才、技术、管理、资金等全方位援疆机制，增强新疆自身造血功能，帮助各族群众解决基本民生问题，推动新疆特色优势产业的发展。加快丝绸之路经济带核心区建设，自治区也提出努力将新疆建成“五个中心”、“三基地”、“三通道”以及“十大产业集聚区”。新疆战略地位的提升为生态文明建设提供了强有力的政策保障。

3. 丰富的自然资源为生态文明建设奠定了坚实的物质基础

新疆是我国资源富集区，“四大煤田”（准噶尔、吐哈、伊犁、库拜）、“三大油田”（塔里木、准噶尔、吐哈）、“九大风区”（乌鲁木齐达坂城、塔城老风口、额尔齐斯河河谷、十三间房、吐鲁番小草湖、阿拉山口、三塘湖－淖毛湖、哈密东南部、罗布泊风区）中蕴藏着丰富的能源资源，是我国重要能源战略基地之一。石油、天然气、煤炭预测资源量分别占全国陆上资源量的30%、34%和40%以上[①]。全区风能资源总储量8.9亿千瓦，约占全国的20.4%，居全国第二位，仅次于内蒙古。新疆太阳能资源年辐射总量达5430～6670MJ/m^2，居全国第二位。新疆旅游资源丰富，旅游景点超过1000个，国家5A级景区6个，仅“古丝绸之路”沿线就分布有10余处全国重点文物保护单位和130余处自治区级重点文物保护单位[②]。加之，新疆水环境、土壤环境质量良好，光、热资源十分丰富，为发展生态农业和生态畜牧业提供了优越条件，有利于新疆生态绿色有机农业的发展。

① 宋建华、王宏丽、陈鲲玲等：《新疆能源开发中生态文明建设研究》，新疆社会科学院重点课题，2015年11月。

② 韩德林、高志刚、樊自立等：《新疆资源优势及开发利用》，商务印书馆，2003。

4. 节约和环保意识逐步提高为生态文明建设奠定了社会基础

可持续发展已经成为时代潮流，绿色低碳循环发展是大势所趋。新疆确立了环保优先、生态立区的发展理念，将生态环境保护摆在经济社会发展的首要位置，实施生态建设工程，保护历史遗址、特色自然景观和民族民俗非物质文化，全力打造“大美新疆”，逐步提升生态文化优势。同时，随着经济发展和生活水平提高，人们对于“绿色生产”“绿色消费”“环保标准”等的认识逐渐加深，对产品和消费的绿色与环保要求也不断提高。提高生产生活绿色化，“绿水青山就是金山银山”，既要绿水青山也要金山银山的观念得到社会的广泛认可。逐步提高的节约和环保意识不断调动人民群众参与生态文明建设的积极性和主动性，进而为新疆生态文明建设奠定了良好的社会基础。

（二）新疆生态文明建设面临的挑战

1. 资源能源利用率低，生产生活方式亟待改变

新疆资源丰富，但综合开发利用程度不高，初级产品和低端产品居多，精深加工能力薄弱，产业链条短，产品附加值低。新疆资源能源节约利用指数为 0.677，与全国 0.793 的平均水平相比存在比较大的差距。新疆单位建设用地生产总值为每平方公里 0.516 亿元，仅为全国的 36.1%；农业灌溉水有效利用系数为 0.499，比全国低了 2.15%；非常规水资源利用率 0.24%，比全国低了 0.49 个百分点；单位 GDP 能耗为 1.74 亿吨标准煤，是全国平均能耗的 2.26 倍；工业固体废弃物综合利用率相当于全国平均水平的 81.47%；非化石能源占一次能源消费比重为 5.6%，仅为全国平均水平的 1/2。可见，资源能源综合利用效率不高，单位产值能源资源消耗居高不下。

2. 经济发展质量偏低，生产生活绿色化基础薄弱

新疆主要依托资源优势形成以能源、原材料为主的重型工业结构的资源性产业体系，产品精深加工程度和附加值低，资源优势尚未转变为经济优势。加之新疆财力薄弱，节能环保专项资金不足，节能环保支出比例低于全国平均水平。产业结构不合理，经济发展质量偏低，经济效益不高，反映出

新疆生产生活绿色化基础薄弱，生态文明基础薄弱。

3. 环境污染问题对生产生活影响日渐突出

作为新疆最具优势的能源资源，在今后较长时期内，煤炭在能源消费结构中仍将占主导地位。但是不少地区忽视资源环境承载力和环保标准，煤炭大量开采和过高消费所造成的土地荒漠化进一步加剧，水资源问题日益突出，污染物和有害气体排放总量逐年增大，加之财政困难，地方配套资金不足，节能减排工程进展缓慢，给环境治理带来较大的压力。

4. 生态文化体系不健全，生活方式绿色化有待加强

新疆地域辽阔，人口主要分布在相对分散的绿洲上，规模效益偏低，生活成本较大，人才素质与教育水平有待于进一步提高。公众的节约意识、环保意识、生态意识有待于进一步加强。同时，新疆尚未建立系统完善的资源消耗、环境损坏，以及将生态效益纳入经济社会发展评价体系的考核办法与奖惩机制，尚未建立生态保护的补偿制度、环境损坏赔偿制度，有利于促进节约资源、节约用水和环境保护的机制尚未形成，生活绿色化缺乏制度支撑。

四　2020年新疆生态文明建设的对策建议

（一）统一思想提高认识，推进顶层设计和系统规划

一是深刻认识、全面把握、认真贯彻十九大、十九届三中与四中全会精神，坚持“绿水青山就是金山银山”，实现人与自然和谐相处、协调发展，2020 年着力推进“乌鲁木齐 - 昌吉 - 石河子”和“奎屯 - 独山子 - 乌苏”两个重点区域大气污染综合治理攻坚行动。二是将主题教育活动与生态环保工作紧密结合，突出落实环保主体责任，强化担当意识和政治责任，特别是针对中央环保督察交办的转办件和群众反映强烈的问题继续整改，确保件件有着落、事事有结果。三是以“环保优先、生态立区”为出发点，以“资源开发可持续，生态环境可持续”为目标，与生态文明建设规划、主体功能区规划、土地利用总体规划和生态环境保护规划等相衔接，实现人与自然

和谐相处、协调发展，共建大美新疆。规划要适应新疆经济社会发展迈向新时代的要求，务实高效，突出民生。

（二）突出区域特色，推进产业空间布局优化

一是新疆南北疆的自然经济社会条件差异较大，各地按照资源禀赋和比较优势确立产业发展方向，要注意资源环境承载力，产业空间定位与主体功能区相衔接。二是在优化产业发展空间格局中促进绿色低碳环保发展方向的形成，严格实施生态保护红线，形成节约资源与保护环境的绿色产业空间布局，加快构建技术含量高、资源消耗少、环境污染低的产业空间布局和形成绿色生产方式，有效降低发展的资源环境代价。三是积极发展循环经济，推进能源生产和消费革命，加快建设循环经济示范区，推动园区循环化改造，建设“工业＋农业＋互联网”复合型循环经济示范区，促进园区内、产业间、企业间耦合共生发展模式。改造提升传统优势产业，提高产业配套能力。

（三）加大农村环境设施建设支持力度

一是加大对贫困地区农村环境基础设施建设支持力度，在农村生产生活基础设施配套、生态环境综合整治、生态产业培植上实现突破，破除贫困地区发展障碍。二是加大南疆乡村环境治理力度，加快南疆农村厕所革命、庭院改造，支持电化南疆示范工程，推动南疆地区冬季供暖煤改电模式试点工作。结合南疆乡村环境治理缺乏科学规划和合理布局的实际情况，建议由建设部门、扶贫部门、区发改委等多部门组成联动机制，整合人力、技术、资金，形成合力推进南疆乡村环境治理工作。三是建立企业和社会资源共同参与环境保护和改善的政策和机制，发挥市场在生态资源配置中的作用，把改善生态与推动产业建设有机结合，使生态产业成为贫困地区新的经济增长点。

（四）调结构转方式提质量，推动绿色发展方式和绿色生活方式

十九届四中全会为有效扩大绿色生产方式和绿色消费方式提供了法律制度和政策导向，调结构转方式提质量，迫切需要加快转型升级绿色发展。一

是积极发展生态经济和绿色产业。目前新疆的传统产业开发已成规模，因此在推进生态文明建设的进程中，要正视现实，将推进新疆传统产业的绿色发展作为重要领域，通过加强环境保护综合治理，推进循环经济，延伸产业链条，增加就业岗位，推进经济发展，从而提高传统产业发展的效率。二是加大生态文明建设工作宣传教育力度，深入开展生态文明建设知识普及活动。推动建立以“善待自然、呵护环境、节约能源、珍惜资源、厚生爱物、促进公平”为主要内容的大美新疆建设道德规范，在全社会树立生态价值意识、生态忧患意识、生态责任意识。三是积极倡导理性消费，引导绿色消费，在日常生活中培养低碳节约环保意识，自觉减少过度消费对自然环境产生的污染。建立和完善激励购买绿色产品的政策措施和服务体系，推行绿色采购制度，推进绿色消费活动，以绿色消费带动绿色生产，以绿色生产促进绿色消费。提倡绿色出行，养成节约资源与保护环境的生活习惯。

（五）构建生态文明建设的体制机制

按照国家治理体系和治理能力现代化的要求，着力破解制约新疆生态文明建设工作的体制机制障碍。一是构建生态文明建设的统筹协调联动机制。生态文明建设涉及多部门多行业多领域，积极探索建立环境资源大部制管理体制，充分发挥“排头兵”和“引领者”的作用。二是加大执法力度，创新执法方式，加强环境保护和生态建设等领域的法律服务工作，把生态文明工作纳入法治化、制度化轨道。三是建立完善环境保护制度体系，夯实生态保护底线红线基础。进一步建立和完善国土空间开发保护制度，贯彻最严格的耕地保护制度，落实最严格的水资源管理制度，建立和完善资源有偿使用制度，严守生态环境保护的“高压线”。四是构建保护生态文明的市场机制。充分体现自然资源的稀缺程度，行政权力逐渐退出价格领域，加快实施和完善资源有偿使用和生态服务付费制度。建立以市场为基础的价格机制，建立多元化的投融资机制，建立排污许可交易制度。五是健全完善生态文明的补偿机制。在自治区全方位实行生态补偿机制，包括森林、草地、耕地、重点生态功能区、河流上下游、流域间的生态补偿。对生态产品和服务收益明确的地方，通过财政转移支付，按照“谁开发谁保护，谁破坏谁恢复，谁受益谁补偿，谁污染谁付费”的原则，推动地区间的生态补偿。六是构建生态文明的考核体系和奖惩机制。包括组织领导机制、生态环境共建共享机制、生态环境保护奖惩机制、生态环境保护责任追究制度，把体现生态文明建设状况的资源消耗、环境损害、生态效益等指标纳入经济社会发展评价体系，及时公开各类资源开发利用信息。

（六）积极推进生态文化建设

一是构建具有新疆特色的生态文化。必须以实现资源的可持续利用和保护良好的生态环境为基础，以谋求经济可持续发展和社会的全面进步为目标，加强生态文化的理论研究，挖掘、保护、发扬新疆各民族优秀生态文化，把传统与现代相结合，丰富生态文化内涵。要积极推进新疆生态文化价值观宣传教育，提升政府和企业生态文化品质，提高人口的生态文化素质。要制定和完善生态文明行为规范，不断改善社区和乡村文化状态，运用教育宣传、舆论监督、法治德治、公众参与等手段，增强各民族生态环境意识，营造浓厚生态环境文化氛围。二是提升生态文明建设公众参与程度。要建立开放性生态文明政策制定模式，保障公众的知情权，开发生态文明建设政策的制定权，确保参与主体多元化。要健全公众参与的保障机制，完善信息公开制度，逐步推行企业环保领域信息公开，在环境决策领域建立和实施听证制度。要广开渠道，采用多种参与方式扩大公众参与，凝聚共识，形成各族人民群众共建美丽新疆的良风美俗。三是发挥媒体作用，加强生态文明宣传。要强化媒体引导，拓展宣传形式，发挥传播作用，利用新媒体加强深度报道，创新宣传内容，强化对公众环境互动宣传，提高全社会的环保意识。

参考文献

本书编写组：《党的十九届四中全会〈决定〉学习辅导百问》，党建读物出版社、学习出版社，2019。

高建龙、苏成主编《新疆蓝皮书：2017～2018 年新疆经济社会形势分析与预测》，社会科学文献出版社，2018。

李培林主编《坚持以人民为中心的新发展理念》，中国社会科学出版社，2019。

宋建华：《坚持绿色发展　推进洁净新疆建设》，《新疆日报》（汉）2016 年 3 月 17 日。

中共中央党史和文献研究院、中央“不忘初心、牢记使命”主题教育领导小组办公室：《习近平关于“不忘初心、牢记使命”重要论述摘编》，党建读物出版社、中央文献出版社，2019。

小康社会篇

Well-off Society Reports

B.11
西北地区就业现状、问题与对策研究

张芙蓉　杨 航*

摘　要： 本研究报告以2012～2017年西北五省区统计年鉴资料为基础①，结合实际调查研究，对当前西北地区就业人口的产业、部门、行业分布以及人口就业流动趋势进行了描述，分析了影响就业供需平衡以及就业实效发挥的体制机制问题、宏观环境问题等，提出了壮大新兴产业规模、扩大新兴产业岗位供给、增强中小企业个体经济发展能力等一系列对策建议。

关键词： 就业　高质量发展　西北五省区

* 张芙蓉，陕西省社会科学院助理研究员，研究方向为社会保障；杨航，陕西省社会科学院副研究员，研究方向为社会保障。

① 新疆部分数据不全。

在西北五省区党委、政府的高度重视下，西北地区就业工作取得了长足发展，各省区就业工作整体形势稳中向好，新旧动能持续转换，大大拓展了就业空间，激发了就业活力，提升了就业质量。但同时，随着产业结构转型，就业市场也在发生深刻变革，就业新旧问题叠加交织。需要发挥政府、市场以及求职者多元主体力量，同时各省区要着眼大局，主动将本省区经济发展融入国家战略格局，对接“一带一路”发展规划，紧紧抓住国家经济发展机遇，挖掘本省经济潜力，提质增量，推动西北各省区就业形势不断向好。

一　西北地区就业态势分析

整体来看，西北地区就业结构不断优化。在创新驱动引领发展下，新产业新经济规模不断壮大，就业贡献能力不断增强。三产就业结构不断优化，第三产业已成为就业支柱力量。非公经济吸纳就业能力不断增强，尤其是个体经济，已成为就业的重要支撑。但同时也必须看到，传统服务业依然是就业的主要渠道，且以农村转移劳动力为主的重点就业群体主要集中在技能含量较低的餐饮、销售服务以及建筑业。

（一）新兴产业逐步壮大，就业结构不断优化，就业空间不断拓展

当前，西北地区新兴产业不断壮大，就业质量不断提高，就业空间不断拓展。十八大以来，党中央国务准确把握我国经济发展所处的新方位，以新理念引领经济发展，实施创新驱动发展战略，倡导和鼓励各地培育新动能，推动经济转型发展。为贯彻落实党中央、国务院的决策部署，西北五省区积极培育新动能，发展新产业。2012 年以来，西北五省区新兴产业投资和增加值以高于传统产业的增速领跑经济，新兴产业占各省 GDP 比值逐年增加。统计显示，2017 年陕西省战略性新兴产业完成增加值 2360. 3 亿元，占全省 GDP 的 10. 8% ，比上年增长 12. 5% ，高于全省 GDP 增速 4. 5 个百分点。“十二五”以来，青海省积极推进产业结构转型，“翻跟头”式加大新兴产业投资水平，大力发展新兴产业。新兴产业投资比重占到一般性

投资比重的70%[①]，2019年上半年青海省新兴产业支撑作用更加明显，新兴产业在原有投资基础上均以两位数速度持续增长，装备制造业和高技术制造业增幅达到50%以上[②]，远高于其他行业增速。宁夏落实“互联网+先进制造业”实施意见，启动“千家企业上云”计划，推动新兴产业发展，2019年拟实现战略性新兴产业占GDP比重达到10%[③]。经济发展是就业增加的基础与前提，新兴产业的快速发展，经济体量的快速壮大，推动了西北五省区就业结构快速转型，使高技术含量岗位供给不断增加，高质量就业比重不断提升。以陕西省为例，截至2018年上半年，据不完全统计，陕西省新兴产业就业人员不少于220万人，约占就业人口的10.61%，较2012年有较大增长。同时，新兴产业也拓展了上下产业链，催生出新的就业领域、就业形式。2018年我国新兴产业发展势头较好，数据显示，上半年全国农村休闲农业和旅游业累计接待商客16亿人次，全国农村网商超过980万家，带动就业超过2800万人[④]。陕西省更是提供了有力证据。陕西省网上零售额逐年快速增长，2017年全省网上卖家超过18万户，网上规模企业超过4万户，带动就业创业逾20万人，较上一年增幅超过30%。新兴产业的快速发展，正在优化西北地区就业结构，拓宽就业空间。

（二）第三产业就业吸纳能力不断增强，第一产业就业容纳能力逐步固化，第二产业增长缓慢

根据2012~2017年西北五省区统计年鉴资料对西北五省区人口就业产业分布趋势进行分析，结果显示，五省区就业特征如下：2017年西北五省区人口就业主要集中在一、三产业，第二产业容纳水平最低。在人口就业流动方向上，第三产业正在成为就业主渠道。2012~2017年变化趋势显示，

---

① 《聆听西北角铿锵的足音》，《青海日报》2017年9月18日，http//epaper.tibet3.com/9hrb/html/2017-09/18/content-443764.htm，最后检索时间：2020年3月30日。

② 《青海省2019年上半年经济运行总体平稳，新兴产业支撑作用增强》，最新检索日期：2019年7月18日。

③ 《宁夏自治区：战略性新兴产业占GDP比重达到10%》，https：//www.sohu.com/a/29917/308776578，最新检索时间：2019年3月5日。

④ 《中国农村网商逾980万家，带动就业超2800万人》，最新检索时间：2018年7月13日。

第三产业就业规模和就业比重均呈现快速增长趋势，第二产业增长缓慢，第一产业逐年下降。2012～2017 的六年间，陕西、甘肃、宁夏和青海四省区第三产业就业人口绝对值增加了 318.12 万人，第二产业增加了 73.62 万人，第一产业减少了 75.56 万人，第三产业以创造就业增量的绝对优势成为就业的主要贡献者。就各省特征来看，陕西省第三产业从业人口规模最大，2017 年接近 700 万人，且六年间增长规模也最大，增加了 240.3 万人，占就业比重的 39.12%，低于第一产业（43.31%）4 个百分点。青海和宁夏第三产业就业规模和比重均超过第一产业，尤以青海最为突出，第三产业就业比重高出第一产业 7.4 个百分点，成为就业的领跑者。甘肃省人口就业仍以第一产业为主，一产就业比重高达 54.86%，一产就业人口占比是三产（29.42%）的 1.86 倍，是二产（15.72%）的 3.49 倍。另外值得注意的是青海和陕西第一产业就业人口规模基本固化，六年间农业人口向外转移量分别为 0.3 万人和 6.8 万人，表明两省区第一产业可转移劳动力逐步殆尽。

经济增长与就业增长呈现明显正相关关系，奥肯定律显示，GDP 达到或高于 3% 的增速后，GDP 每增长 2%，失业率将下降 1%，表明就业弹性系数越大经济增长对就业的拉动能力越强，反之将对就业形成挤出效应。将 2012～2017 年三大产业增加值比重与增量进行对比，整体来看，一、二产业增加值比重呈下降趋势，第三产业呈上升趋势，这与当前西北地区就业分布发展趋势一致，表明产业发展与就业增长趋于协调。但从三大产业增加值的增量来看，第一产业就业容纳能力在下降，而增加值却在上涨，说明一产对劳动力存在挤出效应；二产吸纳就业增加速度低于增加值上涨速度，表明二产对劳动力的挤压效应正在显现，见表 1。

表 1　2012～2017 年四省区三产人口就业分布变化

单位：万人

产业类型	陕西	甘肃	青海	宁夏	变化总量
第一产业	-6.8	-54.86	-0.3	-13.6	-75.56
第二产业	+48.2	+15.72	-1.2	+10.9	+73.62
第三产业	+240.3	+29.42	+17.6	+30.8	+318.12

资料来源：应用 2017 年《西北统计年鉴》测算得出。

（三）非公经济吸纳就业能力不断增强，公有部门吸纳就业能力缓慢下降

统计年鉴显示，2017 年，西北五省区城镇就业人员主要分布在国有单位、有限责任公司、私营企业和个体经营四类组织，四类组织容纳就业人口比重达 90%，其中个体经营就业容纳量最大，其次为国有单位，再次为私营企业，最后为有限责任公司。个体经营与国有单位从业人口占就业人口比重较大，其中甘肃省高达 67.25%，陕西、宁夏和青海在 50% 左右。在各类组织吸纳就业能力的变化趋势上，2012 ~ 2017 年，陕西、甘肃、宁夏和青海个体经营组织就业人口增加了近 300 万人，国有单位下降了近 60 万人，私营单位和有限责任公司呈缓慢增长趋势。但宁夏回族自治区在部分指标上与上述特征有所差异，资料显示，2012 ~ 2017 年，宁夏私营企业就业人口大幅增长，涨幅接近 1 倍，个体从业人口变化较小。总体来看，个体经济已成为各省区就业的增长点，鼓励发展个体经济，为个体经营者提供宽松的经营环境，对稳定和扩大就业具有重要意义，见表 2、表 3。

表 2　2017 年四省区三大部门从业人口规模与比重

单位：万人，%

部门	甘肃		陕西		宁夏		青海	
	总量	比重	总量	比重	总量	比重	总量	比重
国有单位	154.64	25.04	231.5	21.83	35.6	21.54	35.2	21.24
私营单位	97.55	15.80	227	21.41	48.5	29.35	25.5	15.43
个体	260.59	42.21	323.2	30.49	45.6	27.60	58.7	35.53

资料来源：应用 2017 年西北统计年鉴测算得出。

表 3　2012 ~ 2017 年四省区城镇不同部门就业人口变化趋势

单位：万人

部门	甘肃	陕西	宁夏	青海
国有单位	-3.98	-40.1	-5.4	-8.6
私营企业	+17.59	+10.5	+20.8	+5.5
个体	+61.35	+188.4	+7.1	+31.5

资料来源：应用 2017 年西北统计年鉴测算得出。

（四）从业人口主要分布于八大行业，批发零售、住宿餐饮和居民服务业是主体

对 2017 年西北地区人口从业行业进行分析，结果显示，近八成人口分布于制造业、建筑业、批发零售业、住宿餐饮业、教育、公共管理、居民服务业、采矿业八大行业。其中又以批发零售业、制造业和建筑业规模最大，占到八大行业从业人口的 61.43%。在发展趋势上，批发零售业、住宿餐饮业和居民服务业就业人口增加规模最大，增速最快。其中批发零售业就业人口规模增加最多，增幅达到 2012 年的 1.65 倍。住宿餐饮业增幅接近 2 倍。居民服务业，虽然总体体量不大，但增长速度最快，增幅接近 10 倍。分析认为，相关行业就业容量快速增长与以下因素密切相关：一是消费升级和生活方式升级推动消费型社会转型。居民消费能力和消费层次的升级，使老百姓对批发零售业、旅游业和居民服务业有了更多的需求，促进了相关行业发展能力提升，进而增加了用工需求，提高了就业容纳能力。二是新技术新业态的发展拓展了就业空间。以互联网和平台经济为代表的新技术新业态，一方面使服务业链条进一步拉长，在两个端点之间不断创造出新环节，如外卖平台在购买过程中增添了送货环节，拓展了服务空间；另一方面信息对称性的推动为各种需求提供了实现途径，挖掘了需求，创造了需求，进而创造出更多的就业岗位。

（五）农村转移劳动力缓慢增长，主要分布于第三产业

农村转移劳动力依然是我国当前规模最大的就业群体，做好农村转移劳动力就业工作对经济社会发展意义重大。对各省统计资料与农民工监测数据进行梳理与分析发现，当前西北地区农村转移劳动力在规模上仍呈缓慢增长趋势。就业区域分布以省内为主，一半以上人口集中在第三产业，二产次之，一产微乎其微。如 2018 年陕西省农民工监测数据显示，农村转移劳动力在第三产业的比重超过六成，达 61.1%，并呈增加趋势，同比增加 2.7 个百分点。在行业分布上，80% 以上农村转移劳动力分布在技能含量低、人

口密度高的传统行业，如建筑业、居民服务修理及其他服务业、住宿餐饮业、批发零售业、交通运输及仓储邮政业等。从职业分类来看，商业服务员是农民工的主要职业。在流动趋势上，居民服务业及其他服务业、住宿和餐饮业，以及在脱贫攻坚公益性岗位带动下的公共管理、社会保障和社会组织行业从业人员呈增加趋势，制造业和建筑业从业人员呈下降趋势。

二　存在问题

随着西北地区经济结构不断优化升级，创新竞争力不断增强，新兴战略性产业不断发展、壮大，就业岗位稳步增长、就业质量不断提高。但也要看到，经济结构转型在拓展就业空间、创造就业机会的同时，也带来了劳动力需求结构的变化，对就业造成了新的挑战，就业形势依然严峻。

（一）人力资源成本上涨或影响岗位供给，劳动力就业质量提升面临挑战

长期以来，西北地区用工成本较低严重影响了各地就业质量。虽然近年来我国城乡居民收入尤其是西北地区上涨较快，但因工业与非公经济不发达，整体工资水平，尤其是小微企业、私营企业从业人员以及进城务工者工资水平仍然不高。在国家高质量就业精神的引导和制度推动下，劳动报酬和社会保障水平不断提高，同时劳动者对劳动报酬的期望也不断提升，导致用工成本上升。但在全国经济逐步转入中高速增长的背景下，经济发展降速，中小企业生存与发展压力增加，职工工资水平的提高将增加中小企业运行成本，抑制社会生产和扩大再生产能力，甚至导致部分企业用工减少，造成就业岗位供给萎缩。因此，西北地区就业质量提高与企业效益提升，在当前经济发展转型期是一个无解的两难问题，劳动者就业质量提升面临较多挑战。

（二）适应新经济形态、新就业形式的体制机制建设滞后

新业态新就业形式正在成为岗位拓展的新源泉。首先，规范新业态新就

业形式是推动其健康、有序发展的重要保障。当前对新业态的规范尚在探索阶段，基本上是粗线条、大框架，缺乏工笔细描。因制度缺陷、制度盲点造成的事故严重损害了部分新经济的声誉，打击了新经济的发展势头。如滴滴公司发生的多起乘客意外伤害事件使网约车经济严重受创，外卖“骑手”伤人事件、餐点安全问题等使线上餐饮经济受影响。经济发展是岗位增加的前提，新经济发展受到影响，岗位供给将出现萎缩。其次，伴随互联网新技术的应用而形成了大量新的就业形式，如自由职业者、非全日制雇员等，并且其比重在就业结构中不断提高。新业态不断发展壮大，正在成为吸纳就业的重要领域。而当前与新就业形式相匹配的劳动关系管理体系与制度尚未建立，由此引发了劳动权益保护领域的一系列问题，如工伤认定、工时界定、社会保障、劳动关系认定等，阻碍了新业态的发展。因此应根据经济社会发展的新形势、就业发展的新要求，健全完善适合当前需求的劳动关系体制机制，进而增强劳动者对新业态的认同与信心，提升从业意愿，提高社会整体就业率。

（三）鼓励非公经济发展的政策举措难以有效落实

非公经济发展不足是制约就业的重要因素。西北地区就业分布现状显示，小微企业以及个体经济是近年来就业吸纳能力最强的部门。各地政府也充分认识到非公经济对于激发经济活力与增加就业的重要性，出台了大量金融与优惠政策，如小额担保贷款、减税降费等，鼓励非公经济发展。但金融机构出于风险担忧与自身利益考虑，为规避风险，往往设置较高门槛，将中小微企业的贷款需求拒之门外。中小微企业融资困难，发展缺乏支撑，难以实现又好又快发展，就业拉动能力受限。在税收减免与优惠方面，相关部门各自为政，出台的政策措施零碎分散，难以形成合力。同时，政策存在门槛，影响中小微企业的实际受益，如有的政策是在达到一定规模后才能以奖赏形式获得补助与优惠，背离了政策扶持支撑的初衷。还有一些政策针对性和操作性不强，执行中难以落地。

（四）创业就业培训缺乏实效

为提升就业率，西北地区在挖掘企业劳动力需求潜能的同时，也从供给侧着力，出台大量培训政策，实施培训工程，提升劳动者的创业就业能力，增强劳动者与岗位的匹配水平。职业培训取得了一定成效，但也存在大量问题，使培训效果大打折扣。一是在创业服务中，创业政策与实际需求存在两张皮现象。创业政策与服务一刀切，无法实现供给与需求的有效对接。二是创业服务体系不健全，许多政策停留在宏观指导层面，缺乏细化措施，导致政策难以落地。三是就业指导流于形式。部分地区虽然建立起了就业指导中心和乡镇农技校，有机构有人员，但培训以应付上级检查为主，没有实效。如有的地区就业指导所用教材是十几年前编写的，与当下就业环境完全脱节。部分地区将培训当任务，为完成考核，以“雇佣”形式组织人员参加培训。四是培训水平不高，培训方式简单。就业创业导师队伍缺乏专业性，层次低，理论与实践脱节，无法进行有效指导。培训内容、培训方式与培训对象不匹配，对不同年龄、不同文化程度、不同需求的培训者不能精准施策，导致培训对象参与培训积极性不高，不愿参与。五是培训内容与市场需求脱节，存在盲目性。既耗费了社会资源，浪费了财政资金，被培训者也没有获得与市场需求相应的工作技能，促进就业的目标难以实现。六是就业培训机制存在缺陷。当前就业培训以上级下达任务、下级执行完成为主，缺乏基于基层现状的培训灵活性和自主性，制约了培训效果。

（五）经济下行压力加大，就业岗位供给或将减少

经济增长是就业稳定与增长的前提，当前国际环境不稳定因素增强，以美国为首的西方国家围堵、钳制我国发展的趋势进一步增强，我国经济下行压力加大，宏观环境对西北地区的传导效应逐渐显现，就业问题逐渐显露。首先，GDP 增速持续下降，2019 年 1 ~ 8 月份统计资料显示，西北地区大部分省份 GDP 呈上下波动，且总体下降趋势，对抗压能力较小的小

微企业以及个体经济造成影响，这可能导致传统服务业用工缩小，出现农民工短期失业返乡现象。其次，对出口经济造成影响。虽然西北地区出口贸易相较于中东部地区较少，但在经济下滑与贸易摩擦影响下也会受到一定影响，就业用工可能减少。同时，西北地区是果业出口的重要基地，尤其是陕西，其苹果猕猴桃产量全国第一，苹果产量占到世界苹果产量的1/4，是重要的苹果出口基地，在出口受限影响下，农业经济受到影响，势必影响就业形势。

三 对策建议

西北五省区要继续贯彻落实“就业优先”发展原则，将稳就业放在突出位置。就业稳则民心安，民心安则社会稳，社会稳经济发展才有良好的环境。各地区各部门应继续加强就业工作，重视组织领导，明确部门分工，强化部门合作，健全完善组织机制，形成就业合力，推动就业工作不断开创新局面。

（一）继续推进新经济、新业态发展，扩大新产业岗位供给

当前，新经济引领未来发展的趋势不断增强，政府应继续加强对新经济的投入力度，不断壮大新经济规模，提升新经济发展能力，增强其对就业的支撑作用。陕西应加强以能源化工、装备制造业等为主的新经济新产业发展，推动形成产业链、生态链，扩大新经济发展规模。启动创新产业培育计划，发展高科技先导产业，如大数据、云计算、3D 打印等，推动陕西科技优势大省向技术创新优势大省转变。推动产业升级换代，形成新产业集群与产业链，创造更多优质就业岗位。

甘肃继续大力推进高端装备制造、生物制药、风电、光电、新材料等产业等快速发展。青海加强光伏新能源、光电、3D 打印、镁合金等产业快速发展。新疆继续做强做大新材料、新能源、高端装备制造、生物医药等战略性新兴产业。

（二）发展中小微企业、个体经济，提升非公经济发展能力

对人口就业部门分布梳理，结果显示，中小微企业和个体经济是就业的重要蓄水池，容纳了近五成劳动者就业。为中小微企业和个体经济创造良好的发展环境，促进其扩大再生产成为解决就业的重要举措。首先，简化个体经营审批手续，简化进入与退出门槛，降低行政收费，最大化降低入市成本。其次，落实鼓励中小微企业以及个体经济发展的优惠奖励政策，使相关企业真正受惠，相关政策转化成发展助力，而不是多种条条框框限制、华而不实的纸上政策。最后，创新政策，解决问题，推进中小微企业发展。针对中小微企业发展的瓶颈问题，以企业需求为导向，研究建立标准化中小微企业产业园区，以产业集聚推进中小微企业发展，通过大型企业配套中小微企业、建设中小微企业创业基地等方式，带动中小微企业快速成长。将中小微企业增长比例纳入政府绩效考核指标，促进中小微企业数量快速增长。推进省市级中小企业公共服务平台建设，对省市级认定的中小微企业公共服务示范平台要予以重点扶持。减轻企业负担，研究取消各类行政事业收费，制定税收、奖励等优惠政策，支持企业做大做强。制定精准金融支持政策促进中小微企业发展。把促进就业与金融发展紧密结合起来，加快实施信用金融促进工程，构建以大数据为支撑的信用评价体系，为中小微企业提供优质快捷的投融资服务。

（三）健全劳动保障制度，为新经济新业态从业者提供稳定的就业预期

新经济新业态从业者规模不断壮大，新经济新业态逐渐成为就业的重要增长极，但适应新经济新业态的劳动管理体制机制尚不完善，难以保障从业者的权益，同时也不利于建立新业态的职业声望，使更多的劳动者认同并投身其中。及时妥善解决新业态对劳动关系和社保带来的挑战，健全完善就业管理制度，探索建立与当前多元就业方式相匹配的劳动权利保障机制：一方面增强新业态就业认同，为新业态提供人力资源支撑，推动新业态发展壮

大；另一方面，通过新业态的蓬勃发展，创造出更多的就业岗位，实现经济发展与就业的良性循环。

（四）完善就业培训机制

一是加强职业培训学校、机构与就业市场的联系与互动，设立适应市场需求的动态、高质量课程体系，实现劳动力市场的供需匹配。二是整合不同部门资源，形成资源合力，建立以县级为单位的综合性职业技能培训机构。三是建设优质培训团队。通过多种方式，如购买社会力量服务、邀请专业人才与创业成功者等充实培训队伍，打造优质培训团队，提高就业创业培训的实效性。四是优化就业创业服务资金拨付流程。面向社会招标培训机构，达到培训标准后，培训费用直接拨付给培训机构。建立用人单位培训补贴机制，实效发挥资金作用，提升培训资金的实际效率。五是建立劳动人口终身培训机制。对培训经费进行适当的比例划分，适度向农村倾斜。转变培训方式，使培训方式由季节性向常年性转变、由分散型向集中型转变，提升农村劳动力就业能力，推动人口就业城乡转移。

（五）建立精细化就业供需测评机制，增强信息对称性

准确与精细化的就业信息数据是制定高含金量政策的依据。调查数据显示，当前，各地普遍存在就业数据缺乏、滞后、不实、粗糙等问题，对政策制定与就业引导缺乏支撑作用。应加强就业供需测量体系建设，只有掌握真实、客观的新业状况，才能有效谋划对策。首先，建议统计部门加强对失业率真实情况以及失业群体信息的全面统计。当前西北五省区失业信息仍以登记失业率为主，难以反映失业人口的真实规模与现状。同时在发布失业率指标的同时，增强重点信息的全面性。当前失业信息以失业人口规模为主，缺乏失业者失业前从业信息、年龄、性别、文化程度等全面信息的监测，不利于形成对失业群体类型的精细掌握与精准施策。就业信息发布中，缺乏就业质量信息，不能准确反映就业市场情况。其次，提高资源整合水平。将就业相关系统进行整合，如对就业失业信息登记系统、失业保险系统、创业管理

系统等进行整合，打通数据平台，实现数据共享，完善就业失业信息监测，为政策制定提供依据。最后，创新就业失业信息监控。针对当前出现的新就业模式，如灵活就业者、非全日制就业者等构建适合的就业调查体系，以更好地反映就业现状。

参考文献

李仲生：《中国产业结构与就业结构的变化》，《人口与经济》2003 年第 2 期。

马子量：《中国西北地区城市化进程中产业就业偏离度测度》，《城市问题》2015 年第 11 期。

战炤磊：《产业发展与人口就业协调共进研究——以江苏为例》，《人口与发展》2008 年第 3 期。

B.12
甘肃扶贫事业70年回顾及精准扶贫再出发之路径研究

王　荟*

摘　要： 甘肃省贫困人口多、贫困程度深、贫困面积大，是全国扶贫攻坚主战场。新中国成立以来，甘肃的扶贫工作持续推进，经过七十年的风风雨雨，取得了阶段性胜利，但脱贫任务依然艰巨。本文系统梳理了甘肃省70年的扶贫历程，分析扶贫成效，剖析主要问题，认为甘肃精准扶贫应该进一步发展地方经济，加大农业和服务业发展培育力度，补齐教育、交通等基础设施建设短板，对深度贫困地区要因地制宜、对症下药拔穷根。

关键词： 精准扶贫　新中国成立70年　小康社会建设　甘肃

甘肃，弥漫过狼烟战乱，也迎来过驼铃丝雨。残酷的自然条件、落后脆弱的农耕经济、疾病灾荒，使生活在这片土地上的人民曾历经衣不遮体、食不果腹般极度贫困的磨难。新中国成立以来，甘肃扶贫工作持续推进，经过70年的风风雨雨，取得了阶段性胜利。截至2018年，全省建档立卡贫困人口人均可支配收入增加到5390元，贫困发生率下降到5.6%。但同时，甘肃脱贫攻坚任务依然艰巨，有必要梳理70年的扶贫历程，分析成效，总结经验，探索精准扶贫再出发之发展路径。

---

* 王荟，甘肃省社会科学院社会学研究所副研究员，主要研究领域为信息产业发展、区域经济发展。

一　甘肃扶贫事业七十年回顾

（一）救济式扶贫——绝不饿死一个人（新中国成立初期至1978年）

甘肃地理条件恶劣，灾害频繁，长期以传统农业为经济基础，广大劳动人民没有受教育的机会，低效的农业生产导致抗灾能力脆弱。抗战胜利后，甘肃省民生凋敝，农田、水利、经济建设基本处于停滞状态，贫困落后程度可想而知。

1949 年新中国成立后，党中央和国务院及历届省委省政府对甘肃的贫困极为重视。囿于当时的社会经济水平，这一阶段的扶贫以救济救灾为主。“节约互助、以工代赈、生产自救、政府必要的救济”是这一阶段救灾方针的关键词。1951 年，甘肃省各级民政部门组织救灾，提出大灾之后“绝不能饿死一个人”“生产与节约并重”等口号，确定民政工作以建政、优抚、社会救济为主要内容。国家对甘肃发放救济粮款和补助，灾区人民积极开展自救和互助互济活动是这一阶段开展扶贫救济的主要内容。据《甘肃民政大事记》记载，从新中国成立后到 1978 年间，全省较大规模的救济式扶贫达 20 余次，几乎是凡灾必救，惠及数百万人次。农村居民年人均纯收入从 1952 年（第一个五年计划头一年）的 66.77 元缓步提升至 1978 年（党的十一届三中全会召开）的 100.93 元。该阶段基本上解决了灾民的生活、生产问题，对甘肃整体低下的贫困状况起到了重要的改善作用。

（二）“三西”扶贫拉开甘肃扶贫攻坚序幕（1979～1992年）

“三西”扶贫指 1982 年 12 月国务院启动实施的甘肃河西地区、定西地区和宁夏西海固地区的农业建设扶贫工程。“三西”地区是改革开放初期全国集中连片最困难的地区之一，以定西为代表的甘肃省中部干旱贫困地区，农村贫困面更是达到74.8%。“三西”扶贫拉开了区域定点扶贫脱贫攻坚序幕，经过10年的努力，甘肃中部干旱地区贫困状况明显缓解，全省贫困人口由1982年的1254万人减少到1992年的547万人。“三西”扶贫在甘肃境内取得了阶段性的胜利。

（三）《八七计划》+“四七计划”+“三西”后续政策组合拳助跑甘肃脱贫事业（1993～2000年）

1992年，国务院决定将每年2亿元“三西”资金预算计划延长10年。1994年4月国务院颁布了《国家八七扶贫攻坚计划（1994～2000年）》（以下简称《八七计划》）。为落实国家的八七扶贫攻坚计划，中共甘肃省第八次党代会制定了《四七扶贫攻坚计划（1994～2000年）》，指出要从1994年到2000年，用七年时间，重点解决临夏、甘南、天祝、陇南等区域400多万贫困人口的温饱问题，具体措施包括出台信贷优惠政策、提高补助标准、鼓励兴办乡镇企业、加大基础设施建设等。

《八七计划》是中国历史上第一个有明确目标、明确对象、明确措施和明确期限的扶贫开发行动纲领，为甘肃的扶贫工作进一步指明了工作方向；“三西”后续政策的追加保证了相关政策的延续性；“四七计划”立足甘肃实际推出了政策的具体落实和工作机制。在这一系列政策的多重叠加效用和甘肃上下一心的努力下，甘肃定西、河西地区极端贫困状况得到了大力改善，甘肃的贫困问题得到了进一步解决。2000年，甘肃全省10个贫困市州农民人均纯收入由1992年的325元增加到2000年的1334元，人均占有粮食由152公斤增加到350公斤，贫困人口由547万人减少到68万人（不含128万返贫人口）。甘肃省的贫困面貌得到了翻天覆地的变化。

（四）《中国农村扶贫开发纲要（2001～2010年）》推进甘肃扶贫跨越式前进（2001～2010年）

在该阶段，《中国农村扶贫开发纲要（2001～2010年）》出台。其间，2000年和2008年，国务院又先后做出决定，再延长“三西”资金计划，明确从2009年开始，每年增加到3亿元直至2015年。在这一阶段，甘肃省先后出台了《甘肃省2001～2010年农村扶贫开发纲要》《关于进一步加大整村推进扶贫开发工作力度的意见》《关于建立扶贫统计工作目标责任制的意见》《甘肃省人民政府办公厅关于进一步做好农村最低生活保障工作的通知》等一系列政策措施，在国家一系列政策的指引支持和当地政府、人民的不懈努力下，全省的基本生产生活条件和生态环境进一步得到改善。2010年，甘肃省全面完成"两基"攻坚，高中阶段毛入学率提高到71%，高等教育毛入学率提高到22%。省市县疾病预防控制、城乡医疗卫生服务和医疗救助体系基本建立。全省的贫困发生率下降至16.1%，农民人均纯收入提高至3308元。甘肃扶贫跨越式前进，改善极端贫困的目标取向逐步被"全面脱贫奔小康"的追求所取代。

（五）习近平总书记扶贫思想指导下的精准扶贫系列政策吹响甘肃扶贫攻坚战号角（2011年至今）

《中国农村扶贫开发纲要（2011～2020年）》指出，到2020年，要稳定实现扶贫对象"两不愁、三保障"。2013年以来，习近平总书记就精准扶贫重要思想多次展开论述，相继提出了精细化管理、精确化配置、精准化扶持、扶贫扶志、聚焦深度贫困地区、打好精准脱贫攻坚战等重要思想。2018年，总书记进一步提出要坚持脱贫攻坚目标标准，要加强扶贫领域作风建设等重要思想。精准扶贫精准脱贫成为这一时期扶贫工作的基本方略，亦吹响了甘肃扶贫攻坚号角。习近平总书记在参加十三届全国人大二次会议甘肃代表团审议时的重要讲话，进一步给甘肃的脱贫攻坚工作点亮了方向，明确了抓手，坚定了信心。在习近平总书记扶贫思想的指导下，甘肃坚持聚焦"两不愁、三保障"，推进产业扶贫，实行党员干部驻村扶贫、贫困户动态管理、精准建档立卡、精准帮扶、精准脱贫等一系列具体措施。截至2019年11月，全省贫困县减至36个，累计实现1000多万名贫困人口成功脱贫。到2020年，甘肃目标锚定为和全国同步实现脱贫进入小康社会。

新中国成立70年来，甘肃省励精图治，咬紧扶贫事业不松口，狠抓脱贫攻坚不放手。70年的脱贫史亦是饱含血泪、艰苦卓绝的奋斗史！当下，脱贫奔小康的征程到了冲刺阶段，回顾70年来甘肃扶贫路上的点点滴滴，总结取得的教训和经验，我们更需要不忘初心、牢记使命，齐心协力谱写加快建设幸福美好新甘肃、不断开创富民兴陇新局面的时代篇章。

二　甘肃扶贫事业成效

在精准扶贫指导思想的引领下，甘肃举全省之力开展脱贫攻坚。全面推行“一户一策”，40多万名干部进村入户，帮助65万户261万名贫困人口制定脱贫计划。2018年，甘肃安排财政专项扶贫资金173.3亿元，其中省级46.2亿元，增长145%，投入深度贫困地区财政专项扶贫资金106.9亿元，占全省的61.7%。截至2018年末，全省减少贫困人口77.6万人，贫困发生率由9.6%降到5.6%，贫困县从75个减少到57个，这是国家设定贫困县以来甘肃第一次实现贫困县数量净减少。全省建档立卡贫困人口人均可支配收入由上年的4800元增加到5390元，增长12.3%。2019年4月，甘肃省有18个县市区脱贫“摘帽”；2019年11月1日，甘肃省永靖县、和政县、康乐县三县摘帽退出贫困县，其中永靖县全县综合贫困发生率为0.14%，贫困村退出比例为100%。全省贫困县减至36个，累计有1000多万名贫困人口成功脱贫。经过70年坚持不懈的扶贫工作，当下，甘肃脱贫攻坚取得了阶段性胜利。

三　甘肃精准扶贫、攻坚奔小康进程中面临的主要困难

甘肃精准扶贫、攻坚奔小康进程中面临的困难主要有以下几个方面。

（一）经济发展水平低限制扶贫攻坚进一步开展

一是经济发展总体水平偏低。甘肃经济发展基数低、城乡二元经济结构

调整难度大、民营企业发展水平低等诸多桎梏客观存在，致使经济发展总体水平偏低。对比 2014 ~2018 年西部十二省区市人均 GDP，甘肃省年年排名垫底，且与上一名次之间的差距逐年拉大（见表 1）。与此同时，扶贫资金投入则逐年加大。2018 年全省一般公共预算收入 870.8 亿元，同口径增长 8.3%，而一般公共预算支出 3773.8 亿元，增长了 14.2%。其中扶贫支出 318.6 亿元，增长了 102.5%。可见扶贫资金投入压力较大。二是扶贫产业培育难度大。甘肃农村传统农业模式根深蒂固，有些贫困村没有特色主导产业或没有可以持续增收的产业支撑。大部分贫困村脱贫产业单一、规模小，产业脱贫大多以种、养殖业为主，科技含量和附加值较低，产品认证环节有缺失，龙头企业少，带动能力弱，应对市场波动风险弱，致使贫困户持续增收能力弱、发展后劲不足。

较低的经济发展水平、较大的扶贫投资压力，加之扶贫产业培育不良等一系列问题限制了甘肃扶贫攻坚的进一步开展。

表 1　2014 ~2018 西部十二省区市人均 GDP

单位：元/人

地区	2018 年	2017 年	2016 年	2015 年	2014 年
内蒙古自治区	68302	63764	72064	71101	71046
广西壮族自治区	41489	38102	38027	35190	33090
重庆市	65933	63442	58502	52321	47850
四川省	48883	44651	40003	36775	35128
贵州省	41244	37956	33246	29847	26437
云南省	37136	34221	31093	28806	27264
西藏自治区	43397	39267	35184	31999	29252
陕西省	63477	57266	51015	47626	46929
甘肃省	31336	28497	27643	26165	26433
青海省	47689	44047	43531	41252	39671
宁夏回族自治区	54094	50765	47194	43805	41834
新疆维吾尔自治区	49475	44941	40564	40036	40648
甘肃排名	12	12	12	12	12

资料来源：中国统计年鉴。

（二）地理条件复杂，自然灾害频发

一方面，甘肃地貌复杂多样，山地、高原、平川、河谷、沙漠、戈壁交错分布。陇南为秦岭的西延部分，山地居多，交通不便；陇中黄土高原，土地贫瘠，灾害时有侵蚀；甘南地势高耸，平均海拔超过3000米，低温少雨，自然环境恶劣；河西走廊以北地带风高沙大，山岩裸露，荒漠连片。甘肃省主要的贫困县，特别是深度贫困地区，就位于其间，导致扶贫攻坚情况复杂，扶贫成本高。另一方面，甘肃生态环境较为脆弱，自然灾害频发。近年来，甘肃虽然加大了生态保护力度，但是自然灾害亦难以彻底避免。《中国统计年鉴》数据显示，2009～2015年，甘肃省每年的受灾面积都达到100万公顷以上，且在西部十二省区市里受灾面积的排名有提高的趋势，从2011年的第六大受灾省区到2015年的第三大受灾省区，这个变化可谓触目惊心（见表2）。2018年，甘肃全年农作物受灾面积53.5万公顷，比上年增长8.3%；农作物成灾面积35.1万公顷，增长26.0%。全年实际发生各类地质灾害479起，造成直接经济损失48691.7万元，增长133.7%。各类自然灾害造成直接经济损失249.9亿元。对贫困地区而言，灾情对当地的脱贫工作而言更是雪上加霜。以东乡县为例，全县24个乡镇均有地质灾害发育。尤其滑坡、崩塌、泥石流等灾害的发生周期性强，灾害突发性也强，人员及财产往往来不及撤离，难以预防，造成巨大损失。甘肃脆弱的生态环境、复杂的地理条件和频发的自然灾害给全省经济社会发展与脱贫攻坚带来许多风险与挑战。

表2　2009～2015年西部十二省区市受灾面积

单位：千公顷

地区	2015年	2014年	2013年	2012年	2011年	2010年	2009年
内蒙古自治区	2701	1878	1733	2060.7	2036.6	2032.7	4770.4
广西壮族自治区	546	1213	694	575	1437.9	1664.5	1109.6
重庆市	71	281	455	405.4	816	574.5	495.1
四川省	563	919	1603	943.9	1528.2	2324	1598.8
贵州省	224	627	1522	542.1	2570.2	1681	779.9

续表

地区	2015 年	2014 年	2013 年	2012 年	2011 年	2010 年	2009 年
云南省	1028	882	1231	1578. 3	1989. 3	3215	1667. 5
西藏自治区	12	13	22	14. 4	17. 8	51. 3	53
陕西省	744	772	813	508. 9	762. 5	1121. 5	1220. 7
甘肃省	1011	1618	1283	1016. 5	1266. 6	1304. 1	1880. 8
青海省	221	170	171	154. 9	285. 5	111. 3	159. 6
宁夏回族自治区	219	438	301	260. 3	434. 7	145. 4	365. 5
新疆维吾尔自治区	960	1849	565	1125. 8	678. 3	1306. 7	1244. 3
甘肃排名	3	3	4	4	6	7	2

资料来源：历年《中国统计年鉴》。

（三）基础设施建设短板明显

一是甘肃省基础设施建设历史欠账多，投资缺口大。根据中国统计局提供的数据进行分析，2013～2017 年，以西部 12 个省区市为参照系，甘肃均排名靠后，为第 9 名（见表 3）。2017 年，甘肃省全社会固定资产投资总额为 5828 亿元，在全国 31 个省区市里排名倒数第五。① 可见，历史欠账多，投资缺口大，成为甘肃省脱贫攻坚工作主要短板。

表 3　2013～2017 年西部十二省区市全社会固定资产投资

单位：亿元

地区	2017 年	2016 年	2015 年	2014 年	2013 年
内蒙古自治区	14013. 16	15080. 01	13702. 22	17591. 83	14217. 38
广西壮族自治区	20499. 11	18236. 78	16227. 78	13843. 22	11907. 67
重庆市	17537. 05	16048. 1	14353. 24	12285. 42	10435. 24
四川省	31902. 09	28811. 95	25525. 9	23318. 57	20326. 11
贵州省	15503. 86	13204	10945. 54	9025. 75	7373. 6
云南省	18935. 99	16119. 4	13500. 62	11498. 53	9968. 3
西藏自治区	1975. 6	1596. 05	1295. 68	1069. 23	876

① 根据中国统计局网站数据测算。

续表

地区	2017 年	2016 年	2015 年	2014 年	2013 年
陕西省	23819. 38	20825. 25	18582. 24	17191. 92	14884. 15
甘肃省	5827. 75	9663. 99	8754. 23	7884. 13	6527. 94
青海省	3883. 55	3528. 05	3210. 63	2861. 23	2361. 09
宁夏回族自治区	3728. 38	3794. 25	3505. 45	3173. 79	2651. 14
新疆维吾尔自治区	12089. 12	10287. 53	10813. 03	9447. 74	7732. 3
甘肃排名	9	9	9	9	9

资料来源：历年《中国统计年鉴》。

二是甘肃省基础设施建设总体水平不高。仅以西部地区为参照系，甘肃省 2017 年铁路营运里程数为 0. 47 万公里，排名第 5；公路里程数为 14. 23 万公里，排名第 8；农村宽带接入用户为 196. 4 万户，排名第 5（见表 4）。2018 年末，全省公路里程 14. 3 万公里，其中等级公路 12. 8 万公里，固定互联网宽带接入用户 742. 8 万户。相关指标对比西部省区市排名均不高，对比全国更是总体落后。

表 4　2017 年西部十二省区市主要基础设施建设情况

地区	铁路营运里程数（万公里）	公路里程数（万公里）	农村宽带接入用户（万户）
内蒙古自治区	1. 27	19. 94	103. 5
广西壮族自治区	0. 52	12. 33	296. 2
重庆市	0. 22	14. 79	205. 5
四川省	0. 48	33	737. 2
贵州省	0. 33	19. 44	131. 9
云南省	0. 37	24. 25	118. 3
西藏自治区	0. 08	8. 93	5. 9
陕西省	0. 5	17. 44	241
甘肃省	0. 47	14. 23	196. 4
青海省	0. 23	8. 09	14. 2
宁夏回族自治区	0. 14	3. 46	18. 6
新疆维吾尔自治区	0. 59	18. 53	161. 6
甘肃排名	5	8	5

资料来源：中国统计年鉴。

三是甘肃省基础设施建设发展缓慢，投资下行压力较大。2013～2018年，甘肃省多个行业投资发展缓慢。建筑业固定资产投资在2017年经历了大幅跳水，仅为192.52亿元，比2016年缩水八成以上；交通运输、仓储和邮政业全社会固定资产投资近年来徘徊于1000亿元上下。2018年，甘肃省全年固定资产投资比上年下降3.9%。按三次产业分，第一产业投资增长18.8%；第二产业投资下降10.8%，其中工业投资下降10.9%；第三产业投资下降3.6%，其中基础设施投资下降13.6%。民间固定资产投资增长4.0%。高技术产业投资下降2.8%。六大高耗能行业投资下降9.3%。全年项目投资比上年下降10.3%。其中，制造业投资下降13.4%，电力、热力、燃气及水的生产和供应业投资下降19.1%，交通运输、仓储和邮政业投资下降17.0%，水利、环境和公共设施管理业投资下降10.2%[①]。很明显，多个基础行业投资下行压力明显。对于甘肃省这样一个主要依靠投资拉动带动经济增长的省份而言，基础设施建设发展缓慢无疑不利于脱贫攻坚任务的完成。

（四）科教文卫等社会事业发展滞后

一是教育发展水平低，教育不均衡问题突出。甘肃部分贫困村学校基础设施薄弱，人才匮乏、设备匮乏，尤其是贫困村教学设施缺口大，简陋的教学条件和落后的教学模式无法满足教育需求。教育水平的低下导致贫困家庭中劳动力最高文化程度多为小学或初中、高中，中专及以上文化程度的颇为少见，而低下的劳动力素质必然导致家庭主要劳动力不能很好地掌握科学技术和先进的经营管理理念，甚至滋生“等、靠、要”的依赖思想。二是医疗服务设施和卫生人员分配存在较大差异，农村基层卫生组织资源不足，乡镇医疗机构规模小、设备简陋、药品种类少；医生文化素质不高，缺乏专业骨干人员，难以满足农村居民就医需求。

---

① 《2018年甘肃省国民经济和社会发展统计公报》。

（五）深度贫困地区的脱贫攻坚任务艰巨

甘肃脱贫任务重，深度贫困地区的脱贫攻坚更是硬骨头。全国11个山区集中连片特困地区，甘肃省涉及六盘山、秦巴山和藏族地区三个集中连片特困地区。以“三区三州”深度贫困地区之一的临夏州为例，该地区2013年底建档立卡贫困人口12.78万户56.32万人，贫困发生率32.5%。当地70%以上的贫困人口多种致贫因素相互叠加，其中缺资金的占39.9%，缺技术占23.8%，缺劳力的占12.3%，因病致贫的占8.05%，因残致贫的占7.75%，自身发展动力不足占3.29%，因灾、因学、缺土地、缺水等其他原因致贫的占4.93%。[①] 2018年底，全州还有剩余未脱贫人口3.64万户16.38万人，贫困发生率8.97%，比全省5.6%的贫困发生率高出3.37个百分点。多种致贫因素和区域特征交织叠加，致使甘肃深度贫困地区的脱贫难度极大。

四　甘肃省精准扶贫再出发之对策建议

2020年，甘肃目标锚定为和全国同步实现脱贫进入小康社会。为实现这一宏伟目标，需要客观分析现状，抓住主要矛盾和问题，正视困难，精准扶贫再发力。

（一）加大农业发展和培育力度

一是要依托农业优势，切实发挥地域特色。根据贫困村的资源禀赋和发展实际，围绕草食畜、高原夏菜、优质林果、马铃薯、中药材等特色产业，引导贫困户打造区域性特色农产品品牌。探索以地区为单元，制定统一的区域性扶贫产品标识，合力打造区域性特色农产品品牌，提高贫困地区特色农产品的辨识度。通过发展农村特色加工业，扶持创办具有鲜明地方特色、以

① 资料来源：临夏州扶贫开发办公室。

手工制造为主的小微企业，为进一步走产业精准脱贫的路子奠定坚实的发展基础。二是要全面推动农业高质量发展。依托全国“质量月”“中国品牌日”等专项活动，展示和推介贫困地区的特色农产品、民族手工艺品等品牌。鼓励和引导兰州大学、甘肃农业大学、甘肃省农业科学研究院等单位考察贫困地区的资源禀赋，培育和研发适合不同贫困地区的农产品品种。积极联系省外的农业龙头企业、农产品批发市场、电商企业、大型超市，对接甘肃贫困地区，采取“农户 + 合作社 + 企业”等模式，建立生产基地，大力发展订单农业。

（二）大力推动现代服务业的长足发展

一是要通过充分发挥县城、小城镇、中心村等区位优势，支持贫困户从事农副产品营销、餐饮、家政、仓储、配送等服务业。进一步支持本地电商平台和企业与邮政、供销、快递企业合作，多点建立电子商务服务平台。加强电子商务培训力度，鼓励开设网店，给予网络资费补助和小额信贷支持。通过电子商务、农超对接等现代流通方式，拓宽农产品销售渠道。二是要加强服务业人才培训，促进劳务脱贫。组织高等院校和职业技术学校的专业师资力量，帮助贫困地区培训休闲农业和乡村旅游人才，提供营销、服务、管理指导，提升服务规范化和标准化水平。三是针对休闲农业和乡村旅游进行提质升级。要在保护生态环境的前提下，科学规划。要深入挖掘贫困地区自然生态、历史文化、地域特色文化、民族民俗文化、传统农耕文化等资源，因地制宜明确重点发展方向。同时运用新媒体平台，加强宣传推介。四是要提振消费扶贫参与度，促进稳定脱贫。要联络接洽省内外各国有企事业单位带头参与消费扶贫。要多方动员社会力量参与消费扶贫，积极联络帮扶省市来到甘肃贫困地区，积极促进建立长期稳定的供销关系。

（三）提升基础设施与科教建设力度

一是在公共资源配置上体现农业农村优先发展的要求。统筹城乡基础设施建设，全面提升农村水、电、路、房、网等基础设施水平。二是加强对接，推动基础设施协作帮扶力度。积极主动向国家级帮扶单位汇报衔接，加强与天津、厦门、福州、青岛四市的东西部协作，认真实施帮扶城市在公共服务、基础设施方面的项目，争取帮扶单位在项目、资金、人员等方面给予持续支持。三是要在改善教育基础设施和配套的前提下，加大教育资源的调配和转移。要重视各类学校，尤其是义务教育阶段学校的师资配备，要舍得花大力气，舍得投入资金引进人才、留住人才、培养人才，多方探索与名校、名师的交流、合作、共建模式。坚持扶贫与扶智齐头并进，提高人口素质，形成可持续性的推动脱贫的力量。四是要加大科技创新投入力度。深度贫困地区的科技发展水平普遍较低，但绝不是止步不前的理由。要加强信息化建设，提升信息素质，培育信息产业。坚持扶贫与扶志双管齐下，促进脱贫力量内生化、持续化发展。

（四）深度贫困地区要科学规划谋出路，升级禀赋断穷根

甘肃省深度贫困地区脱贫攻坚难度大，必须创新脱贫思路，积极探索攻坚路径。一是要科学探索黄河流域贫困地区发展规划。习近平总书记在甘肃考察期间，专门调研了黄河流域生态和经济发展。总书记强调，要从实际出发，宜水则水、宜山则山，宜粮则粮、宜农则农，宜工则工、宜商则商，积极探索富有地域特色的高质量发展新路子。对于地处黄河及黄河重要支流沿线的深度贫困地区，要积极科学探索黄河流域贫困地区发展规划。二是要抢抓政策机遇，升级禀赋结构，易地搬迁断穷根。甘肃省要抓住国家政策、资金支持机遇，按照“政府主导、群众自愿、积极稳妥、分类实施”的原则，对无生存发展条件地区的贫困群众，在群众自愿的前提下，科学实施易地搬迁扶贫工程。通过多年的项目实施实践证明，这是一条行之有效的改善贫困群众居住条件、拓宽增收渠道、解贫脱困的好办法，取得了明显的社会和经济效益。在自然地理条件恶劣的深度贫困地区，要积极把握政策机遇，通过易地搬迁升级禀赋结构，以实现彻底断穷根、改善生产生活条件、拓展发展空间、解决社会问题、恢复生态系统、降低扶贫开发成本等目标。

参考文献

陈俊、谭飞：《“三西”扶贫开发30年：参与式扶贫让农民当家做主》，中国政府网，http：//www.gov.cn/jrzg/2012-06/25/content_2169038.htm。

甘肃省地方史志编纂委员会、甘肃省民政志编委会：《甘肃省志·民政志》，甘肃人民出版社，1994。

刘永富：《习近平扶贫思想的形成过程、科学内涵及历史贡献》，《行政管理改革》2018年第9期。

孟昭华、彭传荣：《中国灾荒史（现代部分）1949~1989》，水利电力出版社，1989。

B.13

宁夏与全国同步建成小康社会研究

郭亚莉*

摘　要： 文章在对宁夏全面建成小康社会分析的基础上，认为宁夏深度贫困区域脱贫攻坚难度大，环境污染突出，环境承载力下降，区域发展、城乡发展不充分不平衡，新旧动能转换迟缓等问题制约全面小康社会的建成。地方政府要加快补齐全面建成小康社会的短板，推动经济发展方式转变，提高经济发展质量；结合本地实际，打赢脱贫攻坚战，确保贫困人口如期迈入全面小康社会；着力解决重点地区环境污染突出问题；补足民生领域短板，保障和改善基本民生；强化底线思维，增强防范化解重大风险意识。

关键词： 脱贫攻坚　生态环境　城乡高质量发展　宁夏

2019年4月，习近平总书记在中央财经委员会第四次会议上再次强调指出，全面建成小康社会取得决定性进展，要正确认识面临的短板问题，聚焦短板弱项，实施精准攻坚。因此，只有真正瞄准短板弱项，集中优势兵力解决重点问题，坚决攻克最后堡垒，才能接好全面建成小康社会的最后一棒，跑好全面建成小康社会的“最后一公里”，最终打赢全面建成小康社会的收官之战。[①]

---

* 郭亚莉，宁夏社会科学院综合经济研究所研究员，研究方向为区域经济、贫困经济、妇女问题。

① 刘儒、王媛：《着力补齐制约全面建成小康社会的短板和弱项》，《红旗文稿》2019年第11期，第26页。

一　全面建成小康社会的理论

“小康”一词最早可以追溯自《诗经·大雅·民劳》：“民亦劳止，汔可小康”，表达了人们对美好安定生活的向往。邓小平同志在改革开放之初首次提出“小康社会”的概念。

1978 年 12 月，从中国共产党十一届三中全会开始，中国进入了改革开放的新时代。1979 年 12 月 6 日，邓小平在会见日本首相大平正芳时说：“我们要实现的四个现代化，是中国式的四个现代化。我们的四个现代化的概念，不是像你们那样的现代化的概念，而是‘小康之家’。”① “小康社会”的含义和意义随着我国改革开放的不断深入而丰富和发展。

1982 年党的十二大首先提出了“建设小康”的战略目标。党的十三届七中全会上通过的《中共中央关于制定国民经济和社会发展十年规划和“八五”计划的建议》，提出了把“人民生活从温饱达到小康”，标志着小康思想进入全面实践。

党的十六大报告中明确提出：全面建设惠及十几亿人民的小康社会。党的十六大的“小康”即“全面小康”，不仅包括经济、政治，也包括生态环境文明等多方面，小康已经有了更全面、更丰富的内涵。2007 年 10 月，在党的第十七次全国代表大会上，确立了“转变发展方式取得重大进展，实现人均国内生产总值到 2020 年比 2000 年翻两番”等更高的具体目标。党的十七届三中全会进一步把夺取全面建设小康社会新胜利作为战略任务。

党的十八大报告根据中国特色社会主义“五位一体”的总体布局，向全国人民描绘了加快推进社会主义现代化建设、全面建成小康社会、实现“两个一百年”的奋斗目标。党的十八大首次将“全面建设小康社会”准确地发展定位到“全面建成小康社会”。

党的十九大对“全面建成社会主义现代化强国”目标做出时间部署。

① 邓小平：《邓小平文选》第二卷，人民出版社，1994，第 237 页。

明确了从2020年开始到2050年分两个阶段全面建设社会主义现代化国家的新的奋斗目标。即：从2020年到2035年，在全面建成小康社会的基础上，基本实现社会主义现代化；从2035年到2050年，在基本实现现代化的基础上，建成富强民主文明和谐美丽的社会主义现代化强国。

从“总体小康”到“全面小康”，从“全面建设小康社会”到“全面建成小康社会”，意义深远。全面建成小康社会，是两个百年目标的基础，只有如期全面建成小康社会，为实现两个百年奋斗目标奠定坚实的基础，才能实现中华民族伟大复兴的中国梦。这就更加凸显了全面建成小康社会的紧迫性和重要性。

二　宁夏全面建成小康社会现状分析

近年来，宁夏以“建设美丽新宁夏　共圆伟大中国梦”为引领，大力实施“创新驱动”“脱贫富民”“生态立区”三大战略。经过全区人民坚持不懈的努力，2018年宁夏全面小康综合指数实现程度达到94.09%。建立起了现代煤化工、新能源、装备制造等门类比较齐全、具有一定规模和技术水平的现代工业体系。宁夏经济总量达到3705亿元，比1949年增长了3278倍。[①] 全面小康社会建设取得显著成绩。

（一）大力实施创新驱动战略

近年来，宁夏坚持把发展的基点放在创新上，加快科技创新。截至2019年8月，新建自治区创新平台25个，培育创新企业1000多个，组织实施重点研发计划项目373项。充分利用沿黄科技创新改革试验区这个载体“科技支宁”，与中东部科技大省强省加大合作力度，对接合作项目300多个，引进创新平台19个、创新团队26个，转化科技成果100多项。[②] 2019

① 李增辉、刘峰：《宁夏：大力实施“三大战略”塞上江南更美丽》，中国新闻网，http：//www. chinanews. com/gn/2019/08－31/8943176. shtml。

② 《建设美丽新宁夏　共圆伟大中国梦》，《宁夏日报》2019年9月21日。

年，国务院仅有的两项科技创新领域激励措施被宁夏获得。科技部将宁夏实施的开放式的东西合作创新模式，总结为可以复制、可以推广的“宁夏现象”。

（二）坚决打赢脱贫攻坚战

大力实施脱贫攻坚，坚决打好打赢脱贫攻坚战。1982～2018 年，宁夏累计减贫 340 万人，约占宁夏全区现有人口的一半；先后通过吊庄移民、“1236”工程移民、易地生态移民和中部干旱带县内生态移民、劳务移民、教育移民等项目，累计搬迁移民 130 万人，[①] 西海固地区这个曾经被联合国定义为最不适宜人类居住的地方，彻底结束了“一方水土养活不了一方人”的贫困历史。尤其是 2012 年党的十八大以来，宁夏累计 83.4 万人脱贫，贫困发生率从 22.9% 下降到 3%，贫困地区农民人均可支配收入年均增长 11.4%。[②]

（三）持续保障和改善民生

多年来，宁夏坚持把 70% 以上财力投向民生领域，大力发展医疗、教育、文化、社会保障等社会事业，形成了覆盖城乡的基本公共服务体系。2018 年充分利用国家批准宁夏创建全国“互联网 + 教育”和“互联网 + 医疗健康”两个示范区的机遇，进一步推动优质教育资源和优质医疗资源均衡发展，使人民能够享受到改革发展的成果。同时，在发展中保障和改善民生，千方百计增加城乡居民收入，城镇和农村居民人均可支配收入由 1978 年的 346 元、116 元增加到 2018 年的 31895 元、11708 元，2018 年是 1978 年的 92.2 倍和 100.9 倍。[③]

---

① 李增辉、刘峰：《宁夏：大力实施“三大战略”塞上江南更美丽》，中国新闻网，http://www.chinanews.com/gn/2019/08－31/8943176.shtml。

② 李增辉、刘峰：《宁夏：大力实施“三大战略”塞上江南更美丽》，中国新闻网，http://www.chinanews.com/gn/2019/08－31/8943176.shtml。

③ 李增辉、刘峰：《宁夏：大力实施“三大战略”塞上江南更美丽》，中国新闻网，http://www.chinanews.com/gn/2019/08－31/8943176.shtml。

（四）生态立区见成效

为了建设天蓝、地绿、水美的美丽新宁夏，宁夏在全国率先实行全自治区区域内封山禁牧，推进全国防沙治沙综合示范区和示范县（区）建设，加强湿地保护与恢复。从2017年至今的三年时间里，宁夏累计实施环保治理工程1000多个，累计投入生态环保资金达360亿元。截至2019年8月，宁夏全区的森林覆盖率达到14.6%；在全国率先实现土地沙漠化整体逆转，治理1827平方公里的水土流失面积，治沙造林面积达981.5万亩；建成24个国家级和自治区级湿地公园，湿地保护面积310.8万亩，建立4处湿地类型自然保护区，自然湿地保护率达51%。[①] 2018年，银川市荣获联合国湿地公约缔约方大会的“全球首批国际湿地城市”称号。从2017年开始，宁夏坚决实施了贺兰山生态环境综合整治修复工作。2018年开始宁夏实施“新时代黄河保卫战”，为积极应对重污染天气，强化大气污染防治集中攻坚等措施，加快建设天蓝、地绿、水美的美丽宁夏。

（五）经济转型取得实效

面对经济下行局面，2018年宁夏陆续出台了降低成本、帮扶融资、加大激励等七个方面稳增长20条、《促进服务业发展若干政策措施》23条、《关于促进民营经济健康发展的若干意见》20条、《关于促进民间投资发展若干政策措施的意见》30条等针对性强的政策措施，以及降低实体经济成本90亿元，力促宁夏经济企稳回升、稳中有进。截至2019年12月，宁夏将全区33个工业园区整合优化为22个，银川经济技术开发区进入国家级开发区百强。不断推进煤化工、冶金、特色农业等传统产业的改造提升，粮食生产获得“十五连丰”，创历史新高。同时宁夏大力推进全域旅游、大数据、云计算、智能制造等新兴产业的发展。

---

① 李增辉、刘峰：《宁夏：大力实施“三大战略”塞上江南更美丽》，中国新闻网，http://www.chinanews.com/gn/2019/08-31/8943176.shtml。

（六）民族团结事业巩固发展

宁夏是回族自治区，民族团结是区域协调发展的前提和基础。近年来，宁夏坚决贯彻党的民族政策，大力推进民族团结进步事业，促进各民族团结交融。截至 2019 年 8 月，银川市和吴忠市成功创建为全国民族团结进步示范市，另外，还建成民族团结示范县（区）11 个、示范单位 27 个。[①] 宁夏民族团结进步事业不断巩固发展。

三 宁夏如期全面建成小康社会短板分析

2016 年 12 月，为了更科学地设置全面建成小康社会目标体系，国家统计局重新修订《全国全面建成小康社会统计监测指标体系》，宁夏统计局根据宁夏欠发达的实际修订了《宁夏全面建成小康社会统计监测指标体系》。《宁夏全面建成小康社会统计监测指标体系》与全国小康社会监测指标相比，是宁夏统计局根据地方实际适当降低了标准的小康监测指标。也就是说，宁夏与全国同步建成的全面小康社会，依然是达不到全国平均水平的小康社会、与东部发达省区有很大差距的小康社会。

（一）深度贫困区域脱贫攻坚难度大

第一，农村贫困人口数量大。截至 2019 年 8 月，宁夏还有 12.1 万人没有脱贫，5 个贫困县没有摘帽。宁夏把这 5 个贫困县以及中部干旱带西部片区，统称为“五县一片”，这是宁夏区域内的深度贫困地区。这些地区集中了全区贫困人口的 78.5%，贫困人口数量依然较大。第二，贫困程度深。从 1983 年开始，宁夏历经“三西”农业建设、“八七”扶贫攻坚计划、《中国农村扶贫开发纲要（2011～2020 年）》和新阶段扶贫开发四个阶段。一大批贫困人口成功脱贫。但是目前剩余的贫困人口是脱贫难度较大的群体，给

---

① 《建设美丽新宁夏　共圆伟大中国梦》，《宁夏日报》2019 年 9 月 21 日。

脱贫攻坚带来沉重压力。第三，经济滞后与生态脆弱并行存在，农民增收无力。第四，村级组织战斗力弱，带动脱贫攻坚能力不足。第五，部分一线扶贫干部的责任感、紧迫感还不够，存在畏难情绪。第六，部分群众“等靠要”思想依然存在，“我要脱贫”的内生动力不强。

（二）新旧动能转换迟缓

第一，产业结构单一，倚重倚能的模式没有改变。目前，宁夏的高耗能产业占工业的68.7%，煤炭、电力、冶金、有色金属、机械和建材六大行业依然是宁夏的支柱产业。第二，投入产出效率低下。2018 年，宁夏固定资产投资效果系数仅为12.24%，[①] 全员劳动生产率低于全国平均水平。万元 GDP 能耗、水耗分别高于全国的平均水平，工业固废综合利用率不仅低于全国平均水平，而且低于周边省区。第三，高新技术产业涉及领域窄，企业创新能力严重不足。2018 年，宁夏战略性新兴产业产值占比小，高新技术产业增加值比重仅占规模以上工业增加值的4.4%，规模以上工业企业80%以上没有产品研发活动。[②] 第四，工业产品处于价值链的中低端。在国家工业制造链条中，宁夏依然处于供应原材料和初级加工产品的地位，主要的工业品依然是原煤、电石、水泥、钢材、铁合金、原铝等基础原材料产品，而且产品跟不上市场的需求变化。

（三）生态污染突出，环境承载力下降

随着宁夏工业化、城市化速度的加快，生态环境污染越来越成为影响全面建成小康的重要因素。第一，生态欠账较多。宁夏工业倚重倚能，以煤电化为主的产业体系没有根本改变。随着高耗能工业的快速发展，煤炭、电力、冶金、化工、建材等产业的推进，生态环境污染不断加剧。第二，环境治理成本不断上升，经济发展与资源环境的矛盾依然尖锐。

---

① 资料来源：宁夏回族自治区统计局。

② 资料来源：宁夏回族自治区统计局。

生态修复，不仅需要投入大量的时间和成本，而且在短期内难有明显的改观。

（四）区域发展、城乡发展差距明显，基本公共服务不平衡

其一，区域发展差距明显。宁夏中南部地区的发展水平远低于沿黄地区。宁夏中南部9个县区人口占全区总人口的34%，但经济总量、财政收入和固定资产投资仅占全区的1.42%、5.6%和2.3%。[①] 其二，地方财政收入低下，收支差距持续拉大。宁夏财政自给率只有30%，80%以上的县区财政保工资、保稳定、保增长的“三保”支出均无法保障，建设发展资金更多的是靠中央财政的转移支付。其三，城乡居民收入差距持续扩大。2014年宁夏城乡居民收入相差4879元，2018年宁夏城乡居民收入差距扩大为20187元。[②] 另外，农村道路、饮水、住房、厕所等基础设施和教科文卫等基本公共服务依然处于较低水平。

四　宁夏如期全面建成小康社会的路径优化

现在距离全面建成小康社会的目标越来越近，但长期形成的一些“短板”严重影响着全面建成小康社会的战略全局和发展进程。“补短板”不仅是宁夏全面建成小康社会的必然要求，宁夏在全面建成小康社会后也必须加快推进高质量发展，才能和全国同步跨入基本现代化。

（一）打赢脱贫攻坚战，着力确保贫困人口如期迈入全面小康社会

脱贫攻坚是宁夏全面建成小康社会的关键之举。要确保宁夏12.1万贫困人口如期脱贫，“五县一片”全部摘帽，解决区域性贫困的任务十分艰巨。要结合宁夏实际实施好“五个一批”工程，特别加强“扶志、扶智”

① 资料来源：宁夏回族自治区统计局。

② 资料来源：根据《宁夏统计年鉴》（2014年、2018年）计算所得。

相结合，提高县区和贫困人口的自我发展能力以及脱贫致富的内生动力。把扶贫工作的难点和重点聚焦“五县一片”贫困区域，在已经全面实现“两不愁”的基础上，重点解决“三保障”的最后难题。目前，宁夏要解决“三保障”面临的最大问题是残疾、大病和老龄化的贫困人口。这部分贫困人口以及家庭“两不愁”已经全部实现，但是他们依然处于贫困的困境中，不仅脱贫难度大，而且贫困程度深。所以，需要将开发式扶贫和保障性扶贫紧密结合，通过精准施策，构建“病老残”贫困人口脱贫的长效机制，真正解决这部分贫困人口“谁来扶”“怎么扶”的问题。另外，宁夏各级政府要充分认识精准扶贫的长期性和艰巨性，也就是说，在进入全面小康社会后，精准扶贫更要解决随时出现的各种相对贫困的问题。

（二）转变经济发展方式，着力提高经济发展质量

“转方式，着力解决好发展质量和效益问题”①，是宁夏全面建成小康社会并开启全面建设社会主义现代化国家新征程的保障和基础。要从过去单纯追求 GDP 的高速度增长转向更高质量、更有效率、更加公平、更可持续的发展。面对宁夏传统发展方式和经济下行压力不断增大的现状，必须转变经济发展方式，加快实施创新驱动发展战略，转换经济增长模式，围绕新材料、装备制造、现代农业等领域重大科技需求，继续通过贴息、补偿、保险、担保等多种方式，撬动金融资本，支持企业创新创业。继续推进供给侧结构性改革，加快优化产业结构，促进经济升级。全面贯彻“创新”“协调”“绿色”“开放”“共享”五大发展理念，深刻领会和准确把握高质量发展的内涵，始终以提高发展质量和效益为中心。

（三）打好污染防治攻坚战，着力解决重点地区环境污染突出问题

各级政府和干部要清醒认识宁夏治理环境污染、修复生态的紧迫性和艰巨性，着力解决宁夏面临的生态环境问题。大力实施生态立区战略，切实把

① 《习近平谈治国理政》第二卷，外文出版社，2017，第 75 页。

生态文明建设的原则和目标与宁夏经济社会发展紧密结合，在谋发展、做决策、上项目等各方面要始终把保护生态环境放在优先位置。在承接东部产业转移和招商引资过程中，要重点引进技术含量高、能源消耗少、环境污染低的项目和产业，杜绝引进“三高”项目和产业，降低其对生态环境污染的可能。同时，用完善的法律制度和强有力的执法手段作后盾，完善执法工作机制，提升执法规范化水平，依法打击各种生态环境违法行为。加大对大案要案挂牌督办和查处的力度，继续保持环境保护执法工作的高压态势，持续打好污染防治攻坚战，切实筑牢生态安全屏障，真正促进经济高质量发展。

（四）补齐民生领域短板，着力保障和改善基本民生

持续加大公共财政用于民生事业的支出力度，遵循适应发展并适度超前的原则，构建多极支撑的公共服务供给机制，鼓励社会力量参与民生项目建设、运营和管理。注重提升供给质量、调整供给结构、解决公共服务供给数量不足的问题，统筹推进宁夏民生事业的可持续发展。健全面向宁夏中南部贫困地区的社会发展扶持政策，加大基本公共服务的财政投入力度，缩小城乡、山川之间基本公共服务的差距，促进基本公共服务的区域均衡。

着力解决义务教育领域突出问题，促进义务教育均衡发展。针对义务教育出现的城镇学校学生多、乡村师资力量薄弱、城乡教育发展不均衡以及“择校热”“大班额”等问题，要通过合理布局学校、切实加强教师队伍建设，改善乡村办学条件补短板。要提高义务教育整体质量，推进义务教育办学体制改革，有效解决“择校热”“大班额”等突出问题。加快“互联网+教育”示范区建设，健全城乡义务教育一体化发展机制，确保劳动年龄人口平均受教育年限达到10.8年以上。

建立结构优化、运行高效的医疗服务体系。加快“互联网+医疗健康”示范区建设，深化医药卫生体制改革，加强基层医疗卫生服务体系及全科医生队伍建设。持续加大基本医疗投入，加大健康扶贫投入力度，建立健全基本医疗保险和大病医疗保险等救助与保障措施，防止因病致贫和返贫。打造幼有所育、老有所养的育幼养老机制。增加育幼、养老投入，探索发展各种

婴幼儿照看及陪护服务形式，大幅增加普惠性幼儿园，建立和完善婴幼儿早期发展和托育服务体制，支持婴幼儿早期发展和托育服务走向规范化和多元化。完善社区养老服务业，探索“托老院”等养老模式，改革完善医养结合政策，扩大长期护理保险制度试点。同时有序推进乡村振兴战略，推动基础设施、基本公共服务向农村延伸，建立健全农村留守儿童、留守妇女、留守老人的关爱服务体系。确保农村自来水、公共交通等指标达标。

（五）坚持底线思维，着力增强防范化解重大风险意识

当前，我国正面临“三期叠加”的经济发展新常态，经济下行压力持续增大。因此，在全面建成小康社会的决胜阶段，宁夏全区各级领导干部一定要坚持底线思维，不断完善防控重大风险的体制机制。全面、深刻地分析和把握宁夏在经济社会发展中存在的各种显性、隐性和潜在的风险隐患，将风险防控要求落实到每个行业、每个岗位以至每个环节，形成完整的责任链，不断提高防范化解各种风险的能力和水平。

我们要把总体国家安全观同本地区本领域的具体实际有机结合起来，减少各种增量风险。在推动经济高质量发展中防范化解意识形态、经济金融、地方债务、民族宗教等领域的风险。强化主流意识形态的引导作用，牢牢掌握意识形态领域的话语权和主动权。扎实开展各类风险的排查调查处置工作，持续深入推进“扫黑除恶”专项斗争，及时做好青年群体的思想政治工作，确保社会安全与稳定。

参考文献

李春根：《全面建成小康社会：理论分析、进度监测与政策优化》，《湖南师范大学社会科学学报》2018 年第 4 期。

李增辉、刘峰：《宁夏：大力实施“三大战略” 塞上江南更美丽》，中国新闻网，http：//www. chinanews. com/gn/2019/08 – 31/8943176. shtml。

刘儒、王媛：《着力补齐制约全面建成小康社会的短板和弱项》，《红旗文稿》2019

年第 11 期。

刘雅静：《着力补齐宁夏全面建成小康社会短板》，《宁夏日报》2019 年 8 月 6 日，第 12 版。

孙仲彝：《从全面建设小康社会到全面建成小康社会的实践探索与理论创新》，《上海农村经济》2018 年第 12 期。

汤文隽：《全面建成小康社会决胜阶段的基本特点与重大难题的解决》，《哈尔滨师范大学社会科学学报》2019 年第 4 期。

B.14
青海省全面建成小康社会指标体系及实现路径研究

课题组*

摘　要： 党的十八大提出到2020年全面建成小康社会，是党中央向人民、向历史做出的庄严承诺，是实现中华民族伟大复兴的重要基础和关键一步。青海作为西部欠发达省份，自然条件差，经济社会发展底子薄，实现与全国同步全面建成小康社会目标，是事关人民福祉和民族复兴大业的重大历史任务。对青海全面建成小康社会的指标体系及实现路径进行专题研究，旨在通过系统分析研判，准确把握青海全面建成小康社会现状及所处发展阶段，认清差距，找准短板弱项，提出对策建议，为政府科学谋划、精准施策，确保如期同步全面建成小康社会提供参考。

关键词： 小康社会　指标体系　青海

从改革开放到党的十九大以来，全面建成小康社会的蓝图日益丰满、路线更加清晰、内容更加丰富、主题更加深刻。青海省委省政府坚决贯彻党中

* 马起雄，青海省社会科学院副院长，研究方向：区域经济；杜青华，青海省社会科学院经济研究所所长、副研究员，研究方向：区域经济；杨军，青海省社会科学院经济研究所副研究员，研究方向：青海经济史；肖莉，青海省社会科学院社会学所副研究员，研究方向：社会治理；魏珍，青海省社会科学院经济研究所助理研究员，研究方向：区域经济；刘畅，青海省社会科学院经济研究所研究实习员，研究方向：区域经济协调发展；杨锡昆，青海省统计局高级统计师。

央决策部署，把全面建成小康社会作为治青理政的首要任务，科学规划、周密部署，绘就了美好蓝图。2005 年省政府印发《青海省全面建设小康社会规划纲要》（以下简称《小康规划》）提出了六项规划目标，制订了青海实现全面建设小康社会目标前六年和后十年两个阶段的路线图。2016 年《青海省国民经济和社会发展第十三个五年规划纲要》（以下简称《“十三五”规划》），根据全面建成小康社会决胜阶段的新形势、新任务，设定了经济发展、生态文明、民生福祉、创新驱动四个方面 28 项主要指标。全面建成小康社会进入攻坚阶段后，青海省委省政府坚定围绕“与全国同步全面建成小康社会，建设更加富裕、更加文明、更加和谐、更加美丽的新青海”的奋斗目标，推进实施“五四战略”和“一优两高”部署，进一步细化、实化了青海同步全面建成小康社会的重点任务和工作举措。

一　青海全面建成小康社会指标体系的构成与测度

全面小康指标体系是由不同领域、不同侧面相互联系的若干个单项统计指标所构成的指标集成，是开展监测、分析、评价和预测全面小康进程的基本要素和依据。课题组坚持全面性、可操作性原则，尽可能选取代表性强、便于量化测度、社会感知度高的指标参与测度评价。同时，指标体系考虑了与全国小康指标体系的适度衔接，体现青海经济社会发展客观实际和特点。

（一）指标构成要素

按照习近平总书记“全面建成小康社会必须全国一盘棋，但标准不能一刀切”，青海等四省藏区“一些指标可以同全国比，一些指标要同西部地区比，一些指标要同自己的过去比”等重大要求，参照国家统计局监测方案，在与青海省《小康规划》《“十三五”规划》及多个外省市指标体系充分对比的基础上，结合青海省情实际，本文设定了青海全面建成小康社会的指标体系，包括经济发展、人民生活、社会进步、公共服务、资源环境 5 个大类，选取了 32 项二级指标和若干三级指标（见表 1）。本指标体系基本囊括了全面小康社会的基本层面和主要构成要素。

从指标结构看，既有价值量指标，又有实物量指标，二者相结合，并以比率、比重等相对指标呈现，便于观察比较。从指标内容功能看，每个指标较好反映了相应的内容、内涵特点。本指标体系旨在突出体现“一脱贫、两翻番、四实现”的核心要求，即到2020年建档立卡贫困人口全部脱贫，地区生产总值和城乡居民人均可支配收入翻一番，生态环保、经济发展、公共服务、社会进步实现预期目标。其中，“一脱贫、两翻番”是必须完成的硬性约束和标志性指标，“四个实现”既有约束性指标也有预期性指标。为保持与《“十三五”规划》口径相一致，生产总值和城乡居民收入两个翻番指标的监测仍以2011年为基期，并以2010年为基期做了补充说明，基本符合国家全面建成小康社会总体要求，也兼顾了青海特点。

（二）测度评价方法

1. 目标值的选取

指标目标值的选取主要依据《“十三五”规划》和部门行业专项规划。专项规划没有明确的，以部门填报的2020年预计数据为准。专项规划没有明确、部门没有填报预计数据的，课题组根据该项指标近年来的发展趋势做出预测。

2. 资料来源及测算

（1）根据研究目的、方法，制定设计了青海全面建成小康社会数据收集统计表，由20多个省级部门、单位填报，课题组进行了整理。

（2）指标的含义、统计范围、计量单位和计算方法，凡是国家统计局明确的，以国家统计局的为准；国家统计局没有明确的，按照部门、行业标准执行。

（3）若指标数值达到或超过目标数值，实现程度即为100%，超过目标值的不再另行加分。

（4）实现程度评价值的计算采用综合指数法，将指标实际值与目标值相除，计算得到的评价值与实际值序列走势完全一致，评价值越大说明该指标的状况越好，这些指标也称为正指标。与其相对应的为逆指标，其计算方法和反映的状况正好相反。类指数由其包括的单项指数合成，总指数由其组成的类指数合成计算，并严格遵循统计的理论方法。

3. 权重的确定

本课题采用了德尔菲法，即专家调查法，进行权重打分，课题组进行综合评判后确定。在专家调研中，将指标的重要性程度按照“非常重要”“重要”“一般”“不重要”“非常不重要”的选择，由高到低计分，然后对有效问卷的分值进行统计分析。设有效问卷的份数为 N，其中对某一项指标回答“非常重要”的人数为 N_5，回答“重要”的为 N_4，回答“一般”的为 N_3，回答“不重要”的为 N_2，“非常不重要”的为 N_1，设某一个指标的得分为 X_i可得某一指标得分的计算公式：

$$X_i = \frac{5N_5 + 4N_4 + 3N_3 + 2N_2 + N_1}{N}$$

依照这个公式，逐一计算出一级指标和二级指标中各个指标的重要性得分。设某项指标的权重为 W_i，则计算公式如下：

$$W_i = \frac{X_i}{\sum_{i=1}^{n} X_i}$$

最终得到指标的权重结果如表 1 所示。

表 1　青海省全面建成小康社会指标体系及权重

指标	权重
全面建成小康社会总体实现程度	100
一、经济发展	24
1. 地区生产总值(当年价)	3
2. 人均 GDP(2010 年不变价)	6
3. 第三产业增加值占 GDP 比重	4
4. 常住人口城镇化率	5
5. 科技进步贡献率	4
6. 旅游总收入	2

续表

指标	权重
二、人民生活	29
7. 城乡居民人均可支配收入(2010 年不变价)	6
8. 恩格尔系数	3
9. 城镇登记失业率	3
10. 农村贫困发生率(现行标准)	6
11. 城乡居民基本保险参保率指数	5
12. 养老金增长水平指数	3
13. 城乡居民家庭人均住房面积达标率	3
三、社会进步	12
14. 社会安全指数	2
15. 每万人拥有律师数	2
16. 劳动年龄人口平均受教育年限	3
17. 人口平均预期寿命	3
18. 民族团结进步创建率指数	2
四、公共服务	14
19. 人均公共文化财政支出(大口径计)	3
20. 城乡居民文教娱乐服务支出占家庭消费支出比例	2
21. 广播电视综合人口覆盖率	2
22. 互联网用户普及率(移动宽带用户普及率)	2
23. “三馆一站”覆盖率	2
24. 农村水电路“三通”指数	3
五、资源环境	21
25. 单位 GDP 能耗(2010 年不变价)	4
26. 空气质量优良天数比例(地区级)	3
27. 水体质量达标率指数	3
28. 林草覆盖率指数	3
29. 非化石能源生产比重	2
30. 城市生活垃圾无害化处理率	2
31. 城镇建成区绿化率	2
32. 城市污水处理率	2

二　青海全面建成小康社会进程分析

（一）实现程度评价

经初步测算，2018 年青海省全面建成小康社会整体实现程度达到 96.57%。其中：经济发展为 94.69%，人民生活为 95.40%，社会进步为 98.19%，公共服务为 98.22%，资源环境为 98.32%。具体评价如下。

1. 经济发展层面的实现程度好于预期

“十三五”前三年，地区生产总值年均增速 7.5%，高于同期全国 6.7%的平均增速。2019 年上半年同比增长 5.7%，经济运行总体平稳。2018 年，地区生产总值达到 2865.23 亿元，比 2010 年翻了 1.05 番，比 2011 年翻了 0.87 番；全省人均 GDP 达到 47689 元（全国为 64644 元），突破 7000 美元大关，增速高于同期全国平均增速 0.2 个百分点；服务经济主导地位逐步凸显，第三产业增加值比重上升到 47.1%，提前实现规划目标；常住人口城镇化率虽然未能达到规划目标进度，但城镇化质量得到了持续提升；科技进步贡献率为 53%，达到规划目标进度，科技创新能力稳步提升；旅游总收入达到 466.3 亿元，超出年度预期目标进度 6.2 个百分点，整体呈现快速发展态势。综上所述，经济发展层面的 6 项指标中，第三产业增加值占 GDP 比重已提前实现目标任务，旅游总收入指标超过目标进度，地区生产总值、人均 GDP 和科技进步贡献率等 3 项指标达到目标进度，常住人口城镇化率未达到目标进度。

2. 人民生活层面的实现程度符合预期

2018 年，全省城乡居民人均可支配收入达到 20757 元（当年价），城乡居民人均可支配收入分别达到全国水平的 80.3% 和 71.1%，与全国平均水平的相对差距由 2015 年的 1.27∶1 和 1.44∶1 分别缩小到 2018 年的 1.25∶1 和 1.41∶1，提前 5 年实现了比 2010 年翻一番的目标。若按 2010 年不变价计算，2018 年达到 16349 元，2019 年只需 6% 的增速即可实现比 2011 年翻一番的目标。体现基本民生保障水平的指标显著提升，恩格尔系数为28.2%，低于国家30%的监测标准；城镇登记失业率为3%，控制在3.4%的规划水平之内；农村贫困发生率降至2.22%，累计脱贫45.3万人，完成脱贫目标的87.1%，有望提前一年实现贫困人口全部脱贫；城乡居民基本保险参保率指数（由基本养老保险参保率和基本医疗保险参保率合成）为98.72%，达到规划目标进度；养老金增长水平指数为93.50%，超过规划目标进度，特别是城乡居民基础养老金水平已走在全国前列；城乡居民家庭人均住房面积达标率为40.2%，比2010年翻了近一番。综上所述，人民生活层面的7项指标中，恩格尔系数和城镇登记失业率两项指标已提前实现目标任务，城乡居民人均可支配收入、农村贫困发生率、养老金增长水平指数和城乡居民家庭人均住房面积达标率等4项指标超过目标进度，城乡居民基本保险参保率指数达到目标进度。

3. 社会进步层面的实现程度好于预期

2018年，全省社会安全指数（由万人刑事犯罪率和万人交通事故死亡率合成）达到98.9%，超过规划目标进度；每万人拥有律师数达到1.67人，超过规划目标进度；劳动年龄人口平均受教育年限达到9.34年，超过规划目标进度；受自然环境、综合医疗保障水平等多重因素影响，人口平均预期寿命为72.05岁，较2010年的69.96岁提高了2.09岁，但较同期全国77岁低4.95岁；全省75%的市州和一半以上的县市已经建成全国民族团结进步创建示范，打造了“南有云南，北看青海”的亮丽名片，民族团结进步事业走在全国前列，有望顺利实现2020年建成全国民族团结进步大省的目标。综上所述，社会进步层面的5项指标中，民族团结进步创建率已提前实现目标任务，社会安全指数、每万人拥有律师数、劳动年龄人口平均受教育年限等3项指标超过目标进度，人口平均预期寿命未达到目标进度。

4. 公共服务层面的实现程度明显好于预期

2018年，全省人均公共文化财政支出达到590.7元，提前实现了目标任务；城乡居民文教娱乐服务支出占家庭消费支出比重为3.53%，达到目标进度；广播电视综合人口覆盖率98.6%，超过规划目标进度；互联网用户普及率达到98.09%，提前实现规划目标；“三馆一站”覆盖率达到98%，提前实现了目标任务；农村水电路“三通”指数（由农村自来水普及率、建制村通电率和通客车率合成）为95.02%，达到目标进度。综上所述，公共服务层面的6项指标中，人均公共文化财政支出、互联网用户普及率、“三馆一站”覆盖率等3项指标提前实现目标任务，广播电视综合人口覆盖率超过目标进度，城乡居民文教娱乐服务支出占家庭消费支出比例、农村水电路“三通”指数2项指标达到目标进度。

5. 资源环境层面的实现程度明显好于预期

2018年，反映空气质量情况的空气质量优良天数比例达到90.9%，提前实现了目标任务；反映能源资源节约利用情况的单位GDP能耗和非化石能源生产比重2项指标提前实现了规划目标。其中，单位GDP能耗按2010年价格计算达到1.5604吨标准煤/万元，较2015年降低了15%；非化石能源生产比重预计达到47%以上，高出规划目标4个百分点以上；反映水体水质情况的湟水河出省断面Ⅲ类水质达标率和三大河流干流出省断面水质Ⅱ类以上达标率均达到100%，提前实现规划目标；反映国土绿化和环境治理情况的林草覆盖率指数（由森林覆盖率和草原植被覆盖度合成）达到96.8%，超过规划目标进度；城市生活垃圾无害化处理率达到96.01%，提前实现规划目标；城镇建成区绿化率和城市污水集中处理率分别达到26.56%和87.7%，均超过规划目标进度。综上所述，资源环境层面的8项指标中，单位GDP能耗、空气质量优良天数比例、水体质量达标率指数、非化石能源生产比重、城市生活垃圾无害化处理率等5项指标均提前实现目标任务，林草覆盖率指数、城镇建成区绿化率、城市污水处理率等3项指标超过目标进度。

总体来说，截至2018年，青海省全面建成小康社会指标体系中的5大类32项主要指标总体进展好于预期，个别指标仍需持续加力。其中，已经提前实现目标任务的指标有12项，包括第三产业增加值占GDP比重、恩格尔系数、城镇登记失业率、民族团结进步创建率、人均公共文化财政支出、互联网用户普及率、“三馆一站”覆盖率、单位GDP能耗、空气质量优良天数比例、水体质量达标率指数、非化石能源生产比重和城市生活垃圾无害化处理率；超过目标进度的指标有12项，包括旅游总收入、城乡居民人均可支配收入、农村贫困发生率、养老金增长水平指数、城乡居民家庭人均住房面积达标率、社会安全指数、每万人拥有律师数、劳动年龄人口平均受教育年限、广播电视综合人口覆盖率、林草覆盖率指数、城镇建成区绿化率和城市污水处理率；达到目标进度的指标有6项，包括地区生产总值、人均GDP、科技进步贡献率、城乡居民基本保险参保率指数、城乡居民文教娱乐服务支出占家庭消费支出比例和农村水电路“三通”指数；未达到目标进度的指标有2项，包括常住人口城镇化率和人口平均预期寿命。

总体观察，经过多年的努力，青海的全面小康建设迈出重大步伐，人均地区生产总值、城乡居民收入、农村贫困发生率等主要指标取得历史性突破，经济建设成效显著，社会事业快速发展，人民生活水平稳步提升，生态建设与环境保护态势良好，全面建成小康社会总体进程进展顺利。

（二）青海与全国同步全面建成小康社会面临的短板弱项

考虑到青海地处我国西部地区和少数民族聚居区，自然条件严酷，生态环境脆弱，90%的国土面积属于禁止或限制开发区域，影响发展的制约因素较多，经济社会发展总体滞后于全国平均水平，发展不充分不平衡问题突出，小康社会建设水平仍处于全国较低层次，在建成全面小康社会的征程中还存在一些短板和弱项，如新型城镇化、民生事业、深度贫困人口持续脱贫、城乡区域均衡发展、社会治理、生态环境等方面还有一定差距，青南高寒牧区和东部干旱山区经济社会发展和基本公共服务相对滞后等问题仍需下大力气解决。

1. 新型城镇化建设亟待加快推进

当前，青海已进入城镇化快速发展时期，初步形成了以城市群为重点，大城市带动、小城镇协调发展的格局。但总体来看，青海新型城镇化建设进程仍相对滞后，城镇化水平比全国同期平均水平低5个百分点。2018年，全省除海西和西宁两地常住人口城镇化率达到72%以上外，其余市州的常住人口城镇化率均低于43%，黄南、玉树、果洛三州城镇化率分别只有37.79%、36.65%和27.88%。究其原因，一方面，受自然环境、人口密度等多重因素影响，全省大部分城镇综合承载能力弱，基础设施提质增效任务艰巨。另一方面，农牧民进城人口深度融入城镇，公平享受市民待遇等问题还未得到根本解决。城镇化内生动力不足、城镇化进程受自然和生态环境约束明显。

2. 社会事业发展整体水平相对较低

随着全省城乡居民生活水平的提高和中等收入群体的扩大，人民群众的需求层次发生了明显变化，对美好生活的期盼越来越高。尽管近年全省社会事业发展速度不断加快，每年的民生支出都占公共财政支出的75%以上，但总体上看，社会事业发展整体还比较滞后，教育、医疗、养老等公共资源配置整体水平仍然相对偏低，基层教育、卫生专业人才流失严重，学前教育和义务教育“乡村弱、城镇挤、择校热”等问题突出，医疗卫生资源供需矛盾比较突出。全省农牧区仍有36所乡镇卫生院基础设施建设尚未达标，35%的村卫生室基本诊疗设备配备未达标，在城市社区已建成的28所社区卫生服务中心，达到标准化的仅占38.46%。农牧区乙肝等传染病和包虫病等地方病、城镇地区高血压等慢性病的综合防治水平有待进一步提升。2018年全省人口平均预期寿命虽然较2010年提高了2.09岁，但提高幅度仍低于同期全国平均水平。居民健康预防治疗、食品药品安全保障等一系列反映居民生活质量和卫生医疗水平的新老问题叠加。

3. “病、老、残”等深度贫困人口持续脱贫难度较大

青海作为我国集中连片特殊困难地区和国家扶贫开发重点县全覆盖的省份，是国家确定的“三区三州”深度贫困重点攻坚地区之一，虽然贫困人口绝对数量不大，但总体贫困程度较深，脱贫攻坚情况特殊、任务繁重。特别是贫困人口较为集中的东部干旱山区和高寒牧区等深度贫困地区的自然条件严酷，脱贫攻坚点多线长，投入成本和工作成本远高于内地，基础设施建设历史欠账多，基层医疗教育人才等“软实力”较弱，补齐“病、老、残”贫困人口及其家庭的义务教育、基本医疗、安全住房“三保障”短板尤为

紧迫和重要。

4. 城乡区域发展不均衡问题突出

青海集中了西部地区、民族地区、高原地区和经济欠发达地区的所有特征和困难，整体发展水平滞后。省内城乡、区域之间差异较大，不仅城乡之间存在二元结构，农区与牧区之间也存在二元结构，区域间整体组织性差，产业密集度低，民族地区发展落后，县域经济发展缓慢，发展不充分、不均衡。以城镇辐射带动农牧区发展的体制机制尚待健全，城镇公共服务向农牧区延伸不够，城乡基本公共服务均等化程度低。牧区六州基本上处在重点生态功能区或国家公园范围内，发展制约因素更多，农牧业发展滞后、农牧民收入不高等问题长期存在。这些问题始终是制约城乡区域协调发展不可忽视的短板因素。

5. 新形势下基层社会治理转型发展相对缓慢

青海多民族聚居、多宗教并存、多元文化交融的特殊省情，决定了社会治理的重要性和复杂性。随着全省经济社会的发展和改革的不断深入，社会各阶层利益诉求呈现多元化趋势，各种新老社会矛盾交织，非传统安全威胁日益增多，反分裂反渗透形势仍然严峻，维稳工作变数和风险依然不小，社会治理面临全新挑战。新形势下，社会治理“四化”水平不高，社会组织的功能发挥不充分，公民参与社会治理的意识和能力不强等问题更为突出，其日益成为全面建成小康社会必须加以强化的弱项。

6. 生态环境保护与建设任重道远

多年来，青海坚持以生态保护优先统领经济社会发展，生态文明制度体系基本建立，国家公园体制试点探出新路，生态环境恶化趋势得到扭转。但是，全省禁止和限制开发区域广、管护面积大，生态补偿范围小、标准低，部分自然保护区内矿产资源勘探开发退出补偿等问题尚未妥善解决。重大生态保护与建设工程尚未全覆盖。大气、水、土壤污染等新老问题并存，区域性、结构性环境问题依然存在。电子垃圾等废弃物回收和再利用机制尚待完善。单位 GDP 能耗是全国平均水平的 2 倍以上，水资源产出率不到全国平均水平的 80%。推进更高水平和更高标准的生态保护与建设任重而道远。

三 青海补齐全面建成小康社会短板的实现路径

全面建成小康社会已进入最后的攻坚决胜阶段，要坚持目标引领和问题导向相结合，聚焦关键领域，围绕薄弱环节，突出重点人群，深入实施“一优两高”部署，着力提升生态环境保护和建设质量，着力推动高质量发展，着力保障和改善民生，扎扎实实补短板、强弱项，确保如期全面建成小康社会，得到群众普遍认可，经得起历史检验。

（一）聚焦城镇化短板弱项，加快推进新型城镇化进程

把新型城镇化建设作为推进“一优两高”的重要抓手，补足中小城镇数量偏少短板，大力提升城镇承载能力，创新体制机制，推进农牧民市民化进程，确保2020年如期完成城镇化目标。加快青海新型城镇体系建设。推动平安、互助行政区域调整，以东部城市群建设带动“大西宁”建设。持续壮大海东、格尔木、德令哈、玉树等区域性城市，推动共和、同仁等地有序设市，建设以共和为区域中心城市，同仁、海晏为区域副中心城市，环湖、沿黄重点城镇为支撑的泛共和盆地城镇区。着力提升城镇综合承载力。以河湟谷地城市群建设、“大西宁”城市发展、海东城市功能完善、柴达木盆地城镇空间格局优化、泛共和盆地城镇区建设为重点，创新城镇基础设施融资机制，统筹推进中心城市、副中心城市和重点城镇的人口、产业、基础设施、公共服务等综合配套，营造更富有人文关怀的公共活动空间。有序推进农牧业转移人口就近市民化。全面放宽城市落户条件，增加居住证、公共服务项目，推动进城落户和城镇基本公共服务均等化，逐步消除城乡区域间户籍壁垒。

（二）聚焦民生领域短板弱项，加快推进社会事业全面发展

努力满足人民群众对美好生活的向往和需求，持续扩大教育、医疗、社保、就业、养老等基本公共服务供给，全面提高人民群众生活质量和健

康水平。加快教育优质均衡发展。紧盯义务教育乡村弱、城镇挤、城乡发展不均衡等问题，将公共教育资源更精准投向困难地区和薄弱环节，继续实施义务教育全面改薄工程，改善农牧区办学条件，加强基层学校师资力量建设，着力解决“上好学、大班额、择校热”问题。增强公共卫生综合服务能力。全面深化公立医院综合改革，健全完善现代医院管理制度，加强全科医生队伍建设，统筹推进医疗卫生服务体系标准化建设。完善社会保障体系。大力推进全民参保计划，进一步完善城乡居民基本养老保险制度，稳步提高待遇水平；加强医疗保障体系建设，完善医疗保险关系转移、异地结算等制度；提高工伤保险统筹层次，健全失业保险制度。促进多渠道就业增收。通过对口帮扶、劳务输出、龙头企业带动、公益岗位、创业带动等途径增加就业。实施就业援助，确保城镇有就业能力的家庭至少有一人就业。努力扩大基本养老服务供给。针对老龄化加快的趋势，丰富养老服务业态和服务模式，加快老龄事业和产业发展，推进医养结合的养老服务体系建设。加大乡镇和社区养老服务设施建设力度，推进农牧区幸福院等互助型养老服务发展。抓好西宁、海东两市居家和社区养老服务国家试点工作。

（三）聚焦脱贫攻坚短板弱项，加快推进精准防贫机制建设

瞄准特定贫困群众，聚焦深度贫困地区，以解决突出问题为重点，加大政策倾斜和扶贫资金整合力度，加快健全精准防贫长效机制，确保2019年底实现绝对贫困“清零”目标，圆满完成省委省政府“四年集中攻坚，一年巩固提升”的部署。全力打赢“三保障”攻坚战。要坚持“缺什么补什么”的原则，全力补齐教育、医疗、住房短板。加大对特殊困难群体的帮扶力度。实施开发式和保障性相统筹的扶贫模式，建立以社会保险、社会救助、社会福利制度为主体，以慈善帮扶、社工助力为辅助的常态化的综合保障体系。建立健全稳定脱贫和防范返贫的长效机制。绝对贫困人口“清零”后，要加快治理机制从扶贫为主向防贫为主转变，建立科学有效的精准防贫长效机制。统筹解决好贫困边缘人口发展问题。重视防范因病因灾因意外事

故致贫返贫风险，从源头上防止出现新的贫困和已脱贫人口返贫。持续推进产业扶贫。实施好牦牛和青稞种养、光伏及旅游扶贫等产业三年扶贫计划，通过加大资金支持力度、打造全产业链条、提升电商平台营销能力等措施，保障贫困人员直接或间接实现增收。抓好扶贫产业园、到户产业扶贫项目，保障村集体和贫困群众有稳定的收益。

（四）聚焦城乡区域发展短板弱项，加快推进协调均衡发展

根据全省生产力布局和主体功能区定位，以重点开发区率先协调发展为重心，以融入“一带一路”“长江经济带”规划为支撑，不断培育区域竞争新优势，增强区域发展的协同性和联动性。

优化全省区域分工布局。着力构建西宁－海东都市圈、柴达木两个核心增长极，充分发挥两增长极的辐射扩散效应，带动区域中小城镇和农牧区经济发展。青南地区在保护好生态的前提下，加快发展生态经济，建成国家重要绿色生态产品供给地、国家生态安全屏障、特色文化体验旅游目的地，实现区域长期稳定发展。

优化城乡协同发展布局。依照城乡规划等地域功能，合理规划空间轴线和结构网络，逐步改变传统管理体制下的行政区划影响，按照乡村空间相对集聚、公共服务资源优化配置、生态承载适度的原则，强化中小城镇集聚效应，促进空心村镇整治与中心村镇迁移，构建多级聚合网络体系，形成“要素交流、多极辐射”的发展态势。加快农牧区基础设施建设。进一步完善农牧区交通、电力、通信及安全饮水等基础设施，加快消除制约农牧区的发展瓶颈，加快推进重大惠民工程建设进度。2019 年底前实现具备条件的建制村全部通硬化路，确保大电网覆盖的行政村通生产生活用电，未覆盖的行政村通生活用电和离网光伏供电。确保年底前完成近 80 万农牧民饮水安全巩固提升工程。全力实施“引黄济宁”工程，加快推进湟水南岸灌溉等工程前期工作。全面深化“光网青海”建设，加快 5G 商用部署，持续推进提速降费，打造以西宁为中心、辐射周边的“宽带无线城市群”。

（五）聚焦社会治理短板弱项，加快推进基层社会治理创新

按照党的十九大关于打造共建共治共享的社会治理格局的新要求，将基层社会治理与法治政府建设、脱贫攻坚、民族团结进步创建、乡村振兴战略实施等紧密结合，全面加强和创新社会治理，确保社会治理成果惠及民生。打好防范化解重大风险攻坚战。宏观上着力做好反对暴力恐怖等五大领域风险预警、预控工作。微观上要防范农业农村重大风险，防范化解政府隐性债务风险，防范粮食安全风险、农产品质量安全风险，防范区域品种同质产能过剩风险以及防范农民工“失业”、乡村生态环境破坏等风险。创新基层社会治理模式。加快基层社会治理向更加精细化、科学化方向发展。突出地域和民族特点，实现“枫桥经验”青海化。打造“班玛经验”升级版，深入推进川甘新青平安边界建设。增强基层组织能力。加强对村“两委”主要负责人的知识更新、能力提升培训。健全村级组织运转经费和基本服务经费保障机制，进一步完善村党组织领导下的村务监督机制，强化对村务决策等方面的监督。加强农牧区精神文明建设。大力发展乡村文化，加强“扶智扶志”教育，全面推进“精神脱贫”，打击遏制“黄赌毒”违法行为。着力培育新时代文明乡风、良好家风、淳朴民风，为全面建成小康社会提供强大精神动力。推进民族团结进步创建活动。认真贯彻落实《青海省促进民族团结进步条例》，健全目标考核机制和工作运行机制，深入开展创建“十进”和“创建+”活动，为全省社会和谐发展提供重要保证。

（六）聚焦污染防治短板弱项，加快推进生态环境保护建设

对青海而言，保护生态环境就是保护生产力，建设生态环境就是发展生产力。保护生态环境、打赢污染防治攻坚战，是青海补齐自身短板弱项的现实需要，必须树牢生态保护优先理念，让青海的青山绿水真正成为惠及全民的金山银山。全力打好蓝天、碧水、净土三个保卫战。加强东部城市群主要大气污染联防联控，深入开展城市扬尘综合整治；结合“管廊城市”建设试点，实施城镇污水提质增效行动，推进农牧区生活污水治理；强化土壤污

染管控和修复，建立污染地块名录及开发利用负面清单，加快实施矿山环境治理修复工程，强化固体废物污染防治及危险废物经营许可和转移管理。加快国家公园示范省建设步伐。抓紧编制国家公园省建设总体规划，纵深推进三江源、祁连山国家公园体制试点，探索推进青海湖、昆仑山国家公园体制试点，推动可可西里世界自然遗产地管理和保护。落实好新一轮草原生态保护补助奖励等政策，使更多群众在生态保护中获利受益。加大重点流域生态治理。推进三江源二期、环青海湖地区、祁连山生态保护修复试点等工程，实施湟水河流域生态修复和综合治理、黄河干流流域生态环境整治工程。加强东部干旱山区生态屏障建设，推进柴达木生态环境保护和综合治理，争取将河湟谷地、柴达木盆地、泛共和盆地纳入国家山水林田湖草保护修复支持范围，实现重点区域重大生态工程全覆盖。深入推进农牧区人居环境综合整治。扎实开展农牧区“厕所革命”，持续治理生活垃圾和生活污水。加大农业面源污染防治，稳步推进畜禽养殖污染防治和农牧业废弃物资源化利用。提升基础设施和公共服务水平。探索综合管理及社会化管护模式，不断完善农牧区人居环境管护长效机制。到 2020 年底力争实现所有乡镇和 90% 以上村庄垃圾有效集中处理。

（七）着眼长远，全力推动经济高质量发展

青海全面建成小康社会存在的短板弱项，说到底都是发展不足、发展质量不高的问题，最终要靠推动高质量发展来解决。必须始终秉持发展是硬道理的思想，从青海的资源禀赋和在国家战略中所处的地位出发，紧紧抓住国家新时代推进西部大开发形成新格局的政策机遇。着力发展循环经济。以盐湖化工、金属冶炼、新能源、新材料等为主，培育产业集群，构建多产业纵向延伸、横向融合的循环经济产业体系。加快发展清洁能源。抢抓国家推行高比例可再生能源发展战略、可再生能源电力消纳责任权重等机遇，加快建成海西、海南两个千万千瓦级可再生能源基地，优化开发水、光、风、地热等清洁能源，加快能源输送通道建设。加快发展特色农牧业。走兴农富民之路，重点发展中藏药业、绿色食品业、有机食品加工业和高原生物产业，打

造牛羊肉、青稞、枸杞、冷水鱼等特色优势品牌，加快形成全国绿色食品原料标准化生产基地和绿色食品有机农业三次产业融合发展园区。加快发展文化旅游业。积极争取把青海纳入国家全域旅游示范省，加快完善旅游基础设施和公共服务体系，构建中高端旅游产品体系，提升旅游核心竞争力。着力扶持与农牧民增收直接相关的农业观光休闲旅游等乡村旅游项目。加快发展“飞地经济”。鼓励和支持三江源、青海湖、祁连山等重点生态功能区内州、县在西宁、海西、海东等地发展“飞地经济”，促进不同区域协调发展。加快发展数字经济。加快实施数字产业培育壮大、数字服务创新突破、数字工业试点示范和数字政务推广应用等一批重大项目，促进数字技术在基础建设和民生领域的深度应用。

参考文献

马丽艳：《全面建成小康社会的历史演进及其实现途径研究》，新疆师范大学硕士学位论文，2014。

屈兰义、熊健益等：《四川省与全国同步全面建成小康社会研究》，《时代经贸》2019 年第 1 期。

王健：《全面建成小康社会的评价方法及指标体系》，《人民论坛 · 学术前沿》2017 年第 6 期。

朱军浩：《全面建设小康社会的指标体系及政策保障》，复旦大学博士学位论文，2014。

B.15
统筹衔接精准扶贫与乡村振兴夯实全面建成小康社会之路*

王宏丽**

摘　要：　党的十九大提出的乡村振兴战略是决胜全面建成小康社会、全面建设社会主义现代化国家的重大历史任务，是新时代做好“三农”工作的总抓手。打赢脱贫攻坚战是决胜全面建成小康社会的关键，是当前实施乡村振兴战略第一个五年的首要任务。在脱贫攻坚战收官、完成目标任务逐渐明确清晰的当前，统筹衔接精准扶贫与乡村振兴成为做好下一阶段重要工作的基础。制度衔接、人才衔接、重点任务衔接是统筹衔接精准扶贫与乡村振兴的重点，是夯实全面建成小康社会的必由之路。

关键词：　精准扶贫　乡村振兴　小康社会　高质量发展　新疆

党的十九大提出的乡村振兴战略是决胜全面建成小康社会、全面建设社会主义现代化国家的重大历史任务，是新时代做好“三农”工作的总抓手。在实施乡村振兴战略的第一个五年（2018～2022年），迎接的第一个目标是

---

* 本文系新疆维吾尔自治区社科基金重点项目《新疆“访惠聚”驻村工作的实践与影响研究》（项目编号：2016ASH006）、国家民委一般项目《新疆南疆地区乡村治理与国家认同研究》（项目编号：2018－GMB－039）的阶段性研究成果。

** 王宏丽，新疆社会科学院经济研究所副所长、副研究员，研究方向为区域经济学。

2020 年全面建成小康社会。这其中，首要任务和重要基础就是打好、打赢精准脱贫攻坚战。打赢脱贫攻坚战的标准，就是到 2020 年末，全国农村贫困人口实现全部脱贫，贫困县实现全部摘帽，区域性整体贫困问题得到根本性解决。

开展精准扶贫、精准脱贫行动，既是当前最为紧要、最为关键的中心任务，也是实施乡村振兴战略的前期基础。统筹衔接精准扶贫与乡村振兴有机结合、相互促进，是夯实全面建成小康社会的重要路径，为领航全面建设社会主义现代化国家新征程、有序进行农业农村现代化建设、梯次推进乡村振兴战略奠定坚实的实践基础。

一　新疆精准扶贫的主要举措与显著成效

2011 年 12 月，中共中央　国务院印发《中国农村扶贫开发纲要（2011 ~ 2020 年）》，提出双轮驱动模式，即坚持扶贫开发与农村最低生活保障制度双轮有效衔接，共同驱动；并且在扶贫对象、扶贫内容、扶贫方式和扶贫区域等方面制定出更具针对性、法制化的扶贫攻坚规划，特别是提出“扶贫成果奖惩性规定以及扶贫立法”，在顶层设计层面实现了突破，并为走法制化的扶贫攻坚道路奠定了坚实的基础。

这一时期的扶贫攻坚战略突出“更加精准”：第一是扶贫对象更加精准。在全面提高扶贫标准之后，对扶贫对象的确定并不像以往那样是生活在扶贫标准以下的人群，而是“在扶贫标准以下具备劳动能力的农村人口”，这里重点突出的是确保动态管理机制下，有劳动能力，具备自我发展、摆脱贫困能力的农村人口。第二是扶贫内容更加精准。更加精准地提出农村人口的生产、生活、科教文卫体以及生态建设、社会保障等全方位的具体发展目标和内容。第三是扶贫方式更加精准。提出专项扶贫、行业扶贫、社会扶贫、国际合作等多种扶贫方式。第四是更加精准地突出解决“重点连片特困区域”。2011 ~ 2020 年是“双轮驱动”下更加精准聚焦集中连片区域的扶贫攻坚阶段。①

2013 年，习近平总书记提出“精准扶贫”思想，标志着中国扶贫开发进入以“精准扶贫”为特征的新阶段。2015 年，党的十八届五中全会明确提出“到 2020 年我国现行标准下农村贫困人口实现脱贫，贫困县全部摘帽，解决区域性整体贫困”。这次会议，第一次将“扶贫攻坚”改成“脱贫攻坚”，一字之差，彰显出国家“一定兑现脱贫、全面建成小康社会”的庄严承诺。2015 年 11 月，《中共中央　国务院关于打赢脱贫攻坚战的决定》印发。2016 年 11 月，《国务院关于印发“十三五”脱贫攻坚规划的通知》发布。2017 年 11 月，中共中央办公厅、国务院办公厅印发《关于支持深度贫困地区脱贫攻坚的实施意见》。2018 年 6 月，中共中央、国务院印发《关于打赢脱贫攻坚战三年行动的指导意见》。可见，自 2015 年党的十八届五中全会之后至 2018 年的四年间，国家连续发布“脱贫攻坚”相关文件，财政部、教育部、工信部、国家发改委、扶贫办等相关部门均在各自领域出台相关行动方案及配套措施，全力助推脱贫攻坚战。

综上所述，2011 年开展的中国第二个农村扶贫开发阶段，扶贫由“更加精准型双轮驱动下的重点区域扶贫攻坚阶段”发展至“精准扶贫、精准脱贫的脱贫攻坚阶段”，脱贫攻坚的目标是到 2020 年确保实现“两不愁、三保障”②；同时，实现贫困地区农民人均可支配收入增长幅度高于全国平均水平，基本公共服务主要领域指标接近全国平均水平；脱贫攻坚的目标是到 2020 年确保农村贫困人口实现脱贫，确保贫困县全部脱贫摘帽。③

（一）精准扶贫的主要举措

新疆认真贯彻落实习近平总书记关于精准扶贫、精准脱贫系列重要讲话

① 王宏丽：《新疆 70 年反贫困历程：成效·经验·展望》，《克拉玛依学刊》2019 年第 5 期，第 6 页。

② “两不愁、三保障”：“两不愁”，就是稳定实现农村贫困人口不愁吃、不愁穿；“三保障”，就是农村贫困人口义务教育、基本医疗、住房安全有保障。

③ 《中华人民共和国国民经济和社会发展第十三个五年规划纲要》，新华网，http：//www.xinhuanet. com//politics/2016lh/2016 – 03/17/c_ 1118366322. htm，最后检索时间：2020 年 3 月 30 日。

精神，认真贯彻执行党中央、国务院有关脱贫攻坚的系列决策部署，紧抓“精准”这个核心，因地制宜、精准施策，做好“底子清、路子清、责任清、资金清”，不断提高精准扶贫成效。

1. 顶层设计全局谋划

2011 年 12 月，国家出台的《中国农村扶贫开发纲要（2011 ~ 2020 年）》确定了 14 个扶贫攻坚主战场，新疆南疆三地州集中连片特殊困难地区便是其中之一。2012 年 11 月，新疆印发实施《南疆三地州片区区域发展与扶贫攻坚规划（2011 ~ 2020 年）》。南疆三地州所辖 24 个县（市）中贫困村占 75%，扶贫对象人口达到 266 万人，占新疆农村扶贫对象的 81%，是典型的集中连片深度贫困地区。《纲要》提出“区域发展带动扶贫开发，扶贫开发促进区域发展”的基本发展思路，要求坚持专项扶贫、行业扶贫、援疆扶贫、社会扶贫“四位一体”的大扶贫工作机制，按照政策、项目、资金“三优先”原则，大力支持南疆三地州片区区域发展与扶贫攻坚，在民生工程、产业发展、科技教育、干部人才交流、人员培训和劳动力转移就业等方面进一步加大对口帮扶南疆三地州的工作力度。① 2018 年，新疆出台《南疆四地州深度贫困地区脱贫攻坚实施方案（2018 ~ 2020 年）》和《自治区党委自治区人民政府关于贯彻落实〈中共中央国务院关于打赢脱贫攻坚战的决定〉的意见》，全力打响新疆三年脱贫攻坚战。同年，《新疆维吾尔自治区农村扶贫开发条例》自 8 月 1 日起实施，全面推动扶贫工作法治化。

2. 五级联动夯实机制

新疆始终将脱贫攻坚作为重大政治任务、作为第一民生工程、作为头等大事，充分发挥党委总揽全局、协调各方的领导核心作用，压实脱贫攻坚责任。自治区、地、县、乡、村五级党组织和党委政府都切实担起主体责任，党委书记负第一责任，强化组织领导，逐级传导压力，逐级压实责任，形成自治区负总责、地县抓落实、乡村抓落地的工作机制，形成上下贯通无阻、

① 王宏丽：《新疆 70 年反贫困历程：成效 · 经验 · 展望》，《克拉玛依学刊》2019 年第 5 期，第 6 页。

责任明确到底、合力扶贫攻坚的工作体系，明确任务、措施、责任清单，强化组织机构设置和人员配置，构建纵向到底、横向到边的责任体系。

在五级联动责任体系下，选派扶贫干部专职负责扶贫工作，地、县、乡三级配备1名副书记专职扶贫攻坚，地、县、乡三级扶贫办配备数量指定（30人、20人、10人）、人员稳定的专职扶贫干部，深度贫困村扶贫专职干部不少于5人，确保形成一支懂扶贫、会帮扶、作风硬的扶贫队伍。

3. 精准施策精准发力

针对长期以来贫困底数不清、情况不明等问题，聚焦发力责任落实，开展扶贫对象建档立卡信息数据复核工作，全面摸清了贫困底数，建立起区、地、县、乡、村五级贫困人口信息资料库，实现了“户有卡、村有表、乡有册、县有档、地有卷、区有库”。在摸清底数的基础上，新疆采取“七个一批”“三个加大力度”的精准扶贫措施，扶贫开发从“大水漫灌”向“精准滴灌”转变。

新疆制定“七个一批”的扶贫措施，特别是产业扶贫、就业扶贫取得了突破性进展。一是转移就业扶持一批，实施三年十万人的扶贫计划，将富余劳动力向北疆转移、向内地转移、向兵团转移；二是通过发展产业扶持一批，大力发展纺织服装、电子产品组装、鞋帽、箱包等劳动密集型产业，发展特色养殖业、种植业、民族手工业、乡村旅游业等产业，大规模建设卫星工厂扶贫车间，促进贫困群众就近就地就业；三是通过把土地收益用于向贫困人口购买劳务，带动就业；四是通过转为护边员扶持一批，将沿边深度贫困县上万名贫困户转化为护边员；五是通过生态补偿扶持一批，在贫困户中选聘草原的管护员、生态护理员；六是通过易地扶贫搬迁扶持一批，将居住在生产条件恶劣地区的老百姓转移到县城工业园区，通过搬迁实现脱贫；七是通过社会保障兜底脱贫一批，对重度残疾、丧失劳动力家庭、鳏寡孤独的老人，通过财政每年出资，准备连续实施10年。①

为使脱贫成效稳定，实现可持续性脱贫，新疆着力推进“三个加大力

① 《新疆实施“七个一批”扎实推进精准脱贫》，中国经济网—国家经济门户，http：//tuopin.ce.cn/zg/201908/06/t20190806_32822574.shtml，最后检索时间：2020年3月30日。

度”扶贫政策。第一，加大教育扶贫力度、阻断贫困代际传递。以保障义务教育为核心，全面落实教育扶贫政策，实施贫困家庭适龄学生台账化精准控辍，确保有学上、不辍学。健全贫困大学生资助政策体系，实现应助尽助，精准资助。第二，加大健康扶贫力度、防止因病致贫返贫。持续开展全民免费健康体检，积极推进基本医疗保险、大病保险、医疗救助、商业健康保险有效衔接，建立贫困人口补充医疗保险，进一步降低贫困人口医疗费用个人自付比例。实行“先诊疗后付费”和“一站式”结算服务，[①] 实行大病、慢性病、重病患者“三个一批”[②] 救治，将健康扶贫落实到人、精准到病。加强贫困乡村医疗基础设施建设，配备乡镇全科医生，做到小病不出乡村、大病不出县。第三，加大基础设施建设力度、改善生产生活条件等综合措施，精准发力，不断把脱贫攻坚工作推向深入。以重大项目工程为抓手，以补短板为突破口，大力实施农村道路、电网改造、宽带网络、安全住房、安全饮用水等项目，夯实贫困地区基础性保障力度。

（二）精准扶贫的显著成效

新疆励志通过 2018～2020 年三年脱贫攻坚行动，确保 2020 年如期实现 143.44 万人脱贫、2054 个贫困村退出、25 个贫困县市摘帽，筑牢稳定脱贫的根基，打牢逐步致富的基础，实现区域性整体贫困问题的根本解决。新疆脱贫攻坚的重中之重、坚中之坚是南疆四地州 22 个深度贫困县及所辖的 192 个深度贫困乡镇、1962 个深度贫困村和 162.75 万名深度贫困人口。新疆始终将脱贫质量置于脱贫攻坚战的首位，通过大力实施目标明确、重点突出的精准脱贫政策，精准脱贫成效显著。

1. 贫困人口数量不断减少，贫困程度逐年下降

2011 年 11 月，国家确定新扶贫标准为农民人均纯收入 2300 元。2012

---

① 《巴州人民医院积极开展“先诊疗后付费及一站式结算”服务》，https：//www.360kuai.com/pc/92673bc45b75adb22？cota＝4&tj_ url＝so_ rec&sign＝360_ 57c3bbd1&refer_ scene＝so_ 1，最后检索时间：2020 年 3 月 30 日。

② 即：大病集中救治一批、慢病签约服务管理一批和重病兜底保障一批。

年，新疆共有78万户、329万名贫困人口，占新疆农村人口的31%。[①] 与2010年新疆249万名贫困人口相比[②]，因为贫困标准的提高，80万人口成为新增扶贫对象，这对新疆扶贫开发工作提出了更高的要求。

截至2017年底，新疆尚有贫困人口189.78万人、贫困县28个，贫困发生率为11.57%；其中，南疆四地州深度贫困人口162.75万人，深度贫困县22个，深度贫困村1962个。[③] 2012～2017年，新疆共有139.22万贫困人口实现脱贫。

2018年，新疆53.7万人实现脱贫，513个贫困村退出，3个贫困县摘帽，贫困发生率降至6.51%[④]；其中，南疆四地州深度贫困地区实现52.09万人脱贫，贫困发生率降至10.4%。[⑤] 全疆投入扶贫资金334.11亿元，92.3%用于南疆四地州。[⑥]

以上分析过程及数据揭示了新疆近十年扶贫开发历程中核心指标的变化，以新疆地方统计为主。在《2018中国农村贫困监测报告》中，2010～2017年新疆农村贫困人口规模及贫困发生率如表1所示。由表1可以看出，在脱贫攻坚阶段，虽然统计口径不同，但是新疆贫困人口规模呈现不断减少的趋势，贫困程度呈现逐年下降的趋势。

由表1可以看出，新疆农村贫困人口2017年为113万人，同比减少34万人，降幅达到23.13%，下降幅度同比加大4.8个百分点；贫困发生率为9.9%，同比下降2.9个百分点。贫困地区农村贫困人口为67万人，同比减

---

① 《2012年新疆安排扶贫开发资金逾11亿元》，中国外协加工网丨中国外协网，http://www.waixie.net/news/info.php?id=7102，最后检索时间：2020年3月30日。

② 《新疆为249万贫困人口建立档案加快脱贫致富步伐》，新华网，http://news.xinhuanet.com/society/2010-01/08/content_12778057.htm，最后检索时间：2020年3月30日。

③ 《新疆维吾尔自治区政府工作报告》，http://www.xjeic.gov.cn/2018/01/30/jxgzhy/57101.html，最后检索时间：2020年3月30日。

④ 《2018年新疆经济稳中有进　保持良好发展态势》，央广网，http://news.cnr.cn/native/city/20190201/t20190201_524501041.shtml，最后检索时间：2020年3月30日。

⑤ 《截至2018年底　南疆四地州贫困发生率降至10.4%》，人民政协网，http://www.rmzxb.com.cn/c/2019-04-09/2325792.shtml，最后检索时间：2020年3月30日。

⑥ 《2018年新疆经济稳中有进　保持良好发展态势》，央广网，http://news.cnr.cn/native/city/20190201/t20190201_524501041.shtml，最后检索时间：2020年3月30日。

表1　2010～2017年各统计口径下的新疆农村贫困人口规模和贫困发生率

指标	2010年	2011年	2012年	2013年	2014年	2015年	2016年	2017年
农村贫困人口(万人)	469	353	273	222	212	180	147	113
农村贫困发生率(%)	44.6	32.9	25.4	19.8	18.6	15.8	12.8	9.9
贫困地区 农村贫困人口(万人)			138	117	111	101	80	67
贫困地区 农村贫困发生率(%)			24.5	20.0	18.7	15.8	12.8	8.7
南疆四地州 农村贫困人口(万人)		159	122	104	99	90	73	64
南疆四地州 农村贫困发生率(%)		38.7	33.6	20.0	18.8	15.7	12.7	9.1
扶贫重点县 农村贫困人口(万人)		127	103	84	97	83	69	52
扶贫重点县 农村贫困发生率(%)		30.7	24.0	17.1	19.5	15.7	13.0	9.7

资料来源：国家统计局住户调查办公室：《2018中国农村贫困监测报告》。贫困地区，包括集中连片特困地区和片区外的国家扶贫开发工作重点县，2017年贫困监测调查范围增加了阿克苏地区。南疆四地州，指连片特困地区，2016年及以前为南疆三地州的数据。文章以下资料来源及统计范畴无特别说明者均与此同。

少13万人，降幅为16.25%，下降幅度同比减小4.5个百分点，减贫难度增加；贫困发生率为8.7%，同比下降4.1个百分点。南疆四地州农村贫困人口为64万人，同比减少9万人，降幅为12.33%，下降幅度同比减小6.6个百分点；贫困发生率为9.1%，同比下降3.6个百分点。扶贫重点县农村贫困人口为52万人，同比减少17万人，降幅为24.64%，下降幅度同比加大7.7个百分点；贫困发生率为9.7%，同比下降3.3个百分点。由此可以得出以下结论：第一，新疆贫困人口的数量呈现规模不断减少的趋势，贫困程度呈现逐年下降的趋势；第二，新疆贫困地区减贫幅度降缓，减贫难度增大；第三，南疆四地州仍是新疆扶贫攻坚任务的重点区域，贫困人口占比高；第四，新疆扶贫重点县的贫困发生率仍较高，反映了贫困发生的重点区域，即新疆南疆四地州的扶贫重点县的贫困发生率更高，是扶贫工作的重中之重。

2. 贫困地区农民人均纯收入持续增加，收入结构不断优化

在脱贫攻坚阶段，新疆各统计口径下的农村常住居民人均可支配收入如表 2 所示，可以看出，虽然贫困地区的农民人均可支配收入仍较低，但是，持续性增长趋势十分显著。

表 2　2012～2017 年新疆各统计口径下农村常住居民人均可支配收入

单位：元

指标	2012 年	2013 年	2014 年	2015 年	2016 年	2017 年
农村常住居民人均可支配收入		7847	8724	9425	10183	11045
贫困地区农村常住居民人均可支配收入		5986	6635	7341	8055	9985
南疆四地州农村常住居民人均可支配收入		5692	6403	7053	7868	9845
南疆四地州农村常住居民名义增速(%)	21.4	14.5	12.5	10.2	11.6	9.7
扶贫重点县农村常住居民人均可支配收入						8860
扶贫重点县农村常住居民名义增速(%)						10.2

资料来源：国家统计局住户调查办公室：《2018 中国农村贫困监测报告》。

由表 2 数据可以看出，贫困地区农村常住居民人均可支配收入由 2013 年的 5986 元，增加至 2017 年的 9985 元，增长趋势显著。2017 年，新疆贫困地区农村常住居民人均可支配收入 9985 元，同比增加 890 元（含价格因素），名义增速达到 9.8%。其中，工资性收入为 2681 元，增加 435 元，名义增长 19.4%；经营净收入为 5112 元，增加 208 元，名义增长 4.2%；财产净收入为 84 元，增加 10 元，名义增长 13.8%；转移净收入为 2107 元，增加 237 元，名义增长 12.7%（2017 年各项结构性数据因篇幅所限未列入表 2）。由此可见，新疆贫困地区农村居民收入持续稳定增长，各项结构性收入也都有不同程度的增加。

新疆贫困地区农民人均可支配收入按收入构成分，家庭经营性收入始终

占比最大。2005 年，新疆贫困地区农民家庭经营性收入占比达 83. 4%，逐步降至 2009 年的 76. 6%，到 2016 年和 2017 年，占比降至 53. 92% 和 51. 20%，逐步下降的趋势非常明显，但仍呈绝对优势；2005 年，新疆贫困地区农民工资性收入占比为 12%，逐步上升，2009 年达到 14. 2%，2016 年和 2017 年逐步上升至 24. 69 和 26. 9%，上升趋势也很明显；2005 年，新疆贫困地区农民转移性收入占比仅为 0. 8%，逐步上升至 2009 年 8. 4%，2016 年和 2017 年达到 20. 56 和 21. 1%，变化强劲；2005～2017 年，新疆贫困地区农民财产性收入占比均不足 1%。综上所述，新疆贫困地区农民人均可支配收入构成优化趋势十分明显，贫困农民对农业收入的依赖性呈明显的下降趋势，说明农民的收入来源不再单一，呈现多样化趋势；工资性收入占比逐年提高，农民的积极创业、转移就业成效显著，工资收入大幅提高，这得益于各类农民实用技术培训的不断增多和逐步强化，跨区域劳务输出及就地就近就业政策发挥效果显著；农民转移性收入比例逐渐增加，并且幅度较大，这得益于国家不断实施的稳农、惠农、支农政策的落地和显效。

二　新疆精准扶贫存在的问题

新疆的精准扶贫、精准脱贫举措，为新疆的扶贫减贫事业取得巨大成效奠定了坚实基础。

但是，同时也要看到，新疆的贫困人口规模大、贫困程度深，扶贫难度大。2010 年，新疆的贫困发生率达到 44. 6%，在全国列倒数第三位；经过多年的扶贫开发、精准扶贫，2017 年，新疆的贫困发生率降至 9. 9%，成效显著。但是，当年新疆是全国贫困发生率最高的省区。由此可见，新疆的扶贫减贫事业任重而道远，精准扶贫、精准脱贫工作仍需要加大力度、坚持不懈、持续推进。

（一）农村集体经济发展滞后

新疆村级集体经济实力薄弱、发展滞后，主要表现在两个超过半数：全疆超过半数的行政村经营收益低于 5 万元（这其中又有超过半数的村无经营收益）；全疆超过半数的村级集体经济收入来源于政府补助（村级组织运转经费和项目建设补助费）。这两个超过半数，直接反映了新疆农村集体经济发展的薄弱和滞缓，其表现和导致的结果是：新疆村级集体企业零现状，尚无一家村办企业；村级集体经济收入来源单一、发展后劲不足，难以保证持续性和稳定性；村级债务化解能力有限；村级基层组织建设资金保障能力不足，更是无法满足村基础设施建设和提升村级公共服务能力的要求，基层组织工作及乡村治理落实渠道缺乏强有力的物质支撑；农村集体经济发展滞后，难以给予广大农民，特别是贫困农民坚实的经济保障与利益保障。

新疆农村集体经济发展的严重滞后，不利于新疆扶贫攻坚工作的开展。当前，政府作为精准扶贫、精准脱贫的主导者，极力倡导产业扶贫和就业扶贫，极力帮扶贫困农牧民解决大量基础性生产、生活所需要的物资与设备，这些均需要强大的物质资金做支撑，需要强有力的公共服务能力做基础。农村集体经济的强壮，无疑是基层政府、基层组织更好执行政府决策的坚实保障。

但是，新疆农村集体经济发展滞缓，对农村集体经济发展的重视不足，加快农村集体经济发展仍未作为当前基层政府工作的主要目标，这些问题在某种程度上进一步造成农村集体经济发展意识不足、发展手段单一、发展成效甚微，对巩固扶贫成果、保障精准扶贫有效性与可持续性的支撑力度不足。

（二）产业发展滞缓、企业支撑薄弱

产业扶贫和就业扶贫是精准扶贫方略中减贫成效最为直接、最为迅速、最具持久性的方式。但是，其也是扶贫工作最为薄弱的环节。发展产业和扶持就业，需要活跃的市场氛围、完善的市场体系、高效的市场行为，需要大量企业的积极参与和高度合作。而市场、产业和企业，都是新疆经济发展相对落后的关键性制约因素。

新疆现代农业产业体系发展滞缓，农业结构尚待调整优化，农业产业化发展之路仍需大力开拓，全产业链发展不完善，农村一二三产业交叉融合发

展不足，新产业新业态难以出现，发展新动能难以形成，企业成长能力不足，难以形成有效的产业发展支撑和有效的企业发展支撑，农民可持续性增收保障能力不足。

三 做好精准扶贫与乡村振兴的统筹衔接

精准扶贫、精准脱贫工作，是当前新疆农村，特别是南疆四地州农村重点开展的主要工作，是坚决打赢脱贫攻坚战的重要内容，是确保全面建成小康社会的前提与任务，是推进乡村振兴战略的首要任务和坚实基础。

（一）把握好精准扶贫与乡村振兴的关键内涵

精准扶贫是针对不同地区、不同人口的贫困状况，运用科学有效程序对扶贫对象实施精确识别、精确帮扶、精确管理的治贫方式。因此，精准扶贫首先针对的对象是人，是贫困户，主要解决其就业、收入问题，帮其脱离贫困。更加注重贫困群众的“精神扶贫”已是当前精准扶贫、精准脱贫的重要内容，坚持扶志扶智结合，着重激发农牧民内生发展动力。因此，精准扶贫，围绕的是人，以人的发散式的“吃、穿、住、行、教、医、老、幼”等方面开展工作，针对精准的“人”实施精准的措施，得到精准的效果。

乡村振兴战略，是“坚持农业农村优先发展，按照产业兴旺、生态宜居、乡风文明、治理有效、生活富裕的总要求，建立健全城乡融合发展体制机制和政策体系，统筹推进农村经济建设、政治建设、文化建设、社会建设、生态文明建设和党的建设，加快推进乡村治理体系和治理能力现代化，加快推进农业农村现代化，走中国特色社会主义乡村振兴道路，让农业成为有奔头的产业，让农民成为有吸引力的职业，让农村成为安居乐业的美丽家园”。因此，乡村振兴战略所指内涵更为丰富宽广。首先，乡村振兴意指发展和解决农业、农村、农民的“三农”问题，涵盖领域广；其次，乡村振兴发展目标层次性明确，二十字的总要求“产业兴旺、生态宜居、乡风文明、治理有效、生活富裕”明确发展内涵；最后，解决乡村振兴的重点和短板，是“实现乡村产业振兴、人才振兴、文化振兴、生态振兴、组织振兴，推动农业全面升级、农村全面进步、农民全面发展”。①

综上所述，精准扶贫是基础、是关键，乡村振兴是全局、是目标，精准扶贫基础要打扎实、打牢固、建成根基；乡村振兴要揽全局、谋长远、发展全面。

（二）精准扶贫打好基础，乡村振兴做好全面

随着精准扶贫、精准脱贫工作的实施，新疆贫困人口大幅下降，居民收入持续增长，生活质量稳步提高，脱贫工作取得新成就。但是，精准扶贫在取得一定成绩的同时，也面临一些问题、困难和挑战，特别突出的是：需要脱贫的人口规模大，脱贫难度提高；缓解多维贫困的任务依然艰巨；精准识别工作还存在客观方面的难题和主观方面的问题；精准管理、精准考核工作还有待进一步加强；在精准扶贫实践过程中，存在一定程度的形式化和追求短期效应的倾向；在经济“新常态”背景下，精准脱贫政策、措施的实施难度加大。因此，越是到收尾阶段，精准扶贫、精准脱贫工作难度越大。一定要确保“最后一公里”建设的有效性，为乡村振兴战略的实施打好坚实基础。

乡村振兴战略，力图解决长期困扰发展中的“三农”问题，提出了明确、具体的 2022 年发展目标，并远景谋划了 2035 ~ 2055 年的中长期发展目标，全局性和战略性特征凸显，发展内容、发展方向、发展路径、发展成效等蓝图规划完备，引导性和方向性明确。因此，可以说乡村振兴战略的实施更具备考验实践发展能力和政府执政能力的功能，从更加关注重点区域、重点人群的贫困问题，到更加注重全局、全面的协同发展问题。这里的全局和全面，既包括体现统筹城乡一体化发展、协同发展，又包括“三农”领域

---

① 《中共中央 国务院印发〈乡村振兴战略规划（2018 ~ 2022 年）〉》，中国政府网，http：//www. gov. cn/xinwen/2018 - 09/26/content _ 5325534. htm，最后检索时间：2020 年 3 月 30 日。

中的农业、农村、农民协同发展，更涵盖“二十字方针”“五大振兴”等具体领域的协同发展。

四　统筹衔接精准扶贫与乡村振兴、夯实全面建成小康社会之路的对策建议

在即将如期打赢脱贫攻坚战的当前时刻，既要目标长远谋划好“农业振兴、农村振兴和农民振兴”，又要决胜当前精准扶贫、精准脱贫重任，战略眼光和务实肯干缺一不可，夯实全面建成小康社会任重而道远。

（一）大力发展农村集体经济，做好精准扶贫的可持续性支撑

利用好“三位一体”大扶贫格局，充分发挥政府、市场、社会协同作用。政府仍是发挥绝对领导作用的主体。做好新型农村集体经济发展的顶层设计，成立专门的部门狠抓农村集体经济发展。以制度设计和政策创新为引领，以资金、项目、人才的生产要素投入为基础，以大农业发展为布局，以大产业发展为谋划，因地制宜地设计好农村集体经济发展的组织模式，不要急躁，试点推进，特别是在土地流转、集体经济组织方式等关键环节、关键问题上统筹安排、大胆创新，一切以解放农村生产力为衡量标准，以农民更加有效行使自主权、增加收入、增进福祉作为发展目标。

做好大力发展农村集体经济的顶层设计，要在自治区层面出台一系列顶层设计，如制定“加强农村集体经济组织管理、实施农村集体产权制度改革、支持村级集体经济发展壮大若干措施、深化农村集体经济股份制改革”等方面的政策文件，做好宏观指导和方向指引。

借助现有农村基层工作机制和体系，明确提出振兴农村集体经济的目标，大力发展村级集体经济。大力发展村级集体经济应逐步成为“访惠聚”驻村工作队、第一书记、“对口援疆”等工作的重要内容。新疆独特而成熟的“访惠聚”驻村工作队、第一书记、“对口援疆”等工作机制，在深入农村、加强村级基层力量方面做出了突出贡献。应逐步推进将村级集体经济

发展纳入上述工作机制的核心内容，将农村集体经济发展成效纳入干部衡量政绩的考核指标，促进新疆紧抓时机大力发展农村新型集体经济。同时，在选人、用人的机制上、政策上要有所突破，为农村集体经济发展最为关键的“人”的因素，创造好的产生、发展和创新的环境。借助农村供销合作社健全的组织系统优势和无缝对接市场能力的优势，发挥县、乡、村三级经营服务网络优势，深入推进供销合作社综合改革，提升为农服务能力。支持供销合作社创办、领办农民合作社，引领农民参与农村产业融合发展、分享产业链收益。①

（二）统筹精准扶贫与乡村振兴有机衔接

脱贫攻坚战关键在产业、在企业，并且当前表现多在农业产业化建设及农业龙头企业带动作用的发挥。要实现精准扶贫与乡村振兴两大战略的有机衔接，首先必须做好产业支撑的衔接。乡村振兴提出的产业兴旺，就是要做好精准扶贫的产业支撑的延续性和连续性，做好农业产品的工业化、农业生产销售的服务化，做好一产、二产、三产的融合发展，做好农业新业态的创新发展。

其次，要在制度上做好衔接。精准扶贫建立起五级书记工作制度，充分发挥了集中统一、责任明确、一贯到底的体制优势，责任担当、目标明确、重点突出、贯彻有力、成效显著的经验在精准扶贫中得以充分体现。这一制度应一以贯之地坚持在乡村振兴战略的实施过程中。精准扶贫实施过程中，突出增强的一些行政部门的行政力量（如各级扶贫办、扶贫专干），在脱贫攻坚战完成后势必回归原位。当前如何在刚刚经历过行政体制改革（某些县域仍在等待进一步调整中）后，快速衔接、调整工作以适应脱贫攻坚战的协同推进是一个现实问题；在打赢脱贫攻坚战后行政力量归位的进一步调整中，如何做好农业农村优先发展的协同推进工作也是一个需要关注的现实

---

① 《2016 年中央一号文件（全文）》，中国农业新闻网，http：//www. farmer. com. cn/uzt/ywj/gea/201601/t20160128_ 1176612. htm，最后检索时间：2020 年 3 月 30 日。

问题。制度与体制的高效衔接，在实践中至关重要。

最后，在实施内容上做好有效衔接。新疆精准扶贫、精准脱贫方略实施的“七个一批”“三个加大力度”等具体措施内容丰富，推行力度大、实施范围广；在乡村振兴战略的持续深入中，应本着“牢固基础、延伸内涵、提升质量、协调全面”的原则，切忌“另起炉灶、开辟新径”，甚至“全盘否定、推倒重来”的实践操作，特别是乡村级层面，应着重做好精准扶贫和乡村振兴的顶层设计，不反复不折腾，在实施内容上做好有效衔接。

区域特色篇

Regional Features Reports

B.16
西北五省区红色文化资源保护与利用研究报告

樊为之*

摘　要： 西北五省区拥有丰富的红色文化资源。西北全国重点文物保护单位和省区文物保护单位中的革命旧址等文物是西北红色文化资源的代表和重要组成部分，见证了新民主主义革命时期、社会主义建设时期等不同阶段的革命历史和建设成就，有重要的历史意义。西北五省区重视对红色文化资源的保护和利用工作，通过建设各级文物保护单位、纪念馆、博物馆和爱国主义教育基地等，让红色文化资源在传承红色文化、弘扬革命精神方面发挥好作用。

关键词： 红色文化资源　保护与利用　西北五省区

* 樊为之，陕西省社会科学院文化研究所副研究员。研究方向为中共党史、陕西文化。

西北五省区（陕西、甘肃、宁夏、青海、新疆）拥有丰富的红色文化资源。红军长征曾经转战于西北地区的青海省、甘肃省、陕西省。1936 年 10 月红军三大主力在甘肃省会宁会师，标志着万里长征的胜利结束。红军长征落脚点西北革命根据地在陕甘建立、发展。红军西路军的悲壮历史在这里发生。从 1935 年到 1948 年，中共中央在这里领导革命斗争，将陕甘宁边区发展成为敌后抗日战争的政治指导中心和敌后抗日根据地的总后方，发展成领导中国革命的大本营。中国第一颗原子弹、氢弹在这里成功研发、实验。这一地区在中国革命历史中具有重要的地位，保留下了大量珍贵的红色文化资源。本文主要以分布在西北五省区的全国重点文物保护单位和省（区）级文物保护单位中的红色文化资源为研究对象，进行研究。红色文化资源主要是新民主主义革命时期（1919 ~ 1949）的革命历史文化遗址，涵盖了这一时期党的重要机构旧址、重要党史人物旧居、重要事件和战役战斗遗址，反映历史活动的其他重要遗迹，反映社会主义建设时期历史成就的文物，反映新中国成立后历史活动遗迹，等等。

一　西北地区入选全国重点文物保护单位的红色文化遗产及其历史意义

（一）西北五省区红色文化资源特点

1. 西北五省区红色文化资源丰富，反映的历史意义重大

中共中央从土地革命战争后期到解放战争胜利前一年，一直在西北领导中国革命。西北在近现代中国革命历史中做出了重要贡献，保留了丰富的红色文化资源。全国登记的革命旧址、遗址 33315 处，[①] 西北仅陕西、甘肃两省就超过了 2700 处。西北五省区入选全国重点文物保护单位的革命历史文化类单位达到了 45 处。这里的红色文化资源见证了红军胜利完成长征，中国共产党建立抗日民族统一战线，领导全国人民进行抗日战争和解放战争等

① 曲星：《我国登记革命旧址、遗址达 33315 处》，《党史文汇》2018 年第 8 期，第 31 页。

伟大历程，属于不可替代的重要革命历史文化资源。

2. 西北红色文化资源类型丰富，反映的革命历史时间跨度大

西北全国重点文物保护单位不仅包括了革命战争时期的红色文化资源，而且有相当数量新中国时期红色文化资源。其中土地革命战争时期革命历史旧址超过 17 处，抗日战争和解放战争时期的革命旧址超过了 16 处，新中国成立后社会主义建设时期保留的代表性建筑 8 处。这些资源在一定程度上反映了西北地区在中国革命历史中所发挥的重要作用（见表 1）。

表 1　西北五省区入选全国重点文物保护单位的革命历史文化类单位*

重点文保单位批次	陕西省	甘肃省	青海省	宁夏回族自治区	新疆维吾尔自治区
第一批(1961)	延安革命遗址				
第二批(1982)	西安事变旧址				
第三批(1988)	瓦窑堡革命旧址、八路军西安办事处旧址				
第四批(1996)	岭山寺塔、中国共产党六届六中全会旧址被归入延安革命遗址	会宁红军会师旧址			
第五批(2001)	洛川会议旧址、杨家沟革命旧址	哈达铺会议旧址	第一个核武器研制基地旧址		
第六批(2006)	渭华起义旧址、吴旗革命旧址、保安革命旧址(南泥湾革命旧址、清凉山新闻出版部门旧址、中共中央党校旧址、陕甘宁边区银行旧址、中共中央西北局旧址被归入延安革命遗址)	俄界会议旧址	循化西路红军革命旧址	将台堡革命旧址	三区革命政府政治文化活动中心旧址
第七批(2013)	陕甘边照金革命根据地旧址、安吴堡战时青年训练班革命旧址、杨虎城旧居	南梁陕甘边区革命政府旧址、榜罗镇会议旧址、八路军兰州办事处旧址	青藏公路建设指挥部旧址(将军楼)		八路军驻新疆办事处、三区革命政府旧址、小李庄军垦旧址、克拉玛依一号井、新疆人民剧场、红山核武器试爆指挥中心等

续表

重点文保单位批次	陕西省	甘肃省	青海省	宁夏回族自治区	新疆维吾尔自治区
第八批(2019)	革命公园、葛牌镇红25军军部旧址、马栏革命旧址、金盆湾八路军三五九旅旅部旧址、陕甘宁边区高等法院旧址、延安陕甘宁晋绥联防军司令部旧址、美军驻延安观察组驻地旧址、张思德牺牲纪念地、小河会议旧址等	山城堡战役旧址、河连湾陕甘宁省苏维埃政府旧址	果洛红军沟、果洛和平解放纪念地		毛泽民办公室及宿舍旧址、石河子军垦旧址、玉尔滚军垦旧址

＊ 根据国务院公布的第一批至第八批全国重点文物保护单位名单中，革命遗址及革命纪念建筑物或者近现代重要史迹及代表性建筑类保护单位整理统计得出。[①]

这一地区红色文化资源类型丰富，有中共中央召开重要会议的旧址，有毛泽东等中央领导长期工作和生活、撰写经典文献的地方，有红军长征和抗战旧址，有从土地革命战争时期到解放战争时期的重要战场遗址，有反映中共中央领导开展革命根据地的政治、经济、文教、军事、党建等建设的旧址，有反映长征精神、延安精神、“两弹一星”精神、军垦精神等精神的发源地，有反映新中国建设的工程和地方。它们能够从不同方面和领域为文化自信提供精神动力。

3. 西北五省区不同时期红色文化资源在分布上呈现不均衡特点

由于历史和地理位置等因素，西北五省区红色文化资源分布和类型并不均衡。陕甘宁边区位于陕西、甘肃和宁夏，为这里留下了众多的革命旧址。陕西所拥有的革命历史文化资源远多于其他省区。新中国成立后，一批重点

① 资料来源：http：//www. gov. cn/Guoqing/2014 - 7/21/content _ 2721152. htm，http：//www. gov. cn/Guoqing/2014 - 7/21/content _ 2721159. htm，http：//www. gov. cn/Guoqing/2014 - 7/21/content_ 2721163. htm，http：//www. gov. cn/Guoqing/2014 - 7/21/content_ 2721166. htm，http：//www. gov. cn/Guoqing/2014 - 7/21/content _ 2721168. htm，http：//www. gov. cn/Guoqing/2014 - 7/21/content _ 2721173. htm，http：//www. sach. gov. cn/module/download/downfile jsp? classid = 0&filename - 1406261621052128423. pdf，http：//www. gov. cn/zhengce/content/2019 - 10/16/content _ 5440577. htm，最后检索时间：2020 年 3 月 18 日。

工程和事业在青海、新疆等省区开展，这里的红色文化资源在反映新中国建设成就方面体现了自身的优势和特点。红色文化资源的丰富性和差异性是西北文化发展的优势，同时对资源的科学保护和合理利用是一个挑战。充分保护利用好这些资源，对于促进西北文化发展将产生重要作用。

（二）红军长征和土地革命战争时期相关红色文化资源及其历史意义

西北地区与红军长征和土地革命战争时期有关的红色文化资源，入选全国重点文保单位者有哈达铺会议旧址、会宁红军会师旧址、南梁陕甘边区革命政府旧址等。这些旧址分布在陕西、甘肃和青海等地，在中国革命历史演进过程中具有重要意义。

1935 年 9 月，中共中央政治局在甘肃省迭部召开的俄界会议对于战胜张国焘右倾分裂活动具有重要意义。同月，毛泽东等中央领导在哈达铺做出了将红军长征落脚点放在陕北的重大决策。并在 9 月 27 日召开的榜罗镇会议上进一步明确了将红军长征的落脚点放到陕北，“以陕北为中心创建新根据地”①。1935 年 10 月，中共中央率领陕甘支队到达陕北吴起镇，进入西北革命根据地，标志着中央红军战略转移任务的胜利完成。1935 年 12 月，中共中央到达瓦窑堡后，召开了著名的“瓦窑堡会议”，确定了建立抗日民族统一战线政策。1936 年 7 月，中共中央进驻保安（今志丹县），1937 年 1 月进驻延安。中共中央在保安期间，做出了和平解决“西安事变”等决策，促进了第二次国共合作的实现。1936 年 10 月，红军第一、二、四方面军主力在甘肃会宁胜利会师。同月，红二方面军和红一方面军在今宁夏将台堡会师，各路红军的会师标志着长征的胜利结束。红军长征途经青海，果洛红军沟就是红军在青海开展革命活动的见证。俄界会议旧址、榜罗镇会议旧址、瓦窑堡革命旧址、吴旗革命旧址等分布在陕西、甘肃、宁夏、青海等地的革命旧址，反映了红军长征转战西北的伟大历史过程。

---

① 蒋建农：《榜罗镇会议与长征目的地的最终确定》，《中国延安干部学院学报》2016 年第 4 期，第 56 页。

西北革命根据地是土地革命战争时期全国仅存的比较完整的较大面积根据地。1928 年 5 月，刘志丹等领导了在全国具有重大影响的渭华起义，建立了苏维埃政权。此后，刘志丹、谢子长、习仲勋等共产党人一直努力在陕西和甘肃建立革命武装和根据地。1935 年 2 月，陕甘边革命根据地与陕北革命根据地统一成为西北革命根据地。陕甘边革命根据地先后经历了寺村塬游击根据地、陕甘边照金革命根据地和南梁革命根据地三个阶段。1933 年 4 月，西北共产党人建立了以照金为中心的陕甘边照金革命根据地。照金根据地陷落后，刘志丹、习仲勋等人开始创建以南梁为中心的陕甘边革命根据地（1933 年 11 月至 1935 年 2 月），并恢复照金根据地。位于陕西和甘肃的渭华起义旧址、陕甘边照金革命根据地旧址、南梁陕甘边区革命政府旧址见证了这一段革命历史。它们在传承革命精神、宣传红色文化方面担负着重要责任。

西安事变旧址见证了西安事变爆发（1936 年 12 月）和中共中央主导下对事件的和平解决。1936 年 10 月至 1937 年 3 月，甘肃西北部发生了西路军西征的悲壮历史事件。位于青海省的全国重点文保单位循化西路红军革命旧址从一个方面反映了那段历史。

（三）抗日战争和解放战争时期相关红色文化资源及其历史意义

西北地区的全国重点文保单位中，与抗日战争和解放战争时期有关的红色文化资源，有延安革命遗址、八路军西安办事处旧址、八路军兰州办事处旧址等。这些革命历史资源主要分布在陕西、甘肃和新疆等地区。

从 1937 年到 1948 年，中共中央一直坚持在陕甘宁边区指导全国革命。延安革命遗址见证了毛泽东思想的确立，见证了中共中央在延安时期的这段从胜利走向胜利的辉煌历史。延安革命遗址中的中共中央、中央机关和边区重要部门旧址，具有重要革命历史文化价值。这其中就包括中共中央所在地的凤凰山革命旧址，中共中央机关所在地的杨家岭革命旧址（这里有召开中共七大的中央大礼堂），中共中央书记处所在地的枣园革命旧址，中共中央军委、八路军总部所在地的王家坪革命旧址，陕甘宁边区政府旧址和陕甘宁边区参议会礼堂。延安革命遗址还包括象征延安革命圣地的岭山寺塔

（延安宝塔），中国共产党六届六中全会（这次会议批准了以毛泽东为代表的中央政治局路线）会址，集中展现“艰苦奋斗、自力更生”精神的八路军第三五九旅南泥湾旧址（南泥湾精神的诞生地），曾经汇聚了新华通讯社、解放日报等宣传新闻战线重要部门的清凉山新闻出版部门旧址，反映党建工作的中共中央党校旧址、中共中央西北局，见证经济金融战线工作的陕甘宁边区银行旧址等。

八路军西安办事处旧址、八路军兰州办事处旧址、八路军驻新疆办事处旧址是抗日战争时期八路军在西北国统区的办事机构。它们宣传中国共产党的政治主张，介绍全国各地大批优秀青年前往延安，开展统一战线工作和抗日救亡运动，接待来往人员，进行营救工作，帮助转运国际援华物资，输送军需物资等，做出了重要贡献。周恩来、朱德、张闻天、任弼时、刘少奇等人多次到八路军西安办事处并指导工作，周恩来、任弼时等人曾经到八路军兰州、新疆办事处并指导工作。这三处八路军办事处旧址见证了它们在抗战时期所做的重要贡献。

洛川会议旧址、安吴堡战时青年训练班革命旧址是重要的抗战时期旧址。1937 年 8 月中共中央政治局在陕西洛川召开了扩大会议，通过了《中共中央关于目前形势与党的任务的决定》等文件，明确了中国共产党在抗日战争时期的主要任务，制定了各项路线、方针、政策。洛川会议旧址反映了会议当时的历史面貌，有助于人们重温抗战初期的党史军史。1938 年由中共中央青年工作委员会等创办的战时青年短期训练班迁至泾阳安吴堡。后改名为“战时青年训练班”。1940 年 4 月青训班迁回延安。青训班在两年半中，共培养 1.2 万余名优秀学员。①

新疆全国文保单位三区革命政府政治文化活动中心旧址和三区革命政府旧址见证了 1944 ~ 1949 年爆发的三区革命，它对削弱当时国民党政府在新疆地区统治，对新疆的社会发展和历史演进产生了重要作用。始建于 1948

① 高山、王旖旎、岳庶昊：《“学好本领上前线”——探访安吴堡战时青年训练班革命旧址》，《陕西日报》2018 年 8 月 15 日，第 9 版。

年，竣工于1949年夏的三区革命政府政治文化活动中心旧址是当时伊宁一处重要的文化活动场所。

解放战争时期，中共中央主动撤离延安后，在陕北转战1年多，行程2000余里。1947年11月至1948年3月，中央机关在米脂县杨家沟驻扎，在这里指挥全国解放战争，召开了著名的“十二月会议”，指导土改运动。杨家沟革命旧址包括了毛泽东、周恩来等领导旧居、十二月会议等重要会议旧址、中央政治部和新华社等重要部门旧址，见证了那个阶段中共中央领导革命取得伟大成就的光辉历史。抗战后期到解放战争时期的美军驻延安观察组旧址则反映了延安时期对外交工作的重视。

（四）新中国成立后社会主义建设时期相关红色文化资源及其历史意义

西北地区的全国重点文保单位中，与社会主义建设时期有关的红色文化资源包括了青藏公路建设指挥部旧址（将军楼）、小李庄军垦旧址、克拉玛依一号井、新疆人民剧场、红山核武器试爆指挥中心等。它们主要集中在青海、新疆等地，这批红色文化资源关系我国国防建设、交通建设、石油开采、文化建设和军垦事业的历史，具有很强代表性，反映了社会主义建设的伟大成就。

1950年动工、1954年通车的青藏公路在改善西藏和内地交通状况，在中国交通建设史上具有里程碑式的意义。青藏公路建设指挥部旧址（将军楼）见证了中国交通建设史上这一伟大创举。位于新疆的红山核武器试爆指挥中心是我国核力量建设和国防工业发展的一个缩影，见证了我国核力量从无到有的伟大变革。作为新中国成立后发现和开发建设的第一大油田（克拉玛依油田）第一口井，克拉玛依一号井在新中国石油工业发展历史中具有重要意义。始建于1953年的小李庄军垦旧址见证了新疆军垦事业的发展。1956年完工，独具欧亚建筑风格和民族特色的新疆人民剧场是乌鲁木齐的标志性建筑。半个多世纪以来，新疆人民剧场上演的中外著名艺术表演数以千计，丰富了各族人民的政治文化生活，促进了新疆文化艺术事业的发展。

二 西北地区入选省级文物保护单位的红色文化遗产及其历史意义

为有效保护红色文化资源，西北五省区将大批红色文化遗产收录进各级文物保护名录，成为省、市、县级文物保护单位。收录进省（区）级文物保护单位的红色文化遗产具有重要的历史意义，对弘扬革命精神、爱国主义精神具有重要的作用。对省（区）级文物保护单位中红色文化资源进行分类研究，有助于进一步认识西北地区红色文化资源的分布、历史价值和现实意义，有助于更好地保护和利用西北红色文化资源。

（一）陕西省省级文物保护单位中的红色文化遗产及其历史意义

陕西省红色文化资源丰富，全省共有革命遗址2025处，能够确切证明属于原址、有保护利用条件的有1959处。[①] 陕西前四批省级文物保护单位中革命历史旧址有16处，现相当一部分成为全国重点文物保护单位。第五、六、七批省级文物保护单位中革命历史旧址分别为30处、41处和149处。

抗日战争时期，毛泽东长期工作生活在延安。土地革命战争和解放战争时期，毛泽东率领人民军队转战陕北榆林、延安地区，曾在多地居住。那些旧居伴随着毛泽东在陕北的岁月，见证了他在陕北撰写理论著述、指挥各地战局的历史。许多旧居至今仍得到很好保护，成为人们重温中共中央在艰苦岁月中领导革命的宝贵资源。旧居除入选全国重点文物保护单位外，也多成为陕西省级文物保护单位，供人们瞻仰学习（见表2）。

---

① 《陕西省委宣传部举办新闻发布会介绍新时代陕西红色资源发挥作用情况》，2019年7月19日，http：//www.shaanxi.gov.cn/jbyw/xwfbh/144129.htm，最后检索时间：2020年3月31日。

表 2　省级文物保护单位中毛泽东在陕北部分旧居

旧居名称	地址
张湾子毛泽东旧居	吴起县
真武洞毛泽东旧居、高沟口毛泽东旧居、王窑毛泽东旧居	安塞县
党家湾毛泽东旧居	富县
乔庄毛泽东旧居	甘泉县
袁家沟毛泽东旧居	清涧县
凤凰山李家石窑毛泽东旧居、水草湾革命旧址	延安市宝塔区
乾坤湾毛泽东旧居、杨家圪台革命旧址	延川县
凉水湾毛泽东旧居、前滴哨毛泽东旧居、刘家坪毛泽东旧居、石家湾毛泽东旧居、任家山毛泽东旧居	子长县
肖崖毛泽东旧居	榆林市横山区
川口村毛泽东东渡黄河旧址	吴堡县

陕西省文物保护单位中的延安时期旧址，有的反映了中共中央领导在陕北工作战斗的经历，如周恩来湫沿山遇险处、白沟洼彭德怀与叶剑英旧居；有的是当时中共中央机关在陕北旧址，如瓦窑堡中华苏维埃政府西北办事处及部委机关旧址、瓦窑堡中共中央宣传部旧址、瓦窑堡中共中央组织部少共中央局旧址、枣园中共中央社会部旧址等，见证了中央机关在陕北的工作历程；有的属于重要会议旧址，如瓦窑堡中共中央工作会议旧址、保安中央政治局会议室旧址等，见证了中共中央在陕北领导革命工作的历史。

陕西省级文保单位中的革命历史旧址还能够见证西北革命根据地从无到有、从小到大的发展过程，如马栏红 26 军成立地旧址、西北革命根据地子长旧址群、永坪革命旧址（包括西北革命军事委员会旧址等）、玉家湾西北工委军委联席会议旧址等，它们是西北根据地军事力量由弱小到强大、由分散到统一过程的体现；三十里铺战斗遗址、榆林桥战役遗址、劳山战役遗址等则是根据地红军开展武装斗争、粉碎敌人“围剿”、保卫根据地的历史见证。

各路长征红军队伍抵达陕北后，同西北红军共同保卫并扩大了西北革命根据地。一批省级文保单位见证了抵达陕西后的各路红军和八路军在陕活动历史，如庄里红二方面军司令部旧址、红一军团与红十五军团会师地遗址、陕甘宁晋绥联防军司令部旧址、石村八路军三五九旅旧址、王家角八路军三五八旅旅部旧址等；有的见证了陕甘宁边区抵抗日军侵略的历史，如凉水岸河防战斗遗址等；有的是重要战场旧址，如“切尾巴”战斗遗址、沙家店战役遗址、直罗镇战役遗址、宜瓦战役宜川遗址等，见证了当年武装斗争的累累硕果。

延安时期以革命旧址为代表的红色文化资源，很好地体现了当时政治、经济、军事、文化、党建、社会建设等领域的工作。陕西省级文保单位中的这类文物，有当时的各级政权机构旧址，反映了当时政权建设成就，如陕甘边苏维埃政府旧址、梁坪陕北省苏维埃政府旧址、太福河陕甘省政府旧址、延安县委县政府旧址等；有的体现了延安时期大力推进党建工作的历史，如张崖中共陕甘宁边区中央局旧址等；有的见证了边区财政经济事业的发展，如西北财经办事处旧址；有的见证了边区推动商业发展的历史，如延安县南区合作社总社旧址、陕甘宁边区政府供给总店旧址等；有的反映了延安时期文化用品方面有力保障宣传文教工作需要的历史，如冯家岔中央印刷厂旧址等。当时的军工企业旧址体现了党对军工机械工业的重视，如茶坊陕甘宁边区机器厂旧址、刘河湾红军兵工厂旧址、十里铺兵工厂旧址等。而陕甘宁边区农具厂旧址则是边区努力推动农业机械发展的见证，石疙瘩陕甘宁边区被服厂旧址见证了边区争取被服自给的努力。

延安时期的革命旧址，从不同方面体现了当时干部教育、普通教育、社会教育和幼儿教育的成就，如陕甘宁边区民族学院旧址、俄文学校旧址、新文字干部学校旧址、陕甘宁边区战时儿童保育院旧址等各类学校旧址，从不同方面反映了当时边区教育事业的繁荣。而当时的宣传文化新闻部门旧址，如延安吊儿沟革命旧址（包括延安鲁迅艺术文学院旧址）体现了延安时期文化建设的风貌。王皮湾新华广播电台播音室旧址见证了抗战时期党的广电事业发展经历。

位于延安的自然科学院旧址，体现了延安时期政府促进自然科学教学研究的努力。延安时期对科学技术的重视，还体现在无线电技术在军事情报和通信领域的应用，位于陕甘宁边区的中央军委二局旧址、中央军委无线电通信学校旧址、侯沟门军委航空学校旧址等旧址，体现了延安时期对现代通信、无线电技术侦察、航空事业的重视。延安时期医院旧址见证了当年医疗事业的发展状况，延安中央医院旧址、高家湾八路军医院旧址、陕甘宁边区医院旧址等，正是那个时代推动现代医疗的体现。当时党和边区政府对社会工作的关心还体现在边区重视保障荣誉军人等社会事业工作，阎家沟荣誉军人学校旧址就是见证。

陕西丰富的红色文化资源，蕴含着伟大的革命精神和厚重的历史文化内涵。陕西的革命旧址有的是革命前辈故居，如刘志丹故居、灯盏湾谢子长旧居、廖乾五故居等，反映了他们的成长历史。

土地革命战争时期，川陕革命根据地一部分就位于陕南地区，陕南革命旧址，如四方面军召开钟家沟玄天观会议的旧址，梁山龙岗寺中共陕南特委代表会议旧址、红二十九军革命旧址、茅坪红二十五军旧址、碗牛坝红七十四师司令部旧址等，见证了陕西南部土地革命战争时期革命工作开展情况。

陕西省级文物保护单位中的红色文化资源，相当一部分是反映社会主义建设时期成就的文物，第五批省级文保单位中这类文物有西安人民剧院等 3 处；第六批中西安市这类文物有 8 处，如西安交通大学主楼群等；安康、汉中各 1 处，延安 2 处。其中汉中的宝成铁路略阳段遗址重点反映了新中国铁路建设的伟大成就。第七批有延安飞机场航站楼旧址等 6 处这类文物。

（二）甘肃省省级文物保护单位中的红色文化遗产及其历史意义

甘肃省革命遗址数量在西北地区仅次于陕西省，《甘肃省革命遗址通览》共收录 720 处革命遗址①。全省不可移动革命文物中省级文物保护单位 25 处，市、县级文物保护单位达到 193 处。收藏单位拥有可移动革命文物 12536 件（套），其中甘肃省博物馆藏有 5135 件。1936 ~ 1937 年，红军西路军在甘肃大地上谱写了一曲荡气回肠的悲壮史诗，甘肃省省级文物保护单位中关于这一段历史的有高台红堡子红军战斗旧址、西路军永昌战斗旧址、红军西路军烈士陵园、临泽红军西路军烈士陵园。福音堂医院旧址则见证了营

① 中共甘肃省委党史研究室：《甘肃省革命遗址通览》，中共党史出版社，2012，目录页。

救八路军战士的工作。有的省级文物保护单位是红军长征过程中留下的珍贵革命文物，如界石铺红军长征旧址。有的革命历史旧址见证了土地革命战争时期，西北地区共产党人开展军事斗争、创建根据地的历史，如两当兵变旧址。有的红色文化遗产反映红军保卫、扩大和建设革命根据地的历史，如山城堡战役旧址、河连湾陕甘宁省苏维埃政府旧址、洮州卫城——新城苏维埃旧址。有的红色文化遗址见证了抗战时期陕甘宁边区文教发展历史，如抗日军政大学第七分校校部旧址、陇东中学礼堂。有的省级文保单位文化遗产，见证了解放战争时期甘肃的革命历史，如华林坪革命烈士纪念塔、兰州战役旧址、陇右工委地下印刷所。有些是关于革命烈士和国际友人的红色文化资源，如腓巴佛烈士纪念碑、王晓锡烈士墓、艾黎与何柯陵园。全省红色文化遗产中有一批反映社会主义建设成就的省级文物保护单位，如酒泉卫星发射中心导弹卫星发射场旧址和烈士陵园、鸳鸯池水库、庄浪梯田、兰州水厂、白银露天矿遗址、靖远县黄河铁桥、引大入秦工程、黄河母亲塑像等。

（三）宁夏回族自治区区级文物保护单位中的红色文化遗产及其历史意义

宁夏红色文化资源丰富，据《宁夏回族自治区革命遗址通览》,[①] 宁夏回族自治区有革命遗址共计 106 处，吴忠、固原、中卫 3 市有 89 处，主要集中在同心、盐池、西吉、彭阳、海原等县。它们是红军长征、红军西征经过地区和红军长征胜利会师的主要地区。例如小岔沟革命旧址所在地的宁夏彭阳县革命历史文化资源丰富，普查出 44 处革命旧址遗址，这里不仅有小岔沟、乔家渠两地的毛泽东长征宿营地，还有红二十八军军部旧址、红三十二军军部旧址、杨坪战斗遗址等。宁夏回族自治区文物保护单位将一批红色文化资源纳入区级文物保护单位，得到有效保护。1963 年，宁夏第一批区

① 中共宁夏回族自治区委员会党史研究室：《宁夏回族自治区革命遗址通览》，宁夏人民出版社、中共党史出版社，2012 年，目录页。

级文物保护单位中就列入了高庄滩红军西征遗迹。这是1936年中央红军西征宁夏同心县时保留的革命遗迹，保存有标语等文物。第三批区级文保单位有李塬畔革命旧址（吴忠）和小岔沟革命旧址（固原）。第四批区级文保单位中有6处这类文物，分别是雷记沟回汉支队驻地旧址（1936年）、青铜峡拦河大坝、青铜峡黄河铁桥、青铜峡双曲砖拱形粮仓、国务院直属五七干校旧址、中卫酿酒作坊。第五批区级文保单位有高崾岘炮楼、唐平庄会议旧址、中共红河地下支部旧址、乔家渠毛泽东长征宿营地、中卫酿酒作坊。这些红色资源反映了各个时期宁夏革命和建设的成就与历史演进。

（四）青海省省级文物保护单位中的红色文化遗产及其历史意义

青海省省级文物保护单位中的红色文化资源数量可观，类型丰富。青海省红色文化资源中有17处被列入省级文物保护单位。有的旧址反映了红军在青海战斗、革命的历史，如子木达红军长征标语、扎洛村、红军哨所。青海大量关于西路军的遗址，反映了西路军采用各种形式开展革命斗争的历史，包括西路红军纪念馆、西路军被俘战士的遗址、烈士殉难遗址。有的旧址反映人民解放军解放青海的历史，如解放军第一兵团受降国民党军队的旧址、中国人民解放军二军黄河渡口、解放战争期间战场旧址（黄番战斗遗址、解放祁连战斗遗址）等。

青海的革命文物涵盖了从土地革命时期到社会主义建设时期多个时代，其中新中国成立后的居多。它们中很多反映了青藏公路、铁路的建设情况，如青藏铁路关角隧道及展线、大柴旦将军楼，具有重要历史意义。有的见证了青海交通、钢铁、石油工业、城市建设等发展历史，如1959年长江源头第一桥旧址、和德生钢铁厂旧址和反映柴达木石油开采的1958年英雄地中四井，见证格尔木发展的望柳庄旧址、河西交通巷十三孔窑洞等。

省文物保护单位西宁烈士陵园见证了革命先烈解放、建设青海中做出的巨大牺牲。一部分青海省党政机关旧址成为省级文物保护单位，如1951年青海省委旧址、1957～1959年原江南县政府旧址、20世纪50年代的青海省人民政府办公楼建筑群等，反映了青海政权建设成就。1931 年，西宁各族人民为纪念孙中山先生而建立了孙中山先生纪念碑，后来建了纪念堂，将其列入省文保单位，体现了青海对近代革命历史的重视。毛泽东主席塑像被列入省文保单位，有利于这一历史文物得到更好保护。

（五）新疆维吾尔自治区区级文物保护单位中的红色文化遗产及其历史意义

新疆维吾尔自治区公布的前五批区级文物保护单位中，新中国成立前的革命旧址数量较多。第六、第七批区级文物保护单位中，反映社会主义建设时期成就的文物数量较多。新中国成立前的革命旧址，一些成为国家重点文保单位，一些成为区级文物保护单位，包括中国工农红军总支队干部大队旧址等。这其中的乌鲁木齐革命烈士陵园、林基路烈士纪念馆、阿合买提江等烈士陵园、新疆各族人民烈士纪念碑等，纪念当时牺牲的革命烈士。

新疆区级文保单位中，有的则见证了新中国成立初期解放军维护边疆稳定的革命壮举，如伊吾 40 天保卫战旧址、保卫战烈士陵园是纪念 1950 年解放军在伊吾县与敌人作战的历史。有的是老一代革命者、爱国主义开明人士的纪念碑、旧居、陵园，如周恩来纪念碑、石河子市陶峙岳与张仲瀚办公居住旧址和巴什拜麻扎。有的见证建设兵团军垦事业，如三团老团部办公室、石河子垦区第一口水井旧址、二十二兵团机关办公楼旧址、原农六师司令部办公楼等；有的见证了新疆石油事业的发展历程，如独山子石油工人俱乐部、英雄 193 井、中苏石油股份公司旧址、101 窑洞房和相关文物点克拉玛依黑油山地窖（以上为第七批）；有的见证了新疆文化事业的发展历史，如新疆人民剧场、可可托海影剧院、阿拉尔市五团玉儿滚俱乐部、乌鲁木齐市八一剧场等；有的见证了新疆教育事业的发展状况，如塔里木大学旧建筑群、新疆林校原玛纳斯校址、伊犁师范学院旧教学楼等；有的反映了新疆边防事业风采，如吉木乃县中哈国门、阿拉山口边防一连旧址、阿力麻里边防站老营房等；有的见证了新疆水利、电力、建筑等其他工业领域和交通、林业事业等发展历程，如第六批中的原 218 国道砖砌路段、乌拉泊水电站、昌吉坎儿井、平原林场老场部、康苏苏式建筑群、吐鲁番市红星电厂旧址、克拉玛依市工业遗产保护区等。

三　西北地区对红色文化资源的保护和挖掘

（一）西北各省区制定法规政策保护和利用红色文化资源

西北各地响应中央号召，重视做好革命文物的保护利用工作，中共陕西省委办公厅、陕西省人民政府办公厅印发了《关于革命文物保护利用工程（2018～2022年）的实施意见》；甘肃省委办公厅、省政府办公厅印发了《关于革命文物保护利用工程的实施意见》；宁夏回族自治区党委办公厅、政府办公厅印发《宁夏回族自治区实施革命文物保护利用工程（2018～2022年）方案》，对保护和利用革命文物做了具体安排。陕西省人大颁布实施了《延安革命遗址保护条例》，明确了遗址的保护范畴和举措等工作；甘肃省颁布了《甘肃省文物保护条例》，指出各级人民政府应当对有重大纪念意义的革命历史文物实行重点保护，并规定了具体保护革命文物的措施。2016年甘肃省人民政府出台了《关于进一步加强文物工作的实施意见》，明确要求实施革命旧址保护展示提升工程，加大长征史迹保护利用力度。2017年宁夏出台《关于进一步加强文物工作的实施意见》，强调加强革命文物保护，实施将台堡革命旧址等革命文物保护修缮工程。2017年青海省出台了《关于进一步加强文物工作的实施意见》，明确指出要实施青海红色遗产、革命文物展示利用工程，加强爱国主义宣传教育。2017年新疆也出台了保护文物的《关于进一步加强文物工作的实施意见》。这些举措对保护和利用红色文化资源有重要意义。

（二）西北各省区通过建立纪念馆等方式，保护和利用红色文化资源

截至2019年，陕西共有各类革命纪念馆51座。陕西省对外免费开放的纪念馆和革命旧址达到了70余处。过去5年间，陕西的革命纪念馆与革命旧址，举办的展览、开展的活动和参观人数分别达到900余个、2400余场

次和8000万人次[①]。陕西省各类革命纪念馆在保护革命历史文物、反映革命历史文化、传承革命精神方面发挥着重要的作用。延安革命纪念馆重点展现了中共中央在陕北13年领导革命的历史状况；渭华起义纪念馆、陕甘边照金革命根据地纪念馆展现了土地革命战争时期陕西开展武装斗争、创建革命根据地的辉煌历史；瓦窑堡革命旧址纪念馆、保安革命旧址纪念馆、吴起县革命纪念馆、杨家沟革命纪念馆、神泉堡革命纪念馆展现了中共中央和毛泽东等中央领导在陕北各地的工作战斗历史；中国抗日军政大学纪念馆、洛川会议纪念馆等展现了抗战时期党领导八路军、新四军等人民军队反抗侵略的历史；延安新闻纪念馆展现了延安时期党领导宣传新闻工作取得伟大成就的历史；陕甘宁边区银行纪念馆、延安南区合作社纪念馆等，重点展现边区工商金融事业发展状况；西安事变纪念馆、蒲城县杨虎城将军纪念馆展现了和平解决西安事变的历史和革命先烈的奋斗历程；八路军西安办事处纪念馆展现了党领导的统一战线工作和在国统区的工作历史；川陕革命根据地南郑纪念馆、旬阳县红军纪念馆展现了四方面军在陕南革命斗争的历史；扶眉战役纪念馆展现了解放战争时期人民解放军解放陕西的英雄壮举；宝天铁路英烈纪念馆展现了陕西社会主义建设时期的奋斗历程。

甘肃省建立大批革命历史博物馆，保护和挖掘红色文化资源。甘肃建立了一系列有关红军长征的纪念馆，收集革命文物，缅怀红军长征的伟大历史，如哈达铺红军长征纪念馆（馆藏革命文物317件/套）、迭部腊子口战役纪念馆、岷州会议纪念馆、洮州会议纪念馆、会宁县红军长征胜利纪念馆（馆藏革命文物846件/套）、静宁县界石铺红军长征毛泽东旧居纪念馆等。甘肃建立有关红军西路军的纪念馆，缅怀西路军的悲壮战史，如建立靖远县红军渡河战役纪念馆（馆藏革命文物384件/套）、景泰县一条山战役纪念馆、高台中国工农红军西路军纪念馆、张掖市甘州区西路军烈士纪念馆、古浪战役纪念馆（馆藏革命文物400件/套）、凉州战役纪念馆、永昌保卫战

① 《陕西举办革命文物保护利用工作情况新闻发布会》，2019年6月5日，http://www.shaanxi.gov.cn/jbyw/xwfbh/140956.htm，最后检索时间：2020年3月31日。

纪念馆、临泽梨园口战役纪念馆、张掖市的甘州区西路军烈士纪念馆等。他们还建立了纪念红军在甘肃其他战斗的博物馆，如建立环县山城堡战役纪念馆、红军西征胜利纪念馆等。土地革命战争时期，西北地区共产党人在甘肃开展了大量革命活动，建立了陕甘边革命根据地。甘肃创建了缅怀那一时期革命活动的纪念馆，如南梁革命纪念馆（馆藏革命文物 1238 件/套）、两当兵变纪念馆等，对挖掘红色文化资源、传承革命精神具有重要作用。

宁夏充分发挥红色资源优势，通过建立纪念馆、纪念园传承革命历史。宁夏建立了六盘山红军长征纪念馆、将台堡红军会师纪念馆等，以纪念红军长征，弘扬长征精神；建立了同心县红军西征纪念馆，纪念 1936 年红军西征，策应红二、红四方面军北上的行动；还建立了同心县革命烈士纪念馆、盐池革命烈士纪念园、宁夏工委纪念馆等，宣传宁夏的革命历史，让革命精神代代传承。

青海通过建立中国工农红军西路军纪念馆，收藏西路军使用的武器、生活用品、文件、宣传品等，并通过《回师西渡》《策应河东》展览向参观者展出，让人们铭记那段悲壮的历史。青海建立的海北州青海原子城纪念馆，通过收藏展出核武器模型、各类精密仪器、器械、图片、资料和生活用品等，反映了中国第一颗原子弹与第一颗氢弹的研制历程，大力宣传了“两弹一星”精神。

新疆利用本地红色文化资源，建立了一批独具特色的纪念馆、博物馆等，宣传革命历史和新中国建设成就。他们建立了中国工农红军西路军总支队纪念馆、新疆兵团军垦博物馆、乌鲁木齐烈士陵园、中国人民解放军进军和田纪念馆、库车县林基路烈士纪念馆、裕民县巴什拜爱国主义教育展览馆、叶城革命烈士纪念馆、叶城县邓赞先纪念馆、新疆新辉红色记忆博物馆等，展现了新疆新民主主义革命时期和社会主义建设时期的革命风采与建设成就。

（三）西北各省区通过建立爱国主义教育基地等方式，弘扬革命文化，传承革命精神

建立爱国主义教育基地是利用红色文化资源的重要方式。这种方式承担

着引导和加强对全体公民特别是青少年思想道德教育的重要职能。① 西北地区许多的革命纪念馆、革命旧址同样是各级爱国主义教育基地、青少年教育基地和国防教育基地。它们中多与革命历史文化资源关系紧密。西北地区利用红色文化资源建立的全国爱国主义教育示范基地有39处（见表3）。

此外，西北各省区还利用红色文化资源，建立了大批省市县级爱国主义教育基地，有力地将红色文化资源转变成传承革命历史，弘扬革命精神的强大力量，对于推动树立和践行社会主义核心价值观具有重要的现实意义。

表3　西北五省区全国爱国主义教育示范基地

全国爱国主义教育基地批次	陕西省	甘肃省	青海省	宁夏回族自治区	新疆维吾尔自治区
第一批	延安革命纪念地、西安事变纪念馆、八路军西安办事处纪念馆	会宁红军会师楼	中国工农红军西路军纪念馆		乌鲁木齐烈士陵园
第二批	洛川会议纪念馆	宕昌县哈达铺红军长征纪念馆、八路军驻兰州办事处纪念馆、兰州市烈士陵园、华池县南梁革命纪念馆、高台县烈士陵园			
第三批			青海原子城（中国第一个核武器研制基地）	固原六盘山长征纪念馆	新疆生产建设兵团军垦博物馆
第四批	榆林杨家沟革命纪念馆、渭南渭华起义纪念馆、铜川陕甘边照金革命根据地纪念馆	腊子口战役纪念馆、中共中央政治局榜罗会议纪念馆、中共中央西北局岷州会议纪念馆、两当兵变纪念馆		盐池县革命烈士纪念园、陕甘宁省豫海县回民自治政府成立大会旧址	八路军驻新疆办事处纪念馆

① 孙钰涵、吴承忠：《我国爱国主义教育基地建设管理现状、问题及对策建议》，《理论界》2017年第6期，第82页。

续表

全国爱国主义教育基地批次	陕西省	甘肃省	青海省	宁夏回族自治区	新疆维吾尔自治区
第五批	马栏革命旧址、川陕革命根据地纪念馆、直罗烈士陵园、刘志丹烈士陵园、子长革命烈士纪念馆、中央红军长征胜利纪念碑	环县山城堡战役纪念馆、静宁县界石铺红军长征毛泽东旧居纪念馆	果洛藏族自治州班玛县红军沟革命遗址	西吉县将台堡红军长征会师纪念碑	三五九旅屯垦陈列馆
第六批	2015 年，富平县青少年教育基地、扶眉战役烈士陵园被命名为全国爱国主义教育示范基地			“三北”防护林工程·中国防沙治沙博物馆	

（四）保护利用西北红色文化资源的思考与探索

红色文化资源的保护是利用和挖掘的基础，对红色资源的开发利用则是发挥资源优势、坚定文化自信的重要途径。一定程度上，保护与利用是相辅相成的关系，保护应是全面科学保护，需将革命历史文化旧址保护与旧址空间环境保护相结合，将集中保护与个别保护相结合，根据红色文化资源的具体特点，将科学保护与深度挖掘合理结合。延安革命遗址在全国红色文化资源中具有代表性，将延安旧城改造和发展与保护革命旧址，保护与旧址关系紧密的空间环境相结合，①将对推动西北红色资源保护与利用工作起到模范作用。

利用红色文化资源，需将红色文化资源与学校教育相结合，让干部学院、高校思想政治理论课实践教育活动充分利用西北红色文化资源。这种实践教育活动是一个系统社会工程，需要系统完备的社会支撑体系。②西北红

① 秦社芳、蒋冠林、杨晓娟：《旧城疏解背景下的历史文化遗址保护研究——以延安红色革命遗址群保护为例》，《中国名城》2015 年第 2 期，第 89 ~ 90 页。

② 阮李全、陈志力：《井冈山革命遗址在高校思想政治理论课实践教学中的优势与运用》，《毛泽东思想研究》2015 年第 2 期，第 137 ~ 141 页。

色文化资源有助于对党政干部、大学生等群体进行革命历史教育，通过在旧址的切身体验和实践活动，能够帮助他们塑造心灵、建构思想，对理想信念内化于心、外化于行。

利用红色文化资源还需要将红色文化与旅游相结合。让游客在红色文化资源的熏陶中，进一步感受革命历史文化的魅力，坚定对包括红色文化在内的中华文化认同感和自信心。总而言之，应该采取各种措施，进一步发挥西北红色文化的优势，促进西北社会经济和文化发展。

B.17

新时代甘肃融入西部陆海新通道研究

马继民*

摘　要： 西部陆海新通道作为连接“一带”和“一路”的陆海联动通道，是我国有效推进西部大开发的重要战略通道。把握新通道建设这一重大新机遇，加快融入西部陆海新通道，是甘肃实现经济高质量发展的一项重大课题。本项研究从甘肃基本省情出发，全面分析甘肃融入西部陆海新通道的基础优势、战略意义以及存在的问题与挑战，提出优化商贸物流发展布局、加快完善基础设施建设、积极发展特色优势外向型产业、推进跨区域合作、优化营商环境等融入西部陆海新通道的对策建议。

关键词： 西部地区　陆海新通道　甘肃

一　西部陆海新通道基本概况

西部陆海新通道位于我国西部地区的腹地，新通道向北连接着“丝绸之路经济带”，向南与“21 世纪海上丝绸之路”相连，协同衔接了长江经济带，是我国区域协调发展格局中重要的发展轴线，也是陆海统筹、联通国际国内重要的交通、物流、产业、贸易走廊。

---

* 马继民，甘肃省社会科学院资源环境与城乡规划研究所副研究员，主要从事区域经济、工业经济、城乡规划研究。

西部陆海新通道这一概念，是在中国－新加坡战略性互联互通示范项目南向通道框架下，由西部一些省区市倡导共建的国际陆海贸易新通道基础上发展而来的。早在2017年，重庆、广西、贵州、甘肃四省区市共同倡导签署了“南向通道”框架协议，并开行了重庆经广西至新加坡的海铁联运班列。随后参与这一新通道前期共同建设的省份逐步增多，至2019年7月，参与共建的省份已扩大至10个。基本形成了重庆、成都分别经贵阳、怀化、百色至北部湾港（钦州港、北海港、防城港）三条铁路运输线路，实现了集装箱班列每日开行，并与中欧班列保持有效衔接。

2019年8月15日，国务院批复《西部陆海新通道总体规划》（以下简称《规划》），进一步从国家层面明确了“西部陆海新通道”的概念，将这一新通道上升到了国家战略层面。至此，西部陆海新通道参与共建的地区扩大到，包括陕西省、四川省、云南省、贵州省、广西壮族自治区、甘肃省、青海省、宁夏回族自治区、西藏自治区、新疆维吾尔自治区、内蒙古自治区、重庆市、海南省在内的13个省区市。

《规划》明确了未来西部陆海新通道建设的总体要求、基本原则、战略定位、空间布局、发展目标、重点任务和重要举措。

有效连接“一带”和“一路”陆海联动通道、支撑西部地区融入国际陆海贸易通道和促进交通物流融合发展的综合运输通道，是新时代西部陆海新通道的主要战略定位。

西部陆海新通道的发展目标，是到2020年底初步建成重庆内陆国际物流分拨中心，到2025年基本建成，到2035年全面建成西部陆海新通道。

空间布局上，西部陆海新通道主要着力打造；重庆－贵阳－南宁至北部湾出海口；重庆－怀化－柳州至北部湾出海口；成都－泸州（宜宾）－百色至北部湾出海口三大主通道，重点突出重庆和成都重要枢纽的核心作用。强化主通道与贵阳、南宁、昆明等西南地区重要节点城市和物流枢纽的联系。强化主通道与辐射延展带上的西安、银川、兰州、西宁、乌鲁木齐等西北重要枢纽节点城市的联通和衔接。

建设西部陆海新通道主要突出五大重点任务。一是建设大能力、完善的国际运输通道和交通走廊运输通道；二是建设布局优化的现代物流设施体系；三是提升通道运行和物流效率，重点是物流运输组织模式创新，发展特色物流，推动通关便利化等；四是实现通道与区域经济融合发展，包括区域产业结构优化升级、培育重要节点枢纽经济新范式等；五是着力提升西部地区在陆海通道中的对外开放和国际合作水平。

西部陆海新通道，是我国结合国际国内发展环境形势新变化新要求，深入贯彻落实新时代国家整体战略部署的重大战略举措，具有鲜明的时代“新”特征。新通道重塑了我国西部地区对外开放的新格局，促进了西部地区加快融入国内国际两个市场，进一步突出了西部地区连接“一带”和“一路”的重要纽带作用，对推动西部地区经济高质量发展具有重大现实意义。

甘肃兰州作为新通道辐射延展带的关键节点被纳入规划体系中，实现了西南与西北陆路通道的有效连接，强化了主通道与西北地区综合运输通道的衔接。未来几年，西部陆海新通道建设进程的加快，将大大提升甘肃在国家“一带一路”建设中的地位，并为甘肃自身发展带来巨大市场空间。因此，甘肃应抢抓这一重大战略机遇，主动对接和加快融入西部陆海新通道。

二　甘肃融入西部陆海新通道的基础优势和战略意义

近年来“一带一路”建设重心向南走的趋势和特征日益明显，甘肃在国家发展战略中的地位不断提升，具备融入西部陆海新通道国家战略机遇的突出优势。

（一）甘肃融入西部陆海新通道的基础优势

1. 重大战略机遇优势

未来几年，随着西部陆海新通道快速推进，我国西部地区将形成一个贯通西南、西北，沟通东盟国家的大市场，这为甘肃扩大开放、重塑区位优势和产业优势提供难得的历史机遇，也为甘肃加强与沿线各省区市跨区域合作提供巨大的市场机会。2018 年，西部陆海新通道沿线 13 省区市地区生产总

值约为 18.81 万亿元，约占全国 GDP 的 20.9%；社会消费品零售总额约为 7.37 万亿元，约占全国的 19.34%；2018 年，东盟 10 国家的 GDP 为 2.95 万亿美元，总人口约为 6.47 亿人。未来，在中新两国的推动下，越来越多的东盟国家将逐步融入西部陆海新通道，西部陆海新通道的市场潜力十分巨大。长期以来，东盟国家一直是甘肃传统的主要对外贸易地区。例如，2014 年甘肃与东盟国家贸易总额占全省外贸总额的比重为 19.6%，向东盟国家出口占比达 25.0%。近年来甘肃与东盟国家贸易额占比虽有所下降，但已呈现恢复性增长势头，2018 年，甘肃与东盟国家进出口总额为 29.9 亿元，增长了 23.3%。

2. 丝绸之路“黄金段”区位优势

甘肃地处欧亚大陆咽喉位置，自古以来就是古丝绸之路的锁钥之地和黄金路段，是联系中亚、西亚的交通枢纽，也是我国承东启西、连南通北的重要战略通道和物资集散地。随着兰新高铁、宝兰高铁和兰渝铁路的建成运营，由兰州经重庆、贵阳至南宁，形成了我国西部地区第一条南北大通道，实现了“一带”与“一路”和我国西北与西南地区的有效联结，进一步增强了与中亚、西亚、中东欧与东盟之间的有效联结。

3. 交通和物流基础设施优势

甘肃具备联结西北、西南的省域综合交通网络。陇海、兰新、宝兰、兰青等铁路干线和连霍高速公路贯穿全省，全省 14 个市州已全部实现高速公路贯通；兰渝铁路、十天高速公路已全线开通，初步形成以兰州为中心的铁路、公路交通运输网络。目前，全省共拥有 9 座民用机场，运营的航空公司达到 42 家，已累计执行客运航线 221 条，通航城市达 102 个，与欧洲、中亚、西亚、东南亚等国家和地区实现了通达。

同时，甘肃还拥有覆盖全省的国际交通物流基础设施平台体系。初步形成了兰州、天水、武威三大国际陆港，以及兰州、敦煌、嘉峪关三大国际空港的物流体系布局；相继开通多个国际货运班列以及前往南亚国家的公铁联运国际货运列车。目前，兰渝、陇桂铁海联运货运班列，中欧、中亚、南亚国际货运班列已实现常态化运营，2019 年 1 ~6 月，陆海新通道货运班列增长了近 40%。

4. 资源禀赋优势突出

甘肃能源矿产资源丰富，目前已发现 173 种矿产，占全国已发现矿种数的 74%，拥有天然气、石油、风能、太阳能等多种能源，是我国重要的原材料产地和有色金属工业产地；特色农产品与中药材丰富。中药材和玉米制种业、油橄榄等特色农产品，产量都是全国第一，高原夏菜目前已远销国内主要城市和东南亚、中西亚等国际市场；人文旅游资源丰富。甘肃文化资源的丰度居全国第五位，是我国世界文化的主要遗产大省。

5. 拥有独特的产业优势

现代商贸物流业已成为甘肃国民经济的基础性、先导性产业，兰州市、酒泉市被确定为国家级物流枢纽承载城市；功能互补、配套协作的中医药产业绿色发展新格局也正在形成；新能源及装备制造、生物医药、新材料等战略性新兴产业发展势头强劲，机电高新产品在全省出口中的比重达到 40%、清洁能源产业中的清洁能源发电量，占全省总发电量的 48.4%；文化旅游产业增势良好，2019 年 1 ~6 月，全省实现旅游综合收入 1134.3 亿元，同比增长 31%；河西走廊地区 17 万亩戈壁生态农业前景广阔。以文化旅游、通道物流、循环农业、中医中药、清洁生产、节能环保、清洁能源、先进制造、数据信息、军民融合为代表的十大生态产业体系日趋完备，2019 年 1 ~6 月，全省十大生态产业增加值 756.58 亿元，同比增长 5%，在全省 GDP 中的比重已达到了 20.06%。

6. 拥有多层次的对外开放交流平台优势

甘肃在融入“一带一路”建设进程中，不断完善全方位、多层次的对外开放平台体系建设。目前已形成了“以兰州新区为重点的产业集聚和经济战略平台体系”、“以兰白科技创新示范区为重点的制度创新平台体系”、“以丝绸之路（敦煌）国际文化博览会为重点的文化交流合作平台体系”、“以中国兰州投资贸易洽谈会为重点的经济贸易合作平台体系”、“以各类口岸和保税区构成的开放窗口平台体系（主要包括兰州、武威、天水三大国际陆港和兰州、敦煌、嘉峪关三大国际空港及兰州新区综合保税区和武威保税物流中心)”以及“以甘肃省级国际物流运营公司为重点的物流运营平台体系”六大开放平台体系，这些平台已成为甘肃对接国际市场、国际资本、国际产业、国际营商环境的重要通道，是融入国家“一带一路”、西部陆海新通道等开放开发新战略的重要载体。

（二）新时代甘肃融入西部陆海新通道的战略意义

从国家层面看，甘肃作为我国西北地区的关键节点融入西部陆海新通道，有利于提升我国西北地区整体对外开放水平，形成陆海内外联动、东西双向互济的开放新格局，多年来，对外开放程度低成为制约我国西北内陆地区发展的重要瓶颈。例如，2018 年，陕西、新疆、宁夏、甘肃、青海的对外贸易依存度分别为 14.37%、11.73%、6.70%、4.49%、1.68%，与我国整体水平（33.90%）差距甚大（见表 1）。甘肃融入西部陆海新通道，将为我国西部地区加快向南开放、打开东盟市场创造有利条件，有利于西部地区尽快形成以大开放促进大开发的新格局。

表 1　我国西北五省区 2018 年对外贸易情况

区　域	货物进出口总额(亿元)	对外贸易依存度(%)
陕　西	3513.8	14.37
新　疆	1430.7	11.73
宁　夏	249.2	6.70
甘　肃	394.7	4.49
青　海	48.2	1.68
全　国	300051	33.90

资料来源：根据各省区《2018 年国民经济和社会发展统计公报》整理。

从甘肃自身发展看，融入西部陆海新通道有利于放大丝绸之路黄金段的区位优势，尽快形成向西、向南开放的合力，打造对外开放新高地，凝聚发展新动能。新通道的建设将带动以跨境物流、电子商务、金融、国际贸易以及会展服务为重点的现代服务业的发展，为甘肃经济转型升级、培育新动能提供了难得机遇；通过融入西部陆海新通道，可以进一步推动甘肃国际物流功能通道建设，提升通关便利化水平，打造良好的营商环境；通过融入西部陆海新通道，产生的产业集聚、城市群发展等增长拉动效应将极大拓展甘肃发展新空间。

三　甘肃融入西部陆海新通道面临的挑战与矛盾

甘肃作为西部欠发达地区，发展基础相对薄弱，内需市场规模小，开放水平不高。能否通过融入西部陆海新通道实现快速发展的预期效果，仍面临诸多不确定因素和矛盾。

（一）自身内需市场规模较小，开放水平偏低

一是经济总量较小。从经济发展水平看，2018 年，甘肃 GDP 为 8246.07 亿元，占全国的比重为 0.92%，仅高于海南、宁夏、青海和西藏，在西部陆海新通道沿线 13 个省区市中，排在倒数第五位（见图 1），不到土地面积相近的云南的一半。

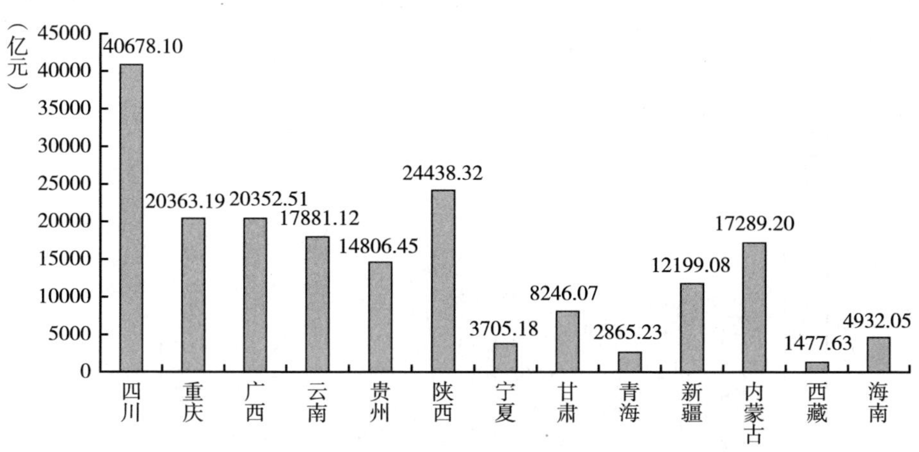

图 1　2018 年西部陆海新通道 13 个省区市 GDP 排名

资料来源：根据各省区市《2018 年国民经济和社会发展统计公报》整理。

二是人均收入水平不高。2018 年甘肃城镇居民人均可支配收入为 29957.0 元，约为全国的 76%；农村居民人均可支配收入为 8804.1 元，约为全国的 67%，在西部陆海新通道沿线 13 个省区市中均为倒数第一（见图 2）。

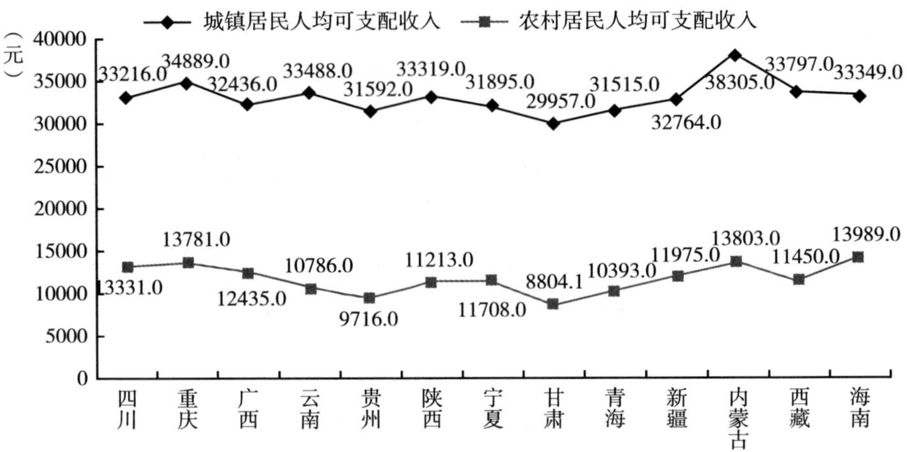

图 2　2018 年西部陆海新通道 13 个省区市城乡居民人均可支配收入情况

资料来源：根据各省区市《2018 年国民经济和社会发展统计公报》整理。

三是内需市场规模小。2018 年甘肃全省社会消费品零售总额为 3500. 17 亿元，仅占全国的 0. 92%，在西部陆海新通道沿线 13 个省区市中排名倒数第五位（见图 3）。

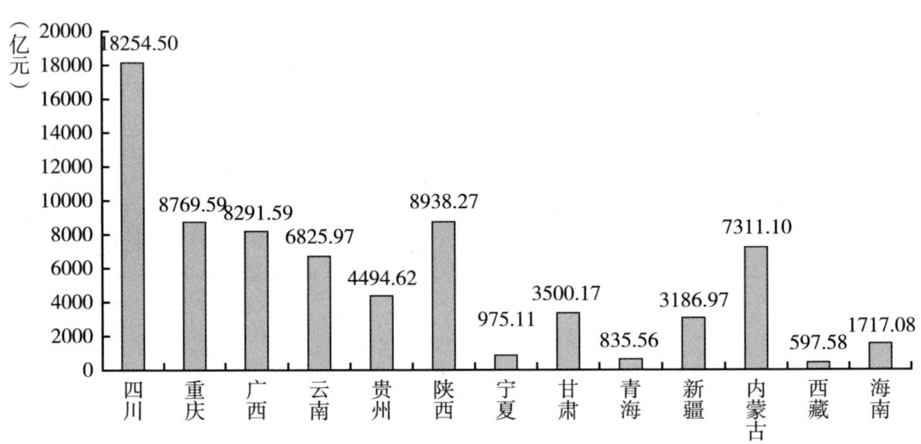

图 3　2018 年西部陆海新通道 13 个省区市社会消费品零售总额

资料来源：根据各省区市《2018 年国民经济和社会发展统计公报》整理。

四是对外开放水平偏低。从市场开放度看，甘肃对外贸易依存度逐年下降的趋势明显，由 2013 年的 10.08% 下降到了 2018 年的 4.49%，下降了 5.59 个百分点，与 2010 年的历史最高点（12.09%）相差 7.6 个百分点，比全国平均水平（33.90%）低 29.4 个百分点（见图 4）。

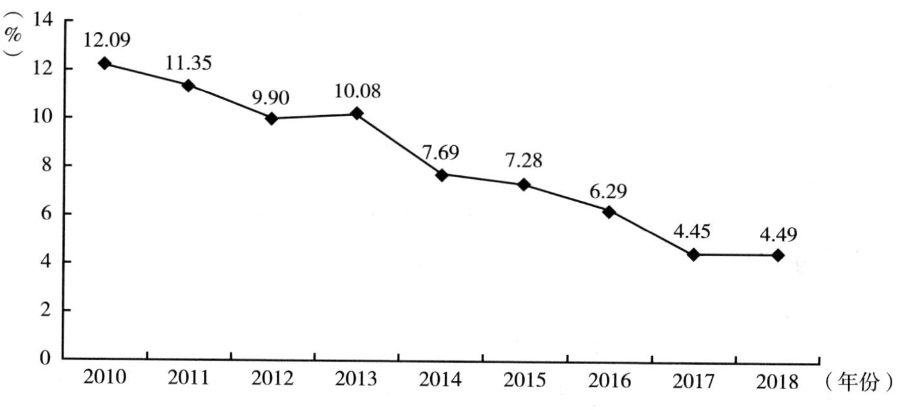

图 4　2010～2018 年甘肃省对外贸易依存度变化情况

资料来源：2010～2018 年《甘肃发展年鉴》。

（二）与东盟国家间的贸易比重呈下降趋势

我国香港和东盟、北美（主要是美国）、东亚（日本、韩国）一直是甘肃传统的三大主要出口区域。2014 年之前，甘肃与东盟国家之间的贸易额呈上升态势。但从 2015 年开始，甘肃与东盟国家之间的贸易呈不断萎缩状态，由 2015 年的 93.94 亿元急剧减少到 2018 年的 24.27 亿元，占比也由 2015 年的 19.02% 下降到 2018 年的 7.4%（见图 5）。

（三）甘肃经济发展要素流量不足

目前西部陆海新通道甘肃段存在“有通道、缺水流”的问题，致使甘肃的区位与通道优势难以充分转化为枢纽型经济发展的现实优势。

一是甘肃客货运量总量较少。从货物运输量看，2018 年，甘肃兰州全

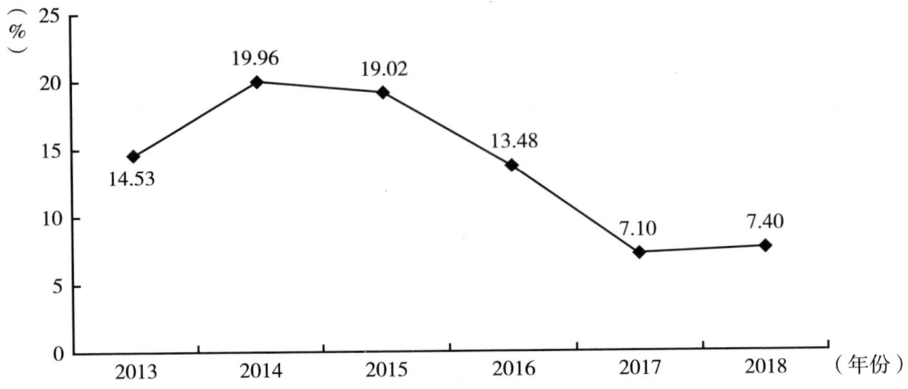

图 5　2013～2018 年甘肃对东盟国家进出口贸易占比

资料来源：根据 2013～2018《甘肃国民经济和社会发展统计公报》整理。

年货物运量为 1.35 亿吨，分别为西安、重庆、贵阳和南宁的 51.5%、10.5%、24.4%和 35.2%；从旅客运输量看，2018 年，甘肃兰州全年旅客运输量为 0.83 亿人次，分别为西安、重庆、贵阳和南宁的 31.8%、13.1%、10.1%和 87.4%（见表 2）。

表 2　2018 年兰州、西安、重庆、贵阳、南宁客货运输量情况对比

运输量	兰州	西安	重庆	贵阳	南宁
货物运量(亿吨)	1.35	2.62	12.82	5.54	3.84
旅客运输量(亿人次)	0.83	2.61	6.36	8.2	0.95

资料来源：根据各城市《2018 年国民经济和社会发展统计公报》整理。

二是兰渝铁路利用率不高。作为甘肃融入西部陆海新通道主要载体的兰渝铁路，建成运营后的实际利用率并不高。一方面兰渝铁路全线货运能力利用率低。兰渝铁路全线共设 15 个货运站，年设计运输能力 6000 万吨。2018 年全年输送货物 2854 万吨，货运能力利用率仅为 47.5%。另一方面兰渝铁路本线货运能力利用率低。兰渝铁路自 2017 年 9 月 29 日全线开通以来，兰州局管辖的 5 个站共到发货物 51.03 万吨，兰渝铁路本线 2018 年全年完成到发量 70 万吨，货运能力利用率仅约 40%。

（四）甘肃融入西部陆海新通道的政策体制环境尚未形成

一是与沿线省区市相比，营商环境存在较大差距。在“2018 中国营商环境百强区县排行榜”中，甘肃无一区县入围，而四川有 4 个区县入榜，贵州有 3 个区县入榜，内蒙古有 3 个区县入榜，重庆有 2 个区入榜，陕西、广西、云南、新疆、宁夏各有 1 个区县入榜（见表 3）。

表 3 “2018 中国营商环境百强区县排行榜”西部地区入榜情况

排名	区县名称	排名	区县名称
14	贵州省仁怀市	63	陕西省西安市碑林区
18	四川省成都市双流区	73	内蒙古包头市青山
23	四川省西昌市	78	四川省成都市新津县
31	内蒙古鄂尔多斯市准格尔旗	80	重庆市九龙坡区
41	重庆市万州区	94	广西百色市平果县
44	贵州省黔南布依族苗族自治州荔波县	95	云南省德宏州瑞丽市
48	四川省简阳市	97	新疆吐鲁番市
49	内蒙古呼和浩特市新城区	100	宁夏银川市贺兰县
57	贵州省安顺市平坝区		

资料来源：鄂璠：《百强区县营商环境大比拼》，《小康》2018 年第 22 期。

二是人才培养与集聚能力较弱。长期以来，甘肃省处于人才盘不活、留不住、引不进的困境。2011 年上半年甘肃对急需紧缺人才状况进行的调查显示，甘肃全省急需高、中级专业技术人才 11.7 万人，而 2011 ~2015 年甘肃共引进各类急需紧缺人才近 4 万人①，仍存在较大的人才缺口。

三是吸引外部资金流入的能力较弱。1978 ~2016 年，甘肃省固定资产投资持续增长，由 1978 年的 9.3 亿元增长到 2016 年的 9534.1 亿元，但从 2017 年开始出现断崖式下跌，2018 年跌至 5474.19 亿元，相比 2016 年下降 42.6%（见图 6）。

① 《不求所有 但求所用——甘肃省不拘一格引进急需紧缺人才纪实》，《甘肃日报》2017 年 5 月 8 日。

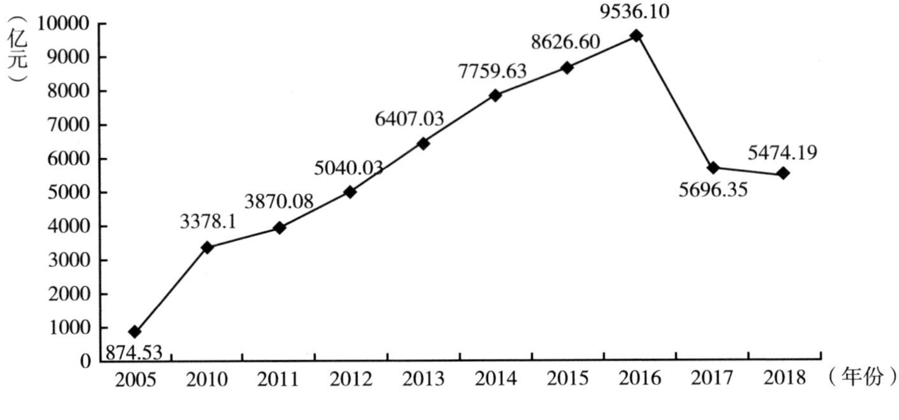

图6　2005～2018年甘肃省固定资产投资变化情况

资料来源：2005～2018年《甘肃发展年鉴》。

从投资主体来看，国有投资仍占主导地位，2013～2016年，占比一直保持在41%以上，2017年有所下降，但占比仍高达38.13%；从外商直接投资实际使用金额走势来看，自2015年以来甘肃实际使用外商投资金额不断下降，总额由2015年的11036万美元下降为2018年的2019万美元，降幅达81.71%。

四　甘肃加快融入西部陆海新通道的对策建议

融入西部陆海新通道，甘肃需要立足自身发展，放大区位优势，突出产业优势，围绕经济转型升级的现实需求扩大对内对外开放，走一条以开放促转型、促发展的新路子。

（一）以融入西部陆海新通道为重点优化商贸物流发展布局

围绕西部陆海新通道建设，以统筹规划综合交通枢纽和物流布局为重点，加快构建综合交通枢纽体系以及高效、快捷交通基础设施网络，形成全省国际化、现代化物流产业战略布局，大力发展通道经济、物流经济、口岸经济。

一是优化商贸物流发展布局。统筹推进大兰州、大河西、大陇东经济区融入新通道建设。以甘肃（兰州）国际陆港为中心，打造面向中东欧、中亚、东南亚的国际物流通道枢纽和国际班列货源集散地；依托天水国际陆港，打造聚集陇中、辐射陕（西）川（四川）的商贸物流节点；依托武威国际陆港，打造聚集河西走廊东端，辐射青海、内蒙古的商贸物流节点。

二是大力发展物流经济。利用西部陆海新通道铁海联运，将甘肃农产品和有色金属等工业品出口东盟市场，把东盟国家的时令新鲜水果、水海产品、大米等直接进口到西北市场，逐步拓宽与东盟十国之间的经贸合作。

三是依托西部陆海新通道发展外向型产业。面向西部陆海新通道国际国内市场，以特色农业和中药材、先进制造业、矿产资源加工产业、文化旅游产业等特色优势产业为重点，发展各类出口基地、产业园区，推动外向型产业集聚发展。

（二）加快完善对接西部陆海新通道的基础设施建设

一是完善铁公空海基础设施建设。加快推进银川－西安、兰州－合作、敦煌－格尔木、庆阳平凉天水陇南高铁、天平铁路南延线以及远期兰渝高铁、兰新三四线高铁、兰州至张掖三四线等铁路基础建设，实现铁路环线连接；加快从海关、质检等功能为重点的各类铁路口岸建设，实现与港口、机场、公路货运站以及产业园区的联动发展；推进兰州中川机场三期建设。

二是强化三大口岸的综合服务能力。加快完善兰州国际陆港的物流基础设施和集散运输体系建设，充分发挥其内陆主要货源地节点和铁路枢纽节点的优势；进一步强化武威国际陆港现代化国际物流平台和向西合作交流服务功能；充分发挥天水国际陆港在关中－天水经济区和关中平原城市群区域物流配送基地的重要作用。

三是做大做强西部陆海新通道省级物流平台。大力推进甘肃省国际物流有限公司建设，真正承担起甘肃与新通道沿线省区市贸易物流通道建设中的运营主体责任，推进信息沟通、政策协调、货源组织、班列发运等任务，促进西北、西南地区生产要素流动和融合协同发展的运作；鼓励国内外物流企业组建混合所有制的商贸物流企业集团，大力培育甘肃骨干商贸物流市场主体；探索建立西部陆海新通道中的跨区域商贸流通合作机制，推动各省区市的政策联动、资源共享和业务合作。

（三）依托西部陆海新通道积极发展特色优势外向型产业

一是依托甘肃矿产资源加工优势加强面向东盟、西亚和非洲等国家和地区的产能合作。优化甘肃企业海外市场布局，重点在冶金、有色金属、化工、建材方面开展供给产能合作，提升甘肃的国际资源配置能力。

二是以“北菜南运”为重点加强高原夏菜出口基地建设。构建以兰州为中心，以河西走廊为轴线，以陇东、陇南地区为支撑的农产品冷链物流格局；建设高原夏菜产地批发市场和农贸市场，推动蔬菜产品“走出去”，在夏秋季节“集西北、卖全国、出东盟”，在冬春季节“集全国、卖西北、出西亚”。

三是打造中药材深加工和出口基地。大力推动集仓储物流、市场交易、电商平台为一体的现代化中药交易市场建设，重点在陇西形成全国区域性中药材专业市场；大力推动中医药服务贸易企业“走出去”，培育一批特色突出的中医药服务贸易骨干企业（机构），在“一带一路”沿线国家发展中医药服务贸易与产业基地；发挥中医药资源和文化优势，在“一带一路”沿线国家建立更多岐黄中医学院、医院或中心等机构。

四是打造清真食品基地、国际认证中心。以临夏回族自治州为中心，打造辐射兰州、甘南、天水、武威等市州的区域性清真食品和民族用品产业链，形成面向中亚、西亚、东南亚等国家的清真食品和民族用品出口基地；加强各清真食品机构、行业协会、企业之间的联系，构建区域性“清真食品认证体系”，争取国家级“清真食品认证体系”在甘肃建立。

五是依托西部陆海新通道拓展人文旅游业市场。利用文化部“东盟10+3”框架下的文化交流机制，推动与曼谷、金边、老挝、新加坡中国文化中心的合作；积极开展西部陆海新通道沿线旅游合作。推出文化特色鲜明的西部陆海新通道主题旅游项目和线路，与沿线各省区市实现资源互享、优势互补，推进旅游全域融合发展。围绕打造丝绸之路旅游黄金带，建设大敦煌文化旅游经济圈，打造全省新的区域增长点、增长极、增长带。

（四）推进以西部陆海新通道沿线国家和地区为重点的跨区域合作

以融入西部陆海新通道为重点，强化与“一带一路”沿线国家和地区的跨区域合作，强化优势互补和经贸合作，形成以向西开放为主，更大范围、更广领域、更高层次的开放型经济新格局。

一是强化西北五省区间的合作。加强甘肃与新疆、青海、陕西、宁夏在基础设施、要素资源、产业集聚、文化旅游、政策协同等方面的全方位合作，实现互联互通，错位发展，共同融入西部陆海新通道。

二是加强甘肃与西南各省区市合作。在强化与西南各省区市西部陆海新通道互联互通合作的同时，重点强化与川渝地区在新材料、新能源、节能与环保、生物医药、有色金属、石油化工、装备制造、电子信息等方面的产业互补和经贸合作。

三是加强甘肃与华南各省份合作。加强与粤港澳大湾区、海南的经贸、投资全面合作，充分利用华南大市场、资金、技术发展甘肃的特色优势产业。

四是强化甘肃与东盟国家合作。逐步拓宽与十国之间的经贸合作，在旅游业、矿产资源开发、机电产品出口等方面推进与东盟等国的合作，以点带面，实现与东盟国家贸易的恢复性增长。

（五）以培育市场主体为重点，优化营商环境

一是高度重视民营经济发展，激发外向型经济发展活力。将培育发展民营经济主体的目标，明确列入甘肃“十四五”规划中，争取到 2025 年，甘肃非公民营经济占 GDP 比重达到 60% 以上。

二是营造公平竞争的市场环境。参照国内自由贸易区（港）现行的最优政策负面清单管理改革，探索建立“竞争中性”的市场规则体系。

三是推动外商投资和贸易便利化。坚持“非禁即入”原则，实施外商

投资市场准入负面清单制度，降低进出口环节合规成本和推进通关便利化。

四是加快建立符合国际规则的甘肃营商环境指标体系和评价机制，制定《甘肃省优化营商环境条例》，促进甘肃营商环境规则从“实践探索”向“立法规范”赋权升级。

（六）强化开放创新平台体系建设，提升资本、技术和人才等要素集聚

一是不断完善“兰州新区”、“兰白科技创新示范区”、“敦煌国际文化博览会”、“兰州投资贸易洽谈会”、“三大陆港和三大空港窗口”以及“国际物流运营公司”六大开放平台体系建设，强化六大开放平台功能，明显提升资金、人才等要素的集聚效率，形成“甘肃资源＋外部资金＋外部市场”的外向型产业发展新模式，吸引包括香港、广东、新加坡在内的国际国内资金、技术参与甘肃特色优势资源的有效开发，培育形成国际知名品牌。

二是搭建开放创新合作平台。积极推进科技经济对外开放，探索更加开放的创新政策，鼓励外资企业引进创新成果实现产业化，支持企业到境外设立研发机构或参股并购境外科技型企业；进一步深化与科研院所的战略合作，促进一批创新研究机构及重大技术项目落户甘肃。

三是创新科技体制机制，下放科技成果分配权。甘肃发展最关键的因素是人才。如果没有特殊的政策体制安排，不仅难以吸引外来人才，而且难以留住现有人才。应在加快下放科技成果使用、处置和收益权上采取超常规的改革，实质性打破现有体制对科技人才的束缚。赋予科研创新团队更大支配权和决策权，不设科目比例限制，由科研团队自主决定使用，提高科研人员成果转化收益比例；鼓励通过股权、期权、分红等激励方式，调动科研人员创新积极性；开展科技成果收益权改革，科技成果入股比例不设上限，采取股权奖励、期权分配、技术入股等方式，对创新人才和创新企业家予以激励。

参考文献

《甘肃省人民政府办公厅关于印发甘肃省通道物流产业发展专项行动计划的通知》(甘政办发〔2018〕87号)。

高红霞、罗昱:《中欧班列(成都)沿着“一带一路”奔跑6年 跑出中欧经贸合作最快物流大通道》,《成都日报》2019年4月27日,第2版。

高新才:《丝绸之路经济带与通道经济发展》,《中国流通经济》2014年第4期。

龚新蜀、张洪振:《物流产业集聚的经济溢出效应及空间分异研究——基于丝绸之路经济带辐射省份面板数据》,《工业技术经济》2017年第3期。

李剑、姜宝:《物流产业集聚对区域经济增长影响研究——基于省际数据的空间计量分析》,《中南大学学报》(社会科学版)2016年第4期。

莫晨宇:《发展通道经济 培育西部民族地区自我发展能力》,《创新》2013年第2期。

钱吴永、祁尖:《基于节点城市的物流产业效率与经济增长协同发展测度研究》,《工业技术经济》2018年第5期。

王瑛:《发展通道经济的理论探讨》,《改革与战略》2004年第10期。

徐秋艳、房胜飞:《物流产业集聚的经济溢出效应及空间异质性研究——基于省际数据的空间计量分析》,《工业技术经济》2018年第2期。

朱其现:《交通通道:通道经济的基本载体分析——通道经济理论研究之三》,《广西民族师范学院学报》2010年第3期。

B.18

西北五省区制造业高质量发展指标评价体系构建及对策建议*

王林伶　杨宇琪**

摘　要： 制造业是国民经济的根基，是我国经济高质量发展的根本支撑，推动高质量发展是党的十九大关于经济建设新的战略部署。文章通过构建制造业评价模型，依据西北五省区制造业动员潜力进行实证计算，分析制造业发展现状及后续发展潜力，并根据现阶段制造业发展的特点提出促进西北五省区制造业向高质量发展的具体对策，以期为其后续发展提供借鉴。

关键词： 制造业高质量发展　评价体系　西北五省区

制造业是国民经济的主体，是立国之本、兴国之器、强国之基。历史和现实表明，一个国家兴旺发达的前提是制造业的强盛。就我国来说，实现社会主义现代化和中华民族的伟大复兴，必然要发展高质量高水平的制造业。当前，我国制造业在某些领域国际领先，但总体上还处在类型全而不精、大而不强的阶段，尤其是在科技创新、技术创新、自主创新等方面，还有很大的提升空间，与发达国家还存在明显差距。

---

* 本研究为宁夏回族自治区青年拔尖人才培育工程（项目编号：RQ0171）阶段性成果；宁夏社会科学院创新驱动战略研究中心阶段性成果。

** 王林伶，宁夏社会科学院综合经济研究所负责人、副研究员，主要研究方向为“一带一路”与中阿经贸关系、区域经济与产业经济、资源规划与可持续发展研究；杨宇琪，湖南大学经济与贸易学院，主要研究方向为区域经济与贸易。

一 西北五省区制造业发展现状

我国的制造业分为三大类，即轻纺制造业、资源加工制造业、电子机械制造业。第一类是轻纺制造业，包括食品、饮料、烟草加工、皮革、服装、纺织、家具、印刷等；第二类为资源加工制造业，包括化学纤维、石油化工、橡胶、塑料、医药制造业、黑色金属等，第三类为电子机械制造业，包括机械设备、交通运输工具、专用设备、通信设备、仪器等。

（一）陕西制造业发展状况

70 年来，陕西省艰苦探索，走出了一条特色鲜明、符合自身、经济社会等指标不断提升的发展之路。1952 年，陕西省 GDP 为 12.85 亿元，在 2010 年跻身全国 GDP“万亿元俱乐部”，2018 年达到 24438.32 亿元。尤其自改革开放后，陕西省工业制造业进一步加快发展，带动了其他产业快速发展，也促进了产业结构进一步优化，一、二、三产业增加值占 GDP 比重分别由 1952 年的 65.4%、14.9% 和 19.7%，调整为 2018 年的 7.5%、49.7% 和 42.8%，实现了产业结构从“一、三、二”到“二、三、一”模式的变革。陕西省利用区位优势在陕北区域大力发展高端能源化工制造业，1952 年陕北地区生产总值为 1.16 亿元，到 2018 年提升为 5407.53 亿元，占陕西省地区生产总值的近 1/4。

随着工业化进程加快，技术装备不断提升，陕西省工业制造业生产能力日益增强，制造业从新中国成立初期的低端程度逐步向现今的中高端制造业水平迈进，对地方经济增长的贡献率也持续提升。陕西省在工业制造业领域，重点依靠科技创新，大力发展煤油气生产、能源化工、航空装备、汽车制造、轨道交通、新能源制造、高档数控机床、电子机械等制造业，推动了工业制造业、工业产品、科学技术等快速发展。在煤、油、气生产方面，依托大企业、大产区，煤、油、气产量稳居全国前列，2018 年陕西省原油产量、天然气产量分别达到 3519.5 万吨和

444.50 亿立方米，原油、天然气产量稳居全国第一，原煤产量居全国第三，陕煤集团、延长油田 2 家工业企业入围世界 500 强行列。在新材料制造业方面，单晶硅制造与产品业绩显著，产量占据全球第一。在新能源制造业方面，新能源汽车、太阳能电池等制造业增长较快，2018 年新能源产业增加值达 237 亿元，占战略性新兴产业的 8.9%。在高端装备制造业方面，汽车制造业从无到有，运动型（SUV）多用途乘用车、大型运输机产品技术升级高于其他工业制造业，2018 年高端装备制造业增加值达到 399.5 亿元，年均增长 14.1%，仅汽车产量就达到 62.13 万辆，营业收入超过百亿元的工业企业达到 24 户，有 6 家工业企业入围中国企业 500 强。在电子机械制造业方面，闪存芯片、高端液晶面板等成就突出，成为新时期陕西制造新名片、新标志。实现了陕西省工业增加值由 1952 年的 1.7 亿元，增加到 2018 年的 9634.8 亿元，年均增长率保持两位数，高于全国平均水平。①

（二）甘肃制造业发展状况

经过 70 年发展，甘肃省在创新求变中积极摸索与实践，经济、社会、生态等领域取得了巨大成就，尤其是自改革开放以来，甘肃省工业制造业扩能提质，全面发力，挺起了经济社会发展的脊梁。工业制造业发展水平是一个地区综合实力的体现，甘肃省利用自身区位优势、资源优势，大力发展石油化工、煤化工、有色冶金制造、先进装备制造、新能源制造、建材制造、生物医药、信息技术、纺织服装、农产品加工等制造业，并在新能源、装备制造等领域形成了工业制造业发展新优势，引领着甘肃工业经济向中高端层次迈进。

在石油制造业方面，新中国成立后以玉门油田及大型石油企业为代表的制造业，其石油产量长期占到全国的 1/2 以上，为中国石油工业的发展做出

① 《使命如山砥砺七十载　初心如磐奋进新时代——新中国成立 70 周年陕西经济社会发展成就系列报告之一》，陕西省统计局，http://tjj.shaanxi.gov.cn/site/1/html/126/111/19911.htm，最后检索时间：2019 年 11 月 20 日。

了重大贡献。在新能源制造业方面，甘肃酒泉分别建成我国首个千万千瓦级风电基地和百万千瓦级光电基地，风光电和光热发电总装机达到1137万千瓦，新能源装机规模占到我国的5%，被称为亚洲最大的新能源装备制造基地，也带动了新能源装备制造发展，形成了年产风机620万千瓦、叶片4600套、塔筒4140套的风电装备产能。① 制造业骨干企业带动能力不断增强，成为工业制造业支柱产业、千亿元产业龙头带动者，2017年，酒钢集团的钢和钢材产能双双突破1000万吨，甘肃酒钢集团、甘肃白银公司、甘肃金川集团、甘肃建投集团、甘肃公航旅集团等制造业企业入围“中国企业500强”，同时，金川集团、白银公司2户企业进入中国跨国公司前100名。② 在技术创新方面，甘肃省积极建设制造业创新载体，以提升制造业自主创新能力和核心竞争力推动制造业升级，分别成立镍钴新材料创新中心、矿物功能材料创新中心、羰基金属材料创新中心、重离子创新中心、润滑与表面工程材料创新中心、饲草机械装备创新中心，这些创新中心的成立对离子加速及癌症治疗装备制造、高端医用材料制造业、粉末金属材料制造业、金属及工程塑料3D打印材料制造业等具有积极的推动作用。通过创新中心建设，来激发新产品研发、科技成果转化，推动创新项目实施，形成高新技术、新材料、新装备等制造产业和产业链发展，为工业制造业提供源源不断的动力活水。

（三）青海制造业发展状况

70年的发展，青海省发生了翻天覆地的历史巨变，综合实力实现历史跨越，基础设施建设取得巨大成就，人民生活由贫困到温饱再到总体小康，并向全面小康迈进。1949年青海省地区生产总值为1.23亿元，经70年的艰辛建

---

① 《“壮丽70年·奋斗新时代——新中国成立70年甘肃省发展成就巡礼”系列新闻发布会酒泉专场实录》，http：//www.gansu.gov.cn/art/2019/9/12/art_4740_428240.html，最后检索时间：2019年11月20日。

② 《挺起甘肃省经济社会发展的坚实脊梁——2004年以来省属企业重点发展成就综述》中国甘肃网，http：//gansu.gscn.com.cn/system/2018/12/28/012092774.shtml。

设，经济总量实现大跃升，2018 年达到 2865 亿元。新中国成立初期，青海省是一个典型以农业为主的省份，工业制造业极其落后，商品服务业极度匮乏，产业结构由 1949 年的 80.5∶5.7∶13.8 转变为 2018 年的 9.4∶43.5∶47.1，在稳定的农业结构主导下，工业制造业也逐步形成，并促进了服务业活力，产业结构实现了由“一三二”到“三二一”的转变，走出了一条符合青海省实际的创业发展之路。

青海省从国家“一五”计划开始，拉开了全面生产建设的序幕，基础设施从“一穷二白”，逐步建成了以公路为骨干，铁路、民用航空和管道组成的综合交通运输网，2018 年公路总里程超过 8 万公里，高速公路和铁路运行里程分别达到 3328 公里、2299 公里，“一主六辅”机场格局形成，四通八达的交通网络带动和促进了青海省工业制造业逐步发展、完善和壮大，实现了工业从无到有、货物大进大出的良性循环。青海省利用能源优势、矿产资源为其工业制造业发展奠定了坚实的发展基础，逐步走上了快速发展的新轨道，形成了十大特色优势制造业：煤化工制造、油气化工生产、盐湖化工加工、有色金属制造、装备制造、生物制造、新材料制造、轻工纺织制造等。在农副产品加工、化工制造、电力生产、电气机械、煤炭开采等方面取得了较大发展，增强了工业生产能力和发展活力，经济总量也持续增长，逐渐形成了以工业经济发展为主导的经济形态。在新能源制造业发展方面，利用江河源头优势，相继建成龙羊峡、拉西瓦、李家峡等一大批水利水电设施，利用高海拔日光优势大力发展光伏制造、新能源产业，建成全国最大的光伏发电基地，2018 年电力装机容量突破 2700 万千瓦，清洁能源装机比重达 86.5%，开创了 100% 用清洁能源连续供电 360 小时的世界纪录，成为我国“西电东送”重要输出地，也带动了大型水电、光电、风电装备制造的发展和产品的研发，并聚集了大型制造业企业。①

---

① 解丽娜：《青海解放 70 年　经济社会发展取得巨大成就》，《青海日报》2019 年 9 月 18 日。

（四）宁夏制造业发展状况

经过70年的改革创新，宁夏已经由成立之初工业制造业几乎空白、经济基础薄弱落后的地区，逐步建成为工业制造业门类基本齐全、制造业突出、产品特色鲜明、质量品牌效益不断提升、具有一定技术装备水平与规模的现代工业制造业体系的地区。宁夏制造业实现了从无到有、由小变大、由弱变强，从传统向现代转变的历史性跨越，为推进宁夏经济社会发展做出了巨大贡献。新中国成立后我国加大了对地方经济社会发展的支持力度，随着国民经济“一五”“二五”计划的实施，全社会呈现一片百废待兴、欣欣向荣的局面，尤其是在“三线建设”期间，宁夏布局了一大批制造业，以大河机床厂、长城机床铸造厂、银川起重机厂、银川橡胶厂、西北煤炭机械制造一厂、二厂、三厂、青铜峡铝厂、吴忠轴承厂等为代表的基础性制造业，为今日的宁夏工业发展、工业体系建立、现代化生产奠定了坚实的基础。

宁夏利用区域内资源优势大力发展煤炭开采、能源化工、水电光伏、医药制造等加工制造业，尤其以宁东能源化工基地为龙头带动了其他关联产业快速发展，带动了工业制造业高质量发展，加速了宁夏经济转型发展步伐，使宁夏工业增加值从1978年的5.59亿元，上升到2018年的1124.5亿元。形成了以煤炭制造、电力生产、能源化工、冶金制造、有色金属、建材装备、机械生产等为主导，具有地方特色的工业制造业体系。在优势特色产业的带动下，宁夏制造业的产品品牌、技术装备的区域影响力逐步扩大。以煤促电，以电代煤，以风力发电、水力发电和太阳能发电等，多元一体化的发展理念，不仅优化了电源结构，也带动了电力制造装备进入大机组、大电厂、大电网、大制造、智能制造时代。建成了三条外送电力通道，宁夏至浙江±800千伏直流、宁夏宁东至山东±660千伏直流、宁夏至兰州750千伏交流输电线路，使宁夏成为国家级的新能源综合示范区、国家“西电东输”的重要电源基地。

宁夏在高端装备制造、稀有金属材料、工业自动化仪表、电工仪器仪表、牵引变压器、数控机床、刮板输送机、大型铁路轴承、大型铸锻件、医药制造、生物制药、生物发酵、配电装置、风力发电设备、单晶多晶硅片、新材料、新能源、现代纺织、枸杞加工、葡萄酒等产业制造业方面产生了一批优质产品、一批业界“单打冠军”，深受市场青睐。2016 年，全球单套规模最大的 400 万吨煤制油项目在宁夏宁东成功投产，技术及装备国产化率达到 98.5%，实现了煤炭制造由黑变白再到多彩的历史转变。硫氰酸红霉素产能占全球 1/3；中色（宁夏）东方集团公司位列世界钽铌行业前三强；石灰氮和双氰胺产量居全国首位，世界市场占有率达 70%；刮板输送机、转载机、大功率减速器等产品占全国煤炭机械市场份额的 35% 以上；高速铁路用大容量可靠性牵引变压器填补了国内空白；承制的三峡地下水轮机转轮叶片，结束了大型水轮机叶片依赖进口的历史；生产的自动调节阀门普遍供应国内石化企业；率先将 3D 打印、射芯、数字化铸造等新技术成功应用到铸造领域，建成了国内第一家数字化机床制造工厂。①

（五）新疆制造业发展状况

经过 70 年的发展，新疆从落后走向繁荣，从封闭走向开放，从贫穷走向富裕，经济社会文化生态等发生了翻天覆地的变化，不断实现着新的飞跃。新疆始终坚持发展是解决所有问题的关键、发展是第一要务的理念，不断践行着新疆效率，综合实力跨上新台阶，多项经济指标跃居全国前列，创造一个又一个新的历史纪录。

新疆依托丰富而富集的资源优势，为其工业制造业奠定了坚实的发展基础，解放前新疆没有像样的工厂，一颗钉、一尺布、一斤糖等基本生活生产资料都无法生产，新中国成立后，新疆工业从无到有、从小到大、从低端到高端逐步发展。能源化工、煤炭加工、电力制造、有色制造、钢铁

① 《七十年砥砺奋进　七十年艰苦创业　铸就宁夏工业经济发展新辉煌——新中国成立 70 周年宁夏经济社会发展成就系列报告之二》，宁夏回族自治区统计局，http：//tj. nx. gov. cn/tjxx/201909/t20190923_ 1750347. html，最后检索时间：2019 年 11 月 20 日。

制造等工业制造业规模不断扩大；石油天然气居全国前列，煤炭、特高压变压器、有色金属、风电制造、聚氯乙烯、合成氨等主要工业产品产量大幅提高；先进装备制造新材料、新能源、电子信息、生物制药等战略性新兴产业和高新技术制造业快速发展，制造业产品产量不断提升，工业主导地位日益增强。

2018 年，新疆规模以上工业企业达到 2477 家，工业增加值达到 10%，居全国第 12 位。在原油生产和加工制造业方面，初步建立具有炼油加工、化肥生产、乙烯工业、合成树脂、轮胎制造等综合生产能力的石化加工制造体系，能生产制造 300 多种石油化工产品，并已形成克拉玛依、乌鲁木齐、独山子等各具特色的石化化工生产基地。在电力工业方面，新疆电网线路累计超过 4.3 万公里，建成了多条“疆电外送”通道，哈密至郑州 ±800 千伏特高压直流输电线路，哈密至柴达木 750 千伏输电线路建成投运。① 在石油天然气管道装备建设方面，1958 年新疆建成全国最长的克拉玛依 – 独山子原油管道。2004 年建成全长 4000 公里、年输气量 120 立方米的“西气东输”运输管道工程。2018 年，在中国已有的 4 条能源进口战略通道中，中亚天然气管道和中哈石油管道两条管道贯穿新疆。截至 2018 年底，“西气东输”管道工程已建成运营一、二、三线，并将建设四、五线。“西气东输”管道西连中亚天然气管道，东接中缅天然气管道，形成横贯东西、纵贯南北，连接海外的天然气网。在新能源制造方面，建成哈密东南部风区 200 万千瓦风电项目以及哈密风电基地二期项目，风电装机规模由 2012 年 257 万千瓦增加到 2016 年 1775 万千瓦，居全国第二位；光伏发电装机规模由 18 万千瓦增加到 892.6 万千瓦，居全国第一位。②

---

① 王新红：《新疆“十二五”时期经济社会发展成就亮点综述》，新疆维吾尔自治区发展和改革委员会，http：//www.xjdrc.gov.cn/info/9916/18673.htm，最后检索时间：2019 年 11 月 20 日。

② 《党的十八大以来自治区经济社会发展成就之二：特色优势产业持续发展壮大》，http：//www.xjdrc.gov.cn/info/9916/18669.htm，最后检索时间：2019 年 11 月 20 日。

二　西北五省区制造业高质量发展指标体系构建

（一）资料来源、计算方法及指标体系构建

当前，我国经济发展进入新常态，表现出经济下行压力大、产能过剩、供给侧结构性矛盾等特点，为此，2015 年国务院明确提出了制造业创新驱动、质量为先、绿色发展、结构优化、人才为本的发展战略方针。2017 年，党的十九大报告中又提出高质量发展战略要求，进一步深化了创新、协调、绿色、开放、共享的新发展理念。就我国来说，基于目前我国提出的实施制造强国战略行动纲领和实施高质量发展的理念，有诸多学者对于“制造强国”评价指标体系进行构建，以此对中国制造业发展水平进行量化分析。然而，就目前来看，学术界尚未形成统一的评价标准，早期的研究更多是从产出效益、结构、产品质量以及出口竞争力等多个视角评价工业发展质量。徐建中等①以经济效益、科技能力、能源消耗、信息化水平、人力资源劳动率等作为制造业先进性评价指标。傅京燕等②提出了环境规制对产业国际竞争力有影响。杜琦等③利用产业外向度、市场占有率等指标评价高技术制造业发展水平。何喜军等④构建了涵盖制造业发展水平、污染治理水平、信息化水平的制造业发展指标体系。经济发展进入新常态背景下，越来越多的学者关注创新驱动和绿色发展等指标，来进一步构建高质量评价要素，其中，

---

① 徐建中、谢晶：《基于属性视角的我国制造业先进性的判断与测度》，《科学学与科学技术管理》2013 年第 5 期，第 53 ~60 页。

② 傅京燕、李丽莎：《环境规制、要素禀赋与产业国际竞争力的实证研究——基于中国制造业的面板数据》，《管理世界》2010 年第 10 期，第 87 ~98 +187 页。

③ 杜琦、姚波、解芳：《副省级城市先进制造业发展水平评价研究——以西安为例》，《现代管理科学》2010 年第 11 期，第 65 ~67 +70 页。

④ 何喜军、魏国丹、张婷婷：《区域要素禀赋与制造业协同发展度评价与实证研究》，《中国软科学》2016 年第 12 期，第 163 ~171 页。

朱启贵[①]用动力、产业、结构、质量、效率和民生 6 个方面 62 项指标构建了高质量发展评价指标体系；刘惟蓝[②]以效益、结构、科技创新、开放和绿色 5 个方面 31 项指标构建了高质量发展的评价指标体系；鲁继通[③]提出了包括微观维度、中观维度、宏观维度等 3 个一级指标、9 个二级指标、52 个三级指标在内的高质量发展评估系统；李金昌等[④]以经济活力、创新效率、绿色发展、人民生活、社会和谐 5 个方面 27 项指标构建了高质量发展评价指标体系。

西北地区制造业历史悠久，对地方经济贡献显著，但其主要经济指标还远远低于全国平均水平，经济效益与产业规模很不相符。在新中国成立初期国家重点项目建设期间，西北五省区制造业打下了良好基础，后来多年政策支持及产业转移夯实了西北地区制造业的发展。西北地区装备制造业对地方经济贡献显著，但新型工业化产值低于全国平均水平，作为西部欠发达地区，西北五省区生产力低下，工业发展程度低，能源消耗大。因此，探索西北地区工业高质量发展模式对当地经济社会发展有重要意义。

文章数据主要来源于五省区 2018 年统计年鉴，以及《中国统计年鉴 2018》《中国文化及相关产业统计年鉴 2018》《中国劳动统计年鉴 2018》《中国林业统计年鉴 2018》《中国高技术产业统计年鉴 2018》等相关统计年鉴。本文在西部大开发、"一带一路"重要经济协作区等国家战略实施背景下，引入新发展理念"创新、协调、绿色、开放、共享"[⑤] 五项标准作为一

① 朱启贵：《"绿色 +"：中国可持续发展的全新战略思维》，《人民论坛 · 学术前沿》2016 年第 3 期，第 16 ~ 27 页。

② 刘惟蓝：《以高质量发展的指标体系引领开发区建设》，《新华日报》2018 年 4 月 25 日，第 13 版。

③ 鲁继通：《我国高质量发展指标体系初探》，《中国经贸导刊（中）》2018 年第 20 期，第 4 ~ 7 页。

④ 李金昌、史龙梅、徐蔼婷：《高质量发展评价指标体系探讨》，《统计研究》2019 年第 1 期，第 4 ~ 14 页。

⑤ 念沛豪、邵立国：《我国制造业发展水平评价与分区研究》，《工业经济论坛》2018 年第 3 期，第 38 ~ 44 页；朱高峰、王迪：《当前中国制造业发展情况分析与展望：基于制造强国评价指标体系》，《管理工程学报》2017 年第 4 期，第 1 ~ 7 页。

级指标，构建 18 项标准作为二级指标，25 项标准作为三级指标。指标的选取维度、功效性情况如表 1 所示。

表 1　西北五省区制造业高质量发展指标评价体系

指标层	系统层	准则层	指标解释	单位	功效性
创新	产品研发	R&D 投入占比	制造业 R&D 经费支出/制造业产品销售收入	%	+
		R&D 人员占就业人员人数比重	制造业 R&D 人员/制造业从业人员数	%	+
	产品开发	新产品开发项目数	新产品开发项目数量	项	+
		新产品开发经费	新产品开发经费	万元	+
	技术转化	新产品产值率	制造业新产品产值/制造业总产值	%	+
		专利数量	制造业取得专利的数量	项	+
		技术创新投入产出系数	制造业新产品产值/制造业新产品开发经费	%	+
协调	产品质量	中国品牌国际市场占有率	《全球制造 500 强》制造业企业个数	个	+
		品牌国内市场占有率	《中国制造 500 强》制造业企业个数	个	+
	生产效益	就业人员劳动生产效率	制造业总产值/制造业从业人员数	%	+
		就业人员平均利润率	制造业企业总利润/制造业从业人员数量	%	+
		资本产出效率	制造业总产值/制造业企业资本存量	%	+
	供给结构	霍夫曼比例	制造业中消费资料工业净产值/资本资料工业净产值	%	-
绿色	能源消耗	能源消耗量	所有制造业行业能源消耗量的总和	万吨标准煤	-
	电力消耗	电力消耗量	所有制造业行业电力消耗量的总和	亿千瓦时	-
	废水	废水排放量	所有制造业行业能源水耗量的总和	万吨	-
	废气	废气排放量	所有制造业行业能源气耗量的总和	亿标立方米	-
	固废	固废排放量	所有制造业行业固废消耗量的总和	吨	-
	污染治理度	制造业污染治理完成投资	制造业污染治理完成投资（环保水平）	亿元	+

续表

指标层	系统层	准则层	指标解释	单位	功效性
开放	产业外向度	出口商品总额占行业产值之比	制造业出口商品额/制造业总产值	%	+
	资本关联度	外商投资企业产值占比	制造业外商投资企业产值/制造业总产值	%	+
	市场占有率	制造业市场占有率	地区制造业业务收入/全国制造业业务收入	%	+
共享	就业	就业人员人数	制造业从业人员数	万人	+
	税收	企业利税总额	制造业企业利税总额	万元	+
	收入	就业人员在岗职工年均收入	制造业就业人员在岗职工年平均收入	元	+

（二）数据处理

文章基于熵权法确定各层级指标权重，并利用西北五省区制造业高质量发展的评价指标体系对西北五省区的制造业发展现状进行实证分析。

（1）数据的标准化处理

本文采取极差标准化的方式进行标准化处理，极差标准化可使处理后的数据为0～1，值为1时表明制造业发展质量高，值为0.5时表明状况中等，值为0时表明状况最差，其计算公式如下：

$$Y_{ij} = \frac{X_{ij} - X_{\min}}{X_{\max} - X_{\min}} \tag{1}$$

式中，Y_{ij}是第i个省区第j项指标的标准化值，X_{ij}为第i个省区第j项指标的实际值，X_{max}为第j项指标的实际最大值，X_{min}为第j项指标的实际最小值。

（2）确定指标权重

本文通过熵权法计算出各项指标的权重，计算过程如下：

①先计算j个指标i个省区的指标标准化值所占指标的比重P_{ij}：

$$P_{ij} = \frac{Y_{ij}}{\sum_{i=1}^{m} Y_{ij}} \tag{2}$$

②计算第 j 项指标的熵值 e_j：

$$e_j = -k\sum_{i=1}^{m} P_{ij}LnP_{ij} \tag{3}$$

③计算第 j 项指标的效用值 d_j，d_j的值越大，第 j 项指标的权重就越大：

$$d_j = 1 - e_j \tag{4}$$

④计算第 j 项指标的权重 W_j：

$$W_j = \frac{d_j}{\sum_{j=1}^{n} d_j} \tag{5}$$

式中，m 为样本的数量，n 为指标数量，k 为常数，W_j为第 j 项指标的权重。

（3）制造业发展水平指数

西北五省区制造业发展水平指数的计算公式如下：

$$I_j = \frac{W_j}{\sum_{j=1}^{n} W_j} \tag{6}$$

其中，I_j为第 j 个省的制造业发展水平指数，W_j为指标 j 权重，n 为西北五省区总数。

（三）结果分析

根据“创新、协调、绿色、开放、共享”，构建 18 项标准作为二级指标计算得出制造业发展水平评价结果见表 2，揭示西北五省区制造业具有明显的空间分异特征。整体而言，西北五省区制造业在“创新”方面的发展水平相对较高，主要得益于目前基础设施的完善及政策支持力度的提升；“协调”与“绿色”发展水平呈现两翼高中部低的格局，经济发展水平强的区域环绕低值区，制造业协调的完整性被切割和分割，呈现出零散的空间状态。而“开放”与“共享”两方面处于弱势状态。

表 2　西北五省区制造业发展水平结果

指标	陕西	甘肃	宁夏	青海	新疆
创新	0. 588	0. 212	0. 156	0. 011	0. 356
协调	0. 314	0. 098	0. 033	0. 147	0. 152
绿色	0. 249	0. 052	0. 025	0. 014	0. 211
开放	0. 263	0. 043	0. 058	0. 035	0. 108
共享	0. 385	0. 017	0. 015	0. 004	0. 079

（1）从总体上看，制造业的发展潜力与资源依赖性密切相关。西北五省区的制造业形成了比较完整的体系，积累了一定的发展资本，尤其是陕西、甘肃具有较大的整体规模和较强的综合实力，所蕴含的发展潜力乐观。依据计算结果，西北五省区制造业发展水平指数平均值为 0. 426，目前西北五省区制造业发展的基础建立在资源富集、且有大量基础工业的支持，其为制造业后续发展提供了较大的发展空间（见图 1）。

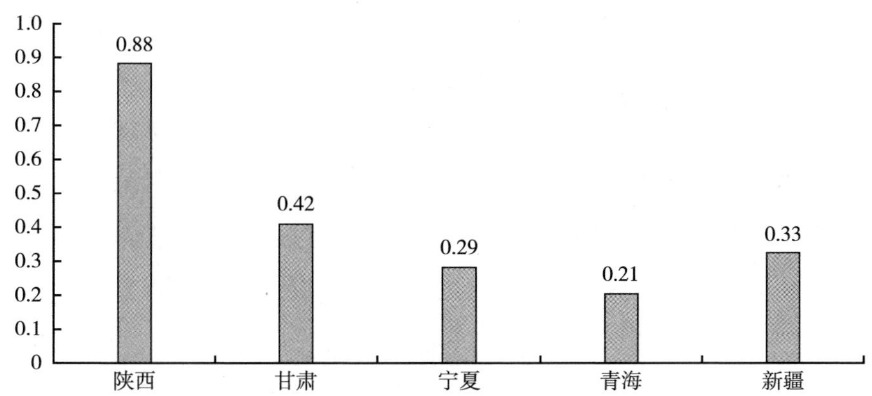

图 1　西北五省区制造业发展水平指数

（2）从产业结构上看，制造业绿色发展水平较低。根据绿色发展指数的结果来看，2017 年西北五省区绿色发展能力区域差距较大，完整体系的环保节约型生产相对较少，尤其是甘肃、宁夏、青海三省区高耗能产业总量居高不下。因此，后期需要推进制造业生产过程的绿色化、清洁化生产，促进低碳、循环发展。同时，注重产品周期的更新换代，建立回收产业，发展再制造产业体系（见图2）。

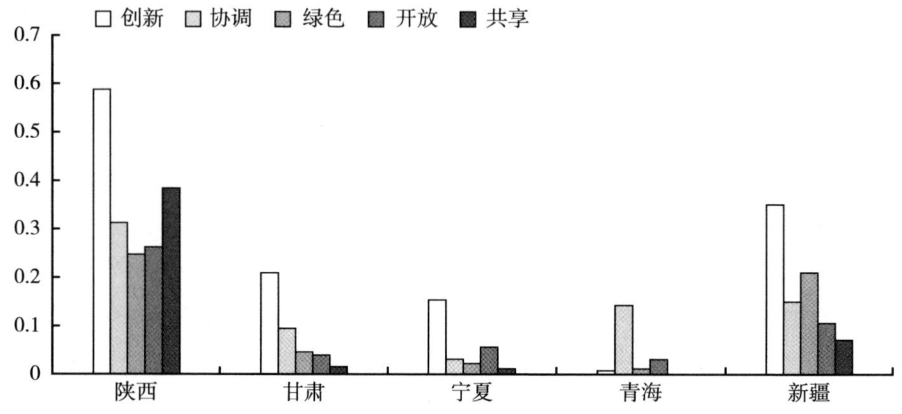

图2 新时代西北五省区制造业发展水平

（3）从产业布局上看，呈现区域差异性。由于区域内省区之间的发展本身就不平衡，特别是经济方面，比如2017年陕西省新产品开发经费投入是青海省的8.91倍；甘肃省规模以上装备制造业新产品开发项目为8219个，第二产业增加值达2562.7亿元，宁夏只有37项，第二产业增加值仅为1580.5亿元。从数据结果来看，五省区制造业发展有较大的差距，呈现地域分布不平衡的特点（见图2）。

三 对策建议

（一）深入推进供给侧结构性改革

西北五省区制造业发展要通过科技创新、技术创新、技术改造来推动产业优化升级，要以传统产业改造提升为基础，通过淘汰落后、技术改造、资源盘活、综合整置来处置“僵尸企业”；培育新兴产业为制造业接续动力，大力发展新材料、新能源汽车、新能源装备、生物医药、人工智能等新兴产业，向着智能化、精细化、高端化、智造化、绿色型、服务型方向转变，来不断拓展制造业发展空间，更新发展理念，逐步形成西北先进制造业产业基地、产业链、产业集群，推动西北制造业高质量发展。同时，要加强知识密集型生产性服务业与先进制造业的融合发展，通过提升智力劳动者的报酬，增加技术研发者、技术设计者的收入与人才培养来推动高端生产性服务业加快发展，以此推动知识密集型高级生产性服务业的发展水平与发展产业层次。

（二）推动技术创新服务体系不断完善

开展以制造业技术需求为导向的项目形成机制改革，在找准产业需求、企业需求、制造业技术需求基础上，以需求为导向配置创新资源，从根本上解决制造技术与经济发展“两张皮”问题。按照“需求征集→分析凝练→制造技术项目→发布项目→对接落地”的实施路径，征集一批、成熟一批、发布一批、对接一批，充分激发各类创新主体的技术创新积极性。在需求征集基础上，通过技术市场，利用大数据在全国寻找成熟技术成果进行直接引进转化，以促进纵向联动、横向协同、外向合作，引导优质创新制造业资源集聚，形成强强联合效应，带动制造业研发创新体系变革，推动制造业科技服务体系不断完善。

（三）推动先进制造业和现代服务业的融合发展

融合是现代产业发展的显著特征和重要趋势，要鼓励发展网络化协同研发制造，大规模个性化定制、云制造等新业态新模式；延伸在线设计、数据分析、智能物流、远程运维等增值服务；坚持“鼓励创新、包容审慎”的监管原则，为互联网行业发展营造公平、健康的发展环境。认识迭代性技术创新和颠覆性技术创新的路径差异，重视培育有利于颠覆性技术创新的环境。颠覆性创新对中小企业具有重要意义，要加大对中小企业的创新支持力度。进一步加强知识产权保护和运用，完善反垄断等竞争政策，形成有效的创新激励机制。

（四）构建制造业技术合作平台

依托西北地区现有制造业产业集群发展的格局，从实际出发，优化生产力布局，提高制造业支撑保障水平，把西北地区的资源优势与老工业基地的技术优势、产业优势相结合，围绕能源化工、智能制造、新材料、节能环保、生物发酵等重点产业和重点领域成果需求，组织开展精准对接，积极承接东部地区产业和技术转移，吸引国内先进科技成果在西北落地转化。在国际技术转移合作方面，依托西北五省区的中阿博览会、亚欧博览会、丝绸之路博览会、丝绸之路（敦煌）国际文化博览会等合作平台，面向“一带一路”沿线国家，通过共建联合研究中心、联合实验室、科技园区等方式，积极开展形式多样的技术转移活动，开辟双向技术转移通道，搭建国际交流合作平台。

（五）加强制造业科技成果转化

科技成果转化是技术支撑制造业发展的“最后一公里”，西北欠发达地区科技基础薄弱、人才资源少、创新能力弱，更要把科技成果转化作为工作的重中之重。要以实施创新驱动战略为主要任务之一，着力在优化环境、完善机制、构建体系上下功夫、求突破。要按照国家技术转移体系建设总体部署，坚持市场主导、企业主体，开放共享、协同推进与产学研相结合的方式，构建起政府、企业、高校、科研院所及科技服务机构多方面参与、多元化发展、多领域渗透的技术转移模式。大力培育发展技术转移机构，鼓励支持国内外技术转移机构到西北五省区设立分支机构，鼓励高校、科研院所建设专业化技术转移机构，充分调动各类创新主体和技术转移载体的积极性，以促进技术供需对接和高效转移为目标，建设和完善技术转移体系。

B.19

青海省建设民族团结进步大省的成效、经验及建议

陈 玮　谢 热　罡拉卓玛　扎西措*

摘　要： 青海省委省政府高度重视民族工作，尤其是党的十八大以来，紧紧围绕民族团结进步创建这个主题，把创建工作作为各项事业发展的总抓手，举全省之力，不断推进民族团结进步创建取得巨大成就。2017 年省十三次党代会上，省委提出建设“人心凝聚、民生改善、经济发展、文化繁荣、社会稳定”的民族团结进步大省的治青理政决策，青海省民族团结进步创建工作踏上新征程。本文全面总结近年来青海省建设民族团结进步大省的主要做法、成效及经验，提出深化宣传教育、注重法律保障、完善工作机制、坚持中国化方向和积极争取国家政策支持等加快建设民族团结进步大省的对策建议。

关键词： 民族团结进步创建　民族团结进步大省　青海

青海省委第十三次代表大会向全省庄严宣告“要努力打造人心凝聚、民生改善、经济发展、文化繁荣、社会稳定的民族团结进步大省”。从 2017

* 陈玮，青海省社会科学院原党组书记、院长，博士、博导、教授，研究方向为藏学、民族社会学、民族学、宗教学；谢热，青海省社会科学院藏学研究所副所长、研究员，研究方向为藏学、民族社会学；罡拉卓玛，青海省社会科学院藏学研究所副研究员，研究方向为藏学、宗教学；扎西措，青海省社会科学院研究实习员，研究方向为民族学。

年 5 月至今已两年有余，从 2013 年省十二届四次全会提出将民族团结进步先进区的创建作为“三区”战略之一的治青理政方略至今已有六年。民族团结进步先进区创建及民族团结进步大省的建设成效如何、有哪些经验启示，还有哪些需要进一步完善等，这需要做一个全面的总结。为此，青海省社会科学院将这一命题作为 2019 年度院级重点课题，成立课题组，在全省范围内做了深入调研，并充分吸纳近几年积累的调研成果，形成此报告，旨在为省委省政府科学决策提供较高质量的咨询。

一　基本情况

青海省是一个多民族省份，共有 54 个少数民族，少数民族人口 287.8 万人，占全省总人口的 47.7%，是全国少数民族人口占比较高的省份；有 6 个自治州、7 个自治县、28 个民族乡，民族区域自治面积占全省总面积的 98%，在全国各自治地方是自治面积比重最大的省份；是我国最重要的藏族聚居区，历来是“稳藏固疆”的战略要地。与此同时，青海自然条件艰苦，经济社会发展相对落后，贫困面广、程度深，全国 14 个连片贫困区涉及青海的就有 2 个，少数民族和民族地区脱贫攻坚任务十分艰巨；青海多宗教并存，藏族等 5 个世居少数民族基本全民信教，藏传佛教和伊斯兰教影响广泛而深远。

多民族多宗教的基本省情决定了推进民族团结进步事业关系国家的统一、民族的团结、社会的稳定和经济的发展。长期以来，历届青海省委省政府高度重视民族团结进步事业，特别是党的十八大以来，紧紧聚焦民族团结进步创建这个主题，把创建工作作为各项事业发展的总抓手，举全省之力，不断推进民族团结进步创建取得巨大成就。截至 2019 年底，国家民委命名西宁、海东、海北、海南、海西、玉树、果洛、黄南 8 个市州为“全国民族团结进步示范市州”，门源等 20 个县为“全国民族团结进步示范县”，西宁市兴海路街道办事处等 23 家单位为“全国民族团结进步示范单位”。民族团结进步先进区建设取得突出成绩，为 2020 年全面建成全国民族团结进步大省打下了坚实的基础。

二 建设民族团结进步大省的主要做法及成效

民族团结进步大省之大主要体现在三个方面：一是民族团结进步的成效巨大；二是民族团结进步的示范意义巨大；三是为党和国家工作全局做出的贡献巨大。自1983年起，青海省确定每年9月为“民族团结进步宣传月”，到2003年开始实施民族团结进步创建工作。青海省委省政府牢牢把握青海民族工作发展的阶段性特征，于2013年做出创建民族团结进步先进区的战略部署，2016年提升为建设民族团结进步大省。总结七年来的创建历程，青海主要有以下做法及成效。

（一）坚持党的领导不动摇，持续加强顶层设计

为了贯彻落实创建民族团结进步先进区的战略部署，青海省委省政府于2013年印发《青海省创建民族团结进步先进区实施纲要》，确立了“三年强基础，八年创先进”的“两步走”奋斗目标，到2020年把青海省建设成为全国民族团结进步先进区①。接着2015年又颁布了《关于进一步深入推进民族团结进步先进区建设的实施意见》，提出确定的奋斗目标为至2020年全省80%的乡镇（街道）建成市州级先进、70%的县（市、区）建成全省先进、60%的市州建成全国先进。2016年12月召开的省委十二届十三次全委会上，省委提出了“四个转变”的新思路，在总结先进区创建工作的基础上，做出了“努力实现从人口小省向民族团结进步大省转变”的战略决策。次年5月，在省十三次党代会上省委提出建设“人心凝聚、民生改善、经济发展、文化繁荣、社会稳定”的民族团结进步大省的战略部署，要奋力推动先进区的创建向更大范围、更广领域、更深层次拓展②。

---

① 开哇：《70年青海民族工作欣欣向荣》，《中国民族报》2019年7月16日。

② 省委统战部理论学习中心组：《牢记习总书记嘱托 奋力担当责任使命 扎扎实实推进民族团结进步大省建设》，《青海日报》2018年8月20日。

1. 实行创建工作“一把手”责任制

实施省、市（州）、县、乡四级党委书记担任领导小组组长的责任制，在省一级，由省委书记担任组长为第一责任人，其余五名副省级领导担任副组长实行分工负责制。领导小组专门设立创建办，在全国开创了党委具体抓民族团结进步创建的工作新模式，大力推进创建工作“123”工程，以落实各级党委主体责任为抓手，突出抓好重点任务、抓住主要问题。切实落实创建工作与党建工作联述、联评、联考责任制，创造性地开展了党委主导、政府支持、上下联动、全员参与的创建工作新机制。逐级设立创建工作领导小组，设置实体办事机构，扩充工作人员编制，细化主体职责任务，不断完善创建工作长效机制，营造了“人人有责、全员参与、全民共享”① 的生动局面。

2. 不断完善考核评选体系，营造争先创优良好局面

为了推动争先创优动态管理，青海省委省政府颁布了《民族团结进步创建示范单位和先进单位动态管理办法（试行）》，制定了定期复检、动态管理、优续劣汰机制，着力推进创建工作规范化。颁发了《民族团结进步创建全国示范地区、全省先进地区奖励办法》，对获得全国示范市（州）荣誉称号的一次性奖励5000万元、对获得全省先进县（市、区）荣誉称号的一次性奖励1000万元。制订了具有青海特色的目标考核办法，即在市州领导班子和省直部门领导班子年度目标考核的同时，增加民族团结进步创建考核，实行同步考核。制定实施了《关于推进民族团结进步先进区创建活动“八进”的实施方案》，全面开展创建工作“八进”，建立测评指标体系，制定验收程序，定期进行验收，保证创建工作落到实处。

3. 积极推进省部共建

根据省十二届十三次全会提出的“建设民族团结进步大省”的战略要求，积极推进省部共建，2017年7月国家民族事务委员会与青海省人民政府在西宁市签署《建设民族团结进步大省合作协议》，确定国家从社会和谐稳定、社会各项事业发展、精准脱贫、人才队伍建设、法治建设、课题

① 王延中、隋青主编《中国民族发展报告（2018）》，社会科学文献出版社，第156页。

调研等六大方面全力支持青海省，从而使青海建设民族团结进步大省事业上升为国家战略，由此开创了十八大以来我国首个民族团结进步省部共建机制的先例。

4. 推进创建工作法制化建设

省人大正式颁布实施《青海省促进民族团结进步条例》，所有 6 个自治州均已出台《民族团结进步条例》，全省范围先后颁布实施了 122 件贯彻落实《民族区域自治法》的地方性法规、单行条例和政府规章，创建工作的法制基础更加牢固。

（二）巩固中华民族共同体意识，筑牢民族团结思想基础

以思想教育工作为抓手，针对不同群体进行分类施教，以宣传教育广泛凝聚人心，持续开展民族团结进步宣传月活动，先后印发各类宣传资料 300 多万份（册），举行文艺演出 700 多场，集中上街宣传 1000 多次，电视广播及微信微博宣传报道 15000 余次，大力宣传党的民族宗教政策和惠民政策以及公民必须遵守的法律法规。在省垣主要媒体开设《民族团结一家亲》等民族团结创建活动专题专栏，刊播稿件 4700 余篇、音视频 760 余条。协调 8 家中央媒体赴青海省进行实地采访，刊发专题报道 17 篇，使“三个离不开”的思想和“五个认同”的意识更加深入人心。以文化发展引领民族团结，扎实推进玉树康巴文化、黄南热贡文化、果洛格萨尔文化等国家级生态保护实验区建设。新建 874 个基层综合文化服务中心，共计投资 1.28 亿元，在全省行政村实现了文化进村入户工程全覆盖。在全省范围内积极组织开展“民族团结杯”文艺会演活动，参加第五届全国少数民族文艺会演并获得剧目金奖和最佳编剧奖，实现了文化引领群众思想的良好效果，唱响了民族团结的时代主旋律。

（三）扎实推进八进活动，不断夯实创建工作基层基础

青海省始终把抓基层打基础作为创建活动的根基，分类推进“八进”活动，努力使创建活动接地气、聚人气、有活力，形成了人人讲团结、处处

抓团结的良好氛围。一是在进家庭方面，重养成促行动。开展“和谐文明家庭”“最美家庭”“民族团结随手拍”评选活动，举办民族团结进家庭幸福生活畅享会，使民族团结成为每个家庭成员的精神追求，累计达标率31.6%。二是在进社区方面，重服务促交融。打造“社区民族之家”等服务窗口，更有利于各族居民间相互学习、相互了解、相互包容。以提供特色化便民服务为重点，开展“新服务、新风尚、新生活”活动，与15个省区市建立少数民族流动人口服务管理协调机制，开展民营企业助推民族团结进步创建活动，促进各民族交往交流交融，构建了嵌入式的社会结构和社区环境，累计达标率94.8%。三是在进乡镇方面，重参与促管理。重点在多民族杂居村社开展群众性宣传教育和文化体育活动，推动网格化管理向农牧区延伸，累计达标率90.3%。四是在进学校方面，重培养促认同。通过开展民族团结文艺会演、全省大学生“民族团结杯”校园篮球赛、民族宗教政策知识竞赛，组织省内高校大学生赴深港澳交流学习等活动，重点培养高校各族学生中华民族认同意识。组织180名青少年赴援青省市开展手拉手活动，在中小学教材编写、广播操编排、校园歌曲创作中增加民族团结进步主题元素，做到了民族团结进步从娃娃抓起，累计达标率93.2%。五是在进机关方面，重政策促落实。以窗口服务单位为重点，举办民族团结微视频展演，民族团结图片展、窗口单位服务人员礼仪大赛、民族团结进步有奖征文活动。重点面向少数民族提供特需服务，金融机构开发使用汉藏双语操作系统，交通、医疗行业设立民族文字提示牌、配备双语售票员，通信行业开通民族语言客服电话和手机藏文版，切实提高各族群众参与创建的获得感，累计达标率94.1%。六是在进企业方面，促发展做贡献。深化非公经济人士理想信念教育，将每年5月第2周定为“非公经济创建活动宣传周”，鼓励非公企业深度参与，全省652家民营企业（包括异地商会）与1430个贫困村结对签约，先后投入项目资金、产业扶贫资金及各类捐资9亿元，使15.4万各族人民群众获益，为各民族共同繁荣发展做出了积极贡献，累计达标率69.8%。七是在进寺院方面，重引导促适应。以创建“和谐寺院教堂”为载体，召开全省藏传佛教和谐寺院优秀僧尼表彰大会；开展“国旗、宪法和法律法规、社会主义核心价值观教育、中华优秀传统文化教育进清真寺”① 活动，支持宗教界参与精准扶贫捐款捐物984万元，积极引导宗教与社会主义社会相适应，累计达标率85.5%。八是在进军营方面，重联建促联合。以“六联建”为抓手，开展“结对子、交朋友、抓宣传、促帮扶”② 活动，军地单位与56个乡村（社区）结对共建，先后为贫困村和贫困群众投入资金1200万元。489名团以上干部为贫困学生资助99.6万元，促进了军民深度融合发展。

（四）积极探索推进依法治藏，确保藏区社会持续和谐稳定

青海省始终把依法治理作为创建活动的重要方式，高举法律旗帜，解决深层次问题，切实维护安定团结的政治局面。重点实施“三大工程”：一是源头预防，把化解矛盾作为依法治理的民心工程。二是坚决抓苗头、抓隐患、抓源头，建立重大事项社会风险评估、省州县毗邻地区协作、重大矛盾挂牌督办和基层多元化解等长效机制，将每年的3月作为“全省矛盾排查化解月”，综合运用多种方式全力化解矛盾纠纷，建立各类人民调解委员会，各种矛盾纠纷调解成功率达到96.7%。攻坚克难，把开展集中整治作为探索藏区治理方式转变的典型工程。三是针对个别地区稳定隐患增多、社会治安形势复杂的实际，实施集中整治，在社会治安、基层组织建设等八个重点领域打好“攻坚战”，形成了“依法整治、群众路线、集中推进、精准发力”的藏区县域治理“班玛经验”，党和政府在藏区的凝聚力显著增强。补齐短板，把实施“平安与振兴”工程作为长期建藏的“亮点工程”。2014年以来，青海与甘肃、四川交界的果洛、黄南两州以及所属7个县大力推进“平安与振兴”工程建设，在基层维稳、保障和改善民生、生态环境保护等领域，全力维护了边界地区的社会稳定。

① 王延中、隋青主编《中国民族发展报告（2018）》，社会科学文献出版社，第159页。
② 王延中、隋青主编《中国民族发展报告（2018）》，社会科学文献出版社，第166页。

（五）管理与服务并重，积极探索青海特点的寺院管理模式

把党的宗教工作纳入创建活动，以藏传佛教和伊斯兰教寺院管理作为重点任务，突出依法管理，强化公共服务，着力提升宗教工作科学化水平。

一是牢牢把握藏区维稳的关键，及时下发《关于进一步加强藏传佛教寺院管理工作的意见》，首创了藏传佛教寺院管理三种模式，进一步探索建立寺院动态管理、互动转化工作机制，推动共管寺院转化为协管寺院，协管寺院过渡为自管寺院，全力打造了寺院主动整改问题、争取尽早转化提升、共创和谐的新局面。三种管理模式得到了党中央领导的高度认可，2017 年 6 月 1 日，中央统战部专门在青海西宁召开了藏传佛教寺院管理工作座谈会，在我国藏区推广青海经验。

青海省长期不懈强化寺院法治宣传教育活动，教育和引导广大宗教教职人员增强“四个维护”“五个认同”的意识。扎实开展党的十八大和十九大精神下基层进寺院活动，免费印发 40 万册藏汉双语宣传读本，在全省范围内广泛实施“121”宣讲工程，抽调统战民宗干部、宗教界代表人士、双语专家学者进村入户进寺院深入开展宣讲活动，取得了实效，使宗教界人士和广大信教群众进一步坚定了拥护共产党、拥护社会主义制度的信心与决心。

二是针对近两年青海省伊斯兰教内部个别教派出现的偏激主张和观点在信教群众中产生矛盾和隔阂的现实，制定颁发了《关于进一步加强和改进新形势下伊斯兰教事务管理工作的意见》，连续召开了全省伊斯兰教事务管理工作推进会和经验交流会，全力动员清真寺教职人员不断完善内部管理制度。实行动态调整的新机制，建立寺管会内部分层分级管理体制；对影响较大，管理任务较重的寺院以县为主管理；对规模较大，管理有难度的寺院以乡镇为主管理；对规模较小，管理规范的寺院则乡镇指导、村级管理，形成了管理主体明确、横向联动协调、纵向齐抓共管的工作模式。坚持伊斯兰教中国化方向不动摇，把清真寺阿訇作为“关键环节”，切实把握好资格准入、开学聘任、考核使用、学习培养、讲经审核“五个关口”，

牢牢守住宗教主阵地；在信教群众中开展“四个讲清楚”教育；从规划着眼，引导清真寺建筑遵循中国传统风格和地方民族特色；规范清真寺食品管理，加大对“假清真”和“清真概念泛化”的查处力度，引导群众养成正确的清真食品消费观，着力维护伊斯兰教领域和谐稳定。严厉打击非法宗教活动、非法宗教宣传品、非法宗教网络传播，有效防范了极端思想的侵害。

三是依据《关于进一步加强寺院基础设施建设和公共服务工作的意见》，大力推进寺院基础设施建设、注重宗教教职人员社会保障、完善宗教教职人员危房改造、加强寺院文物本体建筑抢救性保护、推进寺院危殿堂维修加固、加大寺院公共服务建设“六大工程”，在全省各宗教领域实施民生工程和公共服务建设，得到了宗教界和广大信教群众的一致拥护和广泛好评，增强了宗教人员对党和政府的向心力。持续实施“123”高僧大德培训工程，新建的省藏语系佛学院正式投入运行，制定出台《2017～2021年青海省藏传佛教教职人员教育培训规划》，全省已经培训藏传佛教教职人员3.6万人次。省伊斯兰教经学院年内将建成使用。

三　建设民族团结进步大省的基本经验

（一）加强党的领导是建设民族团结进步大省的先决条件

在党中央的大力支持下，青海省委省政府持续推进民族团结进步先进区创建活动。特别是十八大以来，不断加强党对创建工作的领导，以党建促民创，切实落实党委主要领导责任，要求各级党委主要负责人既牵头挂帅，又亲力亲为。不断完善专项考核、工作保障、督查追责等长效机制，建立健全党委主导、政府支持、上下联动、全员参与的新格局，确保创建工作始终贯彻中央精神、坚持工作方向不动摇，凝结汇集全省600万名各族儿女的精气神，夯实民族团结进步的工作基础、筑牢民族团结进步的思想基础，不断推动民族团结进步大省建设迈上新台阶。

（二）完善宣传教育工作长效机制是推动民族团结进步大省建设的思想引领

各级党委政府在民族团结进步大省建设实践中，注重把宣传教育工作贯穿于创建活动全程，紧盯价值取向多元化和思想观念多样化的态势，重点运用集中宣教和对个别群体、个别人采取个别攻心等多种形式，充分运用整合传统方式和现代手段相结合，培育民族传统优秀文化和代表性示范有机结合，从而使广大群众从听得到变为主动听，从听得懂到有感想。增强了宣传教育的亲和力、感染力，提升了群众性、时代性，使党和政府的声音及时走进万户千门，并覆盖社会的各个角落，大力弘扬新时代主旋律，始终做到创建工作有广泛的群众基础、牢固的思想共识和弥坚的人心合力，从而筑牢各民族共有精神家园。

（三）坚持依法治理是建设民族团结进步大省的重要保障

各级党委政府坚持把依法治理作为创建工作的重要保障，在创建过程中，始终高举法律旗帜，切实做到创建活动依法有序推进。通过不断完善地方配套法律法规、大力加强普法宣传教育、创新方式方法等措施，加强寺院管理、推动基层治理、保障民族团结进步创建，从而进一步推动社会治理全面法治化。同时管理与服务并重，加强藏区基层组织建设、强化基层社会服务与管理、推进基层维稳综合治理，积极探索构建切合藏区现实、具有时代特征的社会治理体系，进一步推进藏区社会治理体系和社会治理能力现代化。

（四）坚持党的宗教工作基本方针不动摇是建设民族团结进步大省的根本法宝

对青海而言，宗教工作始终是民创活动的重要内容，经过长期艰辛实践，青海打造了具有鲜明地方特色的寺院管理模式，创造性地在藏传佛教管理方面建立了“三种管理模式”；在伊斯兰教方面，严把教职人员特别是阿訇资格准入、开学聘任、检查考核使用等关口，建立健全了清真寺分层分级管理和动态调整的新机制，实践证明牢牢把握宗教工作正确方向，才能使建设民族团结进步大省工作稳步推进。

四　加快建设民族团结进步大省的对策建议

青海省建设民族团结进步大省取得了显著成效，但在工作机制、宣传教育、巩固提升等方面，还存在一些薄弱环节。具体分析：一是思想认识还不够到位，个别地方和部门对民族团结进步创建工作，思想上不够重视，认为民创工作是民族地方的事，是民族工作部门的事，是少数民族干部群众的事，对民创活动的重大意义认识不够充分。二是工作机制还不够完善，部分地方创建工作协调配合机制不够顺畅，整体推进不够平衡。一些地方和单位对下指导创建工作不够到位，对创建活动中出现的问题不能及时发现解决。各地各部门虽然建立了督查工作制度，但有些地方和个别部门仍然存在责任落实不到位、检查方式单一等问题，在一定程度上影响了创建工作质量和效果。三是宣传教育力度仍需加大，有的地方宣传教育内容更新不及时，宣传教育深度和广度不足，特别是伴随新型媒体快速发展，利用互联网进行宣传教育的方法手段不多，民族语文网站建设还需加强，利用民族语言文字促进宣传教育有待进一步增强。四是工作水平还有待进一步提升，部分地方在实现创建示范市州、示范县（市、区）目标以后，在如何巩固提升创建成果，在新的起点、更高水平推进民族团结进步向纵深发展等方面，既没有深入研究，也没有更多举措。此外，除个别自治州外，大部分地区还没有制定出台巩固提升创建工作的实施意见。

要解决上述存在问题及困难，进一步做好青海省民族团结进步创建工作，青海必须提高政治站位，凝聚全社会共识，全面贯彻落实党的十九大关于“深化民族团结进步教育，铸牢中华民族共同体意识，加强各民族交往交流交融，促进各民族像石榴籽一样，紧紧地抱在一起，共同团结奋斗、共同繁荣发展”[①] 的新要求，站在深入实施“五四战略”、奋力推进“一优两高”，建设民族团结进步大省的高度，按照省委对民族团结进步创建工作的决策部署，持续推进民族团结进步创建工作再上新台阶。

（一）不断深化民族团结进步教育，构筑各民族共有精神家园

以习近平新时代中国特色社会主义思想为指引，深入贯彻党的十九届四中全会精神，持续探索具有青海特色的民族团结进步宣传教育引导新路子，以社会主义核心价值观为引领，教育引导各族群众牢固树立各民族水乳交融、唇齿相依、休戚相关、荣辱与共的观念，在铸牢中华民族共同体意识上凝聚强大正能量。要注重传承和弘扬中华民族优秀传统文化，既要认识多样性，又要强调共同性，增强对中华文化的全面认同，发展壮大民族团结进步的网络舆论阵地，推进“互联网 + 民族团结”行动，打造网上文化交流平台，促进各民族文化互鉴，把互联网空间建成促进民族团结进步、铸牢中华民族共同体意识的新平台。

（二）注重以法保障民族团结，打造共建共治共享社会治理新格局

各级政府要加大《青海省促进民族团结进步条例》的宣传教育力度，形成浓厚的学习宣传氛围；各地各部门要按照条例赋予的职能职责，将贯彻实施条例纳入重要议事日程，作为当前和今后一个时期推进民族法制建设的一项重要任务，抓紧抓好；各地要制定贯彻实施方案，落实具体工作措施，定期开展督查督办、跟踪问效、工作评估，推动条例落实见效；省人大有关专门委员会应加强条例实施情况的调研，适时配合常委会开展执法检查，加强民族团结进步创建法制建设，加快制定青海省民族区域自治法实施办法，为民族团结进步大省的建设夯实法治基础。

---

① 参见中国共产党第十九次全国代表大会上的报告《决胜全面建成小康社会　夺取新时代中国特色社会主义伟大胜利》。

（三）进一步完善工作机制，推进创建工作纵深发展

要加强研究，制定不断巩固提升民族团结进步创建工作成效的意见，进一步完善建设民族团结进步大省发展战略和相关规划，更高起点、更高水平推进民族团结进步创建向纵深发展。充分发挥国家机关监督职能，各级人大和政府部门要依法开展监督工作，推进创建工作取得更大成效。加强群众监督、媒体监督、社会监督，促进民创工作各项任务落地见效。进一步通过塑造典型、树立榜样、示范引领，为创建活动注入强大精神动力。建立民族关系监测评价处置机制，加强民族工作舆情监测，及时分析研判民族关系状况，妥善化解影响民族团结和社会稳定的各类矛盾纠纷。

（四）进一步完善城市民族工作机制，大力促进各民族交往交流交融

高度重视城市民族工作，综合提升城市民族事务服务能力，通过重点搭建农牧民群众进城服务平台，不断建立健全创业就业、医疗保障、住房改善、子女入学、文化生活、户籍管理等基本公共服务体制机制。同时，解决好城市管理工作中存在的难点、热点、焦点问题，切实做好流动人口服务引导，支持少数民族跨行业、跨区域有序流动，切实做好流动人口与民族团结进步教育同步跟进。强化社区自治和服务功能，建立社区民族之家，为少数民族群众融入社区生活提供帮助，形成互嵌式的社会结构和社区环境，让少数民族更好地融入城市。

（五）坚持中国化方向，积极引导宗教与社会主义社会相适应

以全国宗教工作会议精神为引领，全面推动全省藏传佛教寺院三种管理模式规范化运行，即注重共同管理寺院清理整顿，强化协助管理、自主管理寺院民管会领导班子的建设，及时妥善化解矛盾。同时对寺院管理工作中存在的问题坚持动态管理、动态调整的原则，注重寺院三种管理模式的提档升级工作，打造共建共治共享和谐寺院大好局面。进一步做好新形势下的伊斯

兰教工作，坚决取缔非法宗教活动，坚决纠正个别教派出现的偏激主张和观点，积极引导宗教与社会主义社会相适应。

（六）积极争取国家政策支持，加快民族地区经济社会发展

积极主动融入国家发展战略，继续不断争取国家对青海省建设民族团结进步大省的支持，以脱贫攻坚统领民族地区同步全面建成小康社会为目标，在项目建设、资金扶持等方面，重点向民族地区和藏区倾斜，加快民族地区同步发展。继续大力推动青海省《“十三五”促进民族地区和人口较少民族发展规划》《少数民族特色村镇保护发展规划（2016～2025年）》等的落实，切实推动民族地区加快全面建成小康社会的步伐。继续推进“平安与振兴”工程实施，坚持强化依法管理与着力改善民生同步推进。

B.20
打造柴达木清洁能源基地，助推区域低碳绿色循环发展

代 辛　任肖妮*

摘　要： 柴达木地区自然资源禀赋条件优越，工业发展基础较好，一直以来该地区资源为我国经济社会发展和工业生产提供了大量支撑，正确处理资源开发与经济社会发展关系是当前所面临的一项重大问题。本文以海西蒙古族藏族自治州清洁能源为研究对象，对其清洁能源开发利用进行了归纳和总结，发现组织保障、规划体系、政府支持、科技创新等是清洁能源发展成功所在，且发展清洁能源对循环产业体系、区域经济发展以及生态文明建设具有促进作用。本文从统筹规划、提高输送能力、提高本区域就地消纳能力、优化产业发展环境等方面提出了对策建议。

关键词： 资源开发　清洁能源　绿色发展　柴达木

一部人类文明史其实就是一部资源环境开发利用史，资源环境开发极大地促进了人类文明的进步。资源环境开发利用不仅满足了人类经济社会发展的需要，同时人类在开发利用资源环境过程中或多或少地带来污染物排放，或多或少地占用生态空间，这都直接或间接地对所生存的环境产生了影响。尤其进入

---

* 代辛，博士，青海省社会科学院党组成员、副院长，研究方向为农村农业经济；任肖妮，河北大学硕士研究生，研究方向为区域经济。

工业社会以来，人类对自然资源的开发与日俱增，局部地区人地关系日趋紧张，甚至出现了环境污染等问题，协调资源环境开发与经济社会发展之间关系成为学者关注的重点，探索一条低碳环保绿色发展之路成为全球共同的目标。

源于自然环境、区位位置等原因，长期以来我国西部广大地区经济社会发展相对落后。进入新时代，伴随我国国家实力增强、区域经济发展战略调整等，广大西部地区的资源环境优势、后发优势等越发明显，西部地区工业发展、城镇建设速度明显加快，因而如何处理西部地区经济社会发展与资源环境开发之间的关系是当前必须面对的一个重大的现实问题。2019 年，人民出版社出版的《中国低碳、环保与发展的协同评估（2005 ~ 2017）》显示，2005 ~ 2016 年西北五省区低碳指数均呈现下降的趋势，其中青海省低碳指数评价得分由 2005 年的 26. 20 下降到 2016 年的 17. 22，相比而言，青海省的环保指数和发展指数则由 2005 年的 27. 13、32. 35 上升到 2016 年的 42. 0、53. 05。西北地区低碳与环保、发展形成了背道而驰的局面，这与西北地区生态文明建设目标不一致，同时也是西北地区应对和适应全球气候变化的重大挑战。

海西蒙古族藏族自治州（以下简称海西州）是青海省一个工业发展大州，工业体量较大，发展速度较快，经济社会的快速发展对能源利用、生态文明建设提出了较大挑战。近年来，海西州高度重视经济社会发展过程中所面对的能源消费，充分开发利用风能、太阳能等清洁能源，不仅有效满足了区域经济社会发展对能源消费的快速需求，同时也缓解了传统化石能源消费对环境所造成的影响，更为重要的是打造形成了一批绿色产业，探索出了一条低碳、环保与发展协同推进的道路，对我国西北地区和国内其他地区具有一定的借鉴意义和参考价值。

一　能源资源开发利用

（一）海西州基本概况

海西州建政于 1954 年，现辖格尔木、德令哈、茫崖三市，都兰、乌兰、天峻三县和大柴旦一个行政委员会，共有44个乡镇（街道）、388个村（社区）。常住人口51.86万人，其中户籍人口40.49万人。因居青海湖以西，故名海西州。州域总面积32.58万平方公里，州域主体为柴达木盆地，盆地面积约占全州总面积的78.76%，故又将海西州称为“柴达木”。海西州地处青甘新藏四省区交会的中心地带，地域面积辽阔，自然资源富集，有“聚宝盆”之美誉，境内已发现矿产114种，探明储量的矿产90种，其中，钾盐、镁盐等9种资源量居全国之首，全州矿产资源潜在经济价值达188万亿元以上。此外，太阳能、风能资源特别丰富。

（二）能源资源基本概况

海西州境内能源资源丰富，类型多样，不仅有丰富的煤炭、天然气等常规能源，同时蕴含着大量内页岩气、煤层气等能源资源，是我国重要能源生产基地。境内共有南祁连、东昆仑、柴北缘、小唐古拉等四个含煤区，煤炭累计探明资源储量为69.9亿吨，保有资源储量为68.8亿吨。州内还蕴藏着丰富的油气资源，是我国陆上四大气田之一，是中国石油资源战略承接区，累计探明石油地质储量5.69亿吨，控制石油地质储量2.06亿吨，预测石油地质储量3.11亿吨，探明率为26.5%；探明天然气地质储量3844.89亿立方米，控制天然气地质储量486.2亿立方米，预测天然气地质储量1315.86亿立方米，探明率为15.4%。同时，海西州内页岩气、煤层气资源具备良好的开发前景，预测煤层气资源量超过375亿立方米，其中木里煤田煤层气资源量达223亿立方米、鱼卡煤田煤层气资源量达139亿立方米、团鱼山地区煤层气资源量达13亿立方米。境内可燃冰资源也比较丰富，祁连山南缘冻土区煤系地层发育，可燃冰资源量约占青藏地区的1/4，即90亿吨油当量左右，青南－藏北冻土面积达147万平方公里，初步估算可燃冰资源量约260亿吨油当量。

海西州清洁能源资源也很丰富，在我国清洁能源开发版图中占有重要地位。州内太阳光照水平面年总辐射量为6296.4～7279.2MJ/m^2，平均水平面年总辐射量为6829.2MJ/m^2，年平均日照数在3000小时以上，理论装机容

表1　2015年底海西州大型矿区煤炭资源分布情况

矿　区	累计查明资源储量（亿吨）	占全省比例（%）	保有资源储量（亿吨）	占全省比例（%）
江仓矿区	16.97	23.02	16.97	23.91
聚乎更矿区	12.93	17.54	12.93	18.22
鱼卡矿区	19.07	25.88	18.95	26.71
合　计	48.97	66.44	48.85	68.84

资料来源：《海西州"十三五"能源发展规划》。

量可达44亿KW，相当于177座三峡电站装机。海西州还是青海省风能资源丰富区，大部分区域属于风能可利用区，年平均风功率密度在50～100W/m^2，全年风能可利用时间达3500～5000小时。全州内新能源项目建设可利用土地10万平方公里，目前已建成项目用地仅占千分之一，新能源项目建设用地仍有很大潜力。海西州水资源也很丰富，全州共有大小河流160余条，常年有水的河流有40余条，其中水能资源理论蕴藏大于1万千瓦的河流23条，蕴藏量125万千瓦，可建装机容量大于500千瓦的水电站39处，总装机可达35.3万千瓦，年发电量可达18.9亿度①。

（三）能源资源开发利用现状

虽然人类对海西州能源资源利用历史悠久，但真正意义上大规模能源开发是新中国成立以后的事情。1954年，海西州成立之初，伴随一支由480人组成的石油勘探队的到来，海西州能源资源大规模开发利用序幕正式拉开。目前，海西州域内煤炭生产企业仍有9家，生产矿井11个，设计生产能力为860万吨，其中焦煤165万吨、动力煤695万吨，2018年生产原煤664.86万吨（其中焦煤172.47万吨）。域内开发的主力油田有尕斯库勒、昆北等，主力气田有涩北、东坪等，2018年生产原油223.3万吨、天然气64.05亿立方米。依托自身自然环境，州内建设水电站36座，装机容量

① 《海西资源》，海西州新闻网，http://www.qh.xinhuanet.com/hxz/hxzy.htm。

22.551万千瓦，占总装机容量的2.1%，州内电源总装机容量1086.95万千瓦，其中火电、水电、光热等可调节电源占比仅为10.32%，2018年全州发电量为98.56亿千瓦时，其中新能源发电量为85.82亿千瓦时，占比87.07%。同时，区域内已建成输电等级较为完善的网架结构（750/330/110/35/10千伏），借用不同电压的输电路线与青海主网、西北电网和全国主干网以及青藏直流、西藏电网连通，750千伏串补工程、共和－豫西特高压输送通道（青海省第一条特高压外送通道）正在加快建设。

（四）电力能源生产与消费

在海西州经济快速发展带动下，全州电力消费逐年增加。2011～2018年海西州的电力消费整体呈上升趋势，其中工业用电量所占比重较大，平均每年占总用电量的95%以上，2011年的工业占比量最小，2018年的占比最大；相比而言，居民用电量的占比远远小于工业用电量的占比。就工业用电量而言，其整体也呈现上升的趋势，2012年相对于2011年的工业用电量增幅最大，为26.15%；而2015年相对于2014年的工业用电量增幅最小，为4.76%（见图1）。

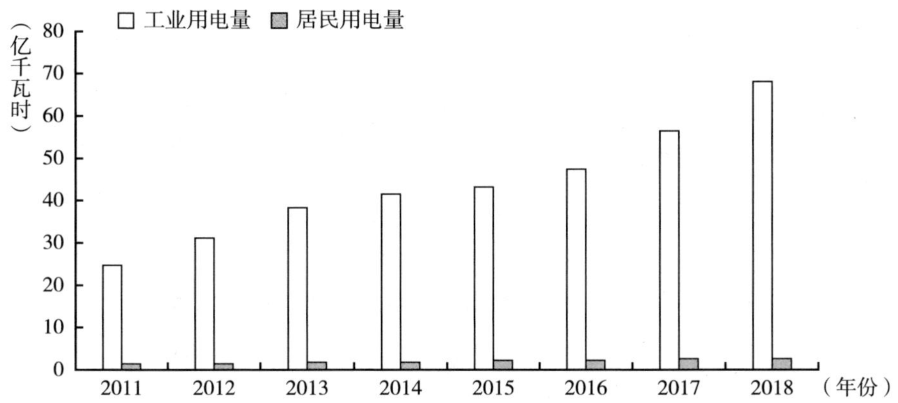

图1　2011～2018年青海省海西州工业用电量和居民用电量情况

资料来源：根据海西州能源局提供数据整理而得。

海西州能源发电量总体也有逐年增加的态势。2014～2018 年青海省海西州能源发电量呈现先上升后下降的趋势，其中 2017 年能源发电量最大，为 72.16 亿千瓦时，在主要的三种能源发电量中，光伏发电量最大，水力发电量最小。限于环保压力，近年海西州火力发电量总体在缩减，发电量由 2014 年的 16.58 亿千瓦时下降到 2018 年的 13.82 亿千瓦时。水力发电则由 2014 年的 6.69 亿千瓦时增加到 2018 年的 8.53 亿千瓦时，增幅并不大。光伏发电量近年快速增加，发电量由 2014 年的 29.74 亿千瓦时增加到 2018 年的 47.77 亿千瓦时，光伏发电量所占能源发电量比重从 2014 年的 54.8% 增加到 2018 年的 71.2%（见图 2）。尽管如此，对比地区电力能源消费和电力能源生产，2018 年海西州已经由以前的电力“盈余”转变为电力“亏损”。

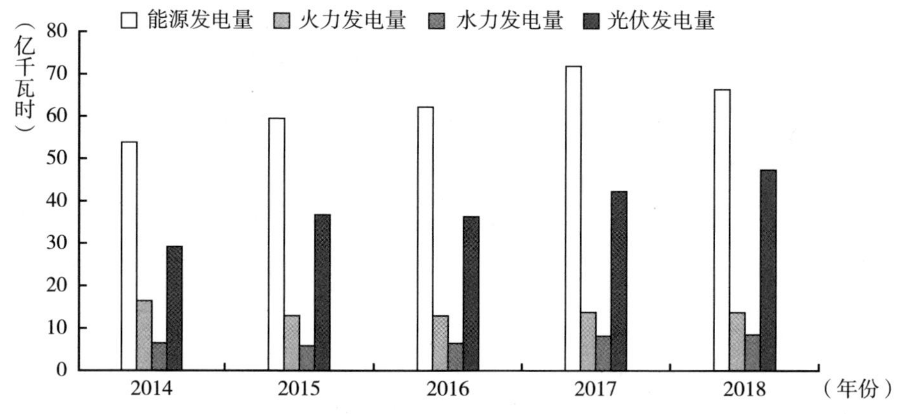

图 2　2014～2018 年青海省海西州能源发电量情况

资料来源：根据海西州能源局提供数据整理而得。

二　清洁能源开发利用现状

（一）清洁能源开发利用现状

近年来，海西州把握新能源发展战略机遇期，充分利用区域自然资源优势，全力推进光伏、光热、风电以及配套储能新能源项目建设。截至

2019 年 6 月底，新能源发电项目实现并网容量 8241. 2 兆瓦，累计实现发电量 353. 21 亿千瓦时，初步建成了格尔木东出口、德令哈西出口、都兰诺木洪、乌兰茶卡、天峻快尔玛、茫崖冷湖丁字口、大柴旦锡铁山等 16 个新能源发电园区，形成了光伏、光热、风能三大新能源产业发展格局。海西州新能源产业也由最初的“建设新能源发电厂—就近消纳电力”一般模式，逐步发展为“装备制造—新能源发电—负荷消纳—向外输出”全产业链条模式，实现了上下游资源、能源互补共享，形成了产业一体化相互促进，上下产业链关联，产业间循环利用，共赢发展的新能源发电产业格局。

光伏发电产业。目前，全州以晶硅、薄膜、高倍聚光等光伏发电应用为重点，建成光伏发电项目 152 个，装机容量 4964 兆瓦，占地区发电总装机容量的 49. 43%；建成分布式光伏项目 30 个，装机容量 2. 47 万千瓦；在建地面光伏项目 3 个，装机容量 5. 5 万千瓦；在建分布式光伏（扶贫）项目 30 个，装机容量 1 万千瓦，海西州已经成为全国重要的光伏发电基地。

风力发电产业。相继引进国投华靖、三峡、中节能等国内电力投资企业，规模开展 1. 5 兆瓦、2. 0 兆瓦、2. 5 兆瓦等高原风机风力发电应用，建成风电项目 37 个，装机容量 224. 3 万千瓦，在建风电项目 33 个，装机容量 209. 85 万千瓦；在建分散式风电 27 个，装机容量 43. 8 万千瓦，形成以德令哈尕海、格尔木大格勒、乌兰茶卡、都兰诺木洪等引领的风力发电格局。

光热发电产业。发挥大面积荒漠化土地等优势，引进中控、博昱等大型电力投资企业建设示范性光热发电项目，已建成光热项目 2 个，装机容量 11 万千瓦，在建光热项目 1 个，装机容量 5 万千瓦，初步建成德令哈西出口、格尔木乌图美仁两大千万千瓦级新能源发电基地，建成全国首家商业化运转的塔式和槽式太阳能电站。

清洁能源配套。补充区域储能不足，建成多能互补储能项目 1 个，电化学储能容量 5 万千瓦。围绕海西州新能源装备产品满足西北新能源发展需求，辐射拓展西亚、中亚、南亚等清洁能源市场的目标，建成百瑞特新能源 300 兆瓦光伏组件、金风科技 300 兆瓦风机装配、日晶光电单晶炉、兴明电力年产 1 万吨电线电缆生产线、中电博顺天宏智能运维机器人等项目，提升了全州清洁能源产业上下游互助互推的能力。

（二）发展经验

1. 用强力的组织保障发展目标的实现

海西州深入践行习近平总书记对青海新能源发展的指示精神，确定了把光伏发电打造成具有规模优势、效率优势、市场优势的特色支柱产业的发展思路。为统筹做好全州新能源产业发展相关工作，确保光伏“领跑者”应用示范基地和 1950 兆瓦风电基地等全省重点项目顺利建成，海西州成立了光伏发电“领跑者”基地建设推进领导小组和风电项目建设推进领导小组，以“七统一”（统一规划、统一办公、统一配置要素、统一建设、统一并网、统一验收、统一运维）管理原则，加强服务保障，帮助企业解决实际问题，确保项目快速、高效推进。

2. 利用健全的规划体系引导和规范产业发展

发挥政府在清洁能源基地建设中的引导作用，按照国家“十三五”规划纲要以及“积极推进青海可再生能源示范区建设”的战略和海西州“五个千”产业集群整体部署要求等，海西州相继编制完成了《海西州国家零碳清洁能源示范基地规划》《海西州国家级清洁能源送出基地规划》《海西州第二个千万千瓦级新能源发电基地规划》《海西州分散式接入风电项目规划报告》《柴达木国家级太阳能热发电示范基地规划》等规划，为清洁能源产业发展提供了方向，强化了产业布局宏观引导。同时，为配合政策落实，开展了海西州新能源资源调查、海西州新能源建设土地综合利用规划、海西至华中（鲁南、苏北）特高压输送通道可行性研究等一系列新能源产业发展规划布局的细化优化工作，为打造海西州国家零碳清洁能源示范基地、清洁能源送出基地夯实基础。

3. 全力做好清洁能源产业发展的政府支持

为缓解全州新能源产业项目资金压力，海西州联结青海银行与青海柴达木循环经济发展基金中心、海西州发展投资有限责任公司签署了《青海省循环经济海西新能源产业基金战略合作协议》，设立青海省循环经济海西新能源产业基金20亿元，全力助动优质项目的引入和签约落户，为促进区域清洁能源项目快速落地发挥了积极作用。推动了新能源在海西州多样化应用，结合分布式光伏、分散式风电项目推进布局，实施了光伏暖棚、光伏供暖、光伏提水、户用光伏等项目建设。

4. 高度重视科技创新的驱动作用

作为国家战略新兴产业重要力量，清洁新能源产业具有科技含量高、带动力强等特点，清洁能源产业快速发展需要大量科技创新资源和科技创新成果的支撑。海西州立足全州创新资源匮乏、科技支撑不足等现实，采用“政府主导、企业配合”的方式，积极开展院士工作站、研发中心等清洁能源服务体系的建设，已建成“德令哈光伏展示馆”“中兴分布式光伏发电运维服务中心”“卢强院士工作站”“国家级塔式热发电设备检测实验室”等平台，有力地促进了全州清洁能源产业的发展。

（三）存在的问题

近年来，海西州在大力推进清洁能源基地建设、推动清洁新能源产业发展过程中也存在一些不足。如地区的能源消费结构和应用方式较为单一，绿色能源在现实领域中应用不足，在低碳出行、清洁供暖等生活领域应用面较窄，在农光互补、水光互补和新能源供暖等领域需要进一步突破，新能源开发模式仍以集中式电站为主。电网输送能力相对滞后，一些地区技术设施尚未建设完善，新能源上网可利用空间有限，大容量、高负荷、远距离输电能力不强，新建成清洁能源装机后不能实现全容量上网。园区基础设施建设相对滞后，清洁能源产业园的道路、防洪、通信、绿化等硬件基础设施建设相对滞后。政策制约因素也逐渐显现，新能源项目的建设成本有所增加，企业的盈利空间缩小，投入资本的回报周期变长，对光伏产业、风电产业造成较大影响。产业建设配套能力弱，清洁能源产业装备制造全链条生产体系并不完备，上下游联动发展效应尚未呈现，致使大部分清洁能源企业光伏组件和风机整机等装备制造、原材料加工等能力对外地企业依赖性强。

三　清洁能源助推低碳绿色循环发展

（一）有力地促进区域经济持续快速发展

清洁能源产业逐渐成长为全州国民经济体系的重要组成部分，清洁能源产业可以通过消耗物质、提供就业、提供电力等途径直接地、间接地带动区域经济社会发展。截至2018年底，全州布局新能源发电项目就有316个，新能源产业累计完成固定资产投资760.53亿元，累计实现发电量335亿千瓦时，税收贡献由2010年0.65亿元提升到2018年的2.46亿元，其间共实现税收14.62亿元（不包括减免期税费）。新能源产业还提供了大量就业岗位，粗略统计，仅各项目建设现场施工带动就业就多达3.6万人次。此外，为发挥区域资源环境优势，把握国家战略新兴产业发展机遇，推动海西地方战略向国家战略融合，新时期海西提出了打造千亿元锂产业集群、千亿元新材料产业集群、千万千瓦级新能源产业集群、千万吨原油储备及油气化工产业集群和打造千亿元特色生物产业集群“五个千”产业集群，除生物产业集群中产业发展对能源消耗要求较低外，其他四大产业集群均对能源尤其电力有较高的消费需求。区域清洁能源的生产恰好补充了全州能源消费增加的缺口，目前海西州生产的清洁能源不仅能够满足本州经济社会发展需求，同时还具备了向外输出的能力，清洁能源产业极大地促进了区域产业转型升级和五大千亿产业集群发展。在清洁能源产业直接和间接的影响带动下，近年来海西州经济社会发展尤其工业发展持续快速增加，2018年，实现地区生产总值625.2亿元，同比增长8.3%，其中，第一产业33.3亿元，同比增长7.6%；第二产业428.4亿元，同比增长8%；第三产业163.5亿元，同比增长9.1%。海西州以占全省仅有8.6%的常住人口实现了对青海省地区生产总值21.5%、规上工业增加值35.3%、地方财政收入22.3%、固定资产投资20.6%的贡献率。

（二）有力地支撑了区域生态文明建设

新中国成立后较长一段时期，海西州在国内发挥着工业生产基地的功能，区域煤炭、石油、盐湖等资源为我国工业发展提供了强力支持。基于长期的自然资源开发，全州形成了围绕盐湖化工、油气化工、煤炭综合利用、金属冶金四大传统优势产业，四大产业均属于高能耗、高污染行业，尤其盐湖、金属冶炼等行业高能耗的特征非常明显，对能源尤其电力消耗量较大，如何利用清洁能源替代传统化石能源，降低传统产业温室气体排放是摆在全州面前的一项重要的问题。近年，海西州充分把握国家新能源发展战略机遇，充分挖掘和利用区域自然资源优势，大力引进和建设新能源项目，清洁能源发展不仅促进了地区经济社会发展，同时也带来了明显的环境效益。截至 2018 年底，全州新能源产业累计完成固定资产投资 760. 53 亿元，累计实现发电量 335 亿千瓦时，每年发电量相当于可节约标煤 1067. 6 万吨，相当于减少烟尘排放量约 14. 5 万吨，减少二氧化碳排放量约 3224. 1 万吨，减少一氧化碳排放量约 2826. 5 吨，二氧化氮排放量约 12. 4 万吨，二氧化硫排放量约 12 万吨。海西州开发清洁能源，实现清洁能源对传统化石能源的替代，不仅减少了区域节能减排压力，同时也减少了环境污染物排放，环境效益非常明显，实现了低碳、环保、发展之间的协同。

（三）有力地支撑了循环产业体系的形成

海西州长期以来形成的产业体系还具有资源产出低等特征，不仅产业间物质技术联系少，产业体系内部间的物质联系也不大，以至于长期未能构建一个完整的循环产业体系，其中一个最大的瓶颈性问题在于能源供给。进入 21 世纪，我国环保压力越来越大，尤其资源环境较为脆弱的西北地区环保压力更大，在此背景下构建具有区域特色的完整循环产业链条，在不断增加投资的情况下，还要不断降低能源消耗强度，这对于工业发展水平、工业设施水平以及经济社会发展阶段仍不算高的海西州是一个极大的挑战。近年来，海西州以清洁能源产业发展作为解决问题的根本途径，在清洁能源生产、清洁能源设备制造等方面发力，大力发展清洁能源产业，围绕能源生产和消耗，打造形成了“清洁能源设备生产－清洁能源生产－工业生产”的循环产业体系，破解了制约区域循环产业链条体系构建的瓶颈。不仅如此，在微观层面上，清洁能源还支撑形成了围绕盐湖资源梯级利用，以盐湖资源开发为核心，融合盐湖化工、油气化工、煤炭清洁利用、金属冶金、新材料、新能源和特色生物等产业于一体的循环经济产业体系。

四　促进清洁能源健康发展的建议

秉承“绿水青山就是金山银山”的发展理念，为进一步发挥海西州自然资源优势，促进地区低碳循环绿色发展，立足现实，面向未来，针对问题，提出以下促进海西州清洁能源健康发展的相关对策建议。

（一）统筹规划清洁能源发展

继续强化清洁能源产业发展规划引领作用，围绕地区发展定位和责任，紧紧把握国家协调区域发展、重大基础设施建设和宏观能源发展战略等，积极向国家争取在化解产能和产业转移、投资政策、电能定价等方面的倾斜支持。完善州级、县级、区级以及园区四级层面的清洁能源产业发展规划体系，地方出台弱势基础建设方面的发展政策，加大政策优先扶持力度，形成有利于产业发展的政策驱动和保障机制，建设更高层次的配套基础设施。在项目立项、用地规划、科技创新、人力资源分配等方面进行引导，给予全方位政策支持，以提升柴达木在青海省乃至全国清洁能源产业发展格局中的战略地位。

（二）稳步提高清洁能源输送能力

基于当前电网输送配套设施相对滞后，应加快输送通道建设，加强职能电网建设，提高电网统一调度和管理水平。提升电能输送能力和效率，突破产业发展中技术设施的瓶颈制约，把能源输送到需求量最大的东部地区。加快推进第一条通道电源点建设工作，加快海西至塔拉750KV双回线路工程建设；积极推动第二条清洁能源外送通道建设相关工作，加大新疆若羌－花土沟－冷湖－大柴旦750KV输电工程等更多特高压输送通道推进力度，争取早日形成西北联网网架，最大限度发挥外送通道作用，补齐电网“短板”。

（三）提高本区域清洁能源就地消纳能力

继续降低企业用电成本，鼓励符合产业政策和环保达标的高载能企业用电，促进清洁能源就地消纳能力，提高电力就地消纳比例。鼓励电能替代化石能源的消费，积极推广新能源汽车的使用，增加居民清洁用电，改变生活方式，实现生产企业和消纳企业的良性循环、产销互补。

（四）继续优化产业发展环境

继续加大园区水、电、路、绿化、防洪及通信等基础设施建设步伐。在人才供给、科技创新支撑等方面加强对投资企业的支持力度，不断完善发展“硬环境”和“软环境”。着力优化地区投资要素供给，积极引进企业入驻，协调配合省政府相关部门，争取发挥地区在土地性质、电价等方面的比较优势。着力争取国家、省有关部门在新能源用地、电价等方面的扶持政策，保持海西州新能源发展的优势。坚持先行先试，启动海西州第二个千万千瓦级发电基地基础设施配套规划及建设工作，积极做好光伏扶贫、分布式光伏、分散式风电的建设工作，推进智慧能源（含大数据）、运维等服务工作。

参考文献

盖美、张福祥：《辽宁省区域碳排放－经济发展－环境保护耦合协调分析》，《地理科学》2018年第5期。

田春秀、李丽平、杨宏伟等：《西气东输工程的环境协同效应研究》，《环境科学研究》2006年第3期。

田春秀、於俊杰、胡涛：《环境保护与低碳发展协同政策初探》，《环境与可持续发展》2012 年第 1 期。

张红凤、周峰、杨慧、郭庆：《环境保护与经济发展双赢的规制绩效实证分析》，《经济研究》2009 年第 3 期。

郑林昌：《资源开发利用与生态环境保护可以实现共赢——新时代海西州走出了一条特色绿色发展之路》，理论网，http：//www.cntheory.com/zydx/2019 -06/ccps190612YRUT.html，最后检索日期：2019 年 10 月 15 日。

郑林昌、蔡征超、付加锋等：《中国低碳、环保与发展的协同评估（2005 ~2017）》，人民出版社，2019。

B.21
新疆加强农村基层党组织建设研究*

刘芦梅**

摘　要： 近年来新疆持续加强农村基层党组织建设，推动新疆社会稳定、经济发展。本文着重对新疆加强农村基层党组织建设的成效与经验进行了归纳梳理，科学分析了严峻复杂形势下新疆加强农村基层党组织建设存在的短板和挑战，结合新疆区情提出可操作的路径选择，提出加强新疆农村基层党组织建设必须持续加强政治建设，强化农村党员干部理想信念教育；加强农村基层干部队伍建设，强化后备队伍的教育和培养；持续整顿软弱涣散基层党组织；持续加强农村基层干部作风建设和纪律建设；持续发挥好“访惠聚”驻村工作队作用等。

关键词： 农村　基层党组织建设　新疆

新疆稳则国家安。新疆要稳定，南疆农村必须稳定，新疆要毫不动摇、持续地抓基层、打基础，把基层党组织打造成促进民族团结、维护社会稳定、反对国家分裂的坚不可摧的战斗堡垒。

---

* 2019年新疆社科基金重点项目“新疆实现社会稳定和长治久安的群众工作研究”（项目编号：19AZD003）阶段性成果。

** 刘芦梅，新疆社会科学院新疆中国特色社会主义理论体系研究中心主任、研究员，研究方向为党的建设。

一 新疆加强农村基层党组织建设的成效与经验

一个时期以来，新疆农村宗教极端思想渗透严重、影响面广。2017 年以来，新疆下大力气根本上扭转了宗教极端思想渗透严重、暴恐多发频发的态势，三年多来未发生暴恐事件，新疆社会稳定、经济发展，这都和新疆持续加强农村基层党组织建设有着紧密联系。

（一）新疆加强农村基层党组织建设取得明显成效

第二次中央新疆工作座谈会以来，新疆持续加强农村基层党的建设，农村基层党组织从软弱涣散转向战斗堡垒，党支部地位作用从边缘看客转向领导核心，党员发展从回避入党转向积极入党，党员队伍从量少质弱到逐步壮大，党组织发动群众和组织群众的能力、发现并解决苗头性倾向性问题的能力显著提升，村级党组织真正成为贯彻落实党的路线方针政策、团结带领群众建设美好生活的领导核心，成为党在农村服务群众、维护稳定、反对分裂的坚强战斗堡垒。新疆农村社会人心涣散、群众沉迷宗教氛围的状况得到根本性转变。农村群众从宗教极端思想的桎梏中解放出来，知道惠在何处、惠从何来，群众精神更富足、生活更美好，从幸福生活的感受中，发自内心地感谢党、感恩党中央、感恩全国各族人民的支持和援助，为了美好生活而奋斗的精神状态正在逐渐形成，党在农村基层的执政根基得以进一步夯实。

1. 建强农村基层阵地已经成为新疆各级党政的共识，各支力量齐抓共治抓农村党建的合力已经形成

新疆农村特别是南疆农村的问题经多年的沉淀累积，农村党建工作已经成为制约新疆社会稳定和长治久安总目标的最短的短板。从新疆维吾尔自治区到地州、县市区，直至乡镇的各级党组织书记，都已深刻感受到新疆能否与全国同步全面建成小康社会、能否实现社会稳定和长治久安，最根本的取决于各级党组织在经济社会发展中的领导核心作用是否发挥，基层党组织的战斗堡垒作用是否显著增强。各级党组织书记深刻认识到抓农村党建工作的

极端重要性和现实紧迫性。

纵向上，坚持问题导向、以上率下。新疆将农村党建触角延伸到乡镇党委书记，明确基层党建主要责任在县、工作重点在乡镇、具体落实在基层，压紧压实地县乡党委书记落实管党治党的主体责任和第一责任，连续扎实开展地、县、乡党委书记抓基层党建工作述职评议考核。各级党组织书记进一步筑牢“抓好党建是本职、不抓党建是失职、抓不好党建是渎职”的意识，把抓党建作为最大政绩理念，将基层农村党的建设作为主抓的第一大事、第一主业，切实把党建责任抓在手上、扛在肩上，以党建为“指挥棒”，统领维护稳定、深化改革、经济发展。

横向上，“访惠聚”驻村工作队在所驻村统率、汇聚起各个系统、各类组织的力量，致力于农村党组织的政治建设、思想建设、组织建设、作风建设、纪律建设，把党建工作融入农村各项工作的每一环节。新疆深入开展“民族团结一家亲”“民族团结联谊”等活动，各民族干部深入农村结对认亲，共同助力新疆农村去极端化和脱贫攻坚工作。

当前新疆农村党建最鲜明的成效是，党建是新疆农村最鲜红的色彩，没有与党建无关的组织、没有与党建无关的人、没有与党建无关的事，上下左右齐抓共治抓党建的合力已经形成。

2. 党组织在农村“领导核心”的功能定位实现了新突破，推动基层各支力量形成合力

做好新疆工作，关键是要发挥党总揽全局、协调各方的领导核心作用。新疆实现社会稳定和长治久安，必须加强和改进党的建设。习近平总书记将党组织在农村的功能定位于“总揽全局、协调各方的领导核心”。这一功能定位，无疑为开展农村党建工作提供了鲜明的方向指引和政策指导，为村党组织书记旗帜鲜明抓党建明确了工作的着力点、搭建了发挥党的领导核心作用的舞台。

新疆广大农村的党组织书记特别是村“第一书记”，坚定坚决地把党组织摆在农村的领导核心地位，强化政治引领，加强对村级各种组织的集中统一领导，促进村级其他组织沿着正确方向健康发展；坚持把党建工作融入生产经营每一环节，敢于负责、主动作为；扎实推进服务型党组织建设，以农

村民生等工作为重点，为群众办好事办实事解难事，不断提升服务能力；加强农村党员队伍建设，重视做好思想政治工作，争取群众，凝聚人心。新疆农村基层党组织一系列围绕“领导核心”开展农村党建的对策措施，有力推动了党的路线方针政策在农村落地生根。

3. 新疆农村基层党建工作的宏观架构、微观实践进一步明确成形

新疆农村工作与全国其他省区市相比，群众的民族成分构成、科学文化水平、经济发展水平、经济社会所依托的人文和自然环境、脱贫攻坚的难度、宗教对于群众社会生活的影响、意识形态斗争的激烈程度、基层党建的基础性工作等各个方面，都呈现更多的差异性、特殊性、复杂性、艰巨性、严峻性和长期性。

新疆既是中国反恐前沿，又是脱贫攻坚的坚中之坚，地位特殊、问题特殊，农村党建工作不论在理论上还是实践上都必须有新的突破。近年来，新疆以新时代党的治疆方略为基本遵循，推进依法治疆、团结稳疆、长期建疆，着手解决当前新疆农村现实问题，加强宏观战略和政策上的顶层设计，新时代新疆农村工作整体框架明确成形，这就是：充分发挥“第一书记”作用，壮大农村特色优势产业、统筹推进城乡发展、“九项惠民工程”保障改善民生、开展“民族团结一家亲”和民族团结联谊活动巩固发展农村民族大团结、坚持“保护合法、制止非法、遏制极端、抵御渗透、打击犯罪”的基本原则努力实现宗教和谐、着力维护意识形态领域安全、切实加强基层组织和基层政权建设、作风建设和反腐败斗争；依据党的基本理论、基本路线、基本方略，创造性地在新疆农村贯彻实施党的政治建设、思想建设、组织建设、作风建设、纪律建设。在微观实践方面，着力选好配强基层组织领头人、着力提高党员干部能力素质、加强基层组织建设的经费保障、着力规范基层组织运行、着力整治基层干部作风，并且结合新疆实际创造性地推动“访民情、惠民生、聚民心”活动、“星级化”创建、清真寺和宗教活动的服务与管理、发声亮剑、依法治理“三非”①、去极端化、城乡居民免费健

① “三非”指非法宗教活动、非法宗教宣传品、非法宗教网络传播。

康体检、水电路气信邮政广播电视电影、书屋到农家工程、“民族团结一家亲”活动、每周一升国旗、“五好宗教活动场所”“五好爱国宗教人士”创建、清除“两面派”“两面人”、严厉追责作风不实等实践途径。

新疆所构建的农村党建宏观架构和微观实践途径，使农村党建的责任主体、工作方向、工作思路、工作任务、工作目标等各方面更加清晰、更加务实。特别是农村党建的微观实践，或可概括为“新疆农村党建模式”，具有广泛的复制意义。

4. 多种形式的党员教育培训活动蓬勃开展

新疆农村基层党组织在“访惠聚”工作队队长、驻村“第一书记”组织推动下，坚持“三会一课”制度，努力探索使党员长期受教育、永葆先进性的教育机制。新疆坚持农村基层党组织党员大会一般每季度召开 1 次，村党组织委员会会议一般每月召开 1 次，党小组会一般每月至少召开 1 次，村党组织每年制定党课教育计划、每季度至少举行 1 次，每月组织党员集中学习至少 1 次。坚持党组织书记授党课，明确了乡镇党委委员讲党课的责任，要求全体党员参加，并根据课程内容扩大到全体村组干部。党课内容以学习党章党规和习近平总书记系列重要讲话为主要内容，加强党的治疆方略内容的学习。同时要求，村党组织每半年召开 1 次组织生活会，每名党员联系自己的岗位职责、工作、学习情况，对照检查执行党的路线方针政策及党组织决议的情况，接受与会党员、群众的批评。民主评议党员每年开展 1 次，督促党员对照党章党规，联系自己实际情况进行深入的党性分析，强化党员意识、增强党的观念、提高党性修养。村党组织每月组织开展 1 次主题党日活动，主要是开展党的组织生活、进行党的教育、召开党的会议、处理党务工作。办好各类基层党校，开展村组织和党员大教育大培训、创办农村牧区夜校、持续开展国旗下的公民宣誓和宣讲活动。

5. 基层组织后备干部的新生力量进一步壮大

新疆坚决贯彻落实习近平总书记“要建设一支政治强、能力强、作风强的高素质干部队伍”的指示，将强基固本的关键点落在党员干部队伍建设上。充分发挥“访惠聚”驻村工作队工作优势，采取“1 + 1 + 1”方式，建强农村基层组织后备干部队伍。“1+1+1”方式是指一名工作队员联系一名村“两委”干部，再联系一名村后备干部，进而形成三人小组，切实发挥“访惠聚”工作队、村“两委”、后备干部传帮带作用的辐射作用，解决了一个时期以来在农村基层存在的村干部不敢管、不愿管、不会管的问题，为农村基层储备人才建好“蓄水池”；坚持好人好事让基层干部干，以切实解决农村生产生活教育等急、难、险、重问题为突破口，提升基层干部威信，推动农村基层党组织成为凝聚人心、带领各族群众奔小康的战斗堡垒；强化基层干部特别是村干部的培训工作，用好新媒体，充分发挥远程教育站点的作用，依托基层党校主渠道开办各类符合当地实际的培训班，对村级干部、村级后备干部进行全面轮训。每年按正职1∶1、副职1∶2的要求确定农村基层后备干部，积极探索村级后备干部培养模式；开展党员“三亮”[①] 活动和“无职党员设岗定责”活动。

6. 农村党员干部作风极大改善

新疆区党委高度重视农村党员干部的作风建设，确立“‘三股势力’是新疆各族人民共同的敌人，作风不实是我们更大的敌人”的共识，持续在农村基层党员干部中开展纪律整顿、作风建设。基层党组织坚持从群众反映强烈的热点、难点问题入手，着力解决部分村干部缺乏政治意识、服务能力不足、办事不公等突出问题。促进了农村党群关系根本好转。基层党组织更注重在一线宣传群众、服务群众、问计于民，受到广大干部群众的热情拥护和衷心支持。

7. 农村特别是南疆农村社会面貌发生了显著变化

第一，群众精神面貌发生显著变化。新疆农村绝大多数群众认识到宗教极端思想的危害，自觉划清与宗教极端思想的界限，从对宗教极端思想的盲目“信仰”，转向远离、排斥、揭批。第二，持续深入开展去极端化工作。宗教极端思想在农村已经失去市场和滋生的土壤。第三，群众思想观念从单一的宗教转向对社会主义先进文化、社会主义核心价值观、“五个认同”等

---

① “三亮”指党员亮身份、亮职责、亮承诺。

的思考和认同，思想觉悟明显提高。新疆农村中的青年群体、妇女群体的向好变化尤其明显。第四，农村精神文明从脏乱差转向村庄美、村风好，公共文化设施填平补齐。新疆农村群众性精神文明创建、群众性文化生活，从沉闷转向活跃、从消极转向能动地唱起来跳起来动起来、从个别性的活动转向常态化开展；民族团结和去极端化已成为群众的共识，每星期一升国旗成为常态。第五，新疆农村社会事业公共服务设施从不配套、量少质弱，转向配套、公平，惠民工程覆盖全部农村和群众，就业、就医、就学、通路、通水、通电、通信、通邮、通广播电视、安居等事关群众幸福的民生事业显著地扩量提质。

总的来看，新疆农村社会人心涣散、群众沉迷宗教氛围的状况得到根本性扭转，思稳定、求和谐成为各族群众的共识。

（二）新疆加强农村基层党组织建设的基本经验

新疆农村党的基层组织建设的主要任务、着力点等与其他省区市农村基层组织建设有着较大的区别，具有较为鲜明的新疆区域特点。多年来，新疆农村党的基层组织建设不论在实践还是在理论上都有较大探索与创新，推动新疆农村党的基层组织建设上新水平，对未来新疆农村党建有着极为深远的历史影响。

新疆农村基层党组织建设必须将农村党建摆在优先地位。在新疆社会治理、经济发展、科技文化教育、民生建设、民族工作、宗教工作等工作领域的新疆工作总体布局中，从新疆区一级直至乡镇基层，必须始终将农村党的建设和农村政权建设摆在新疆各项建设总体布局的优先地位，必须坚持把抓基层、打基础作为稳疆安疆的长远之计和固本之举。在新疆农村开展党建工作，必须将“党组织在农村‘领导核心’的功能定位”放在优先位置，发挥党在农村总揽全局、协调各方的领导核心作用。正是这两个“优先”，才使新疆农村发生翻天覆地的变化、新疆各项事业取得新的重大成绩。这是一条最为基本的农村党建经验。

新疆农村基层党组织建设必须围绕党和国家中心任务开展工作。党的十九大指出，为什么人的问题，是检验一个政党、一个政权性质的试金石。我们党始终不渝的奋斗目标就是带领人民创造美好生活。新疆农村反恐维稳、经济发展、民生事业、基层民主、文化建设、民族团结、宗教和睦和谐、去极端化等工作都是农村党组织需要完成的重要任务。新疆农村党建工作必须与这些重要任务同步建设、同步推进，将党建贯穿于这些重要任务始终，并且以重要任务完成的成效、农村发展的成效检验党建工作成果，使农村党建工作与中心工作紧密融为一体。新疆农村党的建设之所以不断推进，持续加强，就是因为始终坚持了这一原则。

新疆农村基层党组织建设必须整体推进党的“五大建设”。在新疆农村加强党的建设必须把制度建设贯穿其中，深入推进反腐败斗争。把政治建设摆在首位，以提升组织力为重点，突出政治功能。新疆农村党组织建设要优先加强农村党组织带头人队伍和后备队伍建设，围绕“五个建设”创新组织设置和活动方式，发展党员必须把政治标准放在首位，持续解决某些村党组织弱化、虚化、边缘化，组织不健全、活动难开展、作用难发挥的问题，稳妥有序处置不合格党员。

新疆农村基层党组织建设必须善于总结巩固和推广创新、有效经验。从新疆各地开展农村党建的探索和创新看，多是在实践中取得突破形成新的认识，然后上升为制度，再用于指导新的实践。新疆较为注重运用这一措施或总结深化、或借鉴复制，十分注重用制度的形式巩固党建经验和成果，对经验做出明确细致严谨的规定，“星级化”创建就是典型案例。正是这样的循环往复，使新疆农村党建成果不断巩固、党建经验不断丰富、党建工作质量和水平不断提升，其对于推进新疆农村党建规范化、科学化发挥了重要作用。

新疆基层党组织建设必须持续推进“访惠聚”工作。新疆农村维护社会稳定和脱贫攻坚任务重，党的建设工作，除了县市乡镇党委政府承担主要责任以外，广布于农村的“访惠聚”驻村工作队是一支重要的协助支援力量。实践证明，“访惠聚”活动是贯彻“四个全面”战略布局的重大举措，是稳疆安疆的战略部署，是推进党的建设新的伟大工程的重要探索，是自治区党委围绕总目标、应对新挑战、解决新疆各种复杂现实问题的固本之举，是推进基层治理体系和治理能力现代化的成功实践。

新疆基层党组织建设必须明确任务、落实责任强力推进。总的来看，新疆党委顶层设计是根本，是明确农村党建政策、方向的依据。上级党组织重视是关键，新疆各级党组织都将新疆农村党建工作作为基层党组织建设的重中之重，层层压实党建责任，采取强有力的措施予以推进。推进过程中，将村“两委”班子建设作为突破口，将党员队伍管理教育作为重点，将服务中心工作、服务群众作为主要目的，将创先争优作为动力，各级组织切实把党的农村基层组织建设成反对分裂、维护稳定的坚强战斗堡垒，建设成推动科学发展、带领群众致富的坚强领导核心。

二　新疆加强农村基层党组织建设存在短板和风险

新疆农村基层党组织建设的成效是主要的，但突出的问题也是客观存在、不容忽视的。

（一）部分党员干部理想信念弱化的状况一定程度存在

一是新疆仍有部分党员干部特别是农村党员干部与宗教划不清界限，表面信仰共产主义，内心却有着较深的宗教情结，为宗教极端主义在新疆特别是农村的渗透提供了可乘之机，使新疆农村去极端化工作呈现复杂局面。二是农村党员先进性不足，作用发挥不明显。新疆部分党员干部特别是农村党员干部把自己混同于普通群众，在同“三股势力”作斗争的过程中，一些党员干部不会管、不敢管的现象仍然存在。

（二）新疆严峻复杂局势与基层干部短缺、能力不足问题相互叠加

一是新疆“三期叠加”① 复杂严峻局势还没有得到根本改变，干预治疗

① “三期叠加”指新疆恐怖活动活跃期、反分裂斗争激烈期和干预治疗阵痛期。

阵痛期的特征更加明显，对新疆干部处理和驾驭复杂局势的能力提出了更高的要求。二是在全国处于人才大战时期，经济发展相对滞后、社会稳定面临严峻形势的新疆更面临进人难、留人难的问题，干部特别是农村基层干部严重短缺，与现有干部能力不足问题相互交织，与目前新疆严峻复杂局势不相适应。

（三）新疆农村基层党支部带头人队伍量小质弱，农村基层党组织主力军作用发挥不明显

新疆农村干部承担着去极端化与脱贫攻坚的重要任务，工作繁重、责任重大。但是，村干部大多退无保障，岗位缺乏吸引力。同时，村干部晋升通道狭窄。目前，农村优秀村党组织书记职务晋升的唯一通道是考录乡镇公务员和事业编制，对于在农村工作的大学生来说十分难得。但由于名额限制，部分优秀村“两委”带头人积极性受到挫伤，加之基层工作任务越来越繁重，条件较为艰苦，人心浮动较为普遍，新疆村党支部带头人队伍量小质弱的状况改变困难。

首先，从新疆已经从本村党员中当选为党支部书记的队伍看，多数党支部书记文化程度低、眼界窄、组织领导能力弱、服务群众能力弱，特别是南疆农村从本村选举的党支部书记国家通用语言文字水平较差，对文件、政策等的学习能力差，自身水平与当前脱贫攻坚关键期、去极端化重要时期的形势要求相差甚远。其次，从新疆本村党员中培养的后备干部队伍看，同样存在量小质弱的问题。在新疆不少村，后备干部培养选拔难，从后备干部选拔党支部书记同样难。部分乡镇村后备干部队伍出现青黄不接、后继无人的局面，有的村甚至找不到合适人选出来担任村干部。在部分重点村、深度贫困村，村干部特别是村党支部书记产生困难，村委会能力弱，村委会运转暂由“访惠聚”驻村工作队代理履行职能，甚至在一些村村党支部副书记、治保主任、妇女主任等支部班子成员也出现人员匮乏，后备干部也接替不上，导致基层党支部正常运转出现困难，自主开展党建的内因性“造血”力量较弱。当前新疆农村党建取得的成效，“访惠聚”驻村工作队在其中的努力占

很大部分，若离开外部力量“输血”的支持，新疆农村党建就有可能停滞不前。

（四）新疆基层组织队伍作风不实现象依然存在

近年来，新疆农村基层干部工作作风发生明显转变，南疆地区基层党组织软弱涣散的局面得到很大改观。但是也要看到，部分干部对自治区党委“‘三股势力’是新疆各族人民共同的敌人，作风不实是我们更大的敌人”的判断还认识不到位。一些基层党组织处理农村复杂问题的能力和经验不足，处理问题方式方法简单粗暴。有些村级基层党组织在脱贫攻坚任务中，依靠驻村工作队，被动工作，村“两委”在脱贫攻坚工作中主体作用发挥不充分，缺乏担当；一些基层组织脱贫攻坚缺乏思路和办法，搞政策棚架等。

（五）新疆基层组织软弱涣散的问题并未根本消除

尽管新疆党委连续开展了整顿软弱涣散基层党组织工作，但导致软弱涣散问题的核心因素并未根本消除。目前，新疆有的村党支部有组织没力量，离开了“访惠聚”工作队正常的活动和工作都不能开展；有的村党员队伍先锋模范作用发挥不明显；一些区域“两面人”蛰伏得更深；有的村党支部就党建而党建，不能将党建与其他工作有机融合起来，党建带群建联动机制的一些重要环节缺失，措施不到位，基层党组织的核心作用发挥得不充分，战斗力、凝聚力不强。

（六）新疆村“两委”成员工作负担较重

新疆既是反恐维稳的前沿，更是脱贫攻坚的坚中之坚。村干部架起基层政权与群众联系的桥梁和纽带，承担着协调各方、推动区域内经济社会发展的重任，工作内容繁重。上面千条线、下面一根针，各类政策补贴的发放、各类保险费用收缴、综合目标考核、各部门单项工作考核、各类“一票否决”、具体工作进度考核等，村干部面临着巨大的工作压力。加之，近年来新疆严峻复杂的维稳形势，使村干部的能力弱与工作量大、更高的要求等形成了更为鲜明的对照，个别村干部感觉能力不足、负担重、心理焦虑，个别县市村干部因各种原因离职的人数有所递增，基层干部队伍不稳定问题更为突出。

三　加强新疆农村基层党组织建设的路径选择

新疆农村工作是新疆稳定与发展的关键点，要把加强新疆特别是南疆农村基层党组织建设、充分发挥党在基层总揽全局的作用作为重中之重的工作，抓好抓实。

（一）持续加强政治建设，强化新疆农村党员干部理想信念教育

中央第二次新疆工作座谈会特别指出："新疆要大力选拔对党忠诚、关键时刻敢于发声亮剑、有较强群众工作能力和应对突发事件、驾驭复杂局面能力的干部。"在2014年9月中央民族工作会议上，习近平总书记提出了民族地区好干部"三个特别"的标准①。新疆将"对党忠诚、关键时刻敢于发声亮剑"的标准写入了第九次党代会的报告中。研究认为，"三个特别""对党忠诚""发声亮剑"是政治标准在新疆的具体化；或者说，在新疆，"三个特别""对党忠诚""发声亮剑"是政治标准的特殊内容。这样，党的十九大要求的二十字好干部标准具有普遍性，在新疆还要具有"三个特别""对党忠诚""发声亮剑"的特殊标准。这应当是新时代新疆好干部的标准。

新疆农村党的基层组织建设首要的是持续加强农村基层党组织政治建设，以"三个特别""对党忠诚""发声亮剑"等教育党员干部，坚定"四个意识"，增强"四个自信"，做到"两个维护"。新疆县市党委特别是乡镇党委、村党支部，要经常加强对党组织书记及广大党员的政治教育，坚持教育引导、实践养成、制度保障三管齐下，在知与行上下功夫，

① "三个特别"标准指民族地区的好干部要做到明辨大是大非立场特别清醒、维护民族团结行动特别坚定、热爱各族群众感情特别真挚。

保证乡镇党委、村党支部、农村广大党员始终在思想上认同核心、政治上维护核心、组织上服从核心、行动上紧跟核心，坚定地捍卫核心、爱戴核心、绝对忠诚于核心，不折不扣地执行中央各项决定，中央禁止做的事情必须做到令行禁止。严守党的政治纪律和政治规矩，遵守《党章》、党规，消除弱化党的领导的行为。严厉打击反分裂斗争中的“两面人”，纯洁新疆农村基层干部队伍。

新疆乡镇党委和村党支部要从狠抓基层党员理想信念教育，牢记党的宗旨，畅行忠诚老实、公道正派、实事求是、清正廉洁为主要内容的价值观入手，使广大党员始终做到在党言党、在党爱党、在党忧党、在党为党。教育引导广大党员筑牢政德之基，铸牢理想信念、锤炼坚强党性，坚持为民情怀、强化宗旨意识，多积尺寸之功、约束操守行为，做到明大德、守公德、严私德，永葆共产党人的政治本色。

新疆持续加强农村党员党性教育和群众路线教育，真正俯下身子做农民的朋友、知心人，始终把人民群众利益放在首位，牢记责任使命，敢于负责担当，善于汲取群众智慧，凝聚群众力量，尊重群众意愿，不断提高做好新形势下群众工作的能力。

正确认识新疆宗教问题具有长期性、复杂性、群众性、民族性、国际性的特点，持续深入推进去极端化，着力消除宗教对基层党员思想的影响，坚守“党员不准搞封建迷信，不准信仰宗教，不准参与邪教，不准纵容和支持宗教极端势力、民族分裂势力、暴力恐怖势力及其活动”① 的政治纪律底线，对于违反规定的要坚决果断地按照《自治区纪委关于对共产党员、党组织在反分裂斗争中违反党的政治纪律行为的处分规定》予以处理。

（二）加强新疆农村基层干部队伍建设，强化后备队伍的教育和培养

新疆乡镇党委和村党支部建设事关农村基层稳定与脱贫攻坚的成败，要

① 选自《关于新形势下党内政治生活的若干准则》。

严把农村基层干部选拔任用的政治关、品行关、作风关、廉洁关，把公道正派贯穿到选人用人全过程，形成风清气正的基层党组织的良好政治生态。

加强新疆农村基层干部国家通用语言的学习和政治理论、技能教育培训。目前，新疆农村干部队伍建设的一个突出短板就是选拔产生干部困难。部分新疆农村基层干部国家通用语言交流困难、解决复杂问题能力不足、脱贫攻坚缺乏抓手。必须加强新疆少数民族农村基层干部国家通用语言的学习，开阔视野。鼓励新疆农村基层汉族干部学习少数民族语言，加强交往交流，强化农村基层干部对国家政策、乡村技能及其他地区相关经验的学习掌握，开拓决策视野。同时，加强对新疆农村基层干部党史、国史、新疆形势教育与相关专业技能的教育与培训，增强新疆农村基层干部对“五个认同”的自觉，加强农村基层党组织的吸引力、领导力、组织力和带动村民脱贫的发展力，发挥农村基层干部“领头羊”示范作用。

加强新疆农村基层干部结构化调整，从根本上缓解新疆农村特别是南疆农村干部短缺、能力不足问题。一是更加科学地设置“访惠聚”工作队工作职责，充分发挥工作队对村“两委”的帮带作用。二是设置大格局的稳疆兴疆格局，不仅仅在村一级设置“访惠聚”工作队，在新疆还可以探索实行地州、市县、乡镇、村统一的任职和科学的考核机制。新疆维吾尔自治区单位工作的优秀干部可以到地州、县市、乡镇任职，地州优秀干部可以到乡镇任职，由乡镇优秀干部下沉担任村支书，这样既可以纵向一条线全面提升基层治理能力，又在很大程度上缓解了农村基层组织能力不足与后备干部人员短缺问题。三是充分发挥乡村毕业返乡大学生作用，让有知识、有能力、有技能的大学生承担起村“两委”班子的职能，建强各级基层组织，形成纵向到底、横向到边的全格局干部结构配备。

建好新疆农村后备干部“蓄水池”。我们要多发现、储备年轻干部，注重在基层一线特别是反分裂斗争一线培养锻炼干部，选拔使用那些经过实践考验的优秀基层干部。拥有一定数量的后备村党支部成员，是选拔高素质村党支部书记的充分条件。如果没有这一条件，就没有后备干部基础，选拔村党支部书记就是无米之炊，农村党的建设工作就会后继无人。

（三）持续整顿软弱涣散基层党组织

新疆要增强“四个意识”、坚定“四个自信”，确保政令畅通。新疆县市委要加强对乡镇党委、村党支部执行政治纪律情况的监督，坚决严肃查处乡镇党委班子、村党支部班子成员中对党不忠诚、阳奉阴违“两面派”“两面人”的问题，坚决严肃查处与宗教划不清界限、身在党心在教等政治立场问题，坚决严肃查处培植个人势力、结成利益集团的问题等，坚决根除基层党组织软弱涣散的“根子”。

（四）持续加强农村基层干部作风建设和纪律建设，切实减轻基层负担

党的作风与党的纪律关系党的性质，关系人心向背，影响着社会风气，决定着党的命运，作风建设和纪律建设是党的建设的两个十分重要的问题。党的十九大强调要“持之以恒正风肃纪”，继续整治“四风”问题；同时强调要重点强化政治纪律和组织纪律，带动廉洁纪律、群众纪律、工作纪律、生活纪律严起来。扎实推动党风廉政建设。持续整治“四风”“四气”以及庸、懒、散等问题；持续加强纪律建设。乡镇党委班子、村党支部班子要强化党的意识和组织意识，坚持民主集中制的组织原则和领导制度，特别是要严格遵守反分裂斗争纪律、工作纪律、廉洁纪律、群众纪律和生活纪律等。新疆农村面临着反恐维稳和脱贫攻坚的重大任务，工作繁重，责任重大。要力戒形式主义和官僚主义，切实减轻农村基层负担。

（五）要持续发挥好“访惠聚”驻村工作队作用

自 2014 年开展“访惠聚”活动以来，每年新疆都根据农村新的形势，安排当年的“访惠聚”驻村工作任务。2018 年自治区印发了《关于认真贯彻自治区党委部署要求持续用力推进“访惠聚”驻村工作的通知》，要求各驻村工作队要将驻村工作与新疆维吾尔自治区维护稳定工作规划、脱贫攻坚规划、全面小康规划紧密衔接，紧紧聚焦自治区党委明确的“八项任务”，狠抓工作

落实。一是把维护稳定作为“访惠聚”驻村工作的核心任务，推进常态走访，落实维稳措施，坚决抵御渗透，做好教育管理，坚定坚决打好“三场硬仗”“一场人民战争”。二是把高质量脱贫放在首位，精准施策，加强考核监督。三是把群众利益放在心中最高位置，增强群众观念和群众感情，宣传教育群众，巩固民族团结，促进宗教和谐，聚焦在群众工作上持续用力。四是以提升组织力为重点，突出政治功能，着力打造不走的工作队，充分发挥传帮带作用，强化基层治理，聚焦在建强基层组织上持续用力。五是坚持心系各族群众，发挥优势，推动自治区党委系列惠民工程落实落地，同时要加大宣传力度，让群众明白惠从何来、惠在何处，聚焦在落实惠民政策上持续用力。六是坚持实施乡村振兴战略，发挥特色优势，突出就业导向，抓好技能培训，教育引导群众，聚焦在拓宽致富门路上持续用力。七是坚持把群众安危冷暖放在心上，从身边的一点一滴小事做起，加强对困难家庭的关爱，着力解决群众最关心最直接最现实的利益问题，聚焦在办好实事好事上持续用力。八是，坚持把政治标准摆在首位，严格标准、保证质量，着眼为村“两委”班子储备、输送优秀人才，聚焦在壮大党员队伍上持续用力。本质上，这“八项任务”与党在新疆农村的工作是高度一致的。事实上，“访惠聚”驻村工作队要完成的“八项任务”也是村党支部必须完成好的任务。这就要在农村党建工作中，充分借力“访惠聚”驻村工作队的力量，“访惠聚”驻村工作队也要自觉地帮助、带动、支持农村“两委”党的建设工作。

新疆农村是反恐维稳的前沿，更是脱贫攻坚的坚中之坚，加强新疆农村基层党组织建设具有重大而现实的意义。新的历史时期，我们要继续探索和梳理新疆农村基层党组织建设的经验和教训，将其提升到理论高度，进行推广和总结，推动复杂严峻形势下新疆各项事业上新台阶。

参考文献

郭丽艳：《新时期新疆农村基层党建工作现状分析》，《中共伊犁州委党校学报》

2019 年第 3 期。

郭沅鑫：《新世纪以来新疆维吾尔自治区党的基层组织建设研究》，中国出版集团、世界图书出版公司，2012。

王艳、龚新蜀、潘明明：《新疆基层政府公共服务能力研究——来自部分边远乡村的调查数据》，《石河子大学学报》（哲学社会科学版）2019 年第 4 期。

绽茜：《关于推进南疆基层少数民族干部队伍建设的思考》，《党史博采（理论版）》2019 年第 9 期。

张春霞：《新疆基层反渗透的路径选择：健全公共文化服务体系》，《喀什师范学院学报》2011 年第 2 期。

张丽娟：《中亚地区民族问题与中国新疆民族关系：基于地缘政治的视角》，社会科学文献出版社，2014。

皮 书

智库报告的主要形式
同一主题智库报告的聚合

✧ 皮书定义 ✧

皮书是对中国与世界发展状况和热点问题进行年度监测，以专业的角度、专家的视野和实证研究方法，针对某一领域或区域现状与发展态势展开分析和预测，具备前沿性、原创性、实证性、连续性、时效性等特点的公开出版物，由一系列权威研究报告组成。

✧ 皮书作者 ✧

皮书系列报告作者以国内外一流研究机构、知名高校等重点智库的研究人员为主，多为相关领域一流专家学者，他们的观点代表了当下学界对中国与世界的现实和未来最高水平的解读与分析。截至 2020 年，皮书研创机构有近千家，报告作者累计超过 7 万人。

✧ 皮书荣誉 ✧

皮书系列已成为社会科学文献出版社的著名图书品牌和中国社会科学院的知名学术品牌。2016 年皮书系列正式列入“十三五”国家重点出版规划项目；2013~2020 年，重点皮书列入中国社会科学院承担的国家哲学社会科学创新工程项目。

中国社会发展数据库（下设 12 个子库）

整合国内外中国社会发展研究成果，汇聚独家统计数据、深度分析报告，涉及社会、人口、政治、教育、法律等 12 个领域，为了解中国社会发展动态、跟踪社会核心热点、分析社会发展趋势提供一站式资源搜索和数据服务。

中国经济发展数据库（下设 12 个子库）

围绕国内外中国经济发展主题研究报告、学术资讯、基础数据等资料构建，内容涵盖宏观经济、农业经济、工业经济、产业经济等 12 个重点经济领域，为实时掌控经济运行态势、把握经济发展规律、洞察经济形势、进行经济决策提供参考和依据。

中国行业发展数据库（下设 17 个子库）

以中国国民经济行业分类为依据，覆盖金融业、旅游、医疗卫生、交通运输、能源矿产等 100 多个行业，跟踪分析国民经济相关行业市场运行状况和政策导向，汇集行业发展前沿资讯，为投资、从业及各种经济决策提供理论基础和实践指导。

中国区域发展数据库（下设 6 个子库）

对中国特定区域内的经济、社会、文化等领域现状与发展情况进行深度分析和预测，研究层级至县及县以下行政区，涉及地区、区域经济体、城市、农村等不同维度，为地方经济社会宏观态势研究、发展经验研究、案例分析提供数据服务。

中国文化传媒数据库（下设 18 个子库）

汇聚文化传媒领域专家观点、热点资讯，梳理国内外中国文化发展相关学术研究成果、一手统计数据，涵盖文化产业、新闻传播、电影娱乐、文学艺术、群众文化等 18 个重点研究领域。为文化传媒研究提供相关数据、研究报告和综合分析服务。

世界经济与国际关系数据库（下设 6 个子库）

立足“皮书系列”世界经济、国际关系相关学术资源，整合世界经济、国际政治、世界文化与科技、全球性问题、国际组织与国际法、区域研究 6 大领域研究成果，为世界经济与国际关系研究提供全方位数据分析，为决策和形势研判提供参考。

法律声明

“皮书系列”（含蓝皮书、绿皮书、黄皮书）之品牌由社会科学文献出版社最早使用并持续至今，现已被中国图书市场所熟知。“皮书系列”的相关商标已在中华人民共和国国家工商行政管理总局商标局注册，如LOGO（ ）、皮书、Pishu、经济蓝皮书、社会蓝皮书等。“皮书系列”图书的注册商标专用权及封面设计、版式设计的著作权均为社会科学文献出版社所有。未经社会科学文献出版社书面授权许可，任何使用与“皮书系列”图书注册商标、封面设计、版式设计相同或者近似的文字、图形或其组合的行为均系侵权行为。

经作者授权，本书的专有出版权及信息网络传播权等为社会科学文献出版社享有。未经社会科学文献出版社书面授权许可，任何就本书内容的复制、发行或以数字形式进行网络传播的行为均系侵权行为。

社会科学文献出版社将通过法律途径追究上述侵权行为的法律责任，维护自身合法权益。

欢迎社会各界人士对侵犯社会科学文献出版社上述权利的侵权行为进行举报。电话：010-59367121，电子邮箱：fawubu@ssap.cn。

社会科学文献出版社